薬機法
改正の軌跡とポイント

ポストコロナにおける医薬品等の安心・安全な提供に向けて

薬機法制度改正研究会 編著

第一法規

刊行に寄せて

　「医薬品、医療機器等の品質、有効性及び安全性の確保等に関する法律等の一部を改正する法律（令和元年法律第63号）」は2019年11月27日に国会で可決・成立し、翌年4月1日から順次施行されている。

　今回の改正では、開発から市販後までの制度改善として、先駆け審査指定制度や条件付早期承認制度を法制化した。これにより、必要な医薬品等が患者に一層迅速に提供できるようになることが期待される。また、薬剤師・薬局のあり方を見直し、薬剤師が、調剤時に限らず、必要に応じて患者の薬剤の使用状況の把握や服薬指導を行う義務を法制化するとともに地域連携薬局・専門医療機関連携薬局という機能別の薬局の知事認定制度を導入した。高齢化の進展による多剤投与やその副作用の懸念が高まっていることや、医薬分業の効果を患者が実感できていないという指摘を踏まえた改正であり、これにより、住み慣れた地域で安心して医薬品を使用できる環境を整備することを目指したものである。さらに、過去の違法行為等への対応として、法令遵守体制の整備等の義務付づけや虚偽・誇大広告による医薬品等の販売に対する課徴金制度の創設を行うこととした。

　このように今回の改正は、長い薬事制度の歴史の中でも一つの期を画するものであり、新たな制度の適切な運用は、高齢化に対応した社会を構築するために不可欠なものであると考える。

　本書は、今回の法律改正において、制度の企画、実際の条文作成作業に携わった厚生労働省の若手職員によって執筆された。法制的な観点から検討を繰り返したものの手による解説であり、本書が今回の法律についての皆様の御理解の一助となることを願っている。なお、本書は、有志による研究会として出版されたものであり、執筆者らの所属する組織の公式見解を示すものではないことを念のため申し添える。

　最後に、本書の執筆・出版に当たってご協力いただいたすべての方々に心から御礼申し上げたい。

令和3年1月

樽見　英樹

（前厚生労働省医薬・生活衛生局長、厚生労働事務次官）

目次 ∙∙∙

第1章 はじめに　～法改正に向けた医薬品医療機器等制度の課題～

第2章 令和元年薬機法改正の軌跡

令和元年薬機法改正のポイント

▌関係資料

　※関係資料に掲載した法律は、第3章で解説する主な条文を抜粋したものです。

第1章

はじめに
～法改正に向けた医薬品医療機器等制度の課題～

第1章　はじめに　～医薬品医療機器等制度の現状と課題～

　生命、健康に重大な影響を与える医薬品、医薬部外品、化粧品、医療機器、再生医療等製品（以下「医薬品・医療機器等」。）が、品質、有効性及び安全性の確保された状態で製造され、適切に流通し、適正に使用されるよう、医薬品、医療機器等の品質、有効性及び安全性の確保等に関する法律（昭和35年法律第145号。以下「薬機法」。）では、医薬品・医療機器等の開発、承認、製造、流通、使用の各段階で必要な規制を設けている。また、医薬品・医療機器等の類型ごとの物の性質をも考慮して規制が構築されているため、全体像を正確にとらえるのは容易ではないが、その粗い概略を示すと図1のようになる。

　また、薬機法以外にも、医薬品・医療機器等に関連する法律として、薬剤師の免許、業務等を規定する薬剤師法（昭和35年法律第146号）、麻薬・向精神薬の流通規制や麻薬取締官・麻薬取締員（いわゆる「マトリ」）の職務等を規定する麻薬及び向精神薬取締法（昭和28年法律第14号。以下「麻向法」。）、覚醒剤の流通規制を定める覚醒剤取締法（昭和26年法律第252号。以下「覚取法」。）、医薬品である血液製剤の安定供給・適正使用や献血者保護等を規定する安全な血液製剤の安定供給の確保等に関する法律（昭和31年法律第160号。以下「血液法」。）などが存在している。

　こうした医薬品・医療機器等関連法制は、昭和35年（1960年）に現行法の基礎となる薬事法の制定以降、社会情勢の変化や科学水準の向上等を踏まえながら順次改正が行われてきた。特に平成25年（2013年）の2度の法改正により、従来の「薬事法」の名称が改められ、
・安全対策の強化
・医療機器、再生医療統制品の特性を踏まえた規制の構築

■**資料1　薬事制度の主な改正①　【平成29年度第1回制度部会資料】**

薬事制度の主な改正①

- ・　昭和35年　**薬事法制定**
  - ● 薬局開設の許可制の創設
  - ● 医薬品等の製造及び輸入販売の整備
  - ● 医薬品販売業の整備　　など

    > S36　サリドマイド事件

- ・　昭和42年　**医薬品の製造承認等に関する基本方針について（薬務局長通知）発出**
  - ● 添付資料の明確化　　など

    > S47頃　スモン事件

- ・　昭和54年　**薬事法の一部を改正する法律**
  - ● 法律の目的に「有効性・安全性・品質の確保」を明記
  - ● 薬局、医薬品販売業者等の医薬品の品質管理等に関する遵守事項の整備
  - ● 承認拒否事由を明示
  - ● 再審査・再評価制度を新設　　など

    > H5　ソリブジン副作用問題

    > H7　非加熱製剤によるHIV感染問題

- ・　平成8年　**薬事法等の一部を改正する法律**
  - ● GCP（医薬品の臨床試験の実施に関する基準）の強化

    > H8頃　CJD事件
  - ● 企業からの副作用報告を法律に明記　　など

薬事制度の主な改正②

H13頃　コンビニ販売

・　平成14年　薬事法及び採血及び供血あつせん業取締法の一部を改正する法律
- 生物由来製品の安全確保
- 製造販売業者の安全対策責任の明確化　など

H16頃　違法ドラッグ（いわゆる脱法ドラッグ）問題

・　平成18年　薬事法の一部を改正する法律

H18頃　C型肝炎事件

- 一般用医薬品の販売制度の見直し
- 指定薬物規制の導入

H25　インターネット販売に関する最高裁判決

・　平成25年　薬事法等の一部を改正する法律・名称変更（11月公布）

脱法ドラッグ問題

- 医薬品、医療機器等に係る安全対策の強化
- 医療機器の特性を踏まえた規制の構築
- 再生医療等製品の特性を踏まえた規制の構築

　　　　薬事法及び薬剤師法の一部を改正する法律（12月公布）
- 医薬品の販売規制の見直し
- 指定薬物の所持・使用等の禁止

・医薬品の販売規制の見直し

・指定薬物の所持・使用等の禁止

などが行われた。

　この法改正では、施行後５年を目途として、改正後の規定の実施状況を勘案し、必要があると認めるときは、当該規定について検討を加え、その結果に基づいて必要な措置を講ずることとされていた。これを踏まえ、厚生労働省厚生科学審議会医薬品医療機器制度部会等において検討が進められ、法改正案が取りまとめられた。その基本的考え方は次のとおりである。

○医薬品医療機器等行政は

　・国民のニーズに応える優れた医薬品、医療機器等を安全・迅速に提供する

　・住み慣れた地域で患者が安心して医薬品を使うことができる環境を整備する

ことを基本理念としている。

○この基本理念を実現するため、以下の観点で制度改正を実施する。

　①医薬品、医療機器等のより一層の安全・迅速な提供

　②薬剤師及び薬局が地域の中でその専門性に基づく役割を果たす

　③関係事業者が法令を遵守する体制の整備等を行う　等

　改正に向けた議論の推移や改正の具体内容については「第２章　令和元年度薬機法改正の軌跡」、「第３章　令和元年度薬機法改正のポイント」において詳述するが、本書を手に取っていただいた方の理解の一助となるよう、まずは、上述の改正の観点に沿って、改正議論が行われた当時の課題認識と、令和元年薬機法等改正での主な対応について全体像をお示ししたい。

■図1：医薬品・医療機器等の流通と薬機法の規制の大まかな見取り図

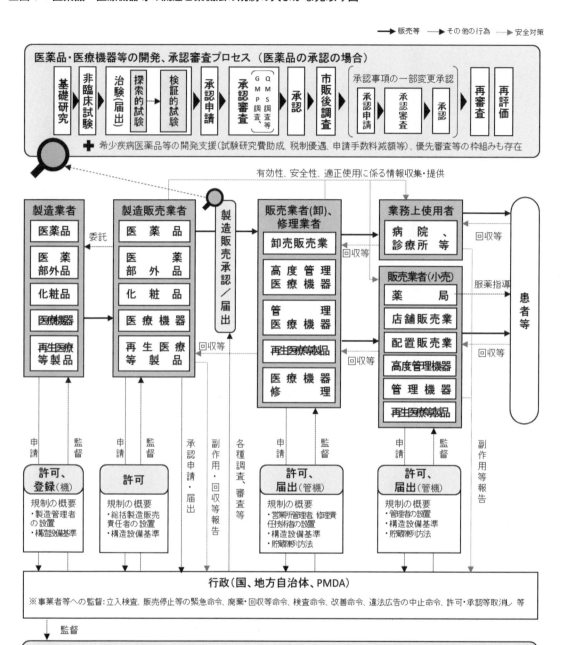

注：高度管理医療機器、管理医療機器、再生医療等製品の販売業は卸売と小売とで許可等の類型が分けられているわけではないが、安全対策上の取り扱いが異なるため、図では便宜上分けて記載している。

1．医薬品・医療機器等のより一層の安全・迅速な提供に関する施策

（1）患者のアクセスの迅速化に資する承認制度の合理化

【課題】

○　近年、医薬品、医療機器等の開発においては、国際共同治験が活発に行われており、薬機法に基づく治験届出件数に占める国際共同治験の割合は、平成19年度で10％程度であったものが、平成28年度には40％前後にまで増加している。

「国際共同治験」

新薬の世界規模での開発・承認を目指して企画される治験で、1つの治験に複数の国の医療機関が参加し、共通の治験実施計画書に基づき、同時並行的に進行する治験

○　一方で、各国の制度環境等に基づき企業が開発拠点を選ぶ状況が広がっている。例えば、アメリカでは法改正により平成24年から革新的医薬品に関する優遇措置（Breakthrough Therapy）を法改正により実施しており、平成29年末までに236の医薬品が制度の適用を受け、うち97品目の製造販売が承認されるに至っている。

「Breakthrough Therapy」

対象疾病が重篤で、既存の治療法より効果が高いと期待される医薬品を指定し、医薬品の開発・審査を促進するための優遇措置を受けることが可能となる制度。

■資料3　国際共同治験の実施件数の推移【平成30年度第2回制度部会資料】

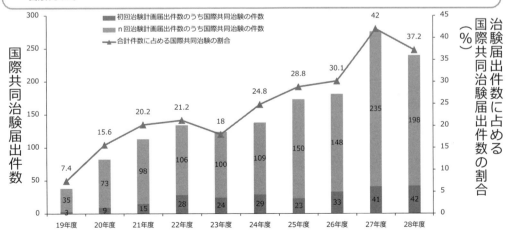

現状

○　近年は国際共同治験の実施件数が増加し、治験届出件数に占める国際共同治験届出件数は、平成19年度で10％程度であったものが、平成28年度には40％前後にまで増加した。

※「国際共同治験」とは、新薬の世界的規模での開発・承認を目指して企画される治験であって、1つの治験に複数の国の医療機関が参加し、共通の治験実施計画書に基づき、同時並行的に進行する治験をいう。

○　このようなグローバル化の状況を踏まえ、安全確保を前提として、以下のような目的で審査制度の見直しを行うことが必要。

・医薬品・医療機器の開発ラグの解消

・医療上の必要性の高い分野において、迅速な患者のアクセスの確保

【主な対応】

○　国内外で承認を与えられているものと作用機序等が明らかに異なる医薬品、医療機器等について、厚生労働省薬事・食品衛生審議会の意見を聴いて、「先駆的医薬品」等として指定し、優先審査等の対象とする制度を法制化する（運用上実施している「先駆け審査指定制度」の法制化）。

> 「先駆け審査指定制度」
> 世界に先駆けて開発され早期の治験段階で著明な有効性が見込まれる医薬品等を指定し、優先審査等の対象とする仕組み。平成27年から実施しており、平成31年4月時点で43の医薬品等が指定され、うち、7品目の製造販売が承認されている。
> 長期間を要する医薬品等の開発に係る制度の適用に関して予見可能性を高めるため、法律に基づく制度とすることが期待されていた。

○　小児の疾病であって、当該医薬品等の小児用法・用量が設定されていないものや、薬剤耐性菌等による感染症の治療に用いるものなど、医療上のニーズが著しく充足されていない医薬品、医療機器等を「特定用途医薬品」等として指定し、優先審査等の対象とすることを制度化する。

　　また、特定用途医薬品等のうち、対象患者数が少ないものについては、現行の希少疾病用医薬品等と同様、試験研究を促進するための助成金や税制優遇の対象とする。

○　医療上の必要性が高く、かつ、患者数が少ない等の理由で検証的臨床試験の実施が困難であったり長期間を要したりする医薬品、医療機器等について、承認の申請時に検証的臨床試験のデータの提出を免除する制度を法制化する（運用上実施している「条件付き早期承認制度」の法制化）。

　　検証的臨床試験のデータ提出が免除された場合、審査で一定程度の有効性及び安全性を確保した上で、製造販売後に有効性・安全性の再確認のために必要な調査（製造販売後調査）を実施すること等の条件を承認に付す。

　　また、製造販売後調査の結果に基づき、条件の変更や安全対策等の実施を命ずる仕組みを併せて導入する。

> 新医薬品・医療機器等の開発で通常実施される試験
> 「探索的臨床試験」
> 少数の患者に医薬品等を投与・使用し、医薬品等の有効性、安全性を検討し、用法・用量等を設定するための試験
> 「検証的臨床試験」
> 多数の患者に医薬品等を投与・使用し、設定した用法・用量等での医薬品等の有効性・安全性を検証する試験

「条件付き早期承認制度」
患者数が少ない等により治験に長期間を要する医薬品等を、一定の有効性・安全性を前提に、条件付きで早期に承認する仕組み

（2）国際的な整合性のある品質管理手法の導入
①変更計画による承認事項の変更手続の見直し
【課題】
○　近年、技術革新やグローバル化の進展に伴い、新たな技術を活用した製造方法の導入や、医薬品の需要の変化に対応するための製造所の追加等を行うニーズが高まっている。

ニーズの例（医薬品の場合）
・医薬品は近年、世界同時開発される傾向が強く、日米欧で間を置かず承認が進むことが多い。
・そのため製造販売業者には、世界で初めていずれかの国で承認を得た時の医薬品の生産量は少量にしつつも、その後の医薬品の承認の世界各国での拡大等を見込み、あらかじめ原薬製造工場の追加等を計画し、柔軟に生産量を変更したいというニーズがある。
・なお、仮に日本だけ柔軟な製造所等の追加が不可能な場合は、日本向けの医薬品の供給が一部の工場のみに依存する期間が他国より長くなるため、我が国での医薬品の提供が不安定になるリスクがある。

○　医薬品等の承認は有効成分の有効性や安全性だけでなく、製造方法等も審査の対象となっており、現在の制度においては、承認事項の一部を変更するためには、製品の品質・有効性・安全性に影響を及ぼさない軽微な事項を除いて、再度の承認（以下「一部変更承認」）を受ける必要がある。

○　一部変更承認の場合も初回の承認と同様、品質、有効性及び安全性を確保するための審査を行っており、厚生労働省及び審査実務を担う独立行政法人医薬品医療機器総合機構（PMDA：Pharmaceuticals and Medical Devices Agency）においては、審査は変更内容により概ね3ヶ月から12ヶ月で処理するよう努めているが、具体的にいつ承認されるかは製造販売業者には予見できないという課題がある。

○　このため、製造方法等の変更時期を企業側が柔軟に設定可能な、国際整合性の高い制度とすることが期待されている。

承認事項の変更については、欧米では事前審査・承認制度のほかに、事前届出制が運用されている。
米国（FDA）
　CBE-30：変更の事前届出の受理から30日後に変更可（当局から照会等がない場合）
　CBE-0：変更の事前届出の受理後に変更可
欧州（EMA）
　Minor Variations of Type B：変更の事前届出の受理から30日後に変更可（当局から照会等がない場合）

【具体的な対応】

○ 各国の医薬品規制当局と製薬業界の代表者で開催する医薬品規制調和国際会議（ICH：International Council for Harmonisation of Technical Requirements for Pharmaceuticals for Human Use）において、医薬品の承認事項の変更管理に関する計画（PACMP：Post-Approval Change Management Protocol）を用いた管理手法が示されている。

○ ICHにおける議論を踏まえると、製造方法等の変更については以下の２点を確認することで、一部変更承認の場合と同様、医薬品等の品質、有効性及び安全性を確保することが可能と考えられる。
　・どのような試験結果が得られた場合に変更を実施するか等をまとめた変更計画自体に妥当性があるか。
　・実際に試験を行った結果、変更のための条件等が満たされているか。

○ このため、医薬品等の製造方法等の品質に係る変更について、以下の手続により事前届出をすることで一部変更承認を不要とする制度を創設する。
　・製造販売業者が変更計画の確認を申し出て、PMDAが計画を確認。（その後、製造販売業者は計画に基づき、製造方法等の変更に係るデータを収集）
　・PMDAに対して収集データ等を添えて変更の事前届出を行う。PMDAは計画に従った変更となっているかチェックする。
　・届出から一定期間経過後、製造販売業者が変更を実施する。（届け出られた変更が計画に沿っていないことが判明した場合には、この期間内に変更の中止等を命ずることができる。）

■資料４　ICHで示されたPACMPを用いた管理手法【平成30年度第２回制度部会資料】

現状
○ ICHにおいては、「ICH Q12医薬品のライフサイクルマネジメント（案）」が合意され、PACMP（承認後変更管理実施計画書）を用いた管理手法が示された。

通常の変更手続き

すべてのデータを揃えてから手続き

変更計画策定 → データ収集・バリデーション → 申請 → 審査 → 承認

PACMPを用いた変更手続き

PACMP作成・相談 → 合意 → データ収集・バリデーション → 申請 → 審査・確認 → 承認

あらかじめ合意・予定されていた結果が得られているかを確認するなどにより、短期間での審査・確認が可能

○　この改正により、製品の製造方法等の変更時期や製品の切り替え時期を企業が柔軟に設定できるようになる。

②医薬品、医薬部外品、再生医療等製品の製造管理・品質管理の方法に関する調査の合理化

【課題】

○　医薬品等の品質、有効性及び安全性を確保するため、製造管理・品質管理の方法に関する基準を制定し、製造販売する品目ごとに、各製造所において同基準に則した管理を行っているかの調査（以下「基準適合性調査」という。）を行っている。

○　医薬品、医薬部外品及び再生医療等製品については、製造販売の承認申請の際及び承認後５年ごとに基準適合性調査を受けなければならないこととされている。

　　このうち、５年ごとの基準適合性調査（以下「定期調査」という。）は、以下の通り、医薬品等の品目に関わらず、製造所における共通的な事項が主な調査内容となっている。
- ・品質システム：文書管理、教育訓練　等
- ・製造システム：手順書、工程管理　等
- ・試験室管理システム：サンプル管理、生データの信頼性　等
- ・構造設備システム：メンテナンス、水・空調管理　等
- ・包装・表示システム：ラベル検査、発行管理　等
- ・製品原材料等保管システム：出荷管理、出納管理　等

○　１つの製造所で複数の製造販売業者から委託を受けて複数の品目を製造している製造業者の場合、

■資料５　GMP調査の課題【平成30年度第２回制度部会資料】

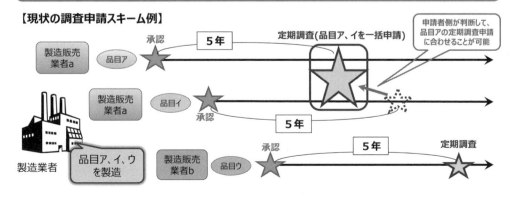

現状

○　多くの場合、１製造所で複数品目を製造しており、その承認日は異なるため、定期調査時は**複数品目の一括申請**で対応しているが、５年間で５回以上調査申請された製造所も一定の割合存在している（約16%）。

○　日本における承認後の定期的なGMP調査では、**品目特有でない調査内容**（製造所における共通した製造管理・品質管理システム（逸脱管理、文書管理、設備のメンテナンス管理等））**が多くを占めている**ことから、品目毎の調査の度に、品目特有でない調査内容の重複が生ずる。

○　なお、剤形毎（内服剤、注射剤等）、工程毎（原薬の合成工程、培養工程等）で製造技術が異なることから、それらに応じた調査が必要となる。

【現状の調査申請スキーム例】

５年の間に、内容が重複する複数回の定期調査を受けることとなっている（例えば、平成25年度～29年度においては、平均して１製造所あたり3.2回／５年の調査申請を行っていた）。

○　欧米においては、定期調査は品目ごとではなく製造所ごとに行っており、我が国においても国際整合性を踏まえた品質管理の効率化等の観点から、同様の対応が必要。

【具体的な対応】

○　医薬品等については、製造管理・品質管理の方法に関する基準（GMP、GCTP）への適合性に関する調査に関し、以下の新たな仕組みを導入する。

・製造業者がその製造所について、製造工程の区分ごとの調査を受けることを申請することができる。

・調査の結果、基準適合性が確認された場合に、「基準確認証」（有効期間は３年間）を交付する。

○　基準確認証を受けた製造所は、記載された製造工程の区分を担う場合は、品目単位の５年ごとの定期調査は不要とする。

これらの改正により、複数の製造販売業者から委託を受けて複数の品目を製造している製造業者は調査回数を減らすことができる。

「GMP」
医薬品及び医薬部外品の製造管理及び品質管理の基準（Good Manufacturing Practice）
「GCTP」
再生医療等製品の製造管理及び品質管理の基準（Good Gene, Cellular and Tissue-based Products Manufacturing Practice）

---

③医療機器、体外診断用医薬品の製造管理・品質管理の方法に関する調査の合理化

【課題】

○　医療機器及び体外診断用医薬品については、平成25年の法改正において、基準適合性調査を免除する以下の仕組みが導入されている。

・製品群区分ごとに基準適合性調査を受けた場合は、基準適合証（有効期間は５年間）を交付。

・基準適合証に記載の製造所（滅菌、最終製品の保管を行う製造所を除く）と全く同じ製造所で同じ製品群区分に属する品目を製造する場合には、基準適合性調査は不要。

○　例えば、基準適合証に組み立て工程を担う製造所として２つの製造所が記されている場合に、そのうちの一方の製造所のみで新たな品目を製造しようとすると、「基準適合証に記載されたものと全く同じ製造所」という要件を満たさないため、基準適合性調査を受けなければならない。

このため、製造ラインの安定化や企業再編により一部の製造ラインの利用を取りやめる等、製造管理・品質管理の観点から問題がないような場合にも、改めて全体について基準適合性調査を受けなければならず、効率的な調査の実施の観点から、見直しが必要となっている。

【具体的な対応】

○　医療機器等については、製造管理・品質管理の方法に関する基準（QMS）に関する基準適合性調査に関し、基準適合証に記載の製造所の一部のみで製造する場合は、基準適合性調査も不要とする。

> 「QMS」
> 医療機器及び体外診断用医薬品の製造管理及び品質管理の基準（Quality Management System）

※改正のイメージ

以下のような製造工程で基準適合証の交付を受けている場合に、

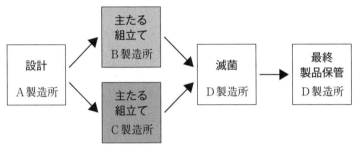

以下のような製造工程で新たな品目（同じ製品群区分に属する）を製造する場合に、改正前は基準適合性調査が必要であったが、改正後は不要となる。

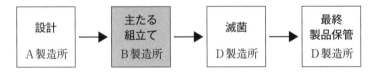

（3）医療機器の特性に応じた承認制度の導入

【課題】

○　医療機器は、手術で使用するメスからペースメーカーやMRIまで多種多様で、医療現場での医師の使いやすさなども考慮して、絶え間ない改善・改良が行われ、性能の向上や使用目的等の変更がなされるという特徴を有している。

> 性能向上等の例
> ・画像診断用の超音波カテーテルについて、より高解像度の画像を表示できるよう、従来のモデルより高周波数のモデルを追加
> ・冠動脈用のステント（血管等を管腔内部から広げる医療機器）について、より大きな病変に対応できるよう、従来のモデルより長いモデルを追加

○　また、AIやビッグデータの利活用など新技術を応用することにより、市販後の実臨床データを使用して診断の正確性の向上等が可能な医療機器の開発も進んでいる。

AI等を利活用した医療機器の例
・平成30年４月、アメリカにおいて、AIを利用する糖尿病性網膜症の診断機器が医療機器として承認された。撮影した網膜の画像から、糖尿病性網膜症について陽性（眼科専門医を受診すべき）か陰性（12ヶ月後に再検査）かを診断することができる。
・平成30年12月、日本において、AIを利用する内視鏡画像診断支援ソフトが医療機器として承認された。内視鏡で撮影した大腸の画像から、病変が腫瘍である可能性の高さを判定（例：腫瘍の確率89％、腫瘍でない確率11％）することができる。

○ こうした特性や新技術を応用した新たな医療機器などにも適用可能な承認制度を構築し、革新的な医療機器の速やかな患者のアクセスを実現することが必要である。

【具体的な対応】
○ 改良が見込まれている医療機器について、変更計画を事前に確認し、変更内容に応じて、①事前届出制による変更制度に加えて、②審査を迅速化する制度を適用する仕組みを創設する。

○ 具体的な手続等は、以下のとおり。
・製造販売業者が製造方法、使用目的、性能等に関する変更計画の確認を申し出て、PMDAが計画を確認。
・製造販売業者は計画に基づき、製造方法等の変更に係るデータを収集し、変更内容に応じて、事前届出、又は、迅速な承認審査を経て変更を実施。

《事前届出制の場合》
〔対象〕
・製造方法、サイズ、構成品、性能（品質、有効性及び安全性への影響が比較的小さいものに限る。）の変更
・市販後の実臨床データを使用した診断の正確性の向上　等
〔手続〕
届出から一定期間経過後、変更を実施（（２）①の医薬品と同様の手続）

《迅速な承認審査の場合》
〔対象〕
使用目的、性能（品質、有効性及び安全性への影響が比較的大きいものも含む）の変更等
〔手続〕
・製造販売業者が計画事項の変更を実施しようとする際、厚生労働大臣に対して変更の承認申請を行う。
・承認審査実務を担うPMDAにおいては、通常の承認審査と異なり、計画に沿った変更となっているか否かに関する調査を中心とした審査を行うことで、審査期間の短縮を図る。

（４）安全対策の充実
①添付文書の電子化

【課題】

○　医薬品、医療機器、再生医療等製品については、添付文書を製品に同梱し、最新の科学的知見に基づいた内容とすることが義務づけられている。

> 「添付文書」
> 承認事項、使用上の注意等、医薬品等の適正使用のための情報をまとめた文書

○　安全対策の充実のため、医薬品、医療機器等の適正使用に資する最新の情報を速やかに医療現場へ提供するとともに、納品されるたびに同じ添付文書が一施設に多数存在するといった状況を改善する必要がある。

【具体的な対応】

○　医療現場で用いられる医薬品、医療機器等については、添付文書の製品への同梱を廃止し、使用上の注意等の情報（注意事項等情報）を掲載したウェブページ等にアクセス可能な符号（ＱＲコード等）を外箱等に表示することを基本とする。

○　また、上記に加えて、製造販売業者に対し、初回納品時には紙媒体による提供を行うことが可能な体制を整備する義務を課し、注意事項等情報が確実に医療機関・薬局等に届けられることを確保する。
　　なお、一般用医薬品等の消費者が直接購入する製品は、現行のまま、紙の添付文書を同梱することとする。

■資料6　添付文書情報が医療機関に渡る流れ　【平成30年度第3回制度部会資料】

現状

> ○　現行、医薬品等の用法、用量その他使用及び取扱い上の必要な注意等は、法第52条等に基づき、「これに添付する文書又はその容器若しくは被包」に記載することとされている。容器・被包に記載できない場合は、添付文書として、医薬品等に同梱することが必要とされている。
>
> ○　医療用医薬品、要指導医薬品、高度管理医療機器に関しては、法第52条の2等の規定に基づき、その添付文書等記載事項が届出され、PMDAのHPを通じて添付文書が公表されている。

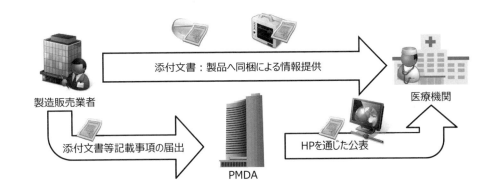

製造販売業者　→　添付文書：製品へ同梱による情報提供　→　医療機関

製造販売業者　→　添付文書等記載事項の届出　→　PMDA

PMDA　→　HPを通じた公表　→　医療機関

②トレーサビリティ等の向上

【課題】

○ 医療安全の確保の観点から、製造・流通・医療現場の一連の流れにおいて、医薬品、医療機器等の情報の管理、使用記録の追跡、取り違えの防止など、トレーサビリティ等の向上が重要な課題となっている。

【具体的な対応】

○ 医薬品、医療機器等の直接の容器や小売用包装等に、国際的な標準化規格に基づく符号（バーコード等）を表示することを義務化する。

現在、医療用医薬品については、「GS1-128シンボル」という規格のバーコードが、ほぼ100％表示されている。

2. 薬剤師及び薬局が地域の中でその専門性に基づく役割を果たすことに関する施策

本施策については、医師と薬剤師の業務分担「医薬分業」の在り方が前提となっているため、まずはその目的、課題、方向性について触れたい。

【医薬分業の目的】

○ 医薬分業は、医師と薬剤師がそれぞれの専門分野で業務を分担、すなわち、医師が患者に処方箋を交付し、薬局の薬剤師がその処方箋に基づき調剤を行うことで、国民の医療の質的向上を図ることを目的としている。

○ 薬局の薬剤師が医師と独立した立場で服薬情報を一元的・継続的に把握することにより、複数の医療機関・診療科を受診することによる重複投薬、薬の相互作用の有無の確認などができる。

また、調剤業務を薬局が担うことにより、病院薬剤師の外来調剤業務の負担を軽減させ、入院患者に対する病棟活動に専念することが可能になると考えられる。

○ これらの効果が期待されることから、医薬分業は、患者の薬物療法の安全性・有効性の向上に貢献するものと考えられる。

【医薬分業の課題】

○ 厚生科学審議会医薬品医療機器制度部会の制度改正に関するとりまとめでは、現在の医薬分業は、多くの薬剤師・薬局は本来の機能を果たせておらず、医薬分業のメリットを患者も他の職種も実感で

きていないということ等が指摘されている。

○　このため、少子高齢化がさらに進展し、地域包括ケアシステムの構築が進められている中で、薬剤師・薬局が役割を果たすためには、各地域の実情に応じ、薬剤師・薬局が医師をはじめとする他の職

■**資料７　地域における取組例（退院時の薬剤管理情報の共有）【平成30年度第５回制度部会資料】**

■**資料８　薬物療法に関する連携のイメージ　【平成30年度第７回制度部会資料】**

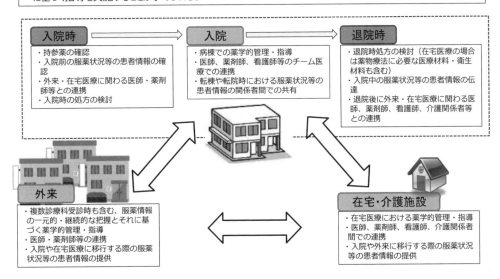

種や関係機関と情報共有しながら、患者に対して一元的・継続的な薬物療法を提供することが重要とされている。

【医薬分業の今後の方向性】

○ 医薬分業の推進を軌道修正し、病院内での調剤に回帰すべきではないかとの指摘もあるが、患者は、複数の医療機関・診療科を受診する可能性があることから、患者が安全で有効な薬物療法を受けるためには、医薬分業は今後とも有用と考えられ、服薬情報を一元的・継続的に把握するかかりつけ薬剤師・薬局の取組を支援するなどにより、今後も地域における安全・安心な薬物療法の提供を推進していくことが必要である。

（1）薬物療法の提供に必要な薬剤師・薬局の機能の発揮及び患者による薬局の選択の支援

【課題】

○ 患者に対して有効かつ安全な薬物療法を提供し、医療の質を向上させるためには、医師と薬剤師がそれぞれの専門性を発揮して業務を分担・連携すること等が重要である。

○ 特に、少子高齢化が更に進展し、我が国の各地域において地域包括ケアシステムの構築が進められている中、患者が外来、在宅、入院、介護施設など複数の療養環境を移行することとなる。

　このため、療養環境にかかわらず、医師等と密に連携しながら、薬剤師が患者の服薬状況等の情報を一元的・継続的に把握し、最適な薬学的管理・指導を行うことが重要である。

〔取組例〕

A薬局

・退院後の在宅医療において、チームで最適な薬物療法を患者に提供できるよう、在宅チームと病院チームとが行うカンファレンスに参画

　　在宅チーム：診療所等の医師、薬局の薬剤師、訪問看護師、ケアマネジャー等

　　病院チーム：病院の医師、看護師、医療ソーシャルワーカー、薬剤師、臨床心理士等

・外来患者の入院時に、病院でスムーズな薬物療法を開始できるよう、薬局が把握している患者の持参薬の情報やこれまでの服薬状況等の情報を病院に提供

・地域の医師、薬局、看護師等が一体となり、定期的な連絡会を開催し、在宅緩和ケアにおける薬物療法などについて地域の病院と薬局とが共同で研修を実施

B薬局

・患者の地域医療への移行をスムーズにするため、退院時のカンファレンスに声がかかるよう、拠点病院と顔の見える関係を築き、在宅チームの一員として対応

・多職種が参加する地域ケア会議に参画し、薬学的知見から多職種に助言を実施

・お薬手帳を活用し、一般用医薬品、健康食品（サプリメント）の使用状況や患者の食生活を把握し、主治医に情報を共有して、処方内容の提案や見直しを依頼

○ また、がんの薬物療法に関して、経口薬が増加して外来で処方される機会が多くなっているなど、

専門性が高い薬学的管理が継続的に必要となる薬物療法が提供される機会が増加している。

　このため、専門性が高く、実践的な経験を有する医療機関の薬剤師が中心的な役割を果たしつつも、地域の実情に応じて、一定の資質を有する薬局の薬剤師が医療機関の薬剤師と連携しながら対応することが重要である。

〔取組例〕
C薬局
・専門医療機関では、がんの治療計画をお薬手帳で共有しており、当該治療計画や抗がん剤の種類についての研修を病院と薬局とが共同で実施
・病院から、入院患者を在宅に移行できないかとの相談があった場合に、退院前から患者情報を共有し、在宅診療をする医師や在宅訪問を実施する薬剤師にその情報を提供して橋渡しを実施

D薬局
・相談室を備え、患者のプライバシーに配慮した服薬指導、相談対応を実施
・抗がん剤の副作用発生時に統一した対応ができるよう、対応フローチャートを専門医療機関と地域の薬局で共有しており、この取組に参画
・処方箋情報以外の情報を共有できるよう、専門医療機関と薬局とが連絡帳や抗がん剤の服薬スケジュール等を共有

【具体的な対応】
①継続的な服薬指導、他の医療提供施設への情報提供の実施
○　現行法上、薬剤師は、調剤時に情報提供や薬学的知見に基づく指導を行うことが義務づけられているところ、調剤時のみならず、必要な場合は、服用期間を通じた服薬状況の把握、情報提供及び薬学的知見に基づく指導を行う義務があることを明確化する。

現在行われている継続的服薬指導（例）
・内服の抗がん剤等の副作用の生じるおそれの高い医薬品を服用している患者に対して、服用開始後、一定の日数が経過した後に、副作用の兆候の有無について患者に電話やFAX等で確認し、必要な服薬指導を行う
・服用期間中に在宅へ訪問することにより、患者の服薬状況を確認し、必要な服薬指導を行う

○　また、薬剤師は、把握した患者の服薬状況等に関する情報について、他の医療機関、薬局の医師、歯科医師、薬剤師に提供するよう努める義務があることを明確化する。

■**資料9　継続的な服薬指導の実施状況等　【平成30年度第5回制度部会資料】**

＜薬局調査＞

➤ **患者の来局日以外の服薬期間中における継続的な服薬指導（電話による状況確認等）の実施状況等**

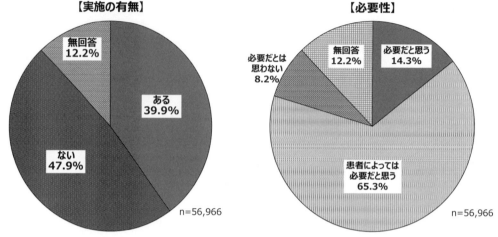

【実施の有無】　　　　　　　　　　　　　　　　　　【必要性】

n=56,966　　　　　　　　　　　　　　　　　　　　n=56,966

H28医療課委託調査（薬局の機能に係る実態調査）

■**資料10　継続的な服薬指導の実施状況等　【平成30年度第7回制度部会資料】**

○　悪性腫瘍の治療においては、経口抗がん剤の増加等により、化学療法が複雑化、高度化している一方、外来で治療を受ける患者の割合が増加している。

○　こうした状況を踏まえ、今後、医療機関（特に、病院薬剤師）との密な連携や高度な専門性が求められるがんの薬物療法にも対応可能な薬局を確保していくことが重要。

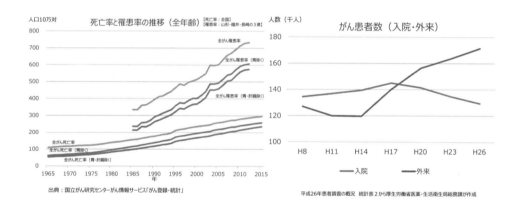

出典：国立がん研究センターがん情報サービス「がん登録・統計」　　　　　平成26年患者調査の概況　統計表2から厚生労働省医薬・生活衛生局総務課が作成

②特定の機能を有する薬局の認定・表示制度の創設

○　地域包括ケアシステムの構築が進む中で、入退院時や在宅医療において、医療機関、介護施設等と連携して対応するために必要な、以下のような要件に該当する薬局を「地域連携薬局」として都道府県知事が認定し、その名称を表示することができる制度を創設する。

※地域連携薬局の要件

◆主な認定要件（パブリックコメントを踏まえ厚生労働省令で規定が想定される内容）

【在宅医療への対応】

・　在宅医療に関する取組の実績（一定程度の実績）

- 高度管理医療機器等の販売業等の許可の取得並びに必要な医療機器及び衛生材料の提供体制
- 開店時間外の相談応需体制の整備
- 休日及び夜間の調剤応需体制の整備
- 地域の他の薬局への医薬品提供体制の整備
- 麻薬の調剤応需体制の整備
- 無菌製剤処理を実施できる体制の整備（他の薬局の無菌調剤室を利用して無菌製剤処理を実施する体制を含む。）
- 医療安全対策の実施
- 継続して１年以上勤務している常勤薬剤師の一定数以上の配置
- 地域包括ケアシステムに関する研修を修了した常勤薬剤師の一定数以上の配置
- 薬事に関する実務に従事する全ての薬剤師に対する、地域包括ケアシステムに関する研修又はこれに準ずる研修の計画的な実施
- 地域の他の医療提供施設に対する医薬品の適正使用に関する情報の提供実績

【医療提供施設との情報共有体制】
- 地域包括ケアシステムの構築に資する会議への定期的な参加
- 地域の医療機関に勤務する薬剤師その他の医療関係者に対し、利用者の薬剤等の使用情報について随時報告・連絡できる体制の整備
- 地域の医療機関に勤務する薬剤師その他の医療関係者に対し、利用者の薬剤等の使用情報について報告・連絡を行った実績（一定程度の実績）
- 地域の他の薬局に対し、利用者の薬剤等の使用情報について報告・連絡できる体制の整備

【患者に配慮した構造設備】
- 利用者が座って服薬指導等を受けることができる、間仕切り等で区切られた相談窓口等及び相談の内容が漏えいしないよう配慮した設備の設置
- 高齢者、障害者等の円滑な利用に適した構造

○ 経口薬が増加し外来で処方される機会が多くなっているがん等の専門的な薬学管理に対応するために必要な、以下のような要件に該当する薬局を「専門医療機関連携薬局」として都道府県知事が認定し、その名称を表示することができる制度を創設する。

※専門医療機関連携薬局の要件

◆主な認定要件（パブリックコメントを踏まえ厚生労働省令で規定が想定される内容）

【業務を行う体制】
- 開店時間外の相談応需体制の整備
- 休日及び夜間の調剤応需体制の整備
- 地域の他の薬局へのがん等の傷病の区分に係る医薬品提供体制の整備
- 麻薬の調剤応需体制の整備
- 医療安全対策の実施
- 継続して１年以上勤務している常勤薬剤師の一定数以上の配置
- がん等の傷病の区分に係る専門性を有する常勤薬剤師の配置
- 薬事に関する実務に従事する全ての薬剤師に対するがん等の傷病の区分に係る専門的な研修の計

画的な実施

・ 地域の他の薬局に対するがん等の傷病の区分に関する研修の定期的な実施

・ 地域の他の医療提供施設に対するがん等の傷病の区分に係る医薬品の適正使用に関する情報の提供実績

【医療提供施設との情報共有体制】

・ 専門的な医療の提供等を行う医療機関との会議への定期的な参加

・ 専門的な医療の提供等を行う医療機関に勤務する薬剤師その他の医療関係者に対し、がん等の傷病の区分に該当する利用者の薬剤等の使用情報について随時報告・連絡できる体制の整備

・ 専門的な医療の提供等を行う医療機関に勤務する薬剤師その他の医療関係者に対し、がん等の傷病の区分に該当する利用者の薬剤等の使用情報について報告・連絡を行った実績（一定程度の実績）

・ 地域の他の薬局に対し、がん等の傷病の区分に該当する利用者の薬剤等の使用情報について報告・連絡できる体制の整備

【患者に配慮した構造設備】

・ 利用者が座って服薬指導等を受ける個室等の設備の設置

・ 高齢者、障害者等の円滑な利用に適した構造

（2）テレビ電話等による遠隔服薬指導

【課題】

○ 医師が行う診療については、オンラインで適切に実施するための要件を定めたガイドラインを平成30年3月に策定している一方で、薬剤師が処方箋に基づいて行う調剤については、薬剤の適正使用を確保するため、改正前の薬機法では、薬剤交付時に対面で服薬指導を行う義務を規定している。

○ 高齢化がピークを迎える2040年を見据え、増大が見込まれる医療需要に対応するため、患者の利便性の向上や薬剤師の業務の効率化を図る観点から、服薬指導の方法についても検討が必要な状況にある。

【具体的な対応】

○ テレビ電話等を用いて薬剤の適正使用を確保することが可能であると認められる場合には、薬剤交付時の対面による服薬指導義務の例外として、テレビ電話等による服薬指導を行うことができることとする。

3. 関係事業者が法令遵守体制の整備を行うことに関する施策

（1）法違反の発生・再発防止のための体制整備義務、新たな行政処分類型の創設

【課題】

○ 近年、保健衛生上の危害の発生が懸念される以下のような不正事案が少なからず発生しており、今後の再発を防止するための措置が求められている。

事例1：承認書と異なる製造方法による医薬品の製造

◇平成27年5月、医薬品の製造販売業者で、承認書と異なる製造方法による血液製剤の製造、国等の査察を逃れるため製造記録の偽造等の不正行為の実施が発覚した。

◇ワクチンの製造方法についても承認書との乖離がないか報告を命じたところ、適切な調査・報告を行わなかった。

◇当該業者では、承認書と異なる製造方法による製造について、20年以上にわたって組織的な隠蔽が行われ、経営者自身がこれを認識しつつも放置していた。

◇厚生労働省が過去最長となる110日間の業務停止命令を実施した。

事例2：医療用医薬品の偽造品の流通

◇平成29年1月、C型肝炎治療薬「ハーボニー」の偽造品が流通し、奈良県の薬局チェーンが運営する薬局から患者の手に渡った（患者が異状に気づいたため、服用には至らなかった）。

◇偽造品は奈良県及び東京都で合計15ボトルが発見された。

◇流通に関与した卸売販売業者については、次のような違反が発覚した。
  ・譲渡人に関する記録を正確に作成せず架空の社名を記載した
  ・無許可業者に対して偽造品を授与した／営業所での医薬品の管理を適正に行わなかった

◇薬局開設者については、次のような違反が発覚した。
  ・医薬品の仕入・分譲業務を管理薬剤師に管理させていなかった
  ・管理薬剤師に必要な医薬品の　試験検査を行わせなかった

◇管理薬剤師については、次のような違反が発覚した。
  ・医薬品の仕入・分譲業務があることを認識しながら、管理監督を行っていなかった
  ・開設者に適切な意見申述を行わなかった

◇複数の自治体が行政処分（業務停止命令；卸売業者は8日間と12日間・薬局は5日間、薬局の管理薬剤師の変更命令）を行った。

事例3：虚偽、誇大な広告に基づく医薬品の販売　等

◇平成26年から27年にかけ、高血圧治療薬に関する広告について以下のような虚偽・誇大な表現をした販売促進用資材を配布した。
  ・承認事項を逸脱する効能・効果を暗示する表現
  ・臨床研究の結果、比較薬との間に有意差はなかったにも関わらず、あたかも有意差が認められるような印象を与える強調表現

◇上記の活動が誇大広告に当たるとして厚生労働省が以下の内容の業務改善命令を実施した。
  ・広告等の審査体制について、外部の有識者等を含めたものを整備し、新規だけでなく過去の資材も審査すること
  ・再発防止のため、法規定や業界自主基準を含めて社内に周知徹底し、適切な教育訓練を充実させること

○　こうした不正事案の多くは、組織の法令遵守に当然責任を持つべき役員や、医薬品・医療機器等に関する業務の責任者・管理者において、薬機法上求められる基本的な役割・職責が果たされていな

かったことが大きな原因で生じたと考えられている。

○ 違反事案の中には、経済的利得の獲得を主たる目的として行われたもの（虚偽・誇大な広告の実施）も存在している。規制の実効性を確保するため、違反行為を通じて得た利得を徴収することを通じて違反行為の抑止を図ることも必要とされている。

【具体的な対応】
①法令遵守体制の整備
○ 医薬品、医療機器等の製造・流通・販売に関わる薬機法上の許可等業者が、法令を遵守して業務を行うことを確保するため、以下の措置を講ずる。
・許可等業者における法令遵守に責任を有する者を明確にするため、「薬事に関する業務に責任を有する役員」を法律上に位置付け、許可等の申請書に記載することとする。
・許可等業者の遵守事項として、以下を規定する。
 −法令遵守上の問題点を把握し、解決に向けた措置を行うことができる体制を含めた法令遵守のための体制を整備（業務監督体制の整備、経営陣と現場責任者の責任の明確化等）する義務
 −法定の責任者・管理者について、必要な能力及び経験を有する者を選任しなければならないこと
 −法定の責任者・管理者から述べられた意見を尊重し、法令遵守のために措置を講じる必要があるときは、当該措置を講じること

○ 法定の責任者・管理者は、必要があるときは許可等業者に対して書面により意見を述べる義務を規定する。

②課徴金制度の導入
○ 薬機法違反の虚偽・誇大広告による医薬品、医療機器等の販売を抑止するため、虚偽・誇大広告を通じて得た利益を徴収する「課徴金制度」を導入する。

〈課徴金制度の概要〉
対象行為：医薬品、医療機器等の名称、製造方法、効能、効果又は性能に関する虚偽・誇大広告
課徴金額：対象行為を行っていた期間の対象商品の売上額×4.5％
適用除外：以下の場合は課徴金納付を命じない
・業務改善命令等をする場合で保健衛生上の危害の発生・拡大への影響が軽微であるとき、業許可を取り消すとき等には、納付を命じないことができる。
・上記により計算した課徴金額が225万円（対象の売上額が5000万円）未満の場合は、課徴金納付を命じない。
減額措置：以下の場合には課徴金額を減額する
・同一事案に対して、不当景品類及び不当表示防止法（昭和34年法律第134号）の課徴金納付命令がある場合は売上額×３％を減額
・対象行為に該当する事実を事案発覚前に違反者が自主的に厚生労働大臣に報告したときは、課徴金額を50％減額

（2）医薬品等の適正な入手のための措置

①承認等を経ない医薬品等の輸入確認制度の創設

【課題】

○　医薬品、医療機器等を輸入して我が国で販売しようとする場合には、承認等を取得する必要があるが、自分で服用するときや、医師等が患者に使用する等のときには、承認等は不要となっている。ただし、販売目的ではないことを確かめるため、輸入確認制度（通称「薬監証明制度」）を運用している。

○　この薬監証明制度の手続は法律上の規定はないが、近年、薬監証明を受けて輸入される医薬品等が大きく増加しており、虚偽申請により輸入した医薬品等を国内で販売する事例が発生している。

違反事例

医療機器販売業・修理業を営む輸入代行業者が、過去に輸入代行を行う際に取得した医師免許証の写しを本人に無断コピーして虚偽申請し、輸入報告書（薬監証明）の交付を受けて米国製の未承認医療機器を輸入し、国内で販売した。

※国内で販売する目的であれば、本来は薬監証明ではなく、医療機器の製造販売の承認が必要。

■資料11　医薬品等の輸入監視（薬監証明制度）【平成30年度第5回制度部会資料】

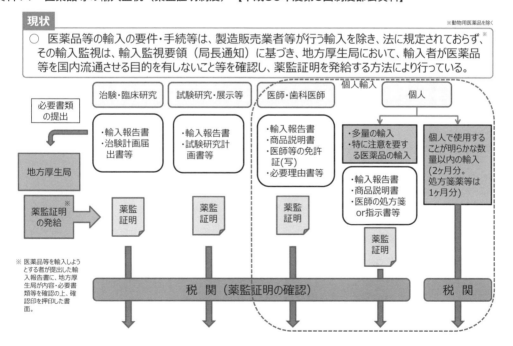

【具体的な対応】

○ 輸入確認制度（薬監証明制度）を法律に規定し、手続違反に対して薬機法に基づく指導・取締り（立入検査、廃棄命令等）を可能とするとともに、違反に対する罰則（3年以下の懲役若しくは300万円以下の罰金又は併科）を規定する。

○ また、違反行為については特別司法警察員である麻薬取締官（厚生労働省職員）及び麻薬取締員（都道府県職員）による捜査の対象とする。

②医薬品である覚醒剤原料の取扱いの見直し

【課題】

○ パーキンソン病などの医薬品として用いる覚醒剤原料については、現在、指定を受けた覚醒剤原料の輸出入業者以外の輸出入が禁止され、また、使用者が死亡した等により不要となった場合の処理について法律上の根拠規定が存在しない。

　一方、医療用麻薬については、許可を受ければ携行輸出入が可能であり、不要になった場合には医療機関等に返品することが可能となっている。

> 「覚醒剤原料」
> 覚醒剤の原料となる物質で、覚醒剤そのものではない。

○ 患者団体からの要望等を踏まえ、医薬品である覚醒剤原料が適切に入手・処理できるよう、適切なルールを整備する必要がある。

> 患者団体からの要望内容（要約）
> ・覚醒剤原料である医薬品を服用している患者は、出張・観光目的の出国（帰国）をする際に、現に疾病の治療に使用している当該医薬品を携帯して出帰国することが認められていない。
> ・一方、麻薬については、自己の疾病の治療目的で携帯して出帰国することが認められている。
> ・治療目的で携帯する医薬品が覚醒剤原料であれ麻薬であれ、等しく扱われるべき。

【具体的な対応】

○ 医薬品として用いる覚醒剤原料について、自己の治療目的携行輸出入の許可制度等を導入する。

○ 医療機関・薬局から交付・調剤された医薬品である覚醒剤原料が不要となった場合、患者やその相続人等から医療機関や薬局への返却を可能とする等、不要物に関する取扱ルールを構築する。

4．その他の観点に関する施策

（1）「医薬品等行政評価・監視委員会」の設置

【課題】

○ 医薬品等による悲惨な健康被害の発生・まん延を防止するため、医薬品等の安全性確保に関する対

策を講ずるとともに、公正・中立の立場から、これらの施策の実施状況を評価・監視する仕組みを設けることは極めて重要である。

○　薬害肝炎事件の検証及び再発防止のための医薬品行政のあり方検討委員会が平成22年4月にとりまとめた「薬害再発防止のための医薬品行政等の見直しについて（最終提言）」において、医薬品行政の監視・評価機能を果たすことができる機関の設置の必要性が指摘されている。

○　また、平成25年の薬事法等の一部を改正する法律の付帯決議においても、当該機関の設置について検討を行うべき旨が記されている。

【主な対応】
○　厚生労働省に「医薬品等行政評価・監視委員会」を設置する。
〈所掌事務〉
　・医薬品等の安全性の確保並びにその使用による保健衛生上の危害の発生・拡大の防止に関する施策の実施状況の評価及び監視
　・必要に応じ厚生労働大臣に意見又は勧告し、その内容を遅滞なく公表
　・厚生労働大臣は、委員会の意見又は勧告に基づき講じた施策について、委員会に報告

〈職権の行使〉
　・委員会の委員は、独立してその職権を行う。

〈資料提出要求等〉
　・関係行政機関の長に対する情報収集、資料提供、意見表明、説明等の必要な協力を求めることができる。

〈組織〉
　・委員は10人以内
　・委員長は委員の互選により選任

（2）血液法の改正
【課題】
○　血液法では、採血した血液は血液製剤の製造等以外の用途に用いることができないこととされている。
　　この規定の特例として、国家戦略特区（関西圏）において、採血した血液から作製した血液由来iPS細胞から医薬品試験に使用する細胞等の製造が行われている。
　　今後、科学技術の発展により、血液をより広く医療の発展に寄与する用途に用いるニーズが増大することが見込まれる。

○　また、現在、日本赤十字社のみが行っている採血事業（及び附帯業務としての原料血漿の製造業）

について、血液製剤の安定供給、供給体制の効率性・透明性の確保等の観点から、複数事業者による供給体制の必要性が指摘されている。

　仮に採血事業に新規事業者が参入した場合、これを契機に原料血漿の製造・供給についても、新たな製造業者が介在するなど複数の流通ルートが生ずることが想定されるため、こうした者にも安定供給のための責務を課すことが必要となる。

【主な対応】

①採血等の制限の緩和

○　例えば採血した血液から血液由来iPS細胞を作製し、医薬品等の研究開発における試験に活用する場合など、医療の質又は保健衛生の向上に資する用途に用いるための採血を認める。

②採血業の許可基準の明確化

○　現行の血液法では、不許可になる可能性のある場合が列挙されているが、新規参入者が満たすべき積極的な基準が規定されていない。献血者の保護及び採血業への新規参入者の予見可能性の確保を図るため、採血業の許可基準を明確化する。

○　なお、採血事業に新規事業者が参入した場合でも原料血漿の安定供給義務者が明確になるよう、原料血漿の製造業者に原料血漿の供給実績の報告義務を課すとともに、供給実績が需給計画に照らして著しく適正を欠く場合には厚生労働大臣による勧告ができるようにする。

③採血事業者のガバナンスの強化

○　採血業許可を採血所単位から事業者単位の規制にするとともに、採血所の採血業務を管理する責任者を法律に規定し、その責務を明確化することにより、採血事業者のガバナンスを強化する。

　以上示したものも含め、今回の法改正における主な対応と、先に示した薬機法の規制との関係を簡単に示すと、図2のようになる。これを見てもわかる通り、今回の法改正では薬機法の規制全般にわたる制度改正が行われている。次章では、大規模改正が実現に至るまでの1年以上にわたる長い道のりを紹介し、次いで各制度改正の詳細を第3章で紹介する。

■図２：医薬品・医療機器等の流通と薬機法の規制の大まかな見取り図及び主な法改正項目

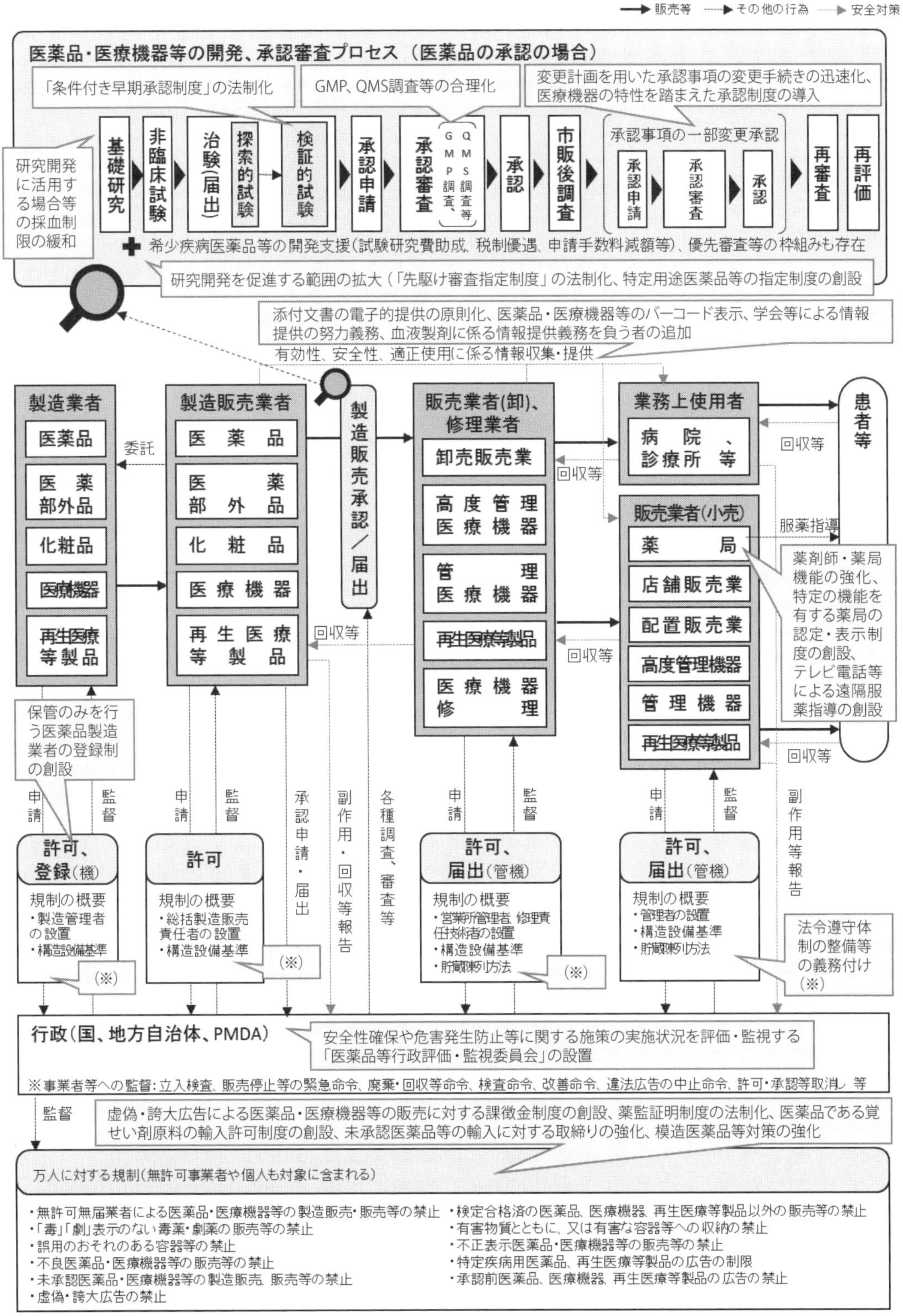

━━▶ 販売等　┄┄▶ その他の行為　━━▶ 安全対策

注：高度管理医療機器、管理医療機器、再生医療等製品の販売業は卸売と小売とで許可等の類型が分けられているわけではないが、安全対策上の取り扱いが異なるため、図では便宜上分けて記載している。

第2章

令和元年薬機法改正の軌跡

第2章　令和元年薬機法改正の軌跡

1．法案提出までの動き

　第1章で述べたとおり、平成25年（2013年）の2つの薬機法等改正法の附則に、「施行後5年を目途として、改正後の規定の実施状況を勘案し、必要があると認めるときは、当該規定について検討を加え、その結果に基づいて必要な措置を講ずること」とされていたことを踏まえ、厚生労働省厚生科学審議会医薬品医療機器制度部会で施行状況・課題やその改善策等について議論が行われた。

（1）医薬品医療機器制度部会の議論

　平成29年3月30日、厚生労働省厚生科学審議会に医薬品医療機器制度部会（以下「制度部会」）が設置された。

　過去の医薬関係の制度改正については、その都度、医薬品販売制度改正検討部会（平成16年5月〜平成17年12月）、医薬品等制度改正検討部会（平成23年3月〜平成24年1月）などにおいて議論が行われてきたが、

　・制度改正を行った後においても、その施行後の状況の確認をすることも必要であること
　・様々な課題・問題が発生する医薬行政について、広い関係者による議論が行われる体制を整えておくことは、医薬品・医療機器等行政にとっても重要であること

を踏まえ、制度部会の検討事項は「医薬品、医療機器等施策に関する重要事項を処理すること（薬事・食品衛生審議会の所掌に属するものを除く。）。」とされている。

①平成29年度までの議論

　設置から第3回まで、制度部会では薬機法の施行状況や偽造品流通事案への対応等、幅広い議題が取り上げられている。

※以下、各回の議事次第で「その他」とされた事項は省略している。

第1回（平成29年3月30日）議題
　・部会長選出及び部会長代理の指名について
　・薬機法等の施行状況と課題について（薬局、医薬品販売、安全対策関係）
　・かかりつけ薬剤師・薬局にかかる評価指標について
　・規制改革実施計画の対応について
　・革新的医療機器の早期承認について

第2回（平成29年6月22日）議題
　・薬機法等の施行状況と課題について（医薬品、医療機器、再生医療等製品等の審査関係、単回使用医療機器の再製造関係、革新的医療機器の早期承認関係）
　・薬局、医薬品販売の課題について（医療用医薬品等の偽造品流通防止に向けた対応関係、かかりつけ薬剤師・薬局に係る評価指標関係、規制改革実施計画の対応関係）

・安全対策関係の課題について（医薬品の製造販売業者における三役の適切な業務実施に関する留意
　事項関係、医薬関係者による副作用報告の推進に向けた取組関係）
・いわゆる「スマートドラッグ」への対応について
・「新たな医療の在り方を踏まえた医師・看護師等の働き方ビジョン検討会報告書」、「経済財政運営
　と改革の基本方針2017」及び「未来投資戦略2017」について

第3回（平成29年11月15日）議題
・薬局、医薬品販売に関する課題（健康サポート薬局の現状について）
・医薬品等審査に関する課題（条件付き早期承認制度の実施について）
・医薬品関係事業者の事業活動・ガバナンス等に関する課題（医薬品製造販売業者等が行う医薬品等
　の販売に関する情報提供の適正化について、医療用医薬品等の偽造品流通防止に向けた対応につい
　て、オンジ製剤の広告に対する対応について）

②平成30年度の議論

　平成29年度までの議論で取り上げられた改正法の施行後の実施状況に加え、人口構造の変化と技術革
新の影響等を含めた将来に向けた見通しの視点に基づき、薬機法の改正に関する検討がはじめられた。
検討は、以下の3つのテーマに沿って進められた。
・テーマ①：革新的な医薬品・医療機器等への迅速なアクセス確保・安全対策の充実
・テーマ②：医薬品・医療機器等の適切な製造・流通・販売を確保する仕組みの充実
・テーマ③：薬局・薬剤師のあり方・医薬品の安全な入手

　この他、血液法の改正の必要性について薬事・食品衛生審議会血液事業部会において検討が進められ
た。
※以下、平成30年度における会合を表示している。平成30年度第1回は部会設置以降の通算では第4回
となる。

第1回（平成30年4月11日）議題
・医薬行政をめぐる現状と課題について
・医薬品製造販売業者等が行う医薬品等の販売に関する情報提供の適正化について

第2回（平成30年5月9日）議題
・テーマ毎の検討（革新的な医薬品・医療機器等への迅速なアクセス確保・安全対策の充実）につい
　て
※なお、本議題に関し、日本製薬団体連合会、日本医療機器産業連合会・米国医療機器・IVD工業会・
　欧州ビジネス協会（EBC）医療機器・IVD委員会から要望書が提出されている。

第3回（平成30年6月7日）議題
・テーマ毎の検討（医薬品・医療機器等の適切な製造・流通・販売を確保する仕組みの充実）につい
　て

・テーマ毎の検討（革新的な医薬品・医療機器等への迅速なアクセス確保・安全対策の充実）について

※なお、全国薬害被害者団体連絡協議会から参考人2名（公益財団法人いしずえ　サリドマイド福祉センターの方及び薬害肝炎全国原告団の方）が出席し、意見陳述を行った。

　過去累次にわたり行われてきた医薬品医療機器制度の改正は、薬害事件の発生を契機に行われたものも多い。

◆サリドマイドによる胎児の障害

【概要】1950年代以降、依存性の少ない鎮静睡眠剤として開発されたサリドマイドを含有する医薬品を、妊娠初期に服用した母親から、手、足、耳、内臓などに障害のある子どもが生まれた。

【教訓】当時は承認前に有効性・安全性の評価がデータに基づく形で厳格には行われていなかった、諸外国からの安全性情報が承認審査や安全対策に活かされなかった、販売停止と回収措置の決定までに時間がかかり、回収措置も徹底されなかった　等

【対応】このため、承認審査資料の厳格化（1963年以降）、新医薬品の副作用報告の義務化（1967年）、臨床試験成績等の資料の法律上の義務化や販売停止命令、廃棄・回収命令を法律上規定（1979年法改正）　等

◆キノホルム製剤によるスモンの発生

【概要】1950～70年代にかけて、整腸剤として販売されていたキノホルム製剤を服用した方に、全身のしびれ、痛み、歩行困難、視力障害などを症状とするスモンが発生した。

【教訓】被害救済のために訴訟を提起するが長期間を要し解決は困難を伴った、新薬ではない古くから使われている医薬品が重大な副作用の原因となった　等

【対応】医薬品の副作用による健康被害に対し救済給付を迅速に給付する医薬品副作用被害救済制度の創設、承認拒否事由の明確化、再評価制度の法制化（1979年法改正・制定）　等

◆非加熱血液製剤によるHIV感染

【概要】1980年代以降、HIVが混入した非加熱血液製剤（血液凝固第VIII因子製剤、血液凝固第IX因子製剤）を使用した血友病患者を中心にHIV感染が広がった。

【教訓】欧米の最新の情報が審査に有効に活かされない、より安全な製剤等への切り替えの遅れ、感染による健康被害の発生への対応、血液行政の抜本的改革の必要性　等

【対応】国内販売品と同一成分の医薬品について外国で回収等が行われたことを製薬企業が知った場合の国への報告義務の創設（1996年法改正）、トレーサビリティ確保のための生物由来製品の記録保存義務の創設、生物由来製品による感染被害救済制度の創設、血液法の抜本改正（国内自給原則・売血の禁止等を規定）（2002年法改正）　等

◆フィブリノゲン製剤等によるC型肝炎ウイルス感染

【概要】1964年から1994年頃にかけて1980年代後半を中心に、肝炎ウイルスが混入した血液製剤（フィブリノゲン製剤、血液凝固第IX因子製剤）の使用を受けた方が、C型肝炎ウイルスに感染。慢性肝炎の発症だけでなく、肝がん、肝硬変により死亡する患者が出た。

【教訓】製薬企業が一部変更承認申請を行わずにウイルス不活化処理方法を変更するなど安全対策
に十分な注意を払っていなかった、製薬企業から副作用情報を適切に収集できなかった、
一定の情報を得ながら、保健衛生上の危害の発生・拡大防止のための施策に適切に反映で
きなかった　等

【対応】製品に対する責任を負う者として製造販売業者を規定し許可要件に市販後安全管理体制の
整備等を規定、病院、薬局等から国への副作用報告を法制化（2002年法改正）リスク最小
化計画を含めたリスク管理計画の策定指針の創設（2013年度適用）、医薬品等行政評価・監
視委員会を厚生労働省に設置（今回の法改正）

第4回（平成30年7月5日）議題
・テーマ毎の検討（薬局・薬剤師のあり方・医薬品の安全な入手）について
※なお、本議題に関し、公益社団法人日本薬剤師会から意見書・資料が、公益社団法人日本医師会
から資料が提出されている。

第5回（平成30年7月25日）議題
・テーマ毎の検討（薬局・薬剤師のあり方）について
・テーマ毎の検討（医薬品の安全な入手）について

第6回（平成30年9月28日）議題
・「改正法の施行後5年を目途とした検討」の検討内容及び検討スケジュールについて

　平成30年度第5回制度部会においてテーマごとの検討が一巡し、第6回制度部会ではそれまでの議論
で出された主な意見と（当時の）法規定との関係性が示された。また、第6回以降はこれまで議論した
事項のうち、さらに検討を要するものについて議論を深めることとされた。

さらに検討が必要とされた事項と検討の視点

◆特に必要な医薬品医療機器等と承認制度
→「条件付き早期承認制度」や「先駆け審査指定制度」の手続き等を明確化し透明性を高める観点か
ら、制度化すべきではないか。
→一方で、市販後調査を含めた安全対策をどのように充実させるのか。

◆添付文書情報等の提供方法
→医薬品や医療機器の適正使用に資する情報の提供方法としては、紙による添付文書情報の提供か
ら、電子的な方法に移行することを基本とすべきではないか。
→一方で、医療機関等が確実に最新の情報を確認できるよう、紙による提供を併せて行うことも必要
ではないか。

◆医薬品、医療機器のトレーサビリティの向上

→バーコードが最終的に患者の安全確保につながるのであれば、義務化を含めてしっかりと進めるべきではないか。

→ただし、運用のメリットやコストも考慮して、トレーサビリティの向上のための課題を検討する必要があるのではないか。

◆ガバナンスを強化するための「三役」の要件・責任明確化

→総括製造販売責任者（総責）は、必ずしも薬剤師に限らず責任を果たせる者でもよいのではないか。

→総責要件の検討にあたっては、製造販売業者における実態を明らかにするべきではないか。

◆ガバナンスを強化するための行政措置の見直し

→許可業者が独占・寡占的な場合を含め、許可業者の違法行為を抑止する観点から、役員解任に関する規定や課徴金制度などの新たな行政措置についてどのように考えるか。

→誇大広告等によって売上げを伸ばすような行為については、適切な行政措置等を通じて、結果として企業の利益とならないようにする仕組みが必要ではないか。

◆適正流通確保に向けた卸売販売業者の規制の見直し

→卸売販売業者及び医薬品営業所管理者に関する規制については、それぞれの業務の体制や実態を踏まえた検討が必要ではないか。

◆医薬分業とかかりつけ薬剤師・薬局について

→処方箋受取率が70％を超えて医薬分業が進展し、医療保険では調剤医療費における技術料が年間で約1.8兆円となっている一方で、薬局は調剤を中心とした業務を行うにとどまっており、本来の機能を果たせておらず、患者や他職種から医薬分業の意義やメリットが実感されていないとの意見がある。

→また、医薬分業が進む中で、薬局・薬剤師との連携も含め、病院薬剤師がより大きな役割を果たすことが期待されているという意見があった。

→現在「患者のための薬局ビジョン」に基づき、かかりつけ薬剤師・薬局を進めているが、患者が医薬分業のメリットを感じられるように、患者本位の医薬分業へ見直すことが必要である。このため、以下の点を含めた一連の検討が必要である。

◆薬剤師による情報提供及び薬学的知見に基づく指導の強化

→薬局では、薬剤交付時にのみ服薬指導を行うことがほとんどであるが、その後の服薬期間中の継続的な服薬状況の把握や指導等についてどのように考えるか。

→地域包括ケアシステムの構築に資する医療提供を行う一員としてかかりつけ薬剤師・薬局が適切な役割を果たすため、医療機関・薬局間や職種間での連携・情報共有を進めるべきではないか。

◆薬剤師の対人業務を推進するための方策

→オンラインによる服薬指導は、ICT技術の活用等による業務効率化の観点、国家戦略特区での実証事業、及びオンライン診療の状況等を踏まえ、どのように位置づけるべきか。

◆地域における医薬品提供体制を確保するための薬局の体制整備

→地域包括ケアシステムの構築に資する医療提供を行う一員として医療機関等や他職種と連携してかかりつけ薬剤師・薬局が適切な役割を果たすため、薬局が持つべき様々な機能を整理し、役割分担・連携を進めるべきではないか。

◆薬局の組織ガバナンスの確保

→薬局の管理者と開設者の責務が果たされるためにどのような仕組み、方策が必要か。特に、同一法人が複数の薬局を開設している場合などにおいて、関係者が責務を果たすことを促すための措置を検討すべきではないか。

第7回（平成30年10月18日）議題
- ・迅速なアクセス・安全対策の充実等
- ・薬局・薬剤師のあり方、医薬分業のあり方

第8回（平成30年11月8日）議題
- ・迅速なアクセス・安全対策の充実等
- ・適切な製造・流通・販売の確保の仕組み
- ・薬局・薬剤師のあり方、医薬分業のあり方
- ・医薬品等行政を監視・評価する第三者組織

第9回（平成30年11月22日）議題
- ・適切な製造・流通・販売の確保の仕組み
- ・薬局・薬剤師のあり方、医薬分業のあり方
- ・血液法改正のイメージ（薬事・食品衛生審議会薬事分科会血液事業部会における検討の報告）

> 血液事業部会では、血液法の目的である血液製剤の安全性の向上、安定供給及び国内自給の確保、献血者の保護、有料採血の禁止といった血液事業の根底となる原則を堅持しつつ、
> ①採血等の制限については、科学技術の発展を踏まえた対応
> ②国は複数の採血事業者の参入を踏まえた献血者の健康保護、選択権の確保
> ③血液製剤の流通の広域化を踏まえた採血制度に係る各種手続きの合理化
> 等について手当てすべき法制度上の措置に関し、議論が進められた。

　平成30年度制度部会において個別の論点は一巡し、第10回制度部会ではとりまとめ案について議論されることとなった。

第10回（平成30年12月14日）議題
- ・とりまとめ（案）について

　事務局から示された報告書案に対し制度部会当日に委員から指摘された事項を踏まえた修正を経て、平成30年12月25日に報告書としてとりまとめられた（巻末資料参照）。

③主な改正事項に関する議論の詳細

　主な改正事項に関する委員の意見や事務局提出資料は次のとおりであった。

革新的な医薬品・医療機器等への迅速なアクセス確保・安全対策の充実　関係

◆医療上特に必要な医薬品医療機器等と承認制度

　1．特に必要な医薬品医療機器等と承認制度

検討の方向性

医療上特に必要な医薬品・医療機器等の承認制度について（案）

○　現在、薬機法第14条第7項、第23条の2の5第9項及び第23条の25第7項では、希少疾病用医薬品等及び医療上特に必要性が高い医薬品等を対象に優先審査の対象としているが、早期患者アクセスが求められる、制度化されていない未充足な医療ニーズが存在している。

○　①先駆け審査指定制度の対象となるような革新的な医薬品等や、②小児用法用量設定など医療上充足されていないニーズを満たす医薬品等について、薬機法上明確に位置づけ、優先審査、適切な再審査期間の設定など、開発促進に資するインセンティブを設定する。

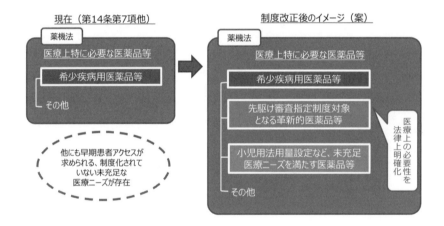

○　希少疾病用医薬品医療機器等が、臨床現場に対して大きな成果を上げる一方で、現在でも妊婦の安全性、小児等への医薬品の用量設定等、医薬品医療機器等の承認には医療上充足されていないニーズがあるのではないか。

○　「条件付き早期承認制度」及び「先駆け審査指定制度」の2つの制度については、この機会に法律に基づく制度とすることを希望。

○　医薬品開発や製造販売後安全対策に関する制度上の財政的な支援を検討してほしい。

○　「条件付き早期承認制度」「先駆け審査指定制度」「希少疾病用医薬品」「優先審査」等、類似している制度の関係を明確にしていただきたい。

○　希少疾病用医薬品等に関する助成制度については、患者数が極めて少ない疾病や企業の開発体力が弱い等、真に開発が困難な対象に手厚くなるよう、制度の本質にかなった運用になるよう見直すべき。

革新的な医薬品・医療機器等への迅速なアクセス確保・安全対策の充実　関係

◆条件付き早期承認制度の法制化

１．特に必要な医薬品医療機器等と承認制度

医薬品等の条件付き早期承認制度の考え方について（案）

・重篤で有効な治療方法が乏しい疾患の医薬品等で、患者数が少ない等の理由で検証的臨床試験の実施が困難なものや、長期間を要するものについて、承認申請時に検証的臨床試験以外の臨床試験等で一定程度の有効性及び安全性を確認した上で、製販後に有効性・安全性の再確認等のために必要な調査等を実施すること等を承認条件により付与することにより、重篤な疾患に対して医療上の有用性が高い医薬品の速やかな患者アクセスの確保を図る。

・あわせて、承認後に実施される調査等の結果を再審査を待たずにタイムリーに評価し、安全対策等に反映させる仕組みを導入。

通常の承認審査

※1　少数の患者に医薬品等を投与・使用し、医薬品等の有効性、安全性を検討し、用法・用量等を設定するための試験
※2　多数の患者に医薬品等を投与・使用し、設定した用法・用量等での医薬品等の有効性・安全性を検証する試験

条件付き早期承認制度

・検証的臨床試験以外の臨床試験等で一定程度の有効性及び安全性を確認し、早期申請
・優先審査品目として総審査期間を短縮

■承認条件を付与
　・製販後の有効性・安全性の再確認（RWD活用含む）
　・適正使用に必要な場合は施設等要件の設定　等
■再審査期間中に中間的に評価を行い、その結果を踏まえて、承認条件の変更、安全対策等を実施。

※3 医療機器については再審査制度がないため除外

○　「条件付き早期承認制度」及び「先駆け審査指定制度」の２つの制度については、この機会に法律に基づく制度ということを希望。【再掲】

○　「条件付き早期承認制度」を制度化する場合、どういうものが対象になるかが重要。際限なく広がるおそれを懸念しており、適応の条件やその判断プロセスを明確にして透明性を高めるべき。

○　「条件付き早期承認制度」や「先駆け審査指定制度」について、承認後の検証、実際にそれが患者さんにプラスになっているか検証する仕組みというのが必要ではないか。まだ実際に形となっていないのであれば、進めていただきたい。

○　条件付き早期承認制度のように審査を早める場合には安全対策の観点で市販後調査の重要性が増すことから、市販後調査の対応を充実させなければならない。

○　製造販売後の評価におけるリアルワールドデータの活用については、科学的な議論を深めていくべき。

○　条件付き早期承認制度、先駆け審査指定制度の法制化は、日本での医薬品開発促進に資するとともに、国民の理解促進の一助となるので必要。製薬企業は安全対策の充実を含めて適切に対応していく。

革新的な医薬品・医療機器等への迅速なアクセス確保・安全対策の充実　関係

◆品質に係る承認事項変更方法の見直し

（２）①　品質に係る承認事項変更方法の見直し

PACMPを用いた承認事項の変更手続制度（試行）の概要

現状

○　平成30年4月、国内においても、PACMPを用いた承認事項の変更の試行を開始した。

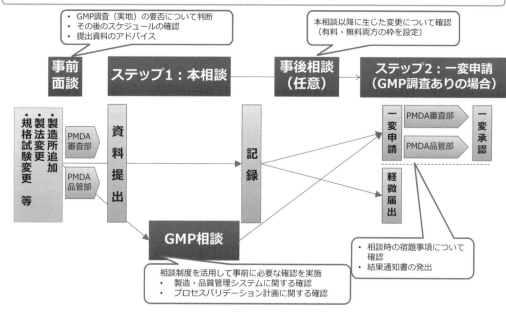

○　国際ハーモナイゼーション及びグローバルサプライチェーンの効率化の観点からも、品質に係る承認事項の変更方法や製造業許可を、より柔軟にしていただきたい。

○　現在試行されているPACMP（承認後変更管理計画書）相談制度では、一変承認時期の予見性が高まると考えており、早期に本格稼働をしていただきたい。

○　日本でも、申請日に承認日が特定できるような、予見性の高い変更方法を導入していただきたい。変更方法の検討の際には、柔軟な製品切り換えを可能とするため、承認時期と出荷のタイミングを調整できるような合理的な制度にしていただきたい。

革新的な医薬品・医療機器等への迅速なアクセス確保・安全対策の充実　関係

◆国際整合化に向けたGMP調査の見直し

○　効率的な調査の実施や国際的な整合性の観点から、承認前の製造販売業者の申請に基づく調査は承認審査の一環であることから維持する必要があるが、承認後は、欧米における状況も踏まえ、製造所の申請に基づく製造所単位での調査も選択できることを考えてはどうか。製造所単位での調査を認める場合には、例えば、剤形、工程の技術特性に合わせた調査申請の区分を検討する必要があるのではないか。

○　医薬品の品質は、製造所単位での構造設備（ハード）と品目単位での製造管理・品質管理（ソフト）の両面から担保されるべきものであるということで、製薬業界としては、承認取得後5年ごと定期的に行われる調査については、製造所が調査を申請し、欧米と同様に製造所単位で

ハードとソフトの調査を同時に受けるというような合理化をすべきと考えている。製造所の申請に基づく、製造所単位でのGMP調査も選択できるようにしていただけたらと考えている。

革新的な医薬品・医療機器等への迅速なアクセス確保・安全対策の充実　関係
◆安定供給の確保に向けたQMS調査の見直し

○　安定供給等を目的に複数の製造ラインを持つ製造販売業者が、メインの製造ラインの安定化等がされた後に、同一製品群で他の品目の製造を一部の登録製造所のみで行う場合、利用する当該登録製造所のQMS適合性は既に確認されているが、改めてQMS適合性調査を受けていることについて、見直しする必要はないか。

○　基準適合証の発行単位が「製品群区分」と「医療機器の製造を分担する全ての製造所」の組合せとされているが、いろいろと変更があったときの手続の煩雑さにつながっている面があると考えている。基準適合証の複数製造所の組合せの考え方を整理するべきではないか。

革新的な医薬品・医療機器等への迅速なアクセス確保・安全対策の充実　関係
◆医療機器の特性に応じた承認制度の導入

1．特に必要な医薬品医療機器等と承認制度

医療機器の特性
- 多種多様（メスからペースメーカー、MRIまで）
- 市販後に変更を繰り返す（ソフトウェアなど）
- 絶えず改良改善によるアップデート（性能を確認できるスペックの範囲に幅がある機器）
- 手技者の影響が大きい（焼灼機器等の機能から他領域に応用が検討される機器）

現状と課題
- ○ 特定の疾病領域に使用することを想定し領域ごとに順次開発されて承認されている医療機器や、身体への外科的侵襲を目的とし手技や領域を限定しない医療機器がある。
- ○ 医療機器の特徴である継続的な改善改良への対応としては、その変更による有効性・安全性への影響度合いに応じ、一部変更承認や軽微変更届出等の薬事手続きで対応している。
- ○ また、AIのように初回承認から性能等が常に向上し続けるプログラムが開発されている。
- ○ 以上を踏まえ、速やかな患者アクセス実現のため、以下の承認審査制度を構築すべき。
    - ① 対象臓器や部位以外にも応用が可能と思われる焼灼、照射等の機能を持つ医療機器について、他臓器や部位への迅速な応用を実現する承認審査
    - ② 改良・改善を続ける医療機器の特性に応じた承認審査
    - ③ 市販後に恒常的な性能等が変化する医療機器に適応した承認審査

[主な意見]
- ○ 医療機器について、疾患とか臓器別ではなくて、その持っている機械の特性や機能に基づいた分類による承認等、医療機器の特徴に合わせた規制のあり方を是非検討していただきたい。

検討の方向性（案）
- ○ 施設や術者等を限定すること及び市販後安全対策の充実強化により、対象臓器や部位以外にも応用が可能と思われる焼灼、照射等の機能を持つ機器の他臓器や部位への迅速な適用追加。
- ○ 承認後もすぐに改善・改良が見込まれている医療機器について、改善・改良計画を審査の過程で確認し、その範囲の中で迅速な承認事項の一部変更を認めることにより、継続した改善・改良を可能とする承認審査。
- ○ 市販後に恒常的な性能等が変化する医療機器について、医療機器の改善・改良プロセスを評価することにより、市販後の性能変化に併せて柔軟に承認内容を変更可能とする方策。

○　医療機器について、疾患とか臓器別ではなくて、その持っている機械の特性や機能に基づいた分類による承認等を今後検討していく必要がある。

○　医療機器の特徴に合わせた規制の在り方を是非検討していただきたい。

○　医療機器の改善・改良計画については、将来特定の部位に拡張ができるというすごく限定したものではなく、使っていくうちに改善・改良点について気が付くことも多いので、そのような状

況にも対応可能なフレキシブルな設計とすべき。

○ 医療機器に関して、臨床研究法の施行により、特に希少な疾患に関して前向きの試験を行うことが事実上極めて難しくなったため、臨床データの活用に関して、例えば、観察研究も含めて評価するとか、ゆとりのある臨床データの活用法も含めて検討していただければありがたい。

革新的な医薬品・医療機器等への迅速なアクセス確保・安全対策の充実　関係

◆添付文書の電子化

1．添付文書情報の提供方法

■添付文書情報の提供方法の在り方（医薬品の例）

○ 製造販売業者又は卸売販売業者は、医療機関・薬局が医薬品を納入する場合、医療機関・薬局に赴く際に、原則紙媒体を提供する。あわせて、添付文書情報の電子的入手方法を伝達する。

○ 添付文書情報が改訂された場合は、電子的方法及び紙媒体の提供等を通じて、改訂後の情報を医療機関・薬局に速やかに提供する。

○ また、製造販売業者は製品の外箱等にQRコード等を表記し、医療機関・薬局がアクセスした場合に、最新の添付文書情報を確実に入手できる状態を確保する。

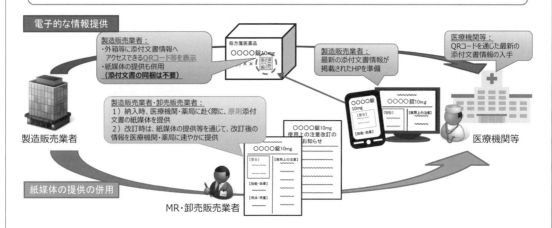

○ ICTリテラシーの高い医師ばかりではなく、高齢の医師はまず紙の添付文書を見るので、更新情報は電子化されたデータを見るとしても、紙媒体も残すべきではないか。紙媒体の廃止は時期尚早である。

○ 最新の添付文書の改訂情報が出た際には、メーカーの責任として、医療機関にプッシュ型で情報発信することが必要。

○ 医療機関・薬局の必要な人に必要な情報が確実に届く方策の担保を前提に、電子化を推進するという大きな方向性のもとで、当面は共存が必要ではないか。

○ 医薬分業により医療機関には薬を置いていないので、医療機関は電子化されたデータで見ているが、紙媒体でないと使いづらい場合もあるので、1つの方法に限定するのは難しいのではないか。

○ 全ての医薬品の中に紙媒体が入っているということは資源の面で問題なので、早急にペーパーレス化を進める必要があるのではないか。

○ 医薬品と最新の情報を連動させるためには電子化を推進すべきであるが、一方で災害時等に確

実に必要な情報が提供できるようにする必要があるのではないか。

○　添付文書に関する責任は、製造販売業者に帰結すべきではないか。

○　紙の添付文書を医薬品と同時に納入する責任は、卸売販売業者にあるのではないか。

○　改訂時に更新された情報が確実に医療現場に提供されるよう法的責任の所在も明確にするべきではないか。

○　最新の情報をどのような形で速やかかつ確実に医療現場に提供すべきか、速やかに検討を行うべきではないか。

○　医薬品とは極めて特性の違う医療機器等、多様性に配慮するべきではないか。

○　書式について、副作用情報の重みづけも考慮した上で、添付文書を機能的な文書として扱えるよう検討すべきではないか。

革新的な医薬品・医療機器等への迅速なアクセス確保・安全対策の充実　関係

◆トレーサビリティの向上

２．医薬品・医療機器のトレーサビリティの向上

検討の方向性

以下の方向で検討を進めることとしてはどうか。

○　医薬品、医療機器、再生医療等製品の直接の容器・被包や小売用包装に、標準化規格に基づくバーコードを表示することを法令上規定する。

○　表示の義務化にあたっては、製品情報のデータベース登録などを製造販売業者に求めるとともに、医療現場などでバーコードを利用するシステムの実装を推進していく。

■医療現場などで想定されるバーコードの活用

特定の医薬品、医療機器が使用された患者の特定

回収となった医療機器の院内在庫の把握

医薬品の調製やピッキング時の取り違え防止

OTCの販売・購入の履歴を電子的に記録

電子版お薬手帳との連携

医療情報データベース

REPORT

薬・機器の使用記録をBig Dataとしてデータ解析に活用

（留意事項）

○　スムーズな導入のため、十分な経過措置期間を設ける必要がある。

○　医薬品や医療機器等の種類や特性に応じた対応、段階的な法制化（医療機器の本体への表示など）、表示面積が小さい場合等の技術的限界への手当てなどの配慮が必要。

○　国内の商習慣などの実態や海外の規制・制度との整合に留意が必要（コード規格は国際的に受け入れられているものとする、一般用医薬品については現行のJANコードの活用や電子版お薬手帳との連携など）。

○　卸売販売業者の営業所管理における安全管理の面でも、バーコードはサプライチェーンの整備のために重要。

○　バーコードが最終的に患者の安全確保につながるのであれば、多少コストと手間がかかるとしても、義務化するくらいきちんと進めていくべき。

○　鋼製器具と画像診断システムを一律に扱ってよいかなど、医療機器の多様性に配慮すべき。

○　バーコードは非常に重要な論点。医療機関での対応は大変なので、十分な準備期間を設けるべき。また、バーコードリーダーの対応なども配慮すべき。

○　バーコード化は最終的に技術的に難しい特殊な製品が残るが、これを超えて推進しなければならない。

○　トレーサビリティの確保は費用対効果が高い施策。小売用包装への表示と、国際標準のコーディングシステムの採用を重要視すべき。

○　医療用医薬品については、現在の通知の内容を大きく超えるものでなければ十分に対応可能。医療現場でのバーコード利用の実装化を早急に検討すべき。

○　一般用医薬品の場合、購入者と服用者が異なる、常備薬として購入するといった医療用医薬品との違いに留意が必要。

○　一般用医薬品は服用の実態を把握しづらいので、電子版お薬手帳との連携は有用と思う。すぐに実施するのは難しいが、実現する方向で検討して欲しい。

医薬品・医療機器等の適切な製造・流通・販売を確保する仕組みの充実　関係
◆法令遵守体制の整備（資料は製造販売業者の場合）

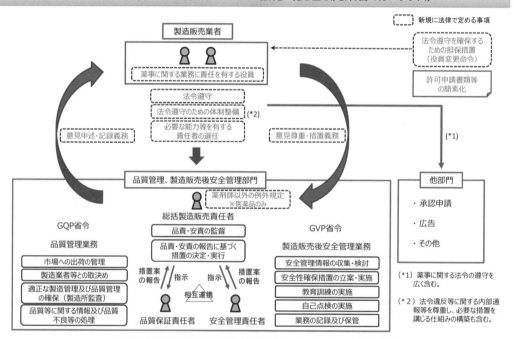

※医薬品、医薬部外品、化粧品、医療機器、体外診断用医薬品及び再生医療等製品の製造販売業者について、同様の改正を行う。

○　日本製薬団体連合会の要望書にもあるとおり、役割と責任を果たせる者を総括製造販売責任者に任命できるように制度の改正をお願いしたい。

○　総括製造販売責任者は、薬剤師が原則であると明示することが必要ではないか。また、薬剤師要件の例外規定を拡大解釈し、なし崩し的に運用されることがないよう、厳格な運用が必要ではないか。仮に薬剤師以外を配置する場合でも、人材育成をするための期限つきの特例であるべきではないか。

○　企業における薬剤師の育成は、重要課題と考えているが、それ以上に総括製造販売責任者とし

ての役割を担う立場が必要であり、例外規定を勘案すべきではないか。

○　品質保証責任者、安全管理責任者の方が、薬剤師であるべきではないか。

○　薬剤師の教育・職能が変化してきているため、それを踏まえた規制がどこまでミニマムに必要か検討すべきではないか。

○　総括製造販売責任者が品質保証責任者、安全管理責任者を束ねる力量があるかどうかをどのように判断するか検討すべきではないか。

○　役員の責任追及に関しては、他法令上、厳しいものとして役員の解任命令の制度があり、それぞれの組織の在り方について行政が介入するもので、かなり重いものであるが、役員の責任が非常に重い分野であれば、役員解任命令を検討することは現実的に可能と思われる。

○　ガバナンスの問題については、違法状態にあることを役員が認識しながら改善を怠るというに留まらず、役員が率先して違法行為を行うという事例もあるため、こういった事例に対してもしっかり手当をすべきである。

医薬品・医療機器等の適切な製造・流通・販売を確保する仕組みの充実　関係
◆法令遵守体制の整備（資料は薬局開設者の場合）

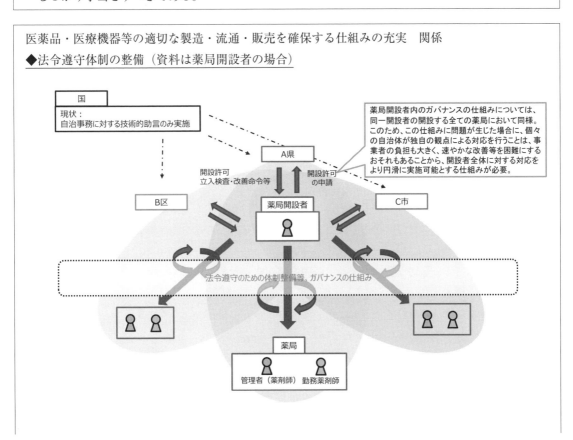

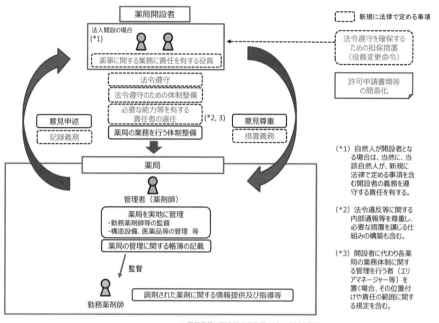

○ 管理者の意見具申の義務が規定されているが、管理者が開設者に意見を述べることは困難であり、実行されるような仕組作り及び開設者の意識改革が必要。

○ 責任を誰が担うかが重要。薬局の経営規模は様々であることも踏まえ、企業としてのあり方を検討すべき。

○ 薬局は店舗毎に許可権者である自治体が管理をしており、法人（薬局開設者）としての情報を一括で管理していないので、法人全体として情報管理を行うことも検討が必要。

医薬品・医療機器等の適切な製造・流通・販売を確保する仕組みの充実　関係

◆課徴金制度の導入

○ 刑罰である罰金は起訴して裁判して決めることから、手続がかなり重くなる。さらに、制度導入の際、他制度との横並びの問題が出てきて、高額にしようとしてもどうしても限界がでてくる。

○ 景品表示法違反に対して、課徴金制度が新たに導入されており、これは、誇大広告等によって、それだけ利得を得たという場合には課徴金として取るというやり方であることから、まさに医薬品などの広告の場合であっても、それは当然同じような考え方をとるべき。一方、それ以外の場合にどれだけできるかというと、なかなか難しいところがあるのではないか。

○ 違法なデータによって売り上げを伸ばした、その不当利得を社会に還元するという仕組みをぜひ考えてほしい。そして、その回収した売り上げの一部は、医療費に戻すという仕組みであるべき。

○ 回収したものをどうするかは、これは景品表示法のときにも若干議論があったが、ほかの制度との関係もあって、かなりこれは検討しないとなかなか難しい。

○ 今までの業務停止命令というのはほとんどザルで、患者がいるから仕方がないが、結局、全部出荷を認めている。これではペナルティーの効果がないので、きちんと罰金という形で対応すべき。

薬局・薬剤師のあり方、医薬品の安全な入手　関係

◆継続的な服薬指導、他の医療提供施設への情報提供の実施

○　病院の薬剤師は患者が薬を服用した後の状況を見られるが、薬局の薬剤師はそれができていない。服薬状況の継続的な把握が重要。

○　薬局の薬剤師が処方箋に記載された情報のみで調剤、薬学的知見に基づく指導を行うことには限界がある。疾患名や検査値等、調剤や服薬指導に必要な患者に関する情報を共有する仕組みが必要。

○　処方箋への疾患名記載については慎重な議論を要する。

○　服薬情報の一元的・継続的把握のためには、外来と入院での情報の連携（薬薬連携）が必要。

○　処方（レジメン）提案は薬剤師の業務として重要。ただし、チーム医療として医療機関の中で行われる場合と、医薬分業の中で薬局薬剤師が処方医に対して行う場合について整理すべき。

○　高度薬学管理機能が薬局にないから、病院が持てば良いということではなく、病院薬剤師と薬局の薬剤師が連携をとって業務を行い、高度薬学管理機能を果たしている薬局については、その位置付けを明確化すべき。

○　薬を受け取る時だけではなく、その後の安全管理もかかりつけ薬剤師が適切に担うことを検討すべき。

○　薬局の体制整備として病院薬剤師との連携をして、患者の服薬情報を継続的に把握するシステムづくりをしていく必要があるのではないか。

○　医療機関と薬局の連携、医師と薬剤師の連携は非常に大事な要素で、法改正に盛り込むべき。

○　退院時カンファの参加など、薬薬連携や、外来・入院・外来のような情報の一元的・継続的把握を進めないと薬局の意味がない。薬局が存在意義を発揮するには、調剤後のフォローアップをやらないと、医薬分業の意味が全くないのではないか。

薬局・薬剤師のあり方、医薬品の安全な入手　関係

◆特定の機能を有する薬局の認定・表示制度の創設

○　薬局という1つの分類ではなく、たとえば、高度な機能を持っている薬局や高度な知識を持っている薬剤師がいる薬局をわかりやすい形で示していくことも検討すべき。

○　地域のかかりつけ薬剤師・薬局による在宅医療への取組は進めるべきで、地域の薬剤師・薬局の業務として位置づけるべき。

○　在宅訪問は病院の薬剤師はできないので、薬局の薬剤師が医師の訪問の間を埋めてくれている。

○　患者が薬について丁寧な相談対応や指導を受けるためには、薬剤師の職能発揮の前に、薬局におけるプライバシーの確保が重要。特殊な疾患等の患者について、構造上の要件を満たした薬局で対応するなどの機能分担も必要。

○　高度な専門性等の機能については、院内の薬局が担うべき。病院を経験していない薬局の薬剤師は、重篤な副作用の症状を見たことがなく、その症状を説明するなど、高度薬学管理機能をもつのは難しいのではないか。

○　高度薬学管理機能が薬局にないから、病院が持てば良いということではなく、病院薬剤師と薬局の薬剤師が連携をとって業務を行い、高度薬学管理機能を果たしている薬局については、その

位置付けを明確化すべき。

○ 現状どこの薬局も同等の機能を持っているかのように見えているが、実際にはそれぞれの薬局の実態は相当違っている。ビジョンは示されたが、調剤しかしない薬局は依然としてある。薬局の機能によってある程度分けるということはしていかないと何も変わらないのではないか。

《参考》「患者のための薬局ビジョン」（平成27年10月）　～「門前」から「かかりつけ」、そして「地域」へ～

○ 高度薬学機能も大事であるが、トレーニングとか研修をすることだけではなく、その後の評価、能力の評価などを含めて考えるべき。

○ 薬局の基本的な機能に加え、例えば、地域において在宅医療への対応や他の医療機関等との連携において主体的な役割を担う薬局や、高い専門性に基づき薬学的管理や特殊な調剤に対応できる薬局等に類型化が必要であり、地域の医療機関だけはでなく薬局等の連携もしっかりとれる薬局を制度化すべき。

薬局・薬剤師のあり方、医薬品の安全な入手　関係

◆オンライン服薬指導

○　オンライン服薬指導ついて、まずは特区の実証を踏まえてから検討を実施すべき。

オンラインによる服薬指導（特区の概要）

> ○　国家戦略特区法の一部を改正する法律（平成28年法律第55号）に基づき、薬剤師による対面での服薬指導義務の特例として、**国家戦略特区内で実証的に、①離島、へき地に居住する者**に対し、**②遠隔診療が行われ、③対面での服薬指導ができない場合**に限り、**④テレビ電話による**服薬指導（遠隔服薬指導）を可能とされた。　※施行：平成28年9月1日
> ○　平成30年6月14日の国家戦略特別区域諮問会議において、**愛知県、兵庫県養父市及び福岡市**における、実証事業の実施計画が認定された。

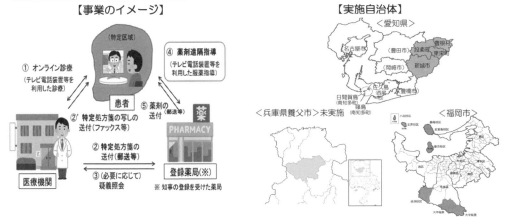

○　登録薬局数：２１件、　　○　患者数：６名（平成３０年１１月時点）

○　誰が患者に届けるか、供給体制の観点も重要。

○　オンラインは対面を補完するものして、オンライン診療ガイドラインの考え方を踏まえることが必要。

○　調剤を担当した薬剤師が服薬指導を行い、調剤を交付できるよう、十分な検討とルールが必要。

○　オンラインの場合、慢性期の患者に対し、かかりつけの薬剤師が、薬剤師の判断で実施の可否を決められるようすべき。

○　服薬指導の場所については、患者のプライバシーの観点から、極めて限定的な範囲とすることが必要。

○　オンラインのほうが、一元的、継続的な指導のためにかかりつけ薬剤師の方が履歴を残す、ないしは残しやすい環境である。

○　薬局で対面であっても十分に情報提供できてない、患者対応できていない現状があるにもかかわらず、オンライン診療が始まったから同じように勧めていいということは、議論としては時期尚早。

○　国家戦略特区は対象が６人しかおらず、それを前提に進めるのはまだ早い。

○　かかりつけ薬局ではなく、かかりつけ薬剤師が実施することが必要。

○　慢性疾患であっても、使用している医薬品によっては対象としないルールづくりが必要。

○　薬機法の規定は「対面により」など書き込みすぎており、今回見直すことが適当。

薬局・薬剤師のあり方、医薬品の安全な入手　関係

◆個人輸入、医療用覚せい剤原料の取扱い

現状 ＜表＞薬監証明の発給件数[※1]

年度	個人用		医療従事者個人用		合計	
	件数	品目数	件数	品目数	件数	品目数
平成26	2,348	6,546	60,759	101,155	63,107	107,701
平成27	2,885	7,651	63,036	105,561	65,921	113,212
平成28	3,495	9,428	67,625	117,126	71,120	126,554
平成29	4,450	11,159	72,744	121,005	77,194	132,164

※1 関東信越厚生局、近畿厚生局及び九州厚生局沖縄麻薬取締支所において発給を行った薬監証明のうち、「個人用」「医療従事者個人用」の件数（薬監証明の発給数）及び品目数（薬監証明に記載された輸入品目の延べ数）。

＜図＞平成28年度における「個人用」及び「医療従事者個人用」[※2]の品目数のうち、医薬品品目の主な種別　　※2「個人用」は国内居住者のみの種別

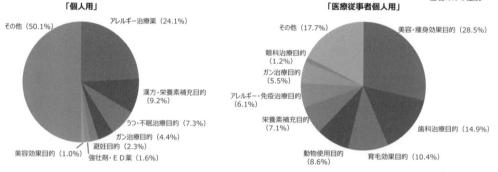

「個人用」

その他（50.1%）
アレルギー治療薬（24.1%）
漢方・栄養素補充目的（9.2%）
うつ・不眠治療目的（7.3%）
ガン治療目的（4.4%）
避妊目的（2.3%）
美容効果目的（1.0%）
強壮剤・ED薬（1.6%）

「医療従事者個人用」

その他（17.7%）
美容・痩身効果目的（28.5%）
眼科治療目的（1.2%）
ガン治療目的（5.5%）
アレルギー・免疫治療目的（6.1%）
栄養素補充目的（7.1%）
動物使用目的（8.6%）
育毛効果目的（10.4%）
歯科治療目的（14.9%）

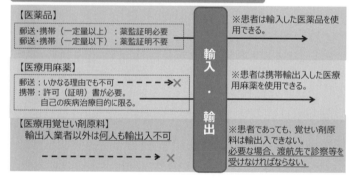

医療用覚せい剤原料等の個人輸出入の枠組み

【医薬品】
郵送・携帯（一定量以上）：薬監証明必要
郵送・携帯（一定量以下）：薬監証明不要

【医療用麻薬】
郵送：いかなる理由でも不可　- - - →×
携帯：許可（証明）書が必要。
　　　自己の疾病治療目的に限る。

【医療用覚せい剤原料】
輸出入業者以外は何人も輸出入不可
- - - - - - - - - →×

輸入・輸出

※患者は輸入した医薬品を使用できる。

※患者は携帯輸出入した医療用麻薬を使用できる。

※患者であっても、覚せい剤原料は輸出入できない。
必要な場合、渡航先で診察等を受けなければならない。

医療用麻薬と医療用覚せい剤原料との取扱いの差異

○患者に処方された薬が不要になった場合の処理
麻薬：医療機関等に返品可（適切に処分することができるようにするため）
覚せい剤原料：返品不可

○病院、薬局での記帳義務
麻薬：あり
覚せい剤原料：なし

○　個人輸入された医薬品が正規の流通に入ってしまう危険性は非常に高いという懸念を持っており、個人輸入を厳格に管理するという対応をすることによって、医薬品流通の信頼感・安全性が確保できると考える。

○　個人輸入の制度について、例えば、医師免許証の写しではなく、電子証明やパスワード等を用いて医師の本人確認をするなど、技術レベルで工夫ができないか。また、偽造品が流入してしまう将来の危険性を見据えて、全ての医薬品にバーコードを付けてトレーサビリティが確保できるようにすることが、一番の抑止になるのではないか。

○　個人輸入に関して、学校教育を含め、国民への周知・教育が必要ではないか。

○　医療用覚せい剤原料については、承認された製品なのであれば、医療用麻薬と同様の取扱いと

> してよいのではないか。

（2）制度部会以降の動き

　制度部会での議論のほか、政府部内における調整や与党における審査を経て、政府として国会に提出する法案作成作業が進められた。

　作成された法案は制度部会や血液事業部会において取りまとめられた意見を反映しているが、「役員変更命令」の規定の創設については法案に盛り込まれていない。

　これは、法案においては、許可等業者の役員と現場責任者の責任範囲の明確化や社内規程等を内容とする法令遵守体制の整備の義務化とこれに違反した場合の改善命令が規定されており、また、改正前から業務改善命令や業務停止命令等の措置も規定されている一方、役員の人事について行政が直接関与する立法例は限定的であり、また、こうした規定の創設は抑制的であるべきといった意見も存在したことを考慮して、役員変更命令の導入を見送ることとしたためである。

　ただし、役員変更命令を含むさらなる措置の導入の要否については、改正後の法の施行状況を踏まえながら引き続き検討することとしている（後述の附帯決議においても言及されている）。

　その後、「医薬品、医療機器等の品質、有効性及び安全性の確保等に関する法律等の一部を改正する法律案」（以下「本法案」）は平成31年3月19日に閣議決定され、第198回国会に提出された。

　法案の概要は次に示す資料のとおりである。

医薬品、医療機器等の品質、有効性及び安全性の確保等に関する法律等の一部を改正する法律案の概要

改正の趣旨

　国民のニーズに応える優れた医薬品、医療機器等をより安全・迅速・効率的に提供するとともに、住み慣れた地域で患者が安心して医薬品を使うことができる環境を整備するため、制度の見直しを行う。

改正の概要

1．医薬品、医療機器等をより安全・迅速・効率的に提供するための開発から市販後までの制度改善
(1)「先駆け審査指定制度※」の法制化、小児の用法用量設定といった特定用途医薬品等への優先審査等
　　※先駆け審査指定制度…世界に先駆けて開発され早期の治験段階で著明な有効性が見込まれる医薬品等を指定し、優先審査等の対象とする仕組み
(2)「条件付き早期承認制度※」の法制化
　　※条件付き早期承認制度…患者数が少ない等により治験に長期間を要する医薬品等を、一定の有効性・安全性を前提に、条件付きで早期に承認する仕組み
(3) 最終的な製品の有効性、安全性に影響を及ぼさない医薬品等の製造方法等の変更について、事前に厚生労働大臣が確認した計画に沿って変更する場合に、承認制から届出制に見直し
(4) 継続的な改善・改良が行われる医療機器の特性やＡＩ等による技術革新等に適切に対応する医療機器の承認制度の導入
(5) 適正使用の最新情報を医療現場に速やかに提供するため、添付文書の電子的な方法による提供の原則化
(6) トレーサビリティ向上のため、医薬品等の包装等へのバーコード等の表示の義務付け　　　　　等

2．住み慣れた地域で患者が安心して医薬品を使うことができるようにするための薬剤師・薬局のあり方の見直し
(1) 薬剤師が、調剤時に限らず、必要に応じて患者の薬剤の使用状況の把握や服薬指導を行う義務　｝を法制化
　　薬局薬剤師が、患者の薬剤の使用に関する情報を他医療提供施設の医師等に提供する努力義務
(2) 患者自身が自分に適した薬局を選択できるよう、機能別の薬局※の知事認定制度（名称独占）を導入
　　※①入退院時や在宅医療に他医療提供施設と連携して対応できる薬局（地域連携薬局）
　　　②がん等の専門的な薬学管理に他医療提供施設と連携して対応できる薬局（専門医療機関連携薬局）
(3) 服薬指導について、対面義務の例外として、一定のルールの下で、テレビ電話等による服薬指導を規定　　　等

3．信頼確保のための法令遵守体制等の整備
(1) 許可等業者に対する法令遵守体制の整備（業務監督体制の整備、経営陣と現場責任者の責任の明確化等）の義務付け
(2) 虚偽・誇大広告による医薬品等の販売に対する課徴金制度の創設
(3) 国内未承認の医薬品等の輸入に係る確認制度（監視証明制度）の法制化、麻薬取締官等による捜査対象化
(4) 医薬品として用いる覚せい剤原料について、医薬品として用いる麻薬と同様、自己の治療目的の携行輸入等の許可制度を導入　　　等

4．その他
(1) 医薬品等の安全性の確保や危害の発生防止等に関する施策の実施状況を評価・監視する医薬品等行政評価・監視委員会の設置
(2) 科学技術の発展等を踏まえた採血の制限の緩和　　　　等

施行期日

　公布の日から起算して1年を超えない範囲内において政令で定める日（ただし、1．(3)(5)、2．(2)及び3．(1)(2)については公布の日から起算して2年を超えない範囲内において政令で定める日、1．(6)については公布の日から起算して3年を超えない範囲内において政令で定める日）

「先駆け審査指定制度」の法制化等

○日本・外国で承認を与えられている医薬品等と作用機序が明らかに異なる医薬品・医療機器・再生医療等製品を<u>「先駆的医薬品」</u>等として指定する制度を法制化する。指定を受けた場合は<u>優先審査等の対象となることを法律上明確化</u>する。

○小児用法用量が設定されていない医薬品など、医療上のニーズが著しく充足されていない医薬品等について、<u>「特定用途医薬品」</u>等として指定する制度を法制化する。指定を受けた場合は<u>優先審査等の対象となることを法律上明確化</u>する。

○特定用途医薬品等については、現行の希少疾病用医薬品等と同様、試験研究を促進するための必要な資金の確保及び税制上の措置を講じる（その特定の用途に係る患者数が少ないものに限る）ことを法律に規定する。

（※）税制優遇措置については、平成31年税制改正の大綱に既に位置づけられている。

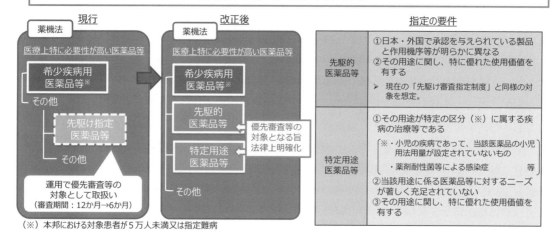

（※）本邦における対象患者が5万人未満又は指定難病

「条件付き早期承認制度」の法制化（医薬品）

○ 重篤で有効な治療方法に乏しい疾患の医薬品で、患者数が少ない等の理由で検証的臨床試験の実施が困難なものや、長期間を要するものについて、検証的臨床試験以外の臨床試験等で<u>一定程度の有効性及び安全性を確認した上で</u>、製造後に有効性・安全性の再確認等のために必要な調査等を実施すること等を承認時に条件として付すことにより、<u>医療上特に必要性が高い医薬品への速やかな患者アクセスの確保</u>を図る。

○ あわせて、条件を付した製造販売後調査等の結果が得られた時点で速やかに評価し、安全対策等に反映させる仕組みを導入。

通常の承認審査

| 探索的臨床試験※1等 | 検証的臨床試験※2 | 承認申請審査 | 承認 | 副作用報告等製造販売後調査 | 再審査 |

※1　少数の患者に医薬品を投与・使用し、医薬品の有効性、安全性を検討し、用法・用量等を設定するための試験
※2　多数の患者に医薬品を投与・使用し、設定した用法・用量等での医薬品の有効性・安全性を検証する試験

条件付き早期承認制度

| 探索的臨床試験※1等 | 承認申請審査 | 承認 | 製造販売後調査等 | 評価 | 副作用報告等 | 再審査 |

・検証的臨床試験以外の臨床試験等で一定程度の有効性及び安全性を確認し、早期申請
・優先審査品目として総審査期間を短縮

承認の条件
■承認時に得られているデータ等を踏まえ、品目毎に条件を付す
・製販後の有効性・安全性の再確認のためのデータ収集
（リアルワールドデータ活用含む）
・使用施設や医師等に関する要件の設定 等

■再審査期間中の製造販売後調査の結果等をもとに、品質、有効性、安全性に関する評価を行う。
■評価結果に応じて、条件の変更や安全対策等の実施を命令。

※ リアルワールドデータとは、臨床試験とは異なり、実臨床の環境において収集された各種データを指す。

「条件付き早期承認制度」の法制化（医療機器）

○ 重篤で有効な治療方法に乏しい疾患の医療機器で、評価のための一定の臨床データはあるが患者数が少ない等の理由で新たな臨床試験の実施が困難なものについて、関連学会と連携して製造販売後のリスク管理措置を実施すること等を承認時に条件として付すことにより、医療上特に必要性が高い医療機器への速やかな患者アクセスの確保を図る。

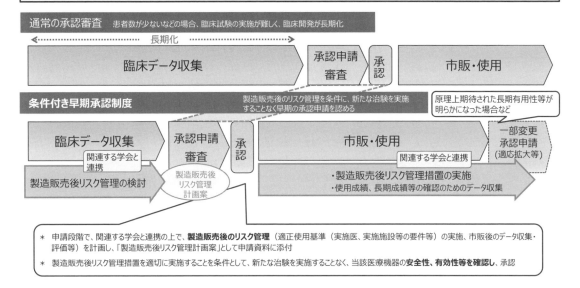

（参考）医薬品・医療機器等に関する承認審査制度について

現状

○ 医療上必要性が高い医薬品・医療機器等に対して、優先的に審査する制度や、税制上の優遇措置・助成金の交付を行う制度といった、様々なインセンティブが設定され、対象となる医薬品・医療機器の特性等に応じて適応されている。

【インセンティブの例】

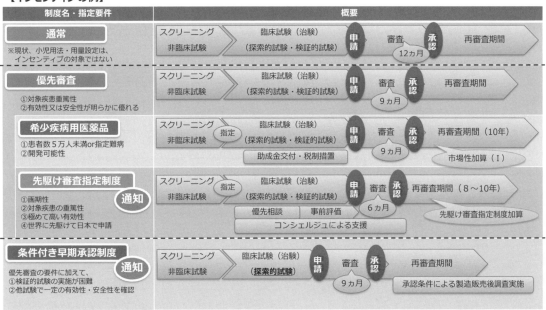

変更計画（PACMP）による承認事項の変更手続の見直し

○ 医薬品の製造方法等、医薬品の品質に係る承認事項について、変更計画（PACMP）に基づく変更を行う制度を追加する。

○ 具体的な手続は以下の通り。

- 製造販売業者が変更計画確認の申出をし、PMDAが計画を確認、製造販売業者は計画に基づき、製造方法等変更に係る実際のデータを収集する。
- 製造販売業者が実際に製造方法等を変更する際、PMDAに対して承認事項に関する変更届出を行う。PMDAは計画通りの変更となっているかをチェックする。

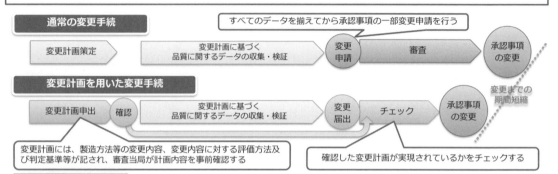

制度の導入のメリット

* 企業が変更計画を作成する際には、新たな製造方法等について十分な情報収集を行う必要がある。そのため、製造販売業者の製造技術に関するイノベーションを活用する能力や、品質を管理する能力が向上する。

* 審査に時間がかかる申請については、変更届出後の確認のための期間が短縮される可能性がある。

* 承認事項の変更の際の手続が申請から届出となるため、製品の製造方法等の変更時期と、製品の切り替え時期を企業が柔軟に設定でき、サプライチェーンの効率的な管理に資する。

※ Post-Approval Change Management Protocol（PACMP）

国際整合化に向けたGMP／GCTP調査の見直し

○ 医薬品、医薬部外品及び再生医療等製品の製造販売業者は、当該医薬品等の承認後、品目毎に定期的（5年ごと）に、製造所における製造管理・品質管理の方法に関する基準（GMP省令/GCTP省令）に適合しているかどうかの調査（定期調査）を受ける必要がある。
　GMP ：Good Manufacturing Practice （医薬品及び医薬部外品の製造管理及び品質管理の基準）
　GCTP：Good Gene, Cellular and Tissue-based Products Manufacturing Practice（再生医療等製品の製造管理及び品質管理の基準）

○ 国際整合性の観点から、承認後は製造業者からの申請に基づき、製造所ごとに、当該製造所における製造工程の区分※ごとの調査を受けられることを選択できるようにする。

　※「有効成分を製造する工程」、「圧縮成形、又は粒状、粉末状にして製剤を製造する工程」、「最終的に滅菌して無菌製剤を製造する工程」等、製造工程の違いにより区分を設定

○ 上記の調査を行い、GMP省令/GCTP省令に適合していることが確認された場合は、当該製造業者に対して、その製造工程の区分ごとに＜基準確認証＞を交付する。

○ 基準確認証の有効期限は、国際整合性の観点から、政令で3年とすることを検討。

○ 製造販売業者は、製造業者に基準確認証が交付されている場合、その製造所の製造工程の区分に含まれる品目について、原則、定期調査を受ける必要はない。

法改正前後での承認後の定期調査制度の比較

	現行	改正後　（選択制）	
定期調査の単位	承認品目ごと	承認品目ごと	製造所の製造工程の区分ごと
申請者	製造販売業者	製造販売業者	製造業者
頻度	5年ごと	5年ごと	3年ごと

参考：国際的な取組み・諸外国での調査の仕組み

* 医薬品等調査の国際的な協力の取組みとしてPIC/S*がある。（平成7年から開始）
* EU諸国を中心に、米国、日本等の52の国が加盟。（日本は平成26年7月に加盟）
* PIC/Sの活動は以下のとおり。
  - ✓ 当局間の相互査察の促進（調査結果の共有）
  - ✓ 医薬品の製造及び品質管理の基準の国際調和（医薬品GMPに係る指針作成、相互トレーニング）
  - *：PIC/S: Pharmaceutical Inspection Convention and Pharmaceutical Inspection Co-operation Scheme（医薬品査察協定及び医薬品査察協同スキーム）
◇ 欧米では、承認後の定期的に行われるGMP調査を製造所ごとに行っている。（承認前は申請品目ごと）

安定供給の確保に向けたQMS調査の見直し

○ 医療機器・体外診断用医薬品の承認（認証）時、製造管理・品質管理の方法に関する基準（QMS省令）に適合しているかどうかの調査（QMS適合性調査）を受ける必要がある。

○ 調査対象範囲（製品群と登録製造所）に関してQMS省令に適合している場合、5年間有効の基準適合証が交付され、その後は5年ごとにQMS適合性調査を受ける必要があるが、基準適合証に記載のある<u>製造販売業者、製品群及び登録製造所※全てが同一の場合、当該製品群の他の品目のQMS適合性調査を省略することができる。</u>

○ ただし、同一の製品群で複数の製造ラインでの供給体制を構築し、基準適合証の交付を受けている場合でも、当該製品群の他の品目の製造時に、基準適合証に記載の<u>登録製造所※の一部しか利用しない場合、改めてQMS適合性調査を受けなければならない。</u>　※滅菌及び最終製品の保管を行う登録製造所を除く。

○ 医療機器及び体外診断用医薬品の製造販売業者が、安定供給や組織改編によるバックアップ等を目的とし、同一の製造工程を複数の製造所で行うことがあるが、その後、製造の安定等により、基準適合証に記載されたいずれかの製造所しか利用しない場合がある。このような状況に適切に対応するために、<u>QMS適合性調査を受けた同一の製造工程を行う製造所である場合には、QMS適合性調査を不要とする改正を行う。</u>

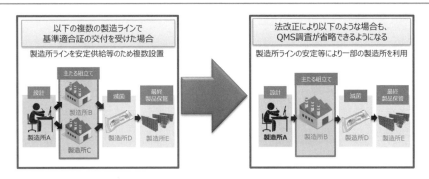

医療機器の特性に応じた承認制度の導入

○ 改良が見込まれている医療機器※について、変更計画を審査の過程で確認し、計画された範囲の中で迅速な承認事項の一部変更を認めることにより、<u>継続した改良を可能とする承認審査制度を導入。</u>

※AIを活用した医療機器のように市販後に恒常的に性能等が変化する医療機器、市販後に収集されるリアルワールドデータ（RWD：実臨床によるデータ）を利用した医療機器の改良、使用性向上のためのオプション部品等の追加等

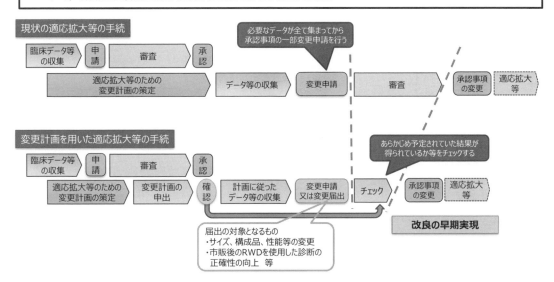

添付文書情報の電子的な方法による提供

○ 添付文書の製品への同梱を廃止し、電子的な方法による提供を基本とする。

○ 電子的な提供方法に加えて、製造販売業者の責任において、必要に応じて卸売販売業者の協力の下、医薬品・医療機器等の初回納品時に紙媒体による提供を行うものとする。また、最新の添付文書情報へアクセスを可能とする情報を製品の外箱に表示し、情報が改訂された場合には紙媒体などにより医療機関・薬局等に確実に届ける仕組みを構築する。

○ 一般用医薬品等の消費者が直接購入する製品は、使用時に添付文書情報の内容を直ちに確認できる状態を確保する必要があるため、現行のまま紙媒体を同梱する。

医薬品・医療機器等へのバーコードの表示

○ 医療安全の確保の観点から、製造、流通から、医療現場に至るまでの一連において、医薬品・医療機器等の情報の管理、使用記録の追跡、取り違えの防止などバーコードの活用によるトレーサビリティ等の向上が重要である。このような取組による安全対策を推進するため、医薬品・医療機器等の直接の容器・被包や小売用包装に、国際的な標準化規格に基づくバーコードの表示を義務化する。

➢ バーコード表示を求めるに当たっては、医薬品・医療機器等の種類や特性に応じた効率的・段階的な対応や一般用医薬品などを含めた現状のコード規格の普及状況などを考慮する。

➢ バーコード表示の義務化と合わせて製品情報のデータベース登録などを製造販売業者に求めるとともに、医療現場などにおけるバーコードを活用した安全対策の取組を推進していく。

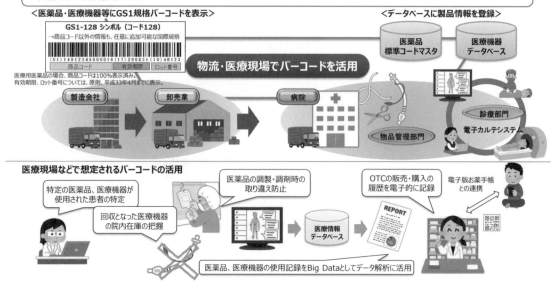

近年の薬剤師・薬局に係る施策等の経緯

平成27年3月　規制改革会議　公開ディスカッション（医薬分業のあり方に関して議論）

> 規制改革会議公開ディスカッションにおける論点（抜粋）

院内処方として医薬品を医療機関で受け取るよりも、院外処方として薬局で受け取る方が、患者の負担額は大きくなるが、負担の増加に見合うサービスの向上や分業の効果などが実感できないとの指摘もある。

平成27年10月　患者のための薬局ビジョンの策定

> 患者本位の医薬分業の実現に向けて、「かかりつけ薬剤師・薬局」を推進。

> また、患者等のニーズに応じて強化・充実すべき機能として、「健康サポート機能」と「高度薬学管理機能」を提示。

平成28年10月　健康サポート薬局の届出開始

> 健康サポート薬局：1,243件（平成31年1月31日現在）

（薬局数：59,138件（平成30年3月31日現在））

「患者のための薬局ビジョン」　〜「門前」から「かかりつけ」、そして「地域」へ〜

平成27年10月23日公表

健康サポート薬局

健康サポート機能

☆ 国民の病気の予防や健康サポートに貢献
・要指導医薬品等を適切に選択できるような供給機能や助言の体制
・健康相談受付、受診勧奨・関係機関紹介 等

高度薬学管理機能

☆ 高度な薬学的管理ニーズへの対応
・専門機関と連携し抗がん剤の副作用対応や抗HIV薬の選択などを支援 等

かかりつけ薬剤師・薬局

服薬情報の一元的・継続的把握とそれに基づく薬学的管理・指導

☆ 副作用や効果の継続的な確認
☆ 多剤・重複投薬や相互作用の防止
> ＩＣＴ（電子版お薬手帳等）を活用し、
・患者がかかる全ての医療機関の処方情報を把握
・一般用医薬品等を含めた服薬情報を一元的・継続的に把握し、薬学的管理・指導

24時間対応・在宅対応

☆ 夜間・休日、在宅医療への対応
・24時間の対応
・在宅患者への薬学的管理・服薬指導
※ 地域の薬局・地区薬剤師会との連携のほか、へき地等では、相談受付等に当たり地域包括支援センター等との連携も可能

医療機関等との連携

☆ 処方内容の照会・処方提案　☆ 副作用・服薬状況のフィードバック　☆ 医療情報連携ネットワークでの情報共有　☆ 医薬品等に関する相談や健康相談への対応　☆ 医療機関への受診勧奨

特定の機能を有する薬局の認定

○「患者のための薬局ビジョン」を踏まえ、患者が自身に適した薬局を選択できるよう、

- ・入退院時の医療機関等との情報連携や在宅医療等に、地域の薬局と
  連携しながら一元的・継続的に対応できる薬局（地域連携薬局）

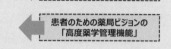

  患者のための薬局ビジョンの
  「かかりつけ薬剤師・薬局機能」

- ・がん等の専門的な薬学管理に他医療提供施設と連携して
  対応できる薬局（専門医療機関連携薬局）

  患者のための薬局ビジョンの
  「高度薬学管理機能」

について、都道府県知事の認定により上記の名称表示を可能とする。

➢ これにより、患者が地域で様々な療養環境（外来、入院、在宅医療、介護施設など）を移行する場合や、複数の疾患を有し、多剤を服用している場合にも、自身に適した安全かつ有効な薬物療法を切れ目なく受けられることが期待される。

➢ 現行の「健康サポート薬局」（薬機法施行規則上の制度）については、引き続き推進する。

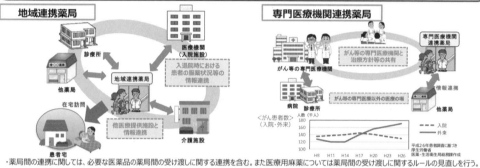

・薬局間の連携に関しては、必要な医薬品の薬局間の受け渡しに関する連携を含む。また医療用麻薬については薬局間の受け渡しに関するルールの見直しを行う。

・薬局における対人業務の充実のためには対物業務の効率化が必要であることに鑑み、改正法の施行までに、薬剤師自らが実施すべき業務と薬剤師の監督下において薬剤師以外の者に実施させることが可能な業務の考え方について、有識者の意見を聴きつつ整理を行う。

「患者のための薬局ビジョン」と特定の機能を有する薬局の機能の比較

患者のための薬局ビジョン	地域連携薬局・専門医療機関連携薬局

高度薬学管理機能

高度な薬学的管理のための薬剤師の専門性の確保
専門医療機関との情報連携

専門医療機関連携薬局の機能

同左
同左

かかりつけ薬剤師・薬局の機能

患者の服薬情報等の一元的・継続的把握と指導
患者の服薬情報等の処方医等への提供
夜間・休日への対応
在宅医療への対応
医療機関等との情報連携、処方提案

地域連携薬局の機能

同左（※）
同左（※）
同左
同左
同左

健康サポート機能

健康相談対応、受診勧奨
健康サポートに関する研修を修了した薬剤師の常駐
地域住民に対するお薬相談会等の実施
要指導医薬品等、衛生材料、介護用品等の供給

引き続き推進

健康サポート薬局

※ 今回の改正で薬剤師の義務としても別途規定

特定の機能を有する薬局の認定要件及び手続

特定の機能を有する薬局の都道府県知事の認定（※）は、構造設備や業務体制に加え、機能を適切に発揮していることを実績により確認する必要があるため、1年ごとの更新とする。
認定手続は、既存制度も活用して、極力薬局開設者や認定を行う自治体の負担とならないものとする。
※ 薬局の開設許可事務に加え、医療提供体制全般に責任を持つ都道府県知事が事務を担当。地域差を反映すべき合理的理由がない限り全国共通の運用とする。

地域連携薬局　入退院時の医療機関等との情報連携や在宅医療等に一元的・継続的に対応できる薬局

○ **患者に配慮した構造設備**
・プライバシーに配慮した構造設備（パーティションなど）
○ **医療提供施設との情報共有**（※※※）
・入院時の持参薬情報の医療機関への提供
・医師、看護師、ケアマネージャー等との打合せ（退院時カンファレンス等）への参加
○ **業務を行う体制**（※※※）
・福祉、介護等を含む地域包括ケアに関する研修を受けた薬剤師（注）の配置
・夜間・休日の対応を含めた地域の調剤応需体制の構築・参画
○ **在宅医療への対応**（※※※）
・麻薬調剤、無菌調剤を含む在宅医療に必要な薬剤の調剤
・在宅への訪問
注）既存の健康サポート薬局の研修制度を活用可能
等

専門医療機関連携薬局　がん等の専門的な薬学管理に他医療提供施設と連携して対応できる薬局

○ **患者に配慮した構造設備**
・プライバシーに配慮した構造設備（パーティション、個室その他相談ができるスペース）
○ **医療提供施設との情報共有**（※※※）
地域連携薬局と同様の要件に加え、
・専門医療機関の医師、薬剤師等との治療方針等の共有
・専門医療機関等との合同研修の実施
・患者が利用する地域連携薬局等との服薬情報の共有
○ **業務を行う体制**（※※※）
・学会認定等の専門性が高い薬剤師の配置
等

※※※ 地域の医療需要等を踏まえた判断も可とする。

＜認定手続＞

➤ 申請資料の一部は、既存の薬局機能情報提供制度で薬局が都道府県に毎年行っている報告内容を利用可能とし、提出資料等の事務負担を少なくする。

※その他、既に調剤報酬の算定要件等として薬局が把握し、地方厚生局に提出している事項の活用も検討

➤ 認定にあたっては、地方薬事審議会等の審議（事後報告を含む）を想定。その場合、委員への書面送付による確認等事務負担の少ない手続を基本とする。

テレビ電話等による服薬指導

○ 処方箋に基づき調剤された薬剤（処方箋薬剤）は、その適正な使用のため、薬剤師による交付時の対面服薬指導が義務づけられている。
※ 平成28年に国家戦略特区法を改正し、実証的に事業を実施中(愛知県、兵庫県養父市、福岡市)〔登録薬局数：28件、患者数：9名(平成31年3月31日現在)〕
○ 遠隔診療の状況を踏まえ、テレビ電話等による場合であって薬剤の適正な使用を確保することが可能であると認められる場合には、処方箋薬剤交付時の対面服薬指導義務の例外として、テレビ電話等による服薬指導を行うことができることとする。
・ 今後、専門家によって適切なルールを検討し、厚生労働省令等において具体的な方法を定める予定。
［ルールの基本的考え方］
● 患者側の要請と患者・薬剤師間の合意
● 初回等は原則対面
● かかりつけ薬剤師による実施
● 緊急時の処方医、近隣医療機関との連絡体制確保
● テレビ電話等の画質や音質の確保　　　　　　　　等

＜テレビ電話等による服薬指導のイメージ＞

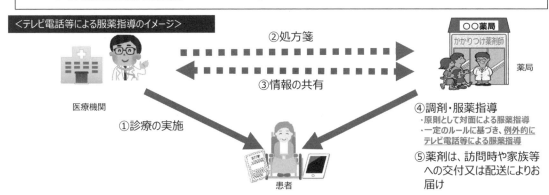

①診療の実施
②処方箋
③情報の共有
医療機関
患者
○○薬局
かかりつけ薬剤師
薬局
④調剤・服薬指導
・原則として対面による服薬指導
・一定のルールに基づき、例外的にテレビ電話等による服薬指導
⑤薬剤は、訪問時や家族等への交付又は配送によりお届け

（参考）オンライン診療と遠隔服薬指導との比較

| 診療 | | 服薬指導 | |

平成9年度　初診患者は原則対面としつつ、遠隔診療患者の対象を例示（離島、へき地等）［通知］

※処方箋薬剤交付時の対面服薬指導義務あり（平成25年に法律で規定）

平成28年度　国家戦略特別区域法の一部を改正し、遠隔服薬指導実施のための規定を整備（離島・過疎地等を対象）［法律・省令］

※愛知県、兵庫県養父市及び福岡市において実証事業実施中（登録薬局28件、患者数9人）

平成29年度　「オンライン診療の適切な実施に関する指針」整備（地域限定をせず、初診対面の原則・診療計画の策定・緊急時対応の体制確保等の適切なルールを規定）［通知］

平成30年度　処方箋薬剤交付時の対面服薬指導義務の例外規定を整備する改正薬機法案を提出。国レベルの適切なルールを検討予定。［法律・省令］

現　在　　　　　　　　　　現　在

	オンライン診療ガイドライン	特区における遠隔服薬指導
患者の居住地	制限なし ※急変時には患者が速やかに近隣の医療機関で対面診療を受けられることが要件	離島・過疎地など
患者の疾患	制限なし ※「適切な例」として「慢性疾患」を例示	規定なし
対面とオンラインとの関係	初回は原則対面診療 オンラインは補完的な位置づけ	規定なし

※特区における遠隔服薬指導では、遠隔診療を受けた患者のみが対象

（参考）過去の違反事案の例

①医薬品広告に関する違反事案

○　平成26年から27年にかけ、高血圧症治療薬に関する広告について、認められた効能効果を逸脱する表現を行うなどの問題があり、虚偽誇大広告違反として行政処分が行われた。

・　承認事項を逸脱する効能・効果を暗示するほか、臨床研究の結果、比較薬との間に有意差はないという試験結果であったにも関わらず、あたかも有意差があるような印象を与える強調表現などがなされた販売促進用資材が問題となった。

―　平成27年6月、医薬品医療機器法第66条の『誇大広告』に当たるとして行政処分（業務改善命令※）。

　　（※）・広告等の審査体制について、外部の有識者等も含めたものを整備し、新規だけではなく過去の資材も審査すること
　　　　　・再発防止のため、法規定や業界自主基準を改めて周知徹底し、適切な教育訓練を充実させること

②承認書と異なる製造方法による製造事案

○　平成27年5月、医薬品製造販売業者において、承認書と異なる製造方法による血液製剤の製造が行われていたことに加え、国等の査察を免れるために製造記録を偽造する等の不正行為が行われていたことが発覚した。
　また、これを受けて、ワクチン製剤の製造方法についても承認書との齟齬がないか報告を命じたところ、適切な調査及び報告が行われなかった。当該業者では、20年以上にわたって組織的な隠蔽が行われ、経営層自身がこれを認識しつつ、放置していた。

○　以上の違反を踏まえ、平成28年1月、110日間の業務停止命令を実施した。

（1）血液製剤に係る不正
・　承認書にはない添加物を加える等、承認書と異なる製造方法で製剤を製造していた。
・　国等の査察を免れるため、長期にわたり、周到な組織的欺罔・隠蔽行為を行った。
―　書類に紫外線を当てて変色させ、過去の製造記録を偽造。虚偽の製造記録はゴシック体で記録し、ページ数を「2．5」などと小数を加え、査察の際にはそのページを抜き取っていた等。

（2）ワクチン製剤に係る不正
・　平成27年9月1日、ワクチン等について承認書と異なる製造方法を行っている点を網羅的に報告するよう命令したが、新たな調査を実施せず、網羅的な報告を行わなかった。

③輸入報告書（薬監証明）不正取得事案

- 〇 医療機器販売業・修理業を営む輸入代行業者が、虚偽の申請(注1)により受給した輸入報告書（薬監証明）(注2)に基づき、米国製の未承認医療機器を輸入し、国内で販売していた。
  - (注1)過去に医師の輸入代行を行う際に取得した医師免許証の写しを本人に無断でコピーして使用
  - (注2)患者の治療に用いるため、国内において未承認医療機器を医師個人の責任で輸入することを確認・証明する書面

- 〇 以下の違反を踏まえ、大阪府・大阪市とも連携の上、当該業者が行った各種違反行為に対し、平成29年3月に大阪府警に刑事告発した。（違反の概要）
  - ・医師の氏名、医師免許証の写し等を無断で使用した
  - ・近畿厚生局に対し、虚偽の申し立てを行い、輸入証明書を取得した（詐欺罪：刑法第246条）
  - ・未承認の医療機器を販売した
  - ・医療機器を無登録で製造した　　等

④偽造品流通事案

- 〇 平成29年1月、C型肝炎治療薬「ハーボニー配合錠」の偽造品が流通し、奈良県内の薬局チェーンが運営する薬局から患者に調剤された。偽造品が調剤された患者は異状に気づいたため、服用していない。
- 〇 偽造品は奈良県内の薬局チェーンにおいて5ボトル、東京都内の卸売販売業者において10ボトルが発見された。
- 〇 偽造品を取り扱ったすべての卸売販売業者及び薬局に対して改善措置命令を実施するとともに、偽造品の流通に重大な役割を果たした卸売販売業者及び薬局に対し、所管の自治体が行政処分（業務停止命令（卸売販売業者は8日間と12日間、薬局は5日間）と薬局の管理薬剤師の変更命令）を実施した。
  - (1)卸売販売業者の違反
    - ・医薬品医療機器等法施行規則に規定する譲渡人に関する記録を正確に記録せず架空の会社名を記載した。
    - ・外形的に異なる状態の医薬品を取扱い、結果として偽造医薬品を販売し、授与し、又は販売目的で貯蔵した。
    - ・無許可卸売販売業者に対して、偽造品を授与した。
    - ・上記のそれぞれについて、卸売販売業者として営業所での医薬品の管理を適正に行っていなかった。
  - (2)薬局開設者の違反
    - ・薬局において、外形的に通常と異なる状態の医薬品を取扱い、結果として偽造医薬品を販売・授与の目的で貯蔵した。
    - ・薬局業務のうち医薬品の仕入業務や分譲業務について管理薬剤師に管理させていなかった。
    - ・管理薬剤師に適切な管理のために必要と認める医薬品の試験検査を行わせなかった。
  - (3)管理薬剤師の違反
    - ・管理薬剤師は、医薬品の仕入業務や分譲業務があることは認識していたが、管理薬剤師として管理監督を行っていなかった。またそのことについて開設者への適切な意見具申を行わなかった。

製造販売業者・製造業者における法令遵守体制の整備

- 〇 製造販売業者・製造業者の法令遵守に責任を有する者を明確にするため、薬事に関する業務に責任を有する役員（責任役員）を法律上位置づけ、許可申請書に記載する（※）こととする。
  - （※）現行法においては、「業務を行う役員」が欠格事由に該当しないことについて、許可申請書に記載することを求めている。

- 〇 製造販売業者・製造業者の遵守事項として、以下を規定する。
  - ◦ 従業者に対して法令遵守のための指針を示すこと
  - ◦ 法令遵守上の問題点を把握し解決のための措置を行うことができる体制を含めた、法令遵守のための体制（※）を整備すること
    - （※）法令を遵守して業務を行うための社内規程の整備や教育訓練等について規定する予定
    - ➡ 上記の法令遵守のための体制整備に係る改善命令
  - ◦ 許可業者の業務が法令を遵守して適正に行われるために、必要な能力及び経験を有する総括製造販売責任者・製造管理者を選任すること
  - ◦ 総括製造販売責任者・製造管理者により述べられた意見を尊重し、法令遵守のために措置を講じる必要があるときは、当該措置を講じること

- 〇 総括製造販売責任者・製造管理者による、製造販売業者・製造業者に対する意見申述義務を法律上規定する。

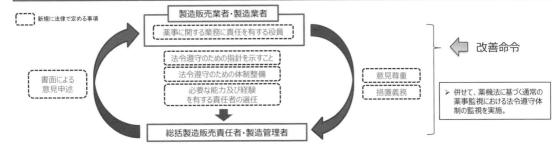

※医薬品、医薬部外品、化粧品、医療機器、体外診断用医薬品及び再生医療等製品の製造販売業者及び製造業者について、同様の改正を行う。

薬局における法令遵守体制の整備

○ 薬局開設者の法令遵守に責任を有する者を明確にするため、薬事に関する業務に責任を有する役員（責任役員）を法律上位置づけ、許可申請書に記載する（※）こととする。

（※）現行法においては、「業務を行う役員」が欠格事由に該当しないこと等について、許可申請書に記載することを求めている。

○ 薬局開設者の遵守事項として、以下を規定する。

- 従業者に対して法令遵守のための指針を示すこと
- 法令遵守上の問題点を把握し解決のための措置を行うことができる体制を含めた、法令遵守のための体制（※）を整備すること

（※）法令を遵守して業務を行うための社内規程の整備や教育訓練等について規定する予定

➡ 上記の法令遵守のための体制整備に係る改善命令

- 薬局の管理に関する業務が法令を遵守して適正に行われるために、必要な能力及び経験を有する管理者を選任すること
- 管理者により述べられた意見を尊重し、法令遵守のために措置を講じる必要があるときは、当該措置を講じること

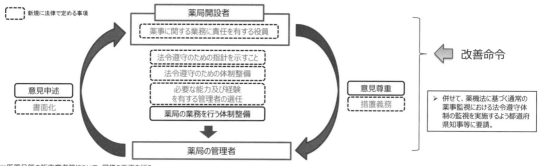

※医薬品等の販売業者等について、同様の改正を行う。

総括製造販売責任者の要件の見直し

○ 医薬品の製造販売業者が、必要な能力及び経験を有する総括製造販売責任者（総責）の選任義務を果たすことができるようにするため、総責に関する要件を法制化

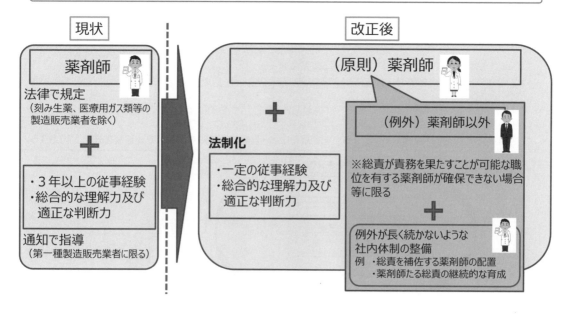

虚偽・誇大広告による医薬品、医療機器等の販売に係る課徴金制度

制度導入の趣旨

　医薬品、医療機器等の品質、有効性及び安全性の確保等に関する法律で禁止している医薬品、医療機器等の虚偽・誇大広告に関し、虚偽・誇大広告の販売で得た経済的利得を徴収し、違反行為者がそれを保持し得ないようにすることによって違反行為の抑止を図り、規制の実効性を確保するための措置として、課徴金制度を導入する。

制度案の骨子

① **対象行為**：医薬品、医療機器等の名称、製造方法、効能、効果又は性能に関する虚偽・誇大な広告

② **課徴金額**：違反を行っていた期間中における対象商品の売上額 × 4.5%（注）

③ **賦課**：対象行為に対しては課徴金納付命令をしなければならない。

・業務改善命令等の処分をする場合で保健衛生上の危害の発生・拡大への影響が軽微であるとき等には、課徴金納付命令をしないことができる

・課徴金額が225万円（対象品目の売上げ5000万円）未満の場合は、課徴金納付命令は行わない

④ **減額**：以下の場合に課徴金額を減額

・同一事案に対して、不当景品類及び不当表示防止法の課徴金納付命令がある場合は、売上額 × 3%（※ 景表法の課徴金算定率）を控除

・課徴金対象行為に該当する事実を、事案発覚前に違反者が自主的に報告したときは50%の減額

⑤ **その他**：虚偽・誇大広告を行った事業者に対して、訂正広告等の必要な措置を命じる措置命令も併せて導入する

（注）過去の虚偽・誇大広告違反の事例を踏まえれば、対象となる虚偽・誇大広告違反は主として医薬品・医療機器の製造販売業者により行われることが想定される。このため、医薬品・医療機器製造販売業者の売上高営業利益率を参考に、算定率を設定した。

個人輸入に関する規制等の見直し

○ 薬監証明の不正取得による未承認医薬品・医療機器等の不適切な個人輸入に対応し、個人輸入の手続きの適正化を図り、健康被害の発生を防止する観点から、現在輸入監視要領（局長通知）により運用している輸入監視（薬監証明制度）の仕組みを法律上位置づける。

○ 上記の手続き違反について薬機法に基づく指導・取締りを可能にするとともに、その違反に対する罰則を設ける。

○ また、個人輸入による未承認医薬品や偽造薬の流通などの不正事案に迅速に対処するため、輸入手続きの違反や偽造薬に関する事案を厚生労働省・都道府県に属する麻薬取締官・麻薬取締員の捜査対象に追加する。

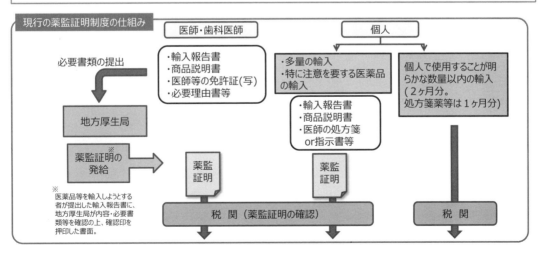

医薬品として用いる覚せい剤原料の取扱いの見直し

医薬品として用いる覚せい剤原料（※）について、医薬品として用いる麻薬と同様に、患者による携帯輸出入や調剤済みの医薬品である覚せい剤原料の医療機関・薬局における取扱い等について見直しを行う。
※覚せい剤原料として、法律で8物質（エフェドリン（10％以下を除く）等）、政令で3物質（セレギリン等）の計11物質を指定。
※これまで医薬品として覚せい剤原料（セレギリン）がパーキンソン病の治療に使われてきており、患者団体から治療目的での携帯輸出入を可能とするよう要望がなされている。

		医薬品として用いる麻薬の取扱い（現行の麻薬及び向精神薬取締法）	医薬品として用いる覚せい剤原料の取扱い	
			現行の覚せい剤取締法	覚せい剤取締法の改正内容
患者・その相続人等側	携帯輸出入	許可を受けた場合、自己の疾病の治療目的で携帯して輸出入可能。	輸出入業者以外は何人も輸出入不可。	許可を受けた場合、自己の疾病の治療目的で携帯して**輸出入を可能**とする。
	所持	患者が死亡した場合、相続人等による所持可能。	患者が死亡した場合、相続人等による所持を可能とする規定がない。	患者が死亡した場合、**相続人等による所持可能**とする。
	返却	患者、その相続人等から医療機関、薬局へ返却可能。	患者、その相続人等から医療機関や薬局への返却は不可。	患者、その相続人等から**医療機関、薬局へ返却可能**とする。
医療機関・薬局側	廃棄※	都道府県職員の立会いなしに廃棄可能。（都道府県知事への届出が必要。）	廃棄には都道府県職員の立会いが必要。	**都道府県職員の立会いなしに廃棄可能**とする。（都道府県知事への届出が必要。）
	記録	医療機関、薬局において帳簿を備え、必要事項の記録義務あり。	医療機関、薬局での記録不要。注）通知において記録することが望ましいと指導している。	医療機関、薬局において帳簿を備え、**必要事項の記録を義務化**する。

○ 上記のほか医薬品である麻薬と同様に、医療機関や薬局が大臣の許可を受けた場合には、品質不良の医薬品である覚せい剤原料等を、覚せい剤原料製造業者や覚せい剤原料取扱者等に譲り渡すことを可能にする措置を講じる。

（※）調剤済みの医薬品に限る。（調剤されていない医薬品を廃棄する際には、都道府県職員の立会いが必要。）

医薬品等行政評価・監視委員会の設置に関するこれまでの経緯

■ 平成22年4月に、薬害肝炎事件の検証及び再発防止のための医薬品行政のあり方検討委員会がとりまとめた「薬害再発防止のための医薬品行政等の見直しについて（最終提言）」において、医薬品行政の監視・評価機能を果たすことができる機関の設置の必要性が指摘された。

　・ 第三者組織は、薬害の発生及び拡大を未然に防止するため、医薬品行政機関とその活動に対して監視及び評価を行う。

　・ 第三者組織は、医薬品規制行政機関や医薬品企業などの利害関係者から「独立性」を保つとともに、医薬品の安全性を独自に評価できるだけの「専門性」を具える必要がある。また、第三者組織は（中略）迅速かつ適切な対応及び意思決定をなしうるに十分な「機動性」を発揮できる組織及び運営形態を持っていなければならない。

　・ 第三者組織を三条委員会又は内閣府に設置する八条委員会として設置することを望むが、現在の政治経済情勢の下でそれらの早急な実現が困難であるというのであれば、一刻も早く監視評価組織を実現するという観点から、本検討委員会を設置した厚生労働省の責任において、第三者組織を当面同省に設置することを強く提言する。

■ 平成25年の法律案（薬事法等の一部を改正する法律案）において、第三者組織の設置について検討が行われたが、最終的には盛り込まれず、法案採決の際の附帯決議において、速やかに検討を行うことと決議された。

（衆議院厚生労働委員会、平成25年11月1日）

　政府は、各薬害被害者団体の意見を重く受け止め、独立性が確保される第三者組織の設置について、速やかに検討を行うこと。

（参議院厚生労働委員会、平成25年11月19日）

　政府は、各薬害被害者団体の意見を重く受け止め、その権限において独立性、機動性が確保され、専門性を有し、国民の理解に基づく医薬品の安全な使用等に資する第三者組織の設置について、速やかに検討を行うこと。

■ その後、原告団・弁護団と厚労省の間で、評価・監視組織の具体的な在り方について、協議を継続的に実施。

医薬品等行政評価・監視委員会の設置

平成22年4月に、薬害肝炎事件の検証及び再発防止のための医薬品行政のあり方検討委員会がとりまとめた「薬害再発防止のための医薬品行政等の見直しについて（最終提言）」を踏まえ、医薬品等行政の監視・評価機能を果たすことができる機関を設置する。

○ 厚生労働省に、医薬品等行政評価・監視委員会を設置する。

○ 所掌事務

① 医薬品等の安全性の確保並びにその使用による保健衛生上の危害の発生及び拡大の防止に関する施策の実施状況の評価及び監視

② ①の評価又は監視の結果に基づき、必要に応じ厚生労働大臣に意見又は勧告し、その内容を遅滞なく公表

③ 厚生労働大臣は、②の意見又は勧告に基づき講じた施策について委員会に報告

※ 個別の医薬品等の安全性に関する最終的な評価は、従来どおり、薬事・食品衛生審議会が行う。

○ 職権の行使

委員会の委員は、独立してその職権を行う

○ 資料の提出要求等

関係行政機関の長に対する情報収集、資料提出、意見表明、説明その他必要な協力を求める

○ 組織

① 委員10人以内（任期2年）

② 臨時委員、専門委員を置くことができる

（※ ①②とも医薬品等の安全性の確保等に関して優れた識見を有する者のうちから厚生労働大臣が任命。いずれも非常勤。）

③ 委員長は委員の互選により選任

血液法の改正

血液法（安全な血液製剤の安定供給の確保等に関する法律（昭和31年法律第160号））について、科学技術の発展や血液事業を巡る情勢の変化を踏まえ、血液製剤の安全性及び安定供給の確保に資するよう、以下の見直しを行う。

※ 平成25年改正法（薬事法等の一部を改正する法律（平成25年法律第84号））の附則にて施行後5年を目途とした見直しが規定されている。

（1）科学技術の発展を踏まえた採血等の制限の緩和

○ 例えば、血液由来iPS細胞を医薬品等の研究開発における試験に活用する場合など、医療の発展に寄与する採血を認める。

（2）採血業の許可基準の明確化

○ 現行の血液法では、不許可になる可能性のある場合が列挙されているが、新規参入者が満たすべき積極的な基準が規定されていないことから、採血業への新規参入者の予見可能性の確保及び献血者の保護を図るため、採血業の許可基準を明確化する。

（3）採血事業者のガバナンスを強化するための措置

○ 採血業許可を採血所単位から事業者単位の規制にするとともに、現場における採血業務を管理する責任者を法律に規定し、その責務を明確化することにより、採血事業者のガバナンスを強化する。

2．国会における議論

（1）第198回国会

　第198回国会（常会）は平成31年1月28日に召集され、同年（令和元年）6月26日まで開催されていた。

　本法案は予算関連法案等の審議が終了した後、令和元年6月4日に衆議院厚生労働委員会に付託された。

　翌5日には根本厚生労働大臣から本法案の提案理由説明が行われた。

　ただいま議題となりました医薬品、医療機器等の品質、有効性及び安全性の確保等に関する法律等の一部を改正する法律案につきまして、その提案の理由及び内容の概要を御説明いたします。

　少子高齢化に伴い人口構造が変化する中で、住みなれた地域で患者が安心して医薬品を使うことができる環境を整備することや、技術革新等が進展する中で、国民のニーズに応えるすぐれた医薬品、医療機器等をより安全かつ迅速に提供することを通じて、健康寿命の延伸など保健衛生を向上させていくことが必要です。また、過去に発生した医薬品の製造販売等に関する不適切事案の経験を踏まえ、医薬品、医療機器等の安全性を十分に確保し、健康被害の発生や拡大の防止を図ることが必要です。

　これらを踏まえ、医薬品、医療機器等が安全かつ迅速に提供され、薬剤師及び薬局が地域の中でその専門性に基づく役割を果たし、関係事業者が法令遵守体制の整備を行うことなどを目的として、この法律案を提出いたしました。

　以下、この法律案の主な内容につきまして、その概要を御説明いたします。

　第一に、世界に先駆けて開発される医薬品、医療機器等や患者数が少ないこと等の理由により治験が困難な医薬品、医療機器等を患者に速やかに届けるための承認制度の創設等を行います。あわせて、製造販売業者に対し、医薬品、医療機器等の包装等へのバーコードの表示を義務化するなど、安全対策の強化を行います。

　第二に、患者が適切に医薬品を服用できるよう、薬剤師に対し、調剤時に限らず、必要に応じてその後も患者の医薬品の使用状況の把握や服薬指導を行うことを義務づけるとともに、患者自身が自分に適した薬局を選択できるよう、機能別薬局の認定制度を導入します。また、一定のルールのもとで、テレビ電話等による服薬指導を新たに認めます。

　第三に、製造販売業者等に対し法令遵守体制の整備を求めるほか、虚偽、誇大広告による医薬品、医療機器等の販売に対する課徴金制度や承認等を受けない医薬品、医療機器等の輸入に係る確認制度の創設等を行います。

　第四に、医薬品、医療機器等の安全性の確保等に関する施策の実施状況を評価、監視するための医薬品等行政評価・監視委員会を設置します。また、科学技術の発展等を踏まえ、血液由来iPS細胞を医薬品試験に活用する場合の採血の制限の緩和等を行います。

　最後に、この法律案の施行期日は、一部の規定を除き、公布の日から一年を超えない範囲内で政令で定める日としています。

　以上が、この法律案の提案理由及びその内容の概要でございます。

　御審議の上、速やかに可決していただくことをお願いいたします。

その後本法案は審議されず、会期末の6月26日に閉会中審査を行う（いわゆる「継続審議」とする）ことが決定された。

なお、第199回国会（臨時会）は令和元年8月1日に召集、同月5日までの会期であったので、本法案は再度継続審議とされた。

（2）第200回国会

第200回国会（臨時会）は令和元年10月4日に召集され、同年12月9日まで開催されていた。

①衆議院における議論

・第198回国会以降継続審議となっていた本法案は令和元年10月4日に厚生労働委員会に付託された。なお、第200回国会においては趣旨説明聴取は省略された。

・11月6日、厚生労働委員会において本法案が議題となり、上野議員（自民）、安藤議員（自民）、吉田議員（立国社）、尾辻議員（立国社）、山井議員（立国社）、岡本議員（立国社）、宮本議員（共産）から質疑が行われた。

※議員の所属会派名は当時のもので、衆議院ホームページの記載に拠った。

本法案に関する主な質疑内容は以下の通りであった。

※（問）は委員会における議員の質問、（答）は政府答弁を指し、いずれも内容を適宜要約・補足している。

（問）先駆け審査指定制度の法制化に当たっての更なる医薬品等の早期実用化に向けた取組の内容如何。

（答）

・同制度は平成27年度から実施している、最先端の医薬品等への患者のアクセスに資する重要な制度であり、医薬品等の開発に大きな影響を与える制度であることにかんがみ、法制化をして開発の予見可能性を向上させたい。

・これに伴い今まで期間を定めて指定の申請を受けて指定をしている点も柔軟化し、指定申請の数も増えると考えており、指定可否の確認や承認審査の体制を整備していく。

・より指定対象を明確にするよう努力をしていきたいと考えており、そうした運用改善で制度の実を上げていきたい。

（問）医薬品等への包装等へのバーコード表示の義務化が社会に与える影響についての厚生労働省の見解如何。

（答）

・バーコードの活用によりトレーサビリティが向上する。例えば回収事案が起きた場合に医療機関において回収ロットが速やかに特定できるようになる。製品の取り違え防止という意味もあり、また、医薬品等を使われた患者の記録の追跡等も省力化が可能となると考えている。

・バーコードを付するための一定のコストはかかるが、社会全体としてコスト削減に資する可能性がある。

・緊急時・災害時等のときにどういう医薬品等がどこにあるかの追跡という点でも意味があると考えている。

> ・様々な使い方があると考えており、活用方法については検討を深めていきたい。

（問）地域包括ケアシステムにおける薬局及び薬剤師の今後の在り方如何。

（答）

・少子高齢化がさらに進展する中で、在宅医療を受ける患者やがんなどの高度な薬学管理を外来で受ける患者が増加すると考えられる。このため、薬剤師・薬局が関係機関と連携しながら地域包括ケアシステムの一員として患者に適切な薬物療法を提供する役割を果たすことが重要となる。

・具体的には入院前に服用している医薬品等の情報や服薬状況を入院先に提供する、入院中の薬剤情報を入手して退院後に介護施設等と連携しながら服薬管理を行う、専門性が高い薬学管理が必要な患者について専門医療機関の医師、薬剤師と治療方針を共有して対応に当たるといった役割が求められると考えている。

・このため、今回の法改正では地域連携薬局、専門医療機関連携薬局を法令上位置づけており、患者にとって薬局の機能がわかるようにすることで、患者に提供する医療の質の向上につながると考えている。

（問）医薬品等の虚偽・誇大広告に対する課徴金の算定率の根拠如何。対象となる医薬品によって算定率を変えるべきではないか。

（答）

・医薬品等の製造販売業者の営業利益率の中央値を参考として4.5%とした。

・一律の算定率としたのは、景品表示法の課徴金算定率も一律となっていること、また、複雑化するとどういう場合にどの算定率の課徴金が課されるかわからないという観点もある。

・ただ、利益率にはばらつきがあるのではないかといったご意見もあり、施行後、抑止効果や他の制度における議論の推移も踏まえながら、必要に応じた検討をしていきたい。

（問）医薬品等行政評価・監視委員会について、企業から必要な資料が提供されないことへの懸念はないか。

（答）

・委員会の評価・監視対象は医薬品等の安全性確保等に関する施策の実施状況で、法律上は関係行政機関に対する資料提出要求が規定されており、企業に対して直接提出を求める権限は規定されていない。

・行政が提出要求を受け、対象が企業の持っているデータであることも考えられるが、提出要求は医薬品の安全性に関わることになると考えられる。医薬品医療機器等法第69条において厚生労働大臣が製造販売業者等に対して必要な報告をさせる権限が規定されており、こうした権限に基づいて企業から収集した情報を含めて、必要な情報を委員会に提出することになる。

（問）医薬品等行政評価・監視委員会の独立性は確保されているのか。

（答）

・委員会の評価・監視対象は厚生労働大臣が行う医薬品等の安全性の確保に関する施策の実施状

況であり、複数省庁にまたがる行政分野を対象とするものではないことから、内閣府ではなく厚生労働省に設置することとした。

・委員会の独立性を確保するため、厚生労働大臣の諮問によらずとも自ら議題を決めて審議できること、委員は独立して職権を行うことを法律上明記し、また、事務局は医薬品等行政から独立した大臣官房に置くことで、医薬品等行政からの独立を担保することを予定している。

（問）条件付き早期承認制度の法制化について、これまでの運用状況を踏まえると承認後に検証的臨床試験を行うことを条件とする必要性如何。

（答）

・疾病の性質や患者の状況等により患者数が非常に少ない場合や、災害等の救急時に使用するようなものについては、検証的臨床試験を行うことが性質上できない。

・製造販売を条件付きで承認した後でリアルワールドデータから安全性、有効性を確認するデータを集めることについては取り組んでいきたいが、検証的臨床試験をすべての場合に実施させることについては、一定の限界があるのではないかと考えている。

・11月13日、厚生労働委員会において本法案が議題となり、三ツ林議員（自民）、桝屋議員（公明）、小川議員（立国社）、阿部議員（立国社）、柚木議員（立国社）、稲富議員（立国社）、中島議員（立国社）、宮本議員（共産）から質疑が行われた。
本法案に関する主な質疑内容は以下の通りであった。

（問）課徴金制度導入に伴い、医薬品等の誇大広告の具体例を製薬企業に周知する必要性があるのではないか。

（答）

・薬機法第66条違反となる虚偽・誇大広告とは実際のものよりも優良であること、あるいは有利であることを誤認させる広告のことであると解釈をしている。

・具体的には、例えば、医薬品等の長所を大げさに示す標ぼうを行うような場合、グラフを並べて示しつつ、グラフの目盛りが左右で違っており、並べて見ると非常に効果があるように見えるが目盛りをそろえるとそうではないような場合、論文などから優位性を見せるデータを引用して広告をしているが、論文の中には優位なものも不利なものも両方あるのに優位なものだけを引用している場合などが該当する。

・事柄の性質上、過不足なく示すことは難しいが、実際の誇大広告の違反事例を周知するなどを丁寧に行い、理解を深められるよう取り組んでいきたい。

（問）既存の健康サポート薬局が地域連携薬局になれる可能性如何。

（答）

・健康サポート薬局は平成28年10月から薬機法施行規則（厚生労働省令）に基づく制度として実施をしており、薬局、薬剤師の機能が薬剤を調剤して渡すだけでなく医療の一環として患者に対する対人業務を充実していくという考え方に沿って創設されたということについては、今回創設する地域連携薬局と共通の基盤を有する。

・健康サポート薬局は、日ごろ元気な方を相手にしながらいざ病気になった時にはかかりつけになれるような薬局、地域連携薬局は在宅医療を安心して支えられるような薬局ということで少しずれているが、対人業務を充実するという考え方は共通し、かかりつけ機能の基本は同じであるので、健康サポート薬局の届け出をしている薬局が自動的に地域連携薬局の要件を満たすことには必ずしもならないが、さらに麻薬調剤・無菌調剤といった体制整備等を行うことによって地域連携薬局の認定を取得できるようにすることを考えている。

・地域連携薬局の要件はさらに検討を深めるが、手を挙げていただけるとありがたいと考えており、そのためのサポートについても取り組みたいと考えている。

（問）管理薬剤師が複数の店舗で業務を行うことができるようにする必要性如何。

（答）

・薬局の所在地の都道府県知事等が薬局の管理者としての業務を遂行するにあたって支障を生ずるおそれがないと判断した場合に、例外的に他の薬局で従事することを認めることとなっている。

・その運用として、平成31年3月に通知（※）を示し、

　・薬局の営業時間外である夜間休日に、当該薬局の管理者がその薬局以外の場所で地域の輪番制の調剤業務に従事する場合

　・へき地における薬局の管理者の確保が困難であると認められる場合において、当該地域に所在する薬局の営業時間外に、当該薬局の管理者が他の薬局に勤務する場合

を例として示した。

・薬局の管理が適切に行われることが前提であるが、必要な場合には実態を踏まえて判断基準をさらに示していきたいと考えている。

（※）「医薬品、医療機器等の品質、有効性及び安全性の確保等に関する法律第7条第3項に規定する薬局の管理者の兼務許可の考え方について」（薬生総発0320第3号平成31年3月20日厚生労働省医薬・生活衛生局総務課長通知）

（問）薬剤師の専門性をどう担保していくか。

（答）

・専門医療機関連携薬局には高い専門性を有した薬剤師を配置することが必要で、その専門性の判断に際して学会等の認定制度を活用することとしており、専門医療機関認定薬局を普及していくためには専門薬剤師等がこれまで以上に必要となる。

・法改正を契機に、学会等と連携をしながら、高い専門性を有する薬剤師の育成支援について、例えば研修で活用できる研修プログラムの開発、専門薬剤師等の普及啓発による取得促進など、国としてできる支援はしっかり取り組んでいきたい。

（問）責任役員の変更命令の法制化が必要ではないか。

（答）

・許可等業者による法令違反の発生を防止するため、本法案において責任役員を明確に位置付けた。

・一方、責任役員の変更命令に関しては、本来役員は事業者自らが決定すべきであり、こうした

措置を導入することは慎重であるべき、適正な社内規定を整備させることを通じて事業者が法令を遵守して業務を行うことを担保することができるのではないか、法令違反があった場合には現行法下においても業務改善命令や業務停止命令等の必要な措置を行うことができるといったことを踏まえて、責任役員の変更命令の導入を見送った。

・今後、責任役員の変更命令を含むさらなる措置の導入等の要否については、改正後の施行状況を踏まえて引き続き検討したい。

（問）予防薬、ワクチンも条件付き早期承認制度の対象とした理由如何。

（答）予防薬、ワクチンは通常の医薬品等と比較すると健常人を対象とするという点で異なるが、例えば感染症のパンデミックが生じる場合の対策を目的とする製品など、今後の保健衛生上の状況によっては、医療上の必要性が高く、それをできるだけ速やかに現場に供給しなければならないという場合が考えられるため、制度の対象から除外していない。

（問）販売後も進化を続けるAI搭載医療機器の品質及び安全性の確認方法如何。

（答）

・AIを使った医療機器等、製造販売承認後も絶え間ない改善・改良が行われるという特徴があり、改善、改良された医療機器の安全かつ迅速な提供を可能とする制度が求められている。

・従来は一部変更承認を逐一とる必要があったが、本法案においては市販後に恒常的に性能が変化する医療機器について、製造販売後に性能の向上が絶えず維持されるような計画の提出があり、事前評価して、評価された計画の範囲内であれば性能や表示内容の迅速な変更を可能とし、一部変更承認が逐一は不要となる制度を導入した。

・こうした制度を活用して、品質、安全性の確保と迅速な変更を両立させることで、承認審査制度の改善を図りたい。

（問）継続的服薬指導の導入や、地域連携薬局、専門医療機関連携薬局の導入等は患者にとってどのようなメリットがあるのか。

（答）

・服薬情報の一元的・継続的な把握とそれに基づく薬学的管理・指導により、例えば複数診療科を受診している場合の重複投与や薬剤の相互作用の確認、相談が日常的に可能となる。

・在宅で特に配慮が必要な高齢者等が入院する際に、医療機関が入院前の服薬情報を薬局から入手することができ、退院の際にも在宅で使用する薬剤やその飲み方など相談することができる。

・がんなどの専門的な医療も外来通院で治療ができるようになってきており、抗がん剤の副作用についてすぐ相談することができる、継続的な服薬の確認や体の反応の把握が必要な薬剤を用いる在宅医療の際に安心して相談できることが期待される。

・認定を受けた旨を掲げることによって、患者にとって相談しやすく、また、地域にとってこうした薬局の存在が、地域の安心の力を高めることにもなる。

（問）虚偽・誇大広告に対する課徴金の算定率について、大企業と中小企業で算定率を分け、大
　　　企業の算定率を高く設定すべきではないか。

（答）

・不当な表示に対する課徴金制度を規定する景品表示法における課徴金の算定率3％と比較して
　高い水準である4.5％に設定している。

・運用面や制度理解の観点から一律の算定率を設定している。

（問）より適切な調剤のため、処方箋に病名や診察内容等を記載する必要性如何。

（答）

・薬剤師による処方内容のチェック、副作用のフォローアップ、服薬指導の質の向上を考慮する
　と、薬剤師が疾患名等を把握することは重要。

・PMDAが平成27年に実施した調査によれば、処方箋に疾患名等を期している医療機関は調査
　対象3,821施設のうち225施設で、実際に患者の疾患名等の情報を処方箋に記載するなどの取組
　が複数の医療機関において行われ、薬局・薬剤師の処方監査・服薬指導に活用されていると認
　識している。

・一方、疾患名等を処方箋の絶対的記載事項とすることについては告知を望まない患者にも自身
　の疾患名を明かすことにつながるといった懸念、課題もあり、慎重に検討する必要があると考
　えている。

・同日、質疑が終局し、賛成多数で可決された。
・11月14日、衆議院本会議においても賛成多数で可決され、参議院に送付された。
　衆議院厚生労働委員会においては以下の附帯決議が付されている。

　政府は、本法の施行に当たり、次の事項について適切な措置を講ずるべきである。

一　我が国における医療ニーズの高い革新的な医薬品、医療機器等の開発に対して、戦略的な支
　援を行うよう努めること。

二　先駆け審査制度において、指定を受けた後に要件を満たさないことが明らかになった場合に
　は、速やかに指定を取り消すこと。

三　先駆け審査制度により製造販売承認を受けた抗インフルエンザ薬について、耐性ウイルスを
　発生しやすいことが指摘されていることから、その有効性、安全性等の状況を監視すること。

四　条件付き早期承認制度の対象となる医薬品等の適応疾患について、生命に重大な影響がある
　疾患（致死的疾患）、病気の進行が不可逆的で日常生活に著しい影響を及ぼす疾患、希少疾病
　といった重篤なものや、申請時に有効な治療法が確立していないものを中心とすること。また、
　ワクチンを含む予防薬について、条件付き早期承認制度の対象としようとするときは、特に慎
　重に検討すること。

五　条件付き早期承認制度により製造販売の承認をした場合は、速やかに有効性・安全性を再確
　認するために厳格な製造販売後調査等を実施すること。また、承認を受けた医薬品・医療機器
　の使用に際しては、通常の医薬品・医療機器と異なり、一定程度の有効性及び安全性が確認さ
　れたものにとどまることから、製造販売後に再確認を必要とするものであることについて、患

　　者に対して適切な情報提供がなされるよう努めること。さらに、承認を受けた医薬品等の評価
　　に係る調査等結果の提出期限については、実施に必要な最低限の期間を品目ごとに定めること。

六　条件付き早期承認制度によって承認の際に付された条件を満たさなくなった場合には、速やかに承認の取消し又は承認事項について変更を命ずること。

七　添付文書の電子化に当たっては、添付文書の情報が改訂された際に、それが直ちに確実に伝達されるための環境整備を図ること。また、災害等により、停電やサーバーに不具合が発生したような場合の添付文書情報へのアクセスを確保するための方策について検討すること。

八　これまで進めてきた医薬分業の成果と課題を踏まえ、患者の多くが医薬分業のメリットを実感できるような取組を進めること。

九　健康サポート薬局の届出数が少数にとどまっている現状を踏まえ、その要因を分析して検討し、必要な対策を講ずること。

十　製薬企業等からの医薬品等の臨床研究に関する資金提供の情報等の公表について、臨床研究法の趣旨にのっとり、更なる透明性の確保が図られるよう、製薬企業等に対して趣旨の徹底を図ること。

十一　医薬品等行政評価・監視委員会を厚生労働省に設置することについて、委員会の独立性に疑念を招かないように細心の注意を払うこと。また、委員の利益相反がないよう厳格に監視すること。さらに、委員には、薬害被害者を含めること。

十二　採血事業者に対して、骨髄バンクへの登録呼びかけを行うよう協力を求めること。

十三　新たな虚偽・誇大広告に対する課徴金制度についてその抑止効果の評価を行うこと。

十四　「薬機法等制度改正に関するとりまとめ」で提言された法違反時の役員変更命令の法定化について、本法の施行状況を踏まえ検討を行うこと。

②参議院における議論

　　※議員の所属会派名は当時のもので、参議院ホームページの記載に拠った。ただし、「立憲・国民、新緑風会・社民」については本項においては衆議院と同様「立国社」とした。

・令和元年11月14日に衆議院から送付された本法案は、19日に厚生労働委員会に付託された。同日の厚生労働委員会において加藤厚生労働大臣から本法案の提案理由説明（内容は第198回国会と同旨）が行われた。

・11月21日、厚生労働委員会において本法案が議題となり、田村議員（立国社）、足立議員（立国社）、梅村議員（維新）、平木議員（公明）、藤井議員（自民）、本田議員（自民）、倉林議員（共産）から質疑が行われた。

　　本法案に関する主な質疑内容は以下の通りであった。

（問）先駆け審査指定制度、条件付き早期承認制度の法制化にあわせたPMDAの人材獲得・専門性強化に向けたプラン如何。

（答）

・PMDAは現時点で936名の正規職員がおり、令和5年度末の第四期中期計画終了時点には165名を上限に増員する計画である。

・PMDAにおいてはキャリア・ディベロップメント・プランの１つの取組として、平成30年度

から技術系職員に対する学位取得の支援などの制度を実施しており、こうした取り組みを通じて専門性の高い職員の確保にも取り組んでいきたい。

（問）条件付き早期承認を受けた医薬品に係る製造販売後調査に関する資料の提出時期の決め方如何。

（答）

・条件付き早期承認制度の対象となる医薬品等については患者数が少ない場合も想定されるため、製造販売後の調査等の要件については、有効性、安全性の評価のために集積すべき症例数を設定することを考えている。

・調査結果に関する資料等の提出期限も設定するが、当該症例数を集積することが可能と見込まれて適切な評価ができると考えられる期間という考え方で設定することとなる。

・その上で、製造販売後の調査等の結果から有効性、安全性の評価を改めて行い、承認時の条件の変更を行ったり、適正使用を進めていくこととなると考えている。

（問）今回創設する薬局の認定制度ではプライバシーの配慮を要件としているが一般の薬局においても患者にプライバシーに配慮する必要性如何。

（答）

・薬局で服薬指導を行う際に患者が安心して相談できるようプライバシーに配慮しながら薬剤師が対応することは重要。

・薬局業務運営ガイドライン（平成 5 年）においても患者のプライバシーに配慮しながら薬局の業務を行うようにすべき、そのための構造設備に工夫をすべきと求めている。また、健康サポート薬局の届出要件においても間仕切り等で区切られた相談窓口を設置していることを求めている。

・地域連携薬局、専門医療機関連携薬局においてもそういった設備を求めることを考えているが、患者や地域住民が安心して相談できる対応を薬局が行うためにはどうしたらよいか、引き続き配意していきたい。

（問）現在の製薬産業の競争環境及び国内創薬企業の存在意義並びに政府による支援の取組状況如何。

（答）

・バイオ医薬、ゲノム創薬、AI、ビッグデータの活用等といった変化の中で製薬産業における研究開発費は上昇しており、売上比率で見ても比率が上がっている中、日本の製薬企業は欧米と比較すると売り上げ規模が小さく開発費を投じることが難しい状況にあると認識している。

・他方、世界で新薬を創出している国は多くないものの、その中に日本が入っており、自国に創薬力があることは国民医療という立場から見て日本国内において日本人をベースとしながら新薬の開発が進み、より早期に国民に届けることができる、というメリットがあると考えている。

・また、産業政策としても、医薬品産業は付加価値、知識集約産業であり、付加価値の高い産業を取り込んでいくことは経済成長の維持のためにも重要であると考えている。

・このため、日本創薬力強化プランを策定し、AMED を通じた研究開発助成やベンチャー支援

などの予算措置や研究開発促進税制について逐次拡大に努めており、本法案においても先駆け審査指定制度の法制化など薬事規制の合理化や調和を図っており、こうしたことを総合的に取り組んで日本の創薬力を高めていきたい。

（問）５年前の２つの法改正をどのように整理し、本法案の見直しにつなげているのか。
（答）

・５年前の２つの法改正のうち、医療機器や再生医療等製品に関する規制の見直しを行った法改正については、改正内容を適切に運用できていると考えている。
　一方、その後の技術革新等の状況を踏まえ、例えば、先駆け審査指定制度や条件付き早期承認制度を法制化して予見可能性を高めることとし、また、医療機器についてあらかじめ改善・改良に関する計画を提出し、その計画に合致するのであれば一部変更承認の手続きを簡素化するといったことを本法案に盛り込んでいる。

・５年前の、ネット販売に関する規制の見直しを行った法改正については、その後の販売実態調査において、相談に対応した者の資格が薬剤師であるかどうか明確でないといった問題が生じていることが分かった。これについては本法案ではなく、適切な販売方法の指導をさらに徹底することとしている。

・５年前の法改正以降、承認と異なる製造方法での医薬品の製造や虚偽・誇大広告による販売などの問題事案が発生しており、こうした問題に対応するためのコンプライアンスのレベルを上げるための改正を本法案に盛り込んでいる。

（問）本改正案による新業務の追加を踏まえ麻薬取締官の増員及び予算措置を図る必要性如何。
（答）

・本法案では監視機能・捜査機能を強化するために麻薬取締官を活用することとし、偽造医薬品等の流通、医薬品等の個人輸入における事前確認の手続違反について司法警察員の権限を麻薬取締官に付与している。

・麻薬取締官は全国一体の組織の機動性を活かして証拠保全などの初動対応に主として当たることを想定しており、初動対応後は必要に応じて各都道府県の麻薬取締員や都道府県警といった関係機関と連携、協力しながら捜査を進めることになるため、麻薬取締官の業務負担が著しく増加するというような予測はしていない。

・施行後の状況を見ながら、麻薬取締官の本来目的業務が果たされるような体制については不断に検討して対応していかなければならないと考えている。

（問）医薬品の添付文書の電子化に伴う卸売販売業者と製造販売業者の役割分担の在り方如何。
（答）

・本法案では添付文書は電子的な提供を原則としつつ、一般用の医薬品は引き続き紙媒体で提供することとし、また、医療用医薬品等についても初回納品時などについては紙媒体による添付文書情報の提供も併せて行うことを検討している。

・改正後も、紙媒体による情報提供も含め、添付文書情報を確実に医療現場に提供する法的責任は製造販売業者にある。

・実際には卸売販売業者が医療現場との接点を多く持っており医療現場に適切に添付文書情報を提供するうえで卸売販売業者の役割に期待する声もある。卸売販売業者がどのようにかかわりを持つかということについては関係団体の意見も聞きながら慎重かつ丁寧に検討していきたいと考えており、卸売販売業者に過度な負担がかからないように配意していきたいと考えている。

・11月26日、厚生労働委員会において本法案が議題となり、福島議員（立国社）、川田議員（立国社）、東議員（維新）、平木議員（公明）、古川議員（自民）、倉林議員（共産）から質疑が行われた。
　本法案に関する主な質疑内容は以下の通りであった。

（問）外資系団体を含めた複数事業者に対する採血業許可によって生じ得る安全面等への懸念如何。
（答）
・現行法においても新たな採血事業者は参入でき、不適切な採血事業者が参入し献血者の健康と血液製剤の安全性が損なわれることのないよう、有料採血を禁止し、許可申請者が営利を目的として採血しようとする者でないことといった不許可要件を定めており、これらは改正後も変わらない。
・本法案では採血業の許可基準を明確にし、採血業務の管理・構造設備に関する基準に従って採血を適切に行うに足りる能力を持つこと、健康診断を行うために必要な措置を講じていること、健康上有害と認められる者からの採血を防止するために必要な措置を講じていること、他の採血事業者と同一名称や誤認されるおそれのある名称を用いようとする者でないことといった要件を加えることとしている。
・採血事業者が事業を止めようとする際にも厚生労働大臣の許可が必要としており、採血業の許可時の要件の確認と併せて、献血血液の安全性が今後も守られるように運営していきたいと考えている。
・個人情報について、例えば血液に異常が見つかった場合など保健衛生上の危害の発生・拡大の防止のための措置を講ずるために必要な場合や、過度に頻繁な献血を回避するため採血履歴を確認するような場合には、個人情報保護法等に基づいて適切に個人情報を保護・管理しながら他の採血事業者と情報共有することとしており、現在の唯一の採血事業者である日本赤十字社の取組みも参考にしながら、新たな採血事業者に対しても適切な管理を求めていきたいと考えている。

（問）医薬品等行政評価・監視委員会の委員について、利益相反関係の開示を検討すべきではないか。
（答）
・例えば、個々の医薬品の承認を行っている薬事・食品衛生審議会薬事分科会では、分科会の決定事項として審議参加規程を定めており、製薬業から一定金額以上の資金提供を受けている委員は審議に参加できない、委員から提出された寄付金等に関する申告書は分科会終了後に厚生労働省HPで公表するといったルールを定めている。

・医薬品等行政評価・監視委員会においても、こうした取組と同様、利益相反に関するルールを委員会として定めていただくことを考えている。

（問）健康サポート薬局と地域連携薬局の在り方は見直すべきではないか。

（答）

・薬局には、日ごろから健康や病気について気軽に相談できる機能と、病気になったときに処方箋に基づく調剤と継続的な服薬指導等を行う機能が求められると考えている。

・これを前提に、地域連携薬局は地域住民が自分のニーズに適した薬局を選べるようにするため、一定の要件を満たす場合に名称の表示を可能とする制度としている。要件は、病気になったときに医療ニーズの高い方、入院・在宅・介護施設を行き来するような方も含めて在宅医療の様々なニーズに対応できるということを求めたいと考えている。具体的には、麻薬や無菌調剤への対応、医療機関や介護機関との密な連携、情報連携を行うことを含むこととなる。

・健康サポート薬局である薬局も、地域連携薬局の要件を満たす場合は認定を受けることができ、また、そうしたことが期待されているものでもあると考えている。

・地域連携薬局の認定を受けない薬局についても、日ごろから健康や病気について相談できる機能は重要であり、引き続き健康サポート薬局という表示の仕組みは続けるので、そうした制度を活用する等によって取り組んでいただきたいと考えている。

・こうした位置付けのもとで進めていきたいと考えており、こうした中身を理解いただき、要件設定について例えば24時間対応については連携して対応できる状況について弾力的な仕組みにする中で、それぞれの薬局が当たり前のことを当たり前に行うということに向けて進む一助となるようにしていきたい。

（問）地域連携薬局や専門医療機関連携薬局の認定件数の見込み如何。

（答）

・薬局数を正確に見込むのは難しいため考え方で言えば、地域連携薬局は日常生活圏域ごとに、専門医療機関連携薬局は専門医療機関が整備されるべき二次医療圏ごとに、いずれも少なくとも1つ以上の薬局が認定を得ることが望ましいと考えている。

・そのため、十分な周知を図り、手続きが薬局にとって重い負担にならないように工夫したいと考えている。

・また、各都道府県のホームページで薬局機能の公表を行っている薬局機能情報提供制度を通じて、どの薬局が認定を受けているか、患者にとってわかりやすくするよう配意したいと考えている。

（問）本法案の条件付き早期承認制度と、再生医療等製品の条件・期限付き承認制度を医薬品、医療機器、再生医療等製品それぞれに適用可能とする必要性如何。

（答）

・再生医療等製品はヒト由来の生きた細胞などを加工して製造されるため品質が不均一で、有効性の評価が困難な場合があるという特性がある。このため、再生医療等製品については有効性が推定され、安全性が確認されれば承認に期限を付した上で条件を付けて早期に承認できる

仕組みとして、条件・期限付き承認制度を平成25年の薬事法改正の際に設けた。

・本法案の医薬品、医療機器の条件付き早期承認制度は重篤で有効な治療方法に乏しい疾患の医薬品等で、患者数が少ないなどの理由で検証的臨床試験の実施が困難なものや長期間を要するものについて製造販売後に有効性、安全性の再確認のための必要な調査を実施することなどを条件として付すことによって、医療上特に必要性が高い医薬品等を速やかに患者に届けることを図るものである。

・したがって、探索的臨床試験で一定程度有効性、安全性について確認する医薬品、医療機器の条件付き早期承認制度と、品質が不均質で有効性の評価が困難な場合がある再生医療等製品の有効性の推定と安全性の確認に基づく条件・期限付き承認制度は、性質が異なるという整理をしている。

（問）条件付き早期承認制度においてリアルワールドデータの活用により医薬品等の安全性や有効性を再確認する方法如何。

（答）

・条件付き早期承認制度で承認された医薬品等の有効性、安全性を適切に評価するために製造販売後に試験や調査等の実施を課すこととしており、調査においてはリアルワールドデータを用いることもできることとしている。

・例えば、患者数が少ない疾病の医薬品等に対して、当該疾病の患者への医療情報を登録したデータベースに含まれる検査値、副作用情報、転帰などの各種データを有効性、安全性を確認するために活用することが想定される。

・具体的には承認審査の品目ごとにどういったデータが必要、有効かを検討していくこととなると考えている。

・なお、米国では女性乳がんの治療薬について男性乳がんに対する効能効果の追加を承認した際に、男性の乳がん患者に同罪を使用した際の使用患者の背景情報、投薬の状況、治療経過が含まれた医療記録、レセプトの情報を利用して承認したと承知している。

・同日、質疑が終局し、賛成多数で可決された。

・11月27日に参議院本会議においても賛成多数で可決された。

　参議院厚生労働委員会においては以下の附帯決議が付されている。

　政府は、本法の施行に当たり、次の事項について適切な措置を講ずるべきである。

一、国民のニーズに応える優れた医薬品・医療機器等をより安全かつ迅速に医療現場に届けるため、医薬品医療機器総合機構の体制について更なる強化を図ること。

二、アジア諸国等における革新的医薬品・医療機器等のアクセス向上に向けて、規制調和に向けた環境整備や規制当局間の連携強化を図るとともに、そのために必要な医薬品医療機器総合機構等における体制を整備すること。

三、条件付き早期承認制度の対象となる医薬品等の適応疾患について、生命に重大な影響がある疾患（致死的疾患）、病気の進行が不可逆的で日常生活に著しい影響を及ぼす疾患、希少疾病といった、重篤なものや申請時に有効な治療法が確立していないものを中心とすること。

四、条件付き早期承認制度により製造販売の承認をした場合は、速やかに有効性・安全性を再確認するために厳格な製造販売後調査等を実施すること。また、承認を受けた医薬品・医療機器の使用に際しては、製造販売後に再確認を必要とするものであることについて、患者に対して適切な情報提供がなされるよう努めること。さらに、承認を受けた医薬品等の評価に係る調査等結果の提出時期については、実施に必要な最低限の症例数を基に定めること。

五、添付文書の電子化に当たっては、添付文書の情報が改訂された際に、それが直ちに確実に伝達されるための環境整備を図ること。また、災害等により、停電やサーバーに不具合が発生したような場合の添付文書情報へのアクセスを確保するための方策について検討すること。

六、これまで進めてきた医薬分業の成果と課題を踏まえ、患者の多くが医薬分業のメリットを実感できるような取組を進めること。

七、製薬企業等からの医薬品等の臨床研究に関する資金提供の情報等の公表について、臨床研究法の趣旨にのっとり、更なる透明性の確保が図られるよう、製薬企業等に対して趣旨の徹底を図ること。

八、医薬品等行政評価・監視委員会を厚生労働省に設置することについて、委員会の独立性に疑念を招かないように細心の注意を払うこと。また、委員の利益相反がないよう厳格に運用すること。さらに、委員には、薬害被害者を含めること。

九、新たな虚偽・誇大広告に対する課徴金制度についてその抑止効果の評価を行うこと。

十、「薬機法等制度改正に関するとりまとめ」で提言された、責任役員による許可等業者の法令遵守を担保するため、必要な場合に、当該責任役員の変更を命じることができるものとする措置について、本法の施行状況を踏まえ引き続き検討すること。

十一、「第五次薬物乱用防止五か年戦略」に基づく薬物乱用対策を着実に行うとともに、新たに付与される模造医薬品の流通事案等への対応に適切に対処するため、麻薬取締部における必要な体制を確保すること。

成立した改正法は令和元年12月4日に公布された（令和元年法律第63号）。

第3章

令和元年薬機法改正のポイント

第3章　令和元年薬機法改正のポイント

1．開発から市販後までの規制の合理化

「審査ラグ」という言葉を聞いたことがあるだろうか。この言葉は、平成20年（2008年）ごろから大きく話題となっていた問題で他国に比べて日本は医薬品等の承認にかかる期間が長いことを指すものである。しかしながら改正薬機法が成立した令和元年においては米国に比較しても遜色がない程度に改善されている。

一方で技術進展により革新的な医薬品等の早期実現化が可能となっている中、グローバル化の進展により企業が各国の制度環境等を考慮し、自社に有利な開発拠点を選択するようになってきている。

米国では、法改正により2012年から革新的医薬品に関する優遇措置（※）を法改正により実施している。2017年末までに236の医薬品が制度の適用を受け、97品目の製造販売が承認されるに至っている。

（※）Breakthrough Therapy:対象疾病が重篤で、既存の治療法より効果が高いと期待される医薬品を指定し、医薬品の開発・審査を促進するための優遇措置を受けることが可能となる制度。またヨーロッパでは、2016年からPRIME（PRIority MEdicines）という、満たされていない医学的ニーズに対応する可能性がある場合に優先審査を可能とする仕組みを導入している。

■図1　医薬品審査の状況

1（1）①医薬品審査（新医薬品の承認件数と審査期間）

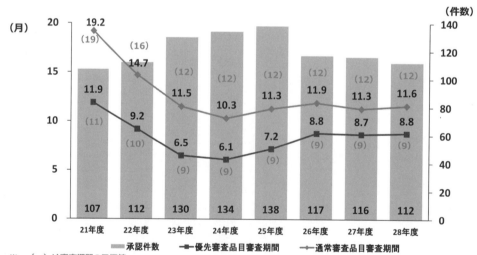

※　（　）は審査期間の目標値。
※　審査期間及び目標値は、達成率を段階的に引き上げることとし、下表に従い算出。

新医薬品	21～25年度	26年度	27年度	28年度	29年度	30年度
優先審査品目（目標9ヶ月）パーセンタイル	50%	60%	60%	70%	70%	80%
通常審査品目（目標12ヶ月）パーセンタイル	50%	60%	70%	70%	80%	80%

1（1）①医薬品審査（日米EUの新薬審査期間の比較（2007 - 2016））

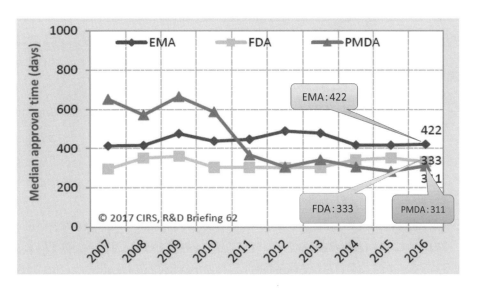

FDA and PMDA NAS median approval times converged in 2007-2016, with PMDA the fastest of the three agencies for a third year in a row

3年連続で、PMDAが新有効成分の審査期間（中央値）世界最速を達成。

Centre for Innovation in Regulatory Science (CIRS) , April 2017, R&D Briefing 62

1（1）①医薬品審査（ドラッグ・ラグの解消）

- 平成27年度におけるドラッグ・ラグの実態把握のため、PMDAで企業にアンケート調査等を実施。
- 新有効成分含有医薬品の審査ラグはここ５年間でほぼ0に近い値を維持している。一方、開発ラグは年度により変動がみられた。

【新有効成分含有医薬品】

	平成24年度	平成25年度	平成26年度	平成27年度	平成28年度
開発ラグ	0.3 年	1.0 年	1.1 年	1.7 年	1.0 年
審査ラグ	0 年	0.1 年	0 年	0 年	0 年
ドラッグ・ラグ	0.3 年	1.1 年	1.1 年	1.7 年	1.0 年

開発ラグ ： 当該年度に国内で新規承認申請された新薬について、米国における申請時期との差の中央値
審査ラグ ： 当該年度（米国は暦年）における日米間の新薬の新規承認された総審査期間（中央値）の差
ドラッグ・ラグ ： 開発ラグと審査ラグの和

- このため、PMDAにおいては、以下のような課題に引き続き取り組むこととしている。
  - ・ 開発ラグ解消支援のため、相談業務の拡充を図る
  - ・ 必要な体制強化を行い、審査の予見性※の向上と質の向上を図る
  - ※ 第３期中期計画期間においては、審査の予見性を高めるため、審査期間目標設定を従来の中央値から
    ８０％タイル値での目標へと変更した。

　このようなグローバル化の状況を踏まえ、安全確保を前提として、
・医薬品・医療機器の開発ラグの解消
・医療上の必要性の高い分野において、迅速な患者のアクセスの確保
のための審査制度の見直しが必要となった。

（1）研究開発を促進する医薬品等の範囲の拡大

一　改正の趣旨

　医薬品、医療機器等の品質、有効性及び安全性の確保等に関する法律（昭和35年法律第145号。以下「薬機法」という。）では医薬品、医療機器及び再生医療等製品（以下この項目において「医薬品等」という。）の品質、有効性及び安全性を確保するために承認審査や市販後の安全対策に係る各種規制を導入しているが、同時に、医療上特にその必要性が高い医薬品等の研究開発の促進のために必要な措置を講ずることとしている（薬機法第1条）。

　患者数が5万人以下の疾病及び指定難病となっている疾病は患者数が少ないため開発が遅れがちな現状がある。その治療に用いられる医薬品等を開発しても、その薬を必要とする人の数が限定され、大きな利益を生みにくく、民間企業の開発意欲を刺激しにくいからである。

　そのため、このような疾病用の医薬品等で、特に使用価値が高いと見込まれるものについては希少疾病用医薬品、希少疾病用医療機器又は希少疾病用再生医療等製品に指定（薬機法第77条の2）し、
①承認審査における優先的な取り扱い（薬機法第14条第7項等）
②試験研究促進のための必要な資金の確保（薬機法第77条の3）
③試験研究を促進するための租税特別措置（薬機法第77条の4）
④審査手数料の減額（医薬品、医療機器等の品質、有効性及び安全性の確保等に関する法律関係手数料令（平成17年政令第91号）第7条、第32条等）
の対象とすることで、研究開発を促進し、これを待ち望む患者への速やかな供給を図っている。

　執筆時点で平成5年の本制度開始以降、希少疾病用医薬品308品目、希少疾病用医療機器19品目、希少疾病用再生医療等製品1品目が市場に供給されるなど、制度の実施は企業の研究開発の支援に一定の効果を発揮している。

　近年、遺伝子組換え技術の発達、AI技術の発達等の技術革新が進んでいる。これまでにない作用を有する先駆的な医薬品等の開発可能性が高まって来ている。しかし、全く新しい知見に基づく先駆的な医薬品等の開発は、既存の知見・技術に基づく医薬品等と比較して、その品質、有効性及び安全性の担保のために多くの試験研究を必要とする。また、実用化に至る品目数が少なく、開発投資額に比べて期待される売上額が低いといった理由から民間における開発意欲につながらないものが多い。

　加えて、既に成人向けの医薬品等が製造販売の承認を受けている疾病であっても、小児がんなど患者が少ない等の理由で治験被験者の確保が難しい小児用の用法・用量開発や、発生頻度が不明であるため治験被験者の確保が難しい薬剤耐性菌向けの既存薬再開発（※）については、追加的な臨床試験の実施や追加的な剤形の開発など、開発に多大な投資が必要であることに比して利用患者が少ないといった理由により市場性が高くなく、我が国における研究開発は進んでいない現状がある。

　（※）既存のある疾患に有効な治療薬から、別の疾患に有効な薬効を見つけ出すこと。例えば、コリスチンメタンスルホン酸ナトリウム注射剤は、1990年代に製造・販売されなくなった抗生物質だが、多剤耐性緑膿菌等の治療薬として注目され、2015年3月に改めて承認された。

　このため、医療上の必要性が高いものの研究開発が進んでいない

・全く新しい知見に基づく先駆的な医薬品等

・小児用医薬品

・薬剤耐性菌向けの既存薬再開発による医薬品

等を上記①～④までの各種研究開発促進施策の対象とするよう、現在の希少疾病用医薬品等に係る指定制度の対象範囲を拡大した。

二　改正の概要

○新たに対象とする医薬品等の区分及び区分ごとの指定要件（薬機法第2条第16項、第77条の2）

　現在の指定制度では患者数が少ないことによる開発の困難性を考慮して希少疾病用医薬品等を指定の対象としていたが、指定対象となる医薬品等の区分として以下のものを追加した。

①先駆的医薬品、先駆的医療機器、先駆的再生医療等製品

・その用途に関し、本邦において既に承認を与えられている医薬品等又は外国において、販売し、授与し、又は販売若しくは授与の目的で貯蔵し、若しくは陳列することが認められている医薬品等と作用機序又は原理が明らかに異なる物であること。

・製造販売の承認が与えられるとしたならば、その用途に関し、特に優れた使用価値を有することとなる物であること。

【コラム】なぜ先駆的医薬品と呼ぶのか？

　本制度の要件としては、作用機序・原理が本邦、外国において既に承認されている物と明らかに異なることを求めており（※）、この要件への該当を判断するにあたっては、「同種の作用機序・原理を有する医薬品等の中で先に承認を得ることになるかどうか」に着目することから、「先駆的」という言葉が使用された。

（※）仮に、ある医薬品が先駆的医薬品として指定されていた場合に、同程度の作用機序の革新性を有する医薬品が先に承認された場合には、指定を取り消すことも考えられる。

---

②特定用途医薬品、特定用途医療機器、特定用途再生医療等製品

・その用途が厚生労働大臣が疾病の特性その他を勘案して定める区分（※）に属する疾病の診断、治療又は予防であって、当該用途に係る医薬品、医療機器又は再生医療等製品に対する需要が著しく充足されていないと認められる物であること。

※厚生労働大臣が定める区分として、医薬品又は再生医療等製品については

・小児の疾病の診断、治療又は予防

・薬剤耐性を有する病原体による疾病の診断、治療又は予防

のいずれかに該当することとし、医療機器については、小児の疾病の診断、治療又は予防に該当することとした（薬機法施行規則第251条の4）。

・製造販売の承認が与えられるとしたならば、その用途に関し、特に優れた使用価値を有することとなる物であること。

【参考】現行の希少疾病用医薬品、希少疾病用医療機器、希少疾病用再生医療等製品の指定要件

・その用途に係る対象者の数が本邦において５万人に達しないこと。ただし、当概用途が難病の患者に対する医療等に関する法律（平成26年法律第50号）第５条第１項に規定する指定難病である場合は、同項に規定する人数（※）に達しないこと。（第77条の２第１項第１号）

・製造販売の承認が与えられるとしたならば、その用途に関し、特に優れた使用価値を有することとなる物であること。（第77条の２第１項第２号）

（※）難病の患者に対する医療等に関する法律施行規則（平成26年厚生労働省令第121号）第１条において、人口のおおむね千分の一程度に相当する数と規定されている。

○指定制度の対象範囲の拡大に伴う規定の整備（薬機法第14条第10項、第14条の４第１項第１号イ、第23条の２の５第10項、第23条の25第９項、第23条の29第１項第１号イ、第77条の２から第77条の７、令和元年改正法附則第30条）

　薬機法改正前において「希少疾病用医薬品」等と規定している条文につき、対象範囲の拡大に伴う規定の整備を行った。

　なお、新医薬品について承認から一定の調査期間後にその有効性及び安全性を改めて確認するための再審査制度が第14条の４で規定されており、その調査期間は、

①希少疾病用医薬品等の調査期間は６年から10年間までの範囲内で厚生労働大臣が指定する期間（第14条の４第１項第１号イ）、

②既に承認されている医薬品と効能又は効果のみが明らかに異なる医薬品等は６年未満で厚生労働大臣が指定する期間（第14条の４第１項第１号ロ）

③その他の医薬品については６年（第14条の４第１項第１号ハ）

としている。

　先駆的医薬品については、作用機序が既に承認されている医薬品と異なることを踏まえ、①の類型として規定し、特定用途医薬品については、既に承認されている医薬品と効能又は効果が異なるものを想定していることから、②の類型として規定することされている。

　また、第77条の４の租税特別措置法上の措置に係る規定については、先駆的医薬品、先駆的医療機器及び先駆的再生医療等製品を対象とせず、特定用途医薬品、特定用途医療機器及び特定用途再生医療等製品については、その対象となる患者数が一定の人数以下（薬機法施行規則251条の６において５万人と規定。）の場合に税制上の措置の対象とすることとした。

　第77条の３の試験研究の促進のための必要な資金の確保の努力義務についても、第77条の４と同様の趣旨から、特定用途医薬品、特定用途医療機器及び特定用途再生医療等製品について、その対象となる患者数が一定の人数以下（薬機法施行規則251条の５において５万人と規定。）の場合を対象とすることとした。

（２）製造工程において保管のみを行う医薬品等の製造業者に係る特例の創設

一　改正の趣旨

　医薬品、医薬部外品、化粧品（以下この項目において「医薬品等」という。）はおおむね以下のような工程に沿って行われる（図は一般的な錠剤の場合）。

■図2

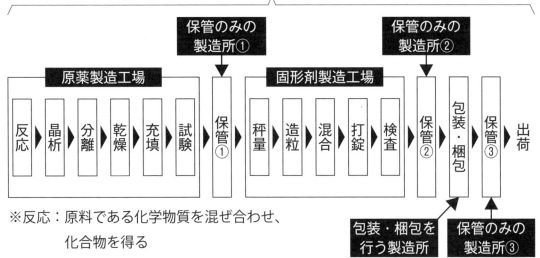

薬機法における「製造」の範囲

※反応：原料である化学物質を混ぜ合わせ、
　　　　化合物を得る
　晶析：化合物を冷却し、結晶化させる
　造粒：粉末状の原薬を顆粒状に加工する
　打錠：物理的な圧力を加えて錠剤の形に成形する

　現在、医薬品等の製造については、複数の工場で工程が分担されていることがある。複数の工場において工程を切り分けることで、安定供給の強化を図ることが可能だからである。また、工場から別の工場へ原薬、中間製品（以下「原薬等」という。）を移す際の「保管」のみを行う製造所も増えてきている。

　さらに、医薬品等の供給体制が国際化する中、本邦に原薬等を輸出する前の保管のみを行う外国の製造所も増加している。

　こうした保管のみを行う製造所についても、改正前の薬機法では製造所ごとの製造業許可の取得を求めているが、海外においては保管のみの製造所を許可制度から除外していることが多く、海外の事例も踏まえた制度改正が必要となった。

　この点、医療機器の製造業については、平成25年法改正において、許可制を見直すこととし、医療機器の安全性を担保しつつ、製造を業として行うための手続きを簡略化するべく、登録制の下に置くこととされた（第23条の2の3）。許可制を見直し、登録制を導入した理由としては、

①医療機器は製造過程においては単なる部品で、それ自体に危険性はない。そのため、業として医療機器を製造する行為について強い規制措置を講ずる必要はないと考えられること

②一方で、製造行為自体は適正性を担保するため、製造販売業者が医療機器の製造を委託する際に不適当ではない者を選択することができるよう、このような者を公に証明しておく必要があること

③また、製品の市販後に不具合等が判明した場合には保健衛生上の危害拡大防止の観点から、迅速かつ的確な追跡調査や不適正な製造を行った者への処分等の適切な対応が行えるよう、どの製造所においてどのような部品を製造しているのか行政が把握しておく必要があること

が挙げられる。

　この点、医薬品等について見ると、その材料となる原薬の段階の物を保管する行為自体は、他の製造

工程に比べると保健衛生上の危害の発生に結びつくリスクは低いため、必ずしも他の製造工程と同様一律に許可制の下に置く必要性はないと考えられ、ある製造所において保管行為のみを業として行うための手続きを簡略化することは可能であると考えられる。

しかし、原薬の段階においても適切な温度・湿度管理がなされないと最終製品の品質に影響が生じる場合もあり、保管を行うのに不適当ではない者を製造販売業者が選択可能となるよう、そのような者を公に証明しておく必要があると考えられる。

加えて、品質に問題がある製品が販売されてしまった場合には、迅速かつ適切な追跡調査や不適正な保管を行った者への処分等の適切な対応を行うことができるよう、どの製造所においてどのような原薬等を保管しているのかを行政が把握できるようにする必要がある。

また、保管行為のうち
・出荷直前の保管（上記の図の「保管③」）
・製造途上の保管（上記の図の「保管①」「保管②」）であっても、ワクチン、血液製剤等の生物学的製剤や放射性医薬品に係るもの
については特に厳重な品質管理や有効期限等の管理が求められるため、これらを行う製造所にあっては、保管以外を行わない場合であっても許可制度を維持し、許可に当たって実地調査も含めた厳格な審査を行うことが必要となる。

以上を踏まえ、保管のうち出荷直前の保管や生物由来製品等に係るものを除いたもののみを行う製造所については製造業許可を不要とし、登録で足りるとする特例措置を新設した。

なお、医療機器の製造業については既に登録制となっているため特段の対応は不要であり、再生医療等製品については生物学的製剤と同様、保管のみであっても厳格な管理が求められることから同様の改正は行わないこととした。

二　改正の概要

○保管のみを行う製造所に係る登録制度の新設（薬機法第13条の2の2、第21条第2項）

製造所において医薬品等の保管（品質、有効性及び安全性の確保の観点から厚生労働省令で定めるものを除く。以下同じ。）のみを行う場合には、登録を受けていれば、第13条の製造業の許可を不要とした。

登録は業として製造所において保管のみ行おうとする者からの申請により、保管のみを行う製造所ごとに行うこととし、申請に当たっては申請書を提出しなければならないこととした。

これら申請書類は製造所の所在地の都道府県知事を経由して提出することとした（第21条第2項。経由に係る事務は薬機法第81条の3の規定によりこれまでの許可制と同様第一号法定受託事務となる。）。

また、医療機器の製造業登録と同様、登録は更新制とした（第13条の2の2第4項）とともに、欠格事由（第13条の2の2第5項）も規定した。

登録を受けずに業として保管を行った場合は、第13条の許可を得ずに製造業を行ったことになり、第86条第1項第2号の罰則（1年以下の懲役若しくは100万円以下の罰金）が適用される。

なお、医薬品等の製造業許可、医療機器の製造業登録のうち、生物学的製剤等以外の物の製造に係る許可及び登録は薬機法第81条の規定に基づく医薬品、医療機器等の品質、有効性及び安全性の確保等に関する法律施行令（昭和36年政令第11号。以下「薬機法施行令」という。）第80条第2項及び第3項により、都道府県知事が行うこととしていることを踏まえ、本改正により新設される保管のみを行う製造

所の登録についても、都道府県知事の事務とするかどうかが検討されることとなる。

○医薬品等外国製造業者の保管のみを行う製造所に係る登録（薬機法第13条の3の2）

外国において、本邦に輸出される医薬品等を製造しようとする者（以下「医薬品等外国製造業者」という。）については、現在「認定」制度を設け、その認定に当たっては、保管のみを行う製造所であっても、国内製造業者と同様、製造所の構造設備の基準適合性を確認している。

国内において保管のみを行う製造所に係る登録制度を設けることに伴い、医薬品等外国製造業者が1つの製造所で保管のみを行う製造所に係る登録制度を設けた。

（3）医薬品、医療機器の条件付き承認制度の創設

一　改正の趣旨

医薬品及び医療機器（以下この項目において「医薬品等」という。）の承認申請においては、申請書に臨床試験の試験成績に関する資料等を添付することとしている。

新医薬品等の開発においては健常人を対象にした試験を経て、①探索的臨床試験と②検証的臨床試験が通常行われる。

① 探索的臨床試験は、少数の患者に医薬品等を投与・使用し、医薬品等の有効性、安全性を検討し、用法・用量等を設定するために行われ、

② 検証的臨床試験は、多数の患者に医薬品等を投与・使用し、設定した用法・用量等での医薬品等の有効性・安全性を検証するために行われる。

この臨床試験の試験成績に関する資料を含め、承認申請時に提出すべき資料の種類や省略できる場合を、医薬品、医療機器等の品質、有効性及び安全性の確保等に関する法律施行規則（昭和36年厚生省令第1号。以下「薬機法施行規則」という。）で定めており、省略を可能とする場合として、今般の改正前は

・申請に係る事項が医学薬学上公知であると認められる場合

・その他資料の添付を必要としない合理的理由がある場合

と規定していた。

臨床試験のうち②検証的臨床試験については、患者数が少ない場合や、がん等患者数は多くとも他の治療方法が奏功しない症例での最終手段として用いられる場合等で実施が難しいことがある。

こうした場合にも検証的臨床試験の実施を求めてしまうと、必要とされ、有用である医薬品等の製造販売が著しく遅れてしまう。

こうしたことから、適応疾患が重篤であって、既存の有効な治療法が存在しない等、医療上の有用性が高い医薬品等については、運用により、以下のいずれの要件も満たす場合には、薬事・食品衛生審議会に報告を行った上で、検証的臨床試験の実施及び検証的臨床試験の試験結果に関する資料の提出を求めないよう取り扱っている。

・検証的臨床試験の実施が困難である場合

・探索的臨床試験により一定の有効性、安全性が示されている場合

また、上記の取扱いをした品目の承認を行う場合には、薬機法第79条第1項に基づく条件を付して有効性、安全性の確認のために申請者に市販後の調査を行わせるとともに、医薬品については第14条の4第1項の規定による再審査を受けるよう指示している。

　この取扱いによって検証的臨床試験を行う場合よりも早期に医薬品等が実用化されるため、患者や製造販売業者等から一定の評価を得ている。一方で、検証的臨床試験を含めた医薬品等の開発や、市販後の使用成績調査を含めた医薬品等の有効性及び安全性の維持・向上のための活動には長い時間と多大な労力・費用がかかるものであり、こうした行為の一部の要・不要を左右する規制については運用によるのではなく法令に明記された制度とし、事業展開に係る予見可能性を向上させることが求められていた。

二　改正の概要

○臨床試験に関する資料の一部を不要とする取扱いの創設（薬機法第14条第5項、第23条の2の5第5項）

　希少疾病用医薬品、先駆的医薬品、特定用途医薬品、希少疾病用医療機器、先駆的医療機器、特定用途医療機器その他の医療上特にその必要性が高いと認められる医薬品等については、有効性及び安全性の検証を行うために十分な人数を対象とする臨床試験の実施が困難であるときその他厚生労働省令で定める場合（※）には、臨床試験の試験成績に関する資料の一部を不要とすることができることを明記した。

※薬機法施行規則第45条の2において、承認の申請に係る医薬品が希少疾病用医薬品、先駆的医薬品又は特定用途医薬品その他の医療上特にその必要性が高いと認められるものである場合であって、当該医薬品の有効性及び安全性を検証するための十分な人数を対象とする臨床試験（検証的臨床試験）の実施が困難であるとき又はその実施に相当の時間を要すると判断されるときと規定。ただし、承認の申請に係る医薬品の有効性及び安全性を評価することが可能な臨床試験の試験成績又はこれに代わる資料が存在しないときは、この限りでない。（医療機器等について第114条の22の2第1号において同様の改正）

　なお、医療機器等については、さらに、薬機法施行規則第114条の22の2第2号で、承認の申請に係る医療機器又は体外診断用医薬品が希少疾病用医療機器若しくは希少疾病用医薬品、先駆的医療機器若しくは先駆的医薬品又は特定用途医療機器若しくは特定用途医薬品その他医療上特にその必要性が高いと認められるもののうち、焼灼その他の物的な機能により人の身体の構造又は機能に影響を与えることを目的とする医療機器又は体外診断用医薬品であつて、臨床試験又は臨床性能試験を実施しなくともその適正な使用を確保することができると認められるときについても、臨床試験の試験成績に関する資料の一部を不要とすることができることを明記した。

　さらに、医療機器等については、申請者は、医療機器又は体外診断用医薬品の使用に関連する医学医術に関する学術団体と連携して当該医療機器又は体外診断用医薬品の適正な使用を確保するために必要な基準を作成するための計画を含む医薬品、医薬部外品、化粧品、医療機器及び再生医療等製品の製造販売後安全管理の基準に関する省令第9条の3第1項第1号に定める医療機器等リスク管理計画書を厚生労働大臣に提出しなければならないこととした（薬機法施行規則第114条の22の3）。

○承認条件の必要的設定、変更等（薬機法第14条第12項・第13項、第23条の2の5第12項・第13項）

　臨床試験の試験成績に関する資料の一部を不要とした医薬品等を承認する場合には、使用成績調査の実施及び適正使用の確保のための必要な措置の実施その他の条件を付すこととし、条件付き承認を受け

た者は、使用成績に関する資料（※）等を厚生労働大臣に提出し、品質、有効性及び安全性に関する調査を受けることとした（第14条第12項、第23条の２の５第12項）。

※当該資料については再審査の申請書に添付すべき資料を規定する薬機法施行規則第59条を準用することとした（薬機法施行規則第45条の５）。医療機器及び体外診断用医薬品については使用成績評価に添付すべき資料を規定する薬機法施行規則第114条の40を準用することとした（薬機法施行規則第114条の22の５）。

　　なお、医療機器及び体外診断用医薬品については、実務上は改正後薬機法第23条の２の５第12項の調査は使用成績評価の枠組みを活用して行うこととされた。そのため薬機法施行規則第114条の22の４第３項において、使用成績評価の申請をした時は同調査のための資料提出を不要とする規定がされた。

　　厚生労働大臣は、当該資料に基づき品質、有効性及び安全性に関する調査を行い、その結果を踏まえ、条件の変更や使用成績調査及び適正使用の確保のための必要な措置の再度の実施を命ずることができることとした。このため、報告の内容は真正なものであることが担保される必要があり、再審査等の際に求められる資料の信頼性基準への適合義務と同等の義務を課すことを規定し（第14条第12項、第23条の２の５第12項）、報告を受けた場合の厚生労働大臣による信頼性基準へ適合しているかの調査の実施（第14条第13項、第23条の２の５第13項）、当該調査において知り得た情報に関する守秘義務（第14条第14項、第23条の２の５第14項）を規定するとともに、基準適合性調査については他の承認手続きと同様、医薬品医療機器総合機構に調査事務を行わせることができることとした（第14条の２の２第１項、第23条の２の７第１項）。

　　なお、上記の厚生労働大臣による措置命令に違反した場合は、第79条第１項の規定により承認に付した条件に違反の場合に行われる命令（第74条の２第３項）に違反した場合の罰則との均衡に考慮して１年以下の懲役又は100万円以下の罰金（併科あり）とした（第86条第３号、第６号）。

　　また、使用の成績に関する調査において知り得た情報に関する守秘義務違反については、他の守秘義務違反の罰則と同じ６月以下の懲役又は30万円以下の罰金（併科あり）とした（第86条の３第１号、第４号）。

○医薬品の再審査の必要的指示（薬機法第14条の４第２項）

　　新医薬品等の再審査の対象となるのは、第14条の４第１項において新医薬品等として厚生労働大臣が指示したものとされている。条件付き承認制度の適用を受けて承認されるものについては、この再審査を必ず受けなければならないこととした。

○本制度により付された条件に違反した場合に、違反是正のための措置命令や承認取り消し等を行うことができるようにする（薬機法第72条の４第２項、第74条の２第３項第６号）

　　なお、この措置命令に違反した場合は、１年以下の懲役又は100万円以下の罰金（併科あり）とした（第86条第21号、第24号）。

【補足情報】安定性定期報告の時期の変更（薬機法施行規則第63条、第137条の43）

　　薬機法施行規則第63条は医療用医薬品の使用成績に関する評価等の報告にかかる規定であり、同条第３項は当該報告が行われるべき時期について規定している。

　現行の規定は、厚生労働大臣が指定した日から起算して半年又は1年ごとにその期間の満了後70日以内に行わなければならないとしているが、製造販売業者は他国においても同様の医薬品を販売し、同様の報告を義務づけられていることも少なくないため、同内容の調査を各国で指示された期間に基づいて、それぞれの国の規制当局の指示に基づき、異なったタイミングで行わなければならないという不都合が生じていた。

　この不都合を解消するため、以下の改正を行った。

○改正の概要

　医薬品の安全性等を担保する観点からは、これまで課していた期間より短い周期で安定性定期報告がなされる分には問題がないため、製造販売業者が他国で実施する同種の報告に併せて調査を実施できるよう、半年以内ごと又は1年以内ごとに安定性定期報告を行うことができるようにした（薬機法施行規則第63条第3項）。

　安定性定期報告の内容は再審査の申請時の添付資料で確認できることから、安定性定期報告の報告期限日が再審査に係る調査期間の満了日以降に到来する場合は再審査の規定（薬機法第14条の4）に基づき、再審査の申請を行うことで、安定性定期報告に代えることができることとした（薬機法施行規則第63条第4項。薬機法施行規則第137条の43で再生医療等製品について同様の改正）。

（4）変更計画を用いた承認事項の変更手続の迅速化

一　改正の趣旨

　医薬品、医薬部外品、化粧品、医療機器及び再生医療等製品（以下「医薬品、医療機器等」という。）を製造販売するためには、品目ごとに、品質、有効性及び安全性に関する事項についての審査を受けた上で厚生労働大臣の承認を受けなければならない。

　承認事項の一部を変更する際にも、変更内容が軽微ではない場合は事前に審査・承認を受ける必要があり、変更内容が軽微である場合（※）は事後届出を行うこととしている。

（※）薬機法施行規則において、次のとおり規定されている。

◆医薬品、医薬部外品、化粧品：次に掲げる変更以外の変更

・当該品目の本質、特性及び安全性に影響を与える製造方法等の変更

・規格及び試験方法に掲げる事項の削除及び規格の変更

・病原因子の不活化又は除去方法に関する変更

・用法若しくは用量又は効能若しくは効果に関する追加、変更又は削除

・これらのほか、製品の品質、有効性及び安全性に影響を与えるおそれのあるもの

◆医療機器：次に掲げる変更以外の変更

・使用目的又は効果の追加、変更又は削除

・病原因子の不活化又は除去方法に関する変更

・これらのほか、製品の品質、有効性及び安全性に影響を与えるもののうち、厚生労働大臣が承認を受けなければならないと認めるもの

◆体外診断用医薬品：次に掲げる変更以外の変更

・使用目的の追加、変更又は削除

・反応系に関与する成分の追加、変更又は削除

・これらのほか、製品の品質、有効性及び安全性に影響を与えるもののうち、厚生労働大臣が承認を受けなければならないと認めるもの

◆再生医療等製品：次に掲げる変更以外の変更

・当該品目の本質、特性、性能及び安全性に影響を与える製造方法等の変更

・規格及び試験方法に掲げる事項の削除及び規格の変更

・病原因子の不活化又は除去方法に関する変更

・用法、用量若しくは使用方法又は効能、効果若しくは性能に関する追加、変更又は削除

・これらのほか、製品の品質、有効性及び安全性に影響を与えるおそれのあるもの

近年、医薬品、医療機器等の品質、有効性及び安全性を確保しながらより効率的な生産が可能となる製造方法等が新たに生まれている。こうしたイノベーションを取り入れ、国際的な供給体制を円滑に変更することができるようにするため、承認事項のうち、医薬品、医療機器等の品質、有効性及び安全性に悪影響を及ぼさないようコントロールしながら変更が可能な製造方法等については、その変更に係る計画について

①　製造方法等厚生労働省令で定める事項の変更に係る計画であること

②　保健衛生上の危害発生防止等のために定められた第42条に基づいて定められた基準に抵触することとなる変更に該当しないものであること

③　計画どおりに変更が行われれば、当該品目の品質、有効性及び安全性が、承認取消しとなる状態に陥らないこと

の確認を受け、当該計画に沿った変更を行う場合は、軽微でない変更であっても事前の審査・承認までは求めず、事前届出で足りる仕組みを導入した。

なお、医療機器の場合は市販後も使用目的や性能などの変更が繰り返されることが多いこと等を踏まえ、確認を行う対象となる項目を広く取り、引き続き承認制度の対象とすべき変更性能の変更等についても計画の確認の対象とする。この変更については事前届出の対象とはしないが、承認のために必要な品質、有効性及び安全性に係る審査の大部分は計画の確認時に実施しているため、通常の承認時の調査に代えて、計画との整合性の調査を行うことができることとする。

また、万が一、事前届出に記された変更内容が計画に沿ったものでないことが判明した場合に変更の中止等を命ずることができるよう、事前届出は変更の実施の一定期間前に行うこととする。

二　改正の概要

○変更計画の策定及び確認に係る規定の創設（薬機法第14条の7の2第1項・第2項、第23条の2の10の2第1項・第2項、第23条の32の2第1項・第2項）

承認事項の一部変更に係る変更計画について、以下に該当する旨の厚生労働大臣の確認を受けること

ができることとし、これを変更しようとするときも同様に確認を受けることとする。

・性能、製造方法その他の厚生労働省令で定める事項の変更であること（※1）。

・計画どおりの変更が行われた場合に、承認拒否事由に該当しないこと。具体的には、変更後の医薬品、医療機器等が次のいずれにも該当しないこと。

イ　承認に係る効能又は効果等を有すると認められないこと（※2）

ロ　効能又は効果等に比して著しく有害な作用を有することにより医薬品、医療機器等として使用価値がないと認められること

ハ　イ又はロに掲げる場合のほか、医薬品、医療機器等として不適当なものとして厚生労働省令で定める場合に該当すること（※3）

（※1）

　医療機器については、次の各号に掲げる事項の変更は変更計画の確認を受けることができる（薬機法施行規則第114条の45の3）。

一　使用目的又は効果

二　形状、構造及び原理

三　原材料

四　性能及び安全性に関する規格

五　使用方法

六　保管方法

七　有効期間

八　製造方法

九　製造販売する品目の製造所

　体外診断用医薬品については、次の各号に掲げる事項の変更は変更計画の確認を受けることができる。

一　使用目的

二　形状、構造及び原理

三　反応系に関与する成分

四　品目仕様

五　使用方法

六　製造方法

七　保管方法

八　有効期間

九　製造販売する品目の製造所

（※2）

　変更計画の確認を受けることができない場合は、

・医療機器については、

一　法第41条第3項の規定により定められた基準に適合しないこととなる変更

二　法第42条第２項の規定により定められた基準に適合しないこととなる変更

三　病原因子の不活化又は除去方法に関する重要な変更

四　そのほか、当該医療機器の品質、有効性及び安全性に重大な影響を与えるおそれのある変更

・体外診断用医薬品については

一　法第41条第１項又は第３項の規定により定められた基準に適合しないこととなる変更

二　法第42条第１項の規定により定められた基準に適合しないこととなる変更

三　前二号に規定するもののほか、当該体外診断用医薬品の品質、有効性及び安全性に重大な影響を与えるおそれのある変更

とした（薬機法施行規則第114条の45の4）。

（※3）

　医療機器又は体外診断用医薬品として不適当なものとして厚生労働省令で定める場合は、申請に係る医療機器又は体外診断用医薬品の性状又は品質が保健衛生上著しく不適当な場合とされた（薬機法施行規則第114条の45の５）。

　なお、変更計画の確認及び次に説明する基準適合性確認は第19条の２、第23条の２の17又は第23条の37の承認を受けた外国製造医薬品等特例承認取得者等も対象となる。

○変更を適用した場合の製造管理・品質管理に係る基準への適合性の確認（薬機法第14条の７の２第３項・第４項、第23条の２の10の２第３項・第４項、第23条の32の２第３項・第４項）

　医薬品、医療機器等の承認審査制度においては、承認時及び定期的に承認に係る品目の製造管理及び品質管理の方法が厚生労働大臣の定める基準に適合しているか否かの調査を行っている。

　変更計画に記載された変更が、製造管理及び品質管理の方法に影響を与える恐れがある変更として厚生労働省令で定めるもの（※）であるときは、この基準適合性が保たれているかの確認（以下「基準適合性確認」という。）を受けなければならないこととされた。

※政令で定める医療機器等については、承認を受ける際に、その物の製造管理又は品質管理の方法が厚生労働省令で定める基準（※医療機器及び体外診断用医薬品の製造管理及び品質管理の基準に関する省令（平成16年省令第169号。以下「QMS省令」という。））に適合しているかについての基準適合性調査を受けることとされている（薬機法第23条の２の５第７項）。

　　変更計画による変更がなされる場合であっても、当該基準には適合している必要があるため、薬機法第23条の２の10の２第３項の規定により、当該変更が製造管理及び品質管理の方法に影響を与える恐れがあるものとして厚生労働省令で定めるものについては、QMS省令に適合しているかの医療機器等変更計画適合性調査を受け、適合性に関する確認（以下「医療機器等変更計画適合性確認」という。）を受ける必要がある。

　　当該変更に該当するものとして、以下のとおり規定されている（薬機法施行規則第114条の45の６）。

・薬機法施行規則第114条の25（軽微な変更）及び薬機法施行規則第114条の31（製造管理及び品質管理の方法に影響を与えないものとしてQMS省令に適合しているかの調査が不要とされている変更）に規定する変更以外の変更であって、アからウまでのいずれかに該当するもの（薬機法第23条の２の５

第15項の承認申請を行う場合を除く）。

ア　薬機法第23条の2の5第8項各号に該当する変更以外の変更（薬機法施行規則第114条の45の6第1号）

イ　改正後薬機法第23条の2の5第9項の規定による調査が必要とされている場合として第114条の33各号に列挙されている事項に係る変更（薬機法施行規則第114条の45の6第2号〜第7号）

ウ　その他厚生労働大臣が必要と認める場合（薬機法施行規則第114条の45の6第8号）

　基準適合性確認に当たっては、書面調査又は製造所での実地調査を行うこととした。

　また、医療機器及び体外診断用医薬品においては、調査内容の重複を防ぐため、変更計画に従った変更についての承認申請を行う場合の特例を置いており、法第23条の2の10の2の確認を受けた者が法第23条の2の5の一変承認の申請をした場合には、法第23条の2の5第6項の規定にかかわらず、変更計画に従った変更であるかどうかについての書面又は実地の調査を行うことができることとされている。

○確認の取消し（薬機法第14条の7の2第5項、第23条の2の10の2第5項、第23条の32の2第5項）

　変更計画につき、確認をした当時は問題ないと考えられていた製造工程が、その後の科学的知見の進展によって実際には安全性に重大な影響を与えるおそれがあることが判明した場合や、提出データのねつ造が判明した場合等には確認を取り消すこととする。

○承認事項の変更に係る事前届出制の創設（薬機法第14条の7の2第6項、第23条の2の10の2第6項、第23条の32の2第6項）

　変更計画に基づく変更を行う場合には、当該計画の確認を行う際に既に変更内容の妥当性が確認されているため、変更の実施に当たっては変更の実施日の厚生労働省令で定める日数（医療機器については30日。医薬品については執筆当時公布前のため未定）前の事前の届出でよいこととし、届出がなされた場合は、変更に係る事前の承認を不要とする。

　ただし、既に説明した通り、実施しようとする変更が製造管理又は品質管理の方法に影響を与えるおそれがあるものとして厚生労働省令で定めるものである場合については基準適合性に係る確認を受けていることを必要とする。

　また、医薬品医療機器総合機構が承認審査をする医薬品、医療機器等の場合には事前の届出は同機構に対してするものとする。なお、同機構は届出を受理したときは、遅滞なく、届出の状況を厚生労働大臣に通知しなければならない。

○事前届出に係る承認事項の変更内容が変更計画に沿っていない場合の措置命令（薬機法第14条の7の2第7項、第23条の2の10の2第7項、第23条の32の2第7項）

　事前届出がなされた場合であっても、当該届出に係る承認事項の変更内容が、確認された変更計画に沿っていないと認める場合は、厚生労働大臣は届出を受理した日から厚生労働省令で定める日数（医療機器については30日。医薬品については執筆当時公布前のため未定）以内に、届出に係る変更の中止その他必要な措置を命ずることができることとする。この命令に違反した場合は、承認事項の一部を変更する場合に承認を受けなかった場合の罰則が3年以下の懲役又は300万円以下の罰金（併科あり）と同

水準の罰則を規定する（第84条第3号、第5号、第8号）

○承認事項の変更に係る承認審査の迅速化（医療機器・体外診断用医薬品（以下単に「医療機器」という。）のみ。薬機法第23条の2の10の2第8項）

医療機器については、製造方法等の変更以外にも、使用目的、性能の変更といった、製品の品質、有効性及び安全性に直結する事項も確認の対象に含めることとしており、こうした変更の場合は変更計画に従った変更であっても事前届出制ではなく最新の知見を踏まえた承認審査を行うことが保健衛生上の危害の発生の防止の観点から必要となる。

ただし承認時に行われるべき医療機器の品質、有効性及び安全性に関する調査と原則として同内容の調査を変更計画の確認時に行っているため、改めて同内容調査を行うこととせず、変更計画に基づく変更となっているか否かという観点の調査を行うことができることとした。これによって、変更に係る申請から承認までに要する期間の短縮が期待される。

○変更計画の確認、基準適合性確認等に係る医薬品医療機器総合機構への委任（薬機法第14条の7の2第8項から第11項、第23条の2の10の2第9項から第12項、第23条の32の2第8項から第11項）

医薬品、医療機器等の承認に係る審査については厚生労働省の事務の効率化を図り、審査を迅速化する観点から医薬品医療機器総合機構に行わせており、変更計画の確認についても機構に行わせることができるようにする。

確認を機構に行わせることとした場合にも、承認審査の場合と同様に、厚生労働大臣は変更計画の確認を行わないこと、変更計画の確認を行った場合に機構は厚生労働大臣に通知すべきこと、機構による確認にかかる処分については厚生労働大臣への審査請求が可能であることが担保されるよう、機構による承認審査に係る規定の一部を準用する。

○確認に要する手数料の徴収（薬機法第78条第1項第9号の2・第15号の2・第25号の2、第2項）

厚生労働大臣又は医薬品医療機器総合機構が変更計画の確認又は基準適合性確認を行う場合に確認に要する手数料を納めなければならないこととする。なお、具体的な手数料額は医薬品、医療機器等の品質、有効性及び安全性の確保等に関する法律関係手数料令（平成17年政令第91号）で規定（※）することとした。

（※）政令で変更計画の確認を都道府県知事等の事務とする場合は、条例で定める手数料を都道府県知事等に収めることとした。

【コラム】登録認証機関が認証をする医療機器・体外診断用医薬品について認証事項の一部変更に係る事前届出制及び変更計画の確認を導入しない理由

○　医療機器のうち厚生労働大臣が基準を定めて指定する高度管理医療機器等（以下「認証品」という。）については、厚生労働大臣による承認ではなく、登録認証機関による認証を行っている。

○　承認の場合と同様、認証内容の変更内容が軽微ではない場合は事前に認証を受ける必要があり、変更内容が軽微（※）である場合は事後届出を行うこととしている。

（※）軽微な変更の範囲は認証の場合も承認の場合も同じ内容が薬機法施行規則で規定されてい

　　る。

○　ただし、認証品については厚生労働大臣が定める基準において、形状、構造、原理、性能等が既存の医療機器と実質的に同等であることを求め、使用目的又は効果についても品目ごとに限定しており、使用目的等を変更すると、原則として認証基準から逸脱し承認の対象となるため、認証品に対する事前届出制及び変更計画の確認は必要性に乏しく、導入しないこととした。

【コラム】コロナ禍において特例承認制度が適用されたレムデシビル

　新型コロナウイルス感染症の治療薬として日本で初めて承認されたレムデシビルは2020年5月、薬機法第14条の3に規定する特例承認制度により承認され、日本国内に流通することになった。特例承認制度の概要や制度の背景は以下の通りである。

○概要

　特例承認制度は、薬機法第14条の3に規定されており、承認申請の対象が、

①国民の生命及び健康に重大な影響を与えるおそれがある疾病のまん延その他の健康被害の拡大を防止するため緊急に使用されることが必要な医薬品であり（重大性・緊急性）

②当該医薬品の使用以外に適当な方法がないこと（非代替性）

③その用途に関し、外国（医薬品の品質、有効性及び安全性を確保する上で我が国と同等の水準にあると認められる医薬品の製造販売の承認の制度又はこれに相当する制度を有している国として政令で定めるもの（以下「同等水準国」という。）に限る。）において、販売し、授与し、又は販売若しくは授与の目的で貯蔵し、若しくは陳列することが認められている医薬品であること（同等水準国での販売等）。

の要件が満たされた医薬品として政令で定めるものである場合には、厚生労働大臣が薬事・食品衛生審議会の意見を聞いて、承認を与えることができるとされている。

　上記の①～③のいずれの要件にも合致するものとして新型コロナウイルス感染症の医薬品が特例承認制度の対象医薬品として定められたため、レムデシビルが承認されることとなった。

○特例承認制度による承認の迅速化

　特例承認制度を利用して承認を受けようとする場合、通常の承認であれば必要とされる

①　起原又は発見の経緯及び外国における使用状況等に関する資料

②　製造方法並びに規格及び試験方法等に関する資料

③　安定性に関する資料

④　薬理作用に関する資料

⑤　吸収、分布、代謝及び排泄せつに関する資料

⑥　急性毒性、亜急性毒性、慢性毒性、遺伝毒性、催奇形性その他の毒性に関する資料

⑦　臨床試験等の試験成績に関する資料

⑧　法第五十二条第一項に規定する添付文書等記載事項に関する資料

のうち、⑦以外の資料を承認申請書に添付できないと認めるときは、相当の期間その提出を猶予することができることが薬機法施行規則において定められている。

　迅速な医薬品の供給がされうる一方、安全対策として、厚生労働大臣は、保健衛生上の危害の発

生又は拡大を防止するため必要があると認めるときは、特例承認を受けた者に対して、当該承認品目について、当該品目による疾病、障害又は死亡の発生を厚生労働大臣に報告すること等の措置を講ずる義務を課することができるとされているところ（薬機法第14条の３）。

○制度の背景

　特例承認制度新設の契機となったのは、非加熱血液製剤によるエイズウイルス感染問題である。

　エイズウイルス感染問題とは、主に血友病（出血時に血が止まりにくい病気）の患者が止血・出血予防の薬として使用していた非加熱血液製剤にHIVが含まれていたため、多くの血友病患者がHIVに感染した事件であり、今もなお身体的・精神的に苦しむ方を多く残した悲惨な事件である。このエイズウイルス感染問題の原因を追究する中で、緊急に使用されることが必要な医薬品を迅速に供給するための法制度が強く求められた。そのことをふまえ、平成８年薬事法改正の際に新設されたのが特例承認制度の前身である特例許可制度（※）である。

　平成８年５月23日の第136回衆・本会議における特例許可の新設に際し、菅直人厚生大臣は「加熱血液製剤（筆者注：HIVを不活化し、非加熱製剤と比較して安全性が高い製剤）を緊急に輸入する方法も、当時この制度があれば考えられたのではないかというふうに認識をいたしている」と答弁している。

※承認・許可制度の変更に伴い、平成14年の改正の際に特例承認制度に改正された。

　コロナ禍前においては平成21年11月に当時流行が懸念されていた新型インフルエンザに対応するためのワクチンが特例承認医薬品として政令で定められ、このワクチンについての同等水準国として英国、カナダ、ドイツおよびフランスが定められた（医薬品、医療機器等の品質、有効性及び安全性の確保等に関する法律第十四条の三第一項の医薬品等を定める政令（平成21年政令第263号））。これにより、実際に複数のワクチンが特例承認された。

○コロナ禍を受けた対応

　今回のコロナウイルス感染症の蔓延を受けて、新型コロナウイルス感染症に係る医薬品が新たに特例承認の対象となる医薬品として薬機法政令で規定され、同等承認国として、個別の医薬品に対応しない形でアメリカ合衆国、英国、カナダ、ドイツ又はフランスが新たに規定されることとなった（薬機法施行令（昭和36年政令第11号）第28条）。

（5）国際整合化に向けたGMP／GCTP調査の見直し

一　改正の趣旨

　薬機法では、医薬品、医薬部外品又は化粧品（以下この項目において「医薬品等」という。）の製造販売の承認を受けようとする者又は同承認を受けた者（以下「承認を受けようとする者等」という。）は、その承認に係る医薬品等が政令で定めるもの（※１）であるとき、その物の製造所における製造管理又は品質管理の方法が厚生労働省令で定める基準に適合しているかどうかについて

・各品目の承認時の審査における調査（以下「承認時GMP適合性調査」（※２）という。）

・定期的な調査（以下「定期GMP適合性調査」（※２）という。）

を品目ごとに受けなければならないこととされている。（改正前の第14条第6項）

　また、再生医療等製品についても同様に、各品目の承認時の審査における調査（以下「承認時GCTP

適合性調査」という。）のほか、定期的な調査（以下「定期GCTP適合性調査」という。）を品目ごとに受けなければならないこととされている。（改正前の第23条の25第6項）

（※1）具体的には、

　　① 医薬品は、専ら殺菌若しくは消毒に使用されることが目的とされて人若しくは動物の身体に直接使用されることのないもの又は薬局製造販売医薬品等を除いたもの

　　② 医薬部外品は、消化薬やコンタクトレンズ装着薬等の医薬品、医療機器等の品質、有効性及び安全性の確保等に関する法律第二条第二項第三号の規定に基づき厚生労働大臣が指定する医薬部外品（平成21年厚生労働省告示第25号）で規定されるもの

　　③ 化粧品は、対象となるものが記載されていない

　　である。

（※2）GMPとは医薬品等について、GCTPとは再生医療等製品について、それぞれ製造管理及び品質管理に関する基準のことである。

　　そして、承認時GMP適合性調査及び承認時GCTP適合性調査（以下「承認時調査」と総称する。）並びに定期GMP適合性調査及び定期GCTP適合性調査（以下「定期調査」と総称する。）においては、ハード面（試験機器や保管設備、構造設備など）及びソフト面（原料の保管や最終製品の品質検査など）（※3）の両面から調査が行われる。

（※3）承認時GMP適合性調査及び定期GMP適合性調査については医薬品及び医薬部外品の製造管理及び品質管理の基準に関する省令（平成16年厚生労働省令第179号）、承認時GCTP適合性調査及び定期GCTP適合性調査については再生医療等製品の製造管理及び品質管理の基準に関する省令（平成26年厚生労働省令第93号）（以下合わせて「基準省令」という。）で基準が規定されている。

　　医薬品等又は再生医療等製品の承認時調査では品目特有な内容も複数の品目で共通する内容も含め全般的に調査を行うが、定期調査は、複数の品目で共通する内容（※4）が多いため、一つの製造所で複数の品目を製造している製造所においては調査が重複している。

　　諸外国において行政機関による同様の調査は製造所ごとに少なくとも2〜3年に一度行うことが一般的となっている。

（※4）具体的には、基準省令に規定されている①品質システム（例：文書管理、衛生管理、教育訓練、自己点検）、②製造システム（例：工程管理、汚染防止）、③試験室管理システム（例：参考品の管理）、④構造設備システム（例：設備のメンテナンス、空調管理）、⑤包装・表示システム（例：医薬品等のラベルの検査）、⑥製品原材料等保管システム（例：出荷管理、不合格品の管理）

　　このため、国際的な整合性を取りつつ、複数の品目を製造している製造所を利用する製造販売業者及びその製造所に対する定期調査の合理化を図り、製造所における製造管理又は品質管理の質の確保を図るため、製造所ごとに定期調査に相当する調査を受けることができる仕組みを創設する。

二　改正の概要

○製造業者に対する基準確認証の交付（薬機法第14条の2、第23条の25の2、第78条）

複数の品目を製造の種別ごとに類型化し、製造所単位で製造業者が定期調査に相当する調査を受けられるようにする。

具体的な基準確認証を交付されるまでの流れは、

① 医薬品等に係る製造業の許可を受けようとする者若しくは同許可を受けた者又は医薬品等外国製造業者の認定を受けようとする者若しくは同認定を受けた者は、製造所における製造管理又は品質管理の方法が基準省令の基準に適合するかどうかについて、厚生労働大臣に確認を求めることができることとする（第1項）

② 厚生労働大臣は、確認を求められた場合に調査を行い、その結果製造所が基準に適合していることが確認されたときには、それを証するものとして基準確認証をその製造業者に対して交付する（第2項、第3項）

③ 有効期間は、諸外国において行政機関による同様の調査は製造所ごとに少なくとも2〜3年に一度行われていることを参考に政令で定める期間（第4項）

④ 製造管理又は品質管理の方法が基準に不適合であるため改善命令等を受けた場合には、基準確認証を厚生労働大臣に返還しなければならない（第5項）

ことを規定する。

また、この製造所単位での定期調査に関して、手数料を徴収することから、第78条に新設する条項（第14条第9項、第14条の2、第23条の25の2）を追加することとする。

○独立行政法人医薬品医療機器総合機構による審査等の実施（薬機法第14条の2の2、第23条の27）

前記に係る審査、交付及び返還の事務については、

① 従来の定期調査の実施

② 改正前の第23条の2の6の規定に基づく医療機器及び体外診断用医薬品の基準適合証（※5）に関する事務の運用

を踏まえ、独立行政法人医薬品医療機器総合機構に行わせることができることとする。

（※5）医療機器及び体外診断用医薬品の製造管理・品質管理の方法が厚生労働大臣の定める基準に適合しているのか否かの調査を実施し、適合している場合に、それを証する基準適合証が製造販売業者に交付される。（第23条の2の5）

○GMP／GCTP適合性調査の省略要件の新設（薬機法第14条第8項・第9項、第23条の25第7項・第8項）

医薬品等又は再生医療等製品を製造する製造所の製造業者に対して当該品目と同じ製造の種別に係る基準確認証が交付されている場合、製造販売業者は当該品目に係る定期調査を省略することができることとする。

ただし、厚生労働大臣は、医薬品等又は再生医療等製品の特性等を勘案して必要があると認めるときは、当該品目と同じ製造の種別に係る基準確認証を製造所が所有していたとしても、書面又は実地の定期調査を行うことができることとする。

（参考）諸外国における定期調査

	日本	米国	欧州	PIC/S
調査単位	品目ごと	製造所ごと	製造所ごと	製造所ごと
頻度	5年	2年	3年を超えない範囲	2〜3年

※ PIC/Sとは、現在52の国・地域の医薬品査察当局が加盟し、医薬品GMPの指針作成等を行い、医薬品のGMP基準等の国際整合性を図るとともに、当局間での相互査察が進むよう活動している団体であり、我が国では厚生労働省、PMDA及び各都道府県が加盟している。

※ 欧州については各国がリスクに応じて具体的な年数を決めており、PIC/Sについては推奨されている内容である。

（6）選任外国製造医薬品等製造販売業者等に係る変更の届出先の変更

一 改正の趣旨

薬機法では、医薬品、医薬部外品、化粧品、医療機器及び再生医療等製品（以下「医薬品等」という。）の製造販売業の許可を受けた者が、医薬品等の品目ごとに製造販売の承認を受けて当該医薬品等を販売することができるとされている。

一方、外国において医薬品等を製造販売している者については、国内において保健衛生上の危害発生防止の措置を採らせる製造販売業者（国内で製造販売業許可を得ている者に限る。以下「選任外国製造医薬品等製造販売業者等」という。）を選任した場合は、自らは国内の製造販売業の許可を受けずに、医薬品等の製造販売の承認を取得することができることとされている。

外国の製造販売業者が医薬品等の承認申請をする際及び選任外国製造医薬品等製造販売業者等に係る変更が生じた際には、選任外国製造医薬品等製造販売業者等の製造販売業の許可証の写し等を提出することとされている。

製造販売の承認申請の際は、政令で定める医薬品等については関係書類を独立行政法人医薬品医療機器総合機構（以下「機構」という。）に提出し、機構における審査を経た上で厚生労働大臣が承認し、それ以外の医薬品等については厚生労働大臣に直接提出することとされている。同様に、承認事項の軽微な変更があった場合、政令で定める医薬品等のときは機構に、それ以外の医薬品等については厚生労働大臣に直接届け出ることとされている。

一方、選任外国製造医薬品等製造販売業者等に係る変更については、都道府県知事を経由して届け出ることとされている。

選任外国製造医薬品等製造販売業者等の変更の届出を都道府県知事の経由としていることについて次のような課題があるため、承認事項の軽微な変更の場合と同様、原則として機構に届け出させることとされた。

① 現在の選任外国製造医薬品等製造販売業者制度においては製造販売業者としての許可証を確認する以外に適格性の判断を行う必要がなく、従来の国内管理人制度と比べると、その変更の届出について都道府県知事に法定受託事務として経由事務を行わせる必要性は低い。

② 品目ごとに別々の製造販売業者を選任する場合や、本社所在地が異なる選任業者に変更する場合には、別々の都道府県知事に届け出る必要があり、国内に活動拠点がない外国製造医薬品等製造販売業

者等にとって負担が大きい。

③　新規承認時には機構が選任外国製造医薬品等製造販売業者等の製造販売業者の許可証の確認を行っているが支障は生じておらず、変更の届出についても同様に支障なく処理することが可能。

二　改正の概要

○変更の届出先として機構を規定（薬機法第19条の3、第23条の2の18、第23条の38）

　承認事項の軽微な変更の場合と同様、機構に承認審査を行わせることとしたときは、選任外国製造医薬品等製造販売業者等の変更に係る届出は機構に届け出なければならないこととし、機構は届出を受理した時は遅滞なく厚生労働大臣に通知しなければならないこととした。

○都道府県知事の経由に係る事務からの削除（薬機法第21条、第23条の2の21、第23条の41、第81条の3第2項）

　選任外国製造医薬品等製造販売業者等の変更の届出に係る都道府県知事の経由規定を削除した。

【補足】外国製造医薬品等特例承認取得者に関する変更の届出手続の簡素化について（薬機法施行令第34条、第37条の37、第43条の35及び第81条）

　選任外国製造医薬品等製造販売業者等の届出先の簡素化と同様の観点で、外国製造医薬品等特例承認取得者についても改正を行った。

○改正の概要

　外国製造医薬品等特例承認取得者等が氏名等の変更をするときは厚生労働大臣に届け出なければならないこととした（薬機法施行令第34条第1項）。

　厚生労働大臣が機構に外国製造医薬品の製造販売の承認のための審査を行わせることとしたときは、施行令第34条第1項の規定による届出は、同項の規定にかかわらず、機構に届け出なければならないこととした（薬機法施行令第34条第2項）。

　機構は、施行令第34条第2項の規定による届出を受理した時は、遅滞なく、当該届出の内容を厚生労働大臣に通知しなければならないこととした（薬機法施行令第34条第3項）。なお、医療機器及び体外診断用医薬品、再生医療等製品についても、同様の改正がなされた（薬機法施行令第37条の38及び第43条の35）。

（7）QMS適合性調査の合理化・効率化

一　改正の趣旨

（1）薬機法では、医療機器又は体外診断用医薬品（以下この項目において「医療機器等」という。）の製造販売の承認又は認証（以下この項目において「承認等」という。）を受けようとする者又は同承認を受けた者（以下この項目において「承認等を受けようとする者等」という。）は、その承認等に係る医療機器等が政令で定めるもの（※1）であるとき、その物の製造所における製造管理又は品質管理の方法が厚生労働省令で定める基準に適合しているかどうかについて定期的に調査（以下「QMS適合性調査」という。）を受けなければならないこととされている（第23条の2の5第6項）。

（※1）具体的には、承認等を要する医療機器等の全てとしている。

（2）そして、QMS適合性調査の結果、その品目の製造管理又は品質管理の方法が厚生労働省令で定める基準（以下「QMS基準」という。）に適合していると認められる場合、それを証するものとして基準適合証（※2）が交付される（第23条の2の6第1項、第23条の2の24第1項）。

（※2）基準適合証には、①調査を行った品目の名称、認証番号、②区分、③製造所の名称、所在地、登録番号、製造工程、④有効期間等が記載される。

（3）ただし、平成25年の法改正によって承認等に係る医療機器等が

① 承認を受けようとする者等が既に第23条の2の6第1項の基準適合証又は第23条の2の24第1項の基準適合証の交付を受けており、これらの基準適合証に係る医療機器等と同一の厚生労働省令で定める製品群に属するものである

② ①の基準適合証に係る医療機器等を製造する全ての製造所（製造工程のうち滅菌や最終製品の保管等のみをするものを除く）と同一の製造所において製造される。

の2要件を満たす場合、QMS適合性調査を受けることを要しないこととなった（第23条の2の5第8項、第23条の2の23第5項）。

（4）医療機器等の製造に関しては、市場への安定供給の確保等を目的に、一の製造工程につき複数の製造所を登録して基準適合証を交付される製造販売業者が多く見られる。こうした場合に、製造販売業者が基準適合証で登録されている一部の製造所で同一製品群の別の医療機器等を製造しようとすると、（3）②の要件が満たされていないため、改めてQMS適合性調査を受けなければならない状況となっている。

（5）しかし、基準適合証において、その品目の製造管理又は品質管理で一の製造工程を行う製造所ごとにQMS基準に適合していることが確認されているため、一の製造工程を行う複数製造所のうちの一部のみで同一製品群の別の品目を製造する場合については、製造管理又は品質管理の基準適合性を改めて確認する必要はない。

（6）このため、一の製造工程に複数の製造所が登録されて基準適合証が交付され、その後、同一製品群の別の医療機器等が当該複数製造所のうち一部のみで製造される場合、当該基準適合証によりQMS適合性調査を省略することとする。

二 改正の概要

○QMS適合性調査の省略要件の変更（薬機法第23条の2の5第8項第2号、第23条の2の23第5項第2号）

承認等を受けようとする者等が既に第23条の2の6第1項の基準適合証又は第23条の2の24第1項の基準適合証の交付を受けている場合、承認等に係る全ての製造所が基準適合証に係る全ての製造所と一致することを省略要件とするのではなく、承認に係る全ての製造所が基準適合証に係る製造所のいずれかと一致していることをQMS適合性調査の省略要件とする。

また、省略要件に、承認等に係る製造所で行われる製造工程が基準適合証でその製造所で行うこととされている製造工程と同一であることを加える（※3）。

（※３）当該製造所でそれまで基準適合性を確認していない工程を担うときにまでＱＭＳ適合性調査を省略することは、医療機器等の品質、有効性及び安全性の確保の観点から適切ではないため。現行規定ではこの要件を明示していないが、基準適合証に係る全ての製造所と同一の製造所であることを求めていることから結果的に各製造所で行われる製造工程も同一となっており、これまでのQMS適合性調査省略事例で、基準適合証と異なる製造工程を行っていた例は実際にも存在しない。

○基準適合証の対象の変更（薬機法第23条の２の６第１項第２号、第23条の２の24第１項第２号）

QMS適合性調査の省略要件の変更に合わせて、基準適合証において、その製造管理又は品質管理の方法がQMS基準に適合していることを証する対象についても（１）と同様の規定の整備を行う。

QMS 調査の簡略化とする対象

すでに交付を受けている品目を α、QMS 調査を省略したい同区分の品目を β とする。

● 簡略化する事例

α の（製造所、工程）の一部が β（製造所、工程）の全部となっている。

例１： α（製造所、工程）＝（A、あ・い・う）（B、あ・い・う）（C、あ・い・う）

β（製造所、工程）＝（A、あ・い・う）（B、あ・い・う）

例２： α（製造所、工程）＝（A、あ・い）（B、い・う）（C、う）

β（製造所、工程）＝（A、あ）（B、い・う）

例３： α（製造所、工程）＝（A、あ）（B、い・う）（C、あ・い・う）

β（製造所、工程）＝（A、あ）（B、い・う）

例４： α（製造所、工程）＝（A、あ・い）（B、い・う）（C、う）

β（製造所、工程）＝（A、あ）（B、い）（C、う）

● 簡略化しない事例

α の（製造所、工程）の一部が β（製造所、工程）の全部となっていない。

例１： α（製造所、工程）＝（A、あ・い・う）（B、あ・い・う）（C、あ・い・う）

β（製造所、工程）＝（A、あ・い・う）（B、あ・い・う）

例２： α（製造所、工程）＝（A、あ）（B、い）（C、う）

β（製造所、工程）＝（A、う）（B、い）（C、あ）

例３： α（製造所、工程）＝（A、あ）（B、い）（C、う）

β（製造所、工程）＝（A、あ・い・う）

例４： α（製造所、工程）＝（A、あ・い・う）

β（製造所、工程）＝（A、あ）（B、い・う）

例５： α（製造所、工程）＝（A、あ・い・う）

β（製造所、工程）＝（A、あ・い・う）（B、あ・い・う）

例６： α（製造所、工程）＝（A、あ）（B、い）（C、う）

β（製造所、工程）＝（A、う）（B、い）（D、あ）

２．医薬品、医療機器等の安全対策の充実

　平成25年に行われた薬機法の旧名称である薬事法の法改正においては、医薬品、医療機器等に係る安全性の強化の観点から

①法目的に、保健衛生上の危害の発生・拡大防止のため必要な規制を行うことを明示

②医薬品等の品質、有効性及び安全性の確保等に係る責務を関係者に課す

③医薬品等の製造販売業者は、最新の知見に基づき添付文書を作成し、厚生労働大臣に届け出ること

④副作用報告等の報告先を、製造販売業者の報告先と一元化してPMDAとし、国はPMDAに情報の整理等を行わせることができることを規定した。

　平成25年の法改正以降

１）製造販売業者からの副作用等報告数は年々増加傾向にあり、PMDAの安全部門の体制強化を実施。添付文書の改訂指示など適時適切な安全対策措置を実施し、最新の知見に基づく添付文書などの情報提供の強化

２）①医薬関係者からの副作用等報告の推進、②医薬品リスク管理計画（RMP）の策定、③患者からの副作用報告の収集・リスクコミュニケーションの推進、④医療情報データベース（MID-NET）の構築、⑤妊婦や小児を対象とした情報収集・相談対応等の安全対策

等の取り組みが行われてきたところであるが、さらなる安全対策の充実のため、

・添付文書等記載事項に係る最新の情報の迅速な提供の要請

・トレーサビリティの確保

・保健衛生上の危害の発生又は拡大防止のための迅速な情報提供

を行うこととなった。

（１）添付文書の電子化

一　改正の趣旨

　医薬品、医療機器及び再生医療等製品の適正な使用や安全性に関する情報を伝達するため、医薬品等に添付する文書又はその容器若しくは被包（以下「添付文書等」という。）には、当該医薬品等の用法、用量その他使用及び取扱い上の必要な注意等（以下「添付文書等記載事項」という。）を記載しなければならない（改正前の薬機法第52条、第60条、第62条、第63条の２及び第65条の３）。

　添付文書等記載事項については、科学的知見に基づき最新の情報を提供する必要があるが、これを添付文書等の紙で提供する場合には、卸売販売業者や医療機関・薬局等の在庫品に同梱された添付文書等は改訂前のままとならざるを得ず、最新の情報を提供することが困難な状況にあった。

　また、

①　医薬分業が進む中で、院内薬局を持たない医療機関等には、医薬品等に同梱された添付文書が届かないこと

②　一医療機関・薬局等において多くの同一医薬品等が納入されている状況の中、添付文書が全ての製品に同梱されている状況は、紙資源の浪費につながっていること

といった課題もあった。

　一方で、平成25年改正の添付文書情報の届出制の導入（改正前の薬機法第52条の２、第52条の３等）

や情報通信技術の発展により、PMDAや製造販売業者のホームページを通じ、添付文書等記載事項の改訂に応じて、随時、最新の添付文書等記載事項が医薬関係者に提供されている状況にあった。

> 【参考】添付文書情報の届出制
>
> 　医薬品、医療機器又は再生医療等製品の製造販売業者は、厚生労働大臣が指定する医薬品若しくは医療機器又は再生医療等製品を製造販売するときは、当該医薬品等の使用及び取扱い上の必要な注意等をPMDAに届け出るとともに、PMDAのホームページを通じて公表しなければならない（改正前の薬機法第52条の２、第52条の３、第63条の３、第64条、第65条の４及び第65条の５）。
>
> 　届出・公表の対象として、
> ① 　医薬品については、薬局医薬品（体外診断用医薬品等を除く。）、要指導医薬品が指定され（平成26年８月６日厚生労働省告示第320号）、
> ② 　医療機器については、高度管理医療機器（副作用等が生じた場合に人の生命及び健康に重大な影響を与えるおそれがあることからその適切な管理が必要な医療機器。第２条第５項）のうち、特別の注意を要するものが指定され（平成26年８月６日厚生労働省告示第320号）、
> ③ 　再生医療等製品については、全てが対象とされている。
>
> 　これは、これらの医薬品等が適切な管理を必要とするものであることから、PMDAへの届出・公表を通じて、添付文書等記載事項が最新の知見に基づいて適切に作成されていることを担保するためのものである。

二　改正の概要

○注意事項等情報の公表（薬機法第68条の２）

　医薬品等の用法・用量その他使用及び取扱い上の必要な注意等を「注意事項等情報」と定義するとともに、医薬関係者に販売等される医薬品等については、その製造販売業者は、注意事項等情報を情報通信技術を利用する方法（PMDAのホームページ）により公表しなければならないこととした。また、最新の知見に基づき、注意事項等情報が変更されたときには、速やかに更新することとした。

　公表が必要となる医薬品等は、
① 　要指導医薬品、一般用医薬品及び薬局製造販売医薬品を除く医薬品
② 　主として一般消費者の生活の用に供されることが目的とされている医療機器を除く医療機器
③ 　全ての再生医療等製品
である。すなわち、クラス１から３までの医療機器など、改正前の添付文書情報の届出制（薬機法第52条の２、第52条の３等）において公表の対象となっていなかった製品についても、PMDAのホームページにおいて、注意事項等情報を公表する必要がある。

> 【コラム】なぜ注意事項等情報と呼ぶのか？
>
> 　改正前の薬機法では、医薬品等の用法・用量その他使用及び取扱い上の必要な注意等は、医薬品等に添付する文書又はその容器若しくは被包に記載することが求められていたため、「添付文書等記載事項」と定義されていた。
>
> 　改正後は、これらの事項は添付文書等への記載は求められず、PMDAのホームページにより公

表されることとなる。このため、端的に事項の性質に着目して、「注意事項等情報」という言葉を採用した。

［改正後の用語］

・医薬品等に添付する文書そのものは、改正前と変わらず、「添付文書」という。

・医薬品等の使用及び取扱い上の必要な注意等の事項は、「注意事項等情報」という。（改正前の「添付文書等記載事項」）

　もっとも、実務上は「添付文書（てんぶん）」の用語が浸透している状況を踏まえ、厚生労働省からは「e-TenBun」(electronic - Timely and eco-friendly Basic recaution and usage notes) の愛称が示されている。

○容器等への符号の記載（薬機法第52条第1項、第63条の2第1項、第65条の3）

　医薬関係者が医薬品等の注意事項等情報の内容を確実に確認できるよう、医薬品等の容器又は被包に、符号（※）を記載し、注意事項等情報を掲載したPMDAのホームページを容易に確認できるようにした。

　符号の記載が必要となる医薬品等は、以下のとおりであり、PMDAのホームページにより注意事項等情報の公表が必要となる医薬品等と同じである。

① 要指導医薬品、一般用医薬品及び薬局製造販売医薬品を除く医薬品

② 主として一般消費者の生活の用に供されることが目的とされている医療機器を除く医療機器

③ 全ての再生医療等製品

　ただし、容器又は被包の面積が狭い医薬品等、大型医療機器、医療機器プログラム、製造専用医薬品など、医薬品等の性質に応じて、容器等への符号の記載の例外がある。例えば、容器又は被包の面積が狭い医薬品等については、容器又は被包への符号の記載に代えて、当該医薬品に添付する文書に符号を記載することが認められる。

※薬機法の改正に関する検討を行った制度部会では、容器等に記載する符号として、「QRコード等」が示されていた。その後、関係団体の意見を聴きながら、QRコードとGS1規格バーコードを候補として、医療関係者が注意事項等情報を適切に入手できる符号の在り方が検討された。

　符号をスマートフォン等によって読み取ることにより、PMDAのホームページに掲載された注意事項等情報を閲覧できる仕組みを導入することが予定されている。

○注意事項等情報の提供体制（薬機法第68条の2の2）

　医薬品等の注意事項等情報が、医師、歯科医師、薬剤師、獣医師その他の医薬関係者への情報の伝達手段として重要なものであることを踏まえ、医薬品等の製造販売業者は、注意事項等情報をPMDAのホームページに掲載して公表するとともに、医薬関係者が必要とする時点で適切に注意事項等情報を入手できるよう、必要な情報提供の体制を整備しなければならない。

　特に、現状において情報通信技術を利用する環境が十分でない医薬関係者に対しては、医薬品等の製造販売業者は、注意事項等情報を記載した文書を提供する方法等により、適切に注意事項等情報を提供することができるよう留意する必要がある。

　具体的には、以下の体制を整備する必要がある。

① 医薬品等を初めて購入等する医師、歯科医師、薬剤師等に対し、注意事項等情報を提供するために

必要な体制

②　医薬品等の注意事項等情報を変更した場合に、当該医薬品等を取り扱う医師、歯科医師、薬剤師等に対して、注意事項等情報を変更した旨を速やかに情報提供するために必要な体制

○一般消費者に販売等される医薬品等（薬機法第52条第2項、第60条、第62条、第63条の2第2項）

　一般消費者に販売等される医薬品等については、一般消費者が使用の都度、その内容を確認することができるようにする必要性が高いことから、従来どおり、注意事項等情報を、添付文書等に記載することとする。

　注意事項等情報を添付文書等に記載しなければならない医薬品等の範囲は、

①　要指導医薬品、一般用医薬品、薬局製造販売医薬品

②　全ての医薬部外品

③　全ての化粧品

④　主として一般消費者の生活の用に供される医療機器：具体的には、家庭用吸入器、家庭用電気治療器、補聴器、絆創膏等の薬機法施行規則及び告示で指定されるもの

　なお、再生医療等製品は、直接一般消費者に販売等してはならないこととされているため（薬機法第40条の5第5項）、注意事項等情報を添付文書等に記載しなければならない再生医療等製品はない。

【参考】注意事項等情報の公表、届出に関する規定の規定位置

　医薬関係者に販売される医薬品、医療機器、再生医療等製品の注意事項等情報の公表については、医薬品等の安全対策のために製造販売業者が行うべき行為であることから、医薬品等の安全対策としての位置付けを明確にするため、第11章に規定することとした（第68条の2）。

　あわせて、添付文書情報の届出制に関する規定についても、医薬品等の安全対策のために製造販売業者が行うべき行為であることから、医薬品等の安全対策としての位置付けを明確にするため、第11章に位置付けることとした（第68条の2の3、第68条の2の4）。

【コラム】注意事項等情報を記載した文書を医療機関等に提供するのは、添付文書を電子化した法改正の趣旨と逆行するのではないか？

　添付文書の電子化の趣旨は、最新の注意事項等情報を提供できるようにする点にある。そのために、製造販売業者は、注意事項等情報をPMDAのホームページに掲載することとした。

　一方で、製造販売業者は、医薬品、医療機器等の適正な使用のために必要な情報を提供する責務を負う者として、単に医薬関係者の注意事項等情報へのアクセスを待つのではなく、

①　医薬関係者がアクセスしやすいよう、製品の容器又は被包に符号を記載すること

②　医薬関係者に対して、注意事項等情報を提供する体制を整備すること

が規定された。

　特に、現状において情報通信技術を利用する環境が十分でない医薬関係者に対しては、注意事項等情報を記載した文書を提供する方法により、適切に注意事項等情報を提供することが必要となる。

（2）バーコードの活用による安全対策の向上

一 改正の趣旨

　保健衛生上の危害発生の防止の観点からは、速やかな医薬品、医療機器若しくは再生医療等製品の回収や副作用報告のために、1）商品コード、2）有効期限、3）ロット番号に係る情報を卸売販売業者や使用者が記録、閲覧できることが重要である。

　これまでは、「医療用医薬品のバーコード表示の実施要領について」（平成18年9月15日付け薬食安発第0915001号厚生労働省医薬食品局安全対策課長通知）、「医療機器等へのバーコード表示の実施について」（平成20年3月28日付け医政経発第0328001号厚生労働省医政局経済課長通知）（これらの通知をまとめて以下「バーコード推進通知」という。）により、関係団体等における自主的な取組を基本として、バーコード表示の一定の普及が進んできたが、更なる促進を図るため法令上の義務とした。

二 改正の概要

○医薬品等を特定するための符号のこれらの容器への表示（薬機法第68条の2の5）

　医薬品等の製造販売業者は、厚生労働省令で定める区分に応じ、医薬品等の特定に資する情報を円滑に提供するため、医薬品等を特定するための符号のこれらの容器への表示その他の厚生労働省令で定める措置を講じなければならないものとした。

　これは、医薬品等の種類ごとに、保健衛生上の危害の発生の可能性や現時点におけるバーコード表示の普及状況に差があるため、区分ごとに措置を定めることとしたものである。

　区分ごとの措置としては、

① 要指導医薬品、一般用医薬品及び薬局製造販売医薬品を除く医薬品
② 主として一般消費者の生活の用に供されることが目的とされている医療機器を除く医療機器
③ 全ての再生医療等製品

については、原則として医薬品等を特定するための符号（※）の容器又は被包への表示を求めることが考えられる。

　また、容器又は被包の面積が狭い医薬品等、大型医療機器、医療機器プログラム、製造専用医薬品など、医薬品等の性質に応じて、区分ごとの措置を定めることが考えられる。

※医薬品等を特定するための符号については、バーコード推進通知の内容やバーコード表示の普及状況を踏まえ、販売包装単位（卸売販売業者等から医療機関等に販売される最小の包装単位）に、GS1規格のバーコード又は2次元コードを表示することが考えられる。

（3）学会等による医薬品等の有効性、安全性等に関する情報提供の努力義務

一 改正の趣旨

　医薬品や医療機器等の有効性、安全性等に関する情報の提供については、改正前の薬機法第68条の2において、

① 医薬品の製造販売業者や卸売販売業者、外国製造医薬品等特例承認取得者等は、医薬品等の有効性及び安全性に関する事項その他適正な使用のために必要な情報を収集し、及び検討し、その内容を医師や医薬品の販売業者等に情報提供すること（第1項）
② 医師や医薬品の販売業者等は、医薬品の製造販売業者や卸売販売業者、外国製造医薬品等特例承認取得者等が行う医薬品等の有効性及び安全性に関する事項その他適正な使用のために必要な情報の収

集に協力すること（第2項）

③　第1項の規定に基づき提供される情報の活用その他必要な情報の収集、検討及び利用を行うこと（第3項）

が努力義務として規定されている。

　この規定に基づき、医師等は医薬品の製造販売業者等に対し、患者の氏名、年齢、性別、副作用等による疾患、治療状況等の要配慮個人情報を提供しているが、個人情報の保護に関する法律（平成15年法律第57号。以下「個人情報保護法」という。）第16条第3項第1号、第17条第2項第1号、第23条第1項第1号の規定（※）により、本人の同意を得ずに、これらの情報を医師等が提供したり、医薬品の製造販売業者等が収集したりすることが可能となっている。

（※）　個人情報保護法第16条第3項第1号、第17条第2項第1号、第23条第1項第1号の規定に基づき、「法令に基づく場合」は要配慮個人情報を含む個人情報について本人の同意を得ずに目的外の利用、収集、提供ができるとされており、法令の努力義務に基づく場合もこれに含まれるとされている。

　医薬品等による保健衛生上の危害の発生及び拡大の防止のための措置を的確に実施する観点からは、可能な限り全使用例に占める副作用発生割合、類薬等との副作用発現状況の差異等を分析することが重要である。

　しかしながら、医師等の保有する情報の収集については、

・全ての医師等が全使用例についての情報提供を行うわけではなく、医薬品等を実際に使用した母集団を推計しがたい

・他の製造販売業者が製造販売する類薬を使用する医師から当該類薬による副作用発現の情報が得られにくい

等の課題が存在する。

　一方、現在、多くの学術団体において臨床でデータを収集し独自にデータベースを構築しており、こうしたデータベースは副作用の発生状況を問わず、様々な医薬品の使用例について収集された臨床データを含んでおり、安全対策への活用が望まれる。

　このため、学術団体において収集した情報も医薬品等の安全対策に用いられるよう、新たに規定することとする。この改正により、これらの者が医薬品の製造販売業者等にデータベースの情報を提供する場合には、医師等による提供と同様、本人の同意なしに提供・収集することが可能となる。

　なお、これらの者がデータベースの情報を提供する場合に提供料等を対価として得ることは妨げられない。

二　改正の概要
○医薬品の製造販売業者等による情報収集に協力するよう努める者の追加（薬機法第68条の2の6第2項）

　医薬品の製造販売業者等による医薬品等の適正な使用のために必要な情報収集に協力するよう努める者として、

①　医学医術に関する学術団体（新薬機法施行規則第228条の10の2第1号）

②　医師会、歯科医師会、薬剤師会及び医薬関係者の団体等（同条第2号）

③ 私立大学法人、国立大学法人、公立大学法人（同条第3号から第5号まで）
④ 医療分野の研究開発に資する業務を行う独立行政法人（同条第6号）
を規定した。

3．医薬品、医療機器等の適切な製造・流通・販売を確保する仕組みの充実

（1）薬局におけるガバナンスの強化

一　改正の趣旨

　近年発生している薬機法違反については、

①違法状態にあることを役員として認識しながら、その改善を怠り、漫然と違法行為を継続するものや、

②適切な業務運営体制や管理・監査体制が構築されていないことにより、違法行為を発見又は改善できないもののように、役員による適切な監視・監督や、ガバナンス体制の構築がなされていなかったこと等に問題があった。

　このことを踏まえ、ガバナンスの体制を強化し、薬機法違反の発生を未然に防ぐ体制を整備するための制度改正が必要となった。

※①、②に該当する事例

①に該当する事例

・役員が認識しながら、薬剤師でない者に販売又は授与の目的で調剤させていた事例

・必要な薬剤師数が不足していることを役員が認識しながら、薬局の営業を継続していた事例

・役員が認識しながら、医師等から処方箋の交付を受けていない者に対し、正当な理由なく処方箋医薬品を販売していた事例

②に該当する事例

・医薬品の発注、仕入れ、納品、保管等の管理を適切に行う体制が構築されていなかったために、偽造医薬品を調剤し、患者に交付した事例

・適切な業務運営体制が構築されていなかったために、薬局の管理者が、他の薬局において業務を行っていた事例

二　改正の概要

○役員の責任の明確化（薬機法第4条第2項）

　薬局開設許可の届出における申請書に「薬事に関する業務に責任を有する役員」（※）の氏名を記載することとした。従前の規定においては「業務を行う役員」の氏名を記載することとされていたが役員の責任を明確化する観点から改正した。

※薬事に関する業務に責任を有する役員の範囲について

　現行法における業務を行う役員の範囲については、「法人の薬局等の業務を行う役員の範囲について」（昭和57年薬企第19号。平成18年一部改正）により具体的な解釈が示されており、

①合名会社にあつては、定款に別段の定めがないときは社員全員

②合資会社にあつては、定款に別段の定めがないときは無限責任社員全員

③合同会社にあつては、定款に別段の定めがないときは社員全員

④株式会社（特例有限会社を含む。）にあつては会社を代表する取締役及び薬事法の許可に係る業務を担当する取締役。ただし、委員会設置会社にあつては、代表執行役及び薬事法の許可に係る業務を担当する執行役。

⑤外国会社にあつては会社法第817条にいう代表者

⑥民法法人・協同組合等にあつては理事全員。ただし、業務を担当しない理事を除く。

とされている。

○役員の資質の明確化（薬機法第５条第３号）

役員が行うべき業務に必要な資質を明確化するため、業の許可等における業者、法人の役員に係る欠格事由として、「業務を適切に行うことができる知識及び経験を有すると認められない者」であることを追加した。

○薬局の管理者の選任責任（薬機法第７条第３項）

薬局の管理者は、薬局の管理者の義務、次に説明する意見申述義務、及び薬局の管理者の遵守事項等の実施のために必要な能力及び経験を有する者でなければならないこととした。

○薬局の管理者の意見申述義務及び薬局開設者の意見尊重義務の強化（薬機法第８条第２項、第９条第２項）

薬局の管理者が、薬局開設者に対し意見を述べる場合は、書面によって述べることとした。薬局開設者はその意見を尊重するとともに、法令遵守のために必要な措置を講ずる必要があるときは、当該措置を講じ、講じた措置の内容（措置を講じない場合は、その旨及びその理由）を記録し、これを適切に保管しなければならないこととした。

○薬局開設者の法令遵守体制構築義務（薬機法第９条の２）

薬局開設者は、薬局の管理に関する業務その他の薬局開設者の業務を適正に遂行することにより、薬事に関する法令の規定の遵守を確保するために、厚生労働省令で定めるところにより、①〜③の措置を講じなければならないこととし、これらの措置の内容を記録し、保管する義務を負うこととした。

① 薬局の管理に関する業務について薬局の管理者が有する権限を明らかにすること。

② 薬局の管理に関する業務その他の薬局開設者の業務の遂行が法令に適合することを確保するための体制、当該薬局開設者の薬事に関する業務に責任を有する役員及び従業者の業務の監督に係る体制その他の薬局開設者の業務の適正を確保するために必要なものとして厚生労働省令で定める体制を整備すること。

③ その他薬局開設者の従業者に対して法令遵守のための指針を示すことその他の薬局開設者の業務の適正な遂行に必要なものとして厚生労働省令で定める措置。

○義務違反に対する国等の行政処分の権限（薬機法第69条第２項）

薬局の管理者の選任方法、薬局の管理者による書面による意見申述義務、薬局開設者による意見尊重及び措置義務、薬局開設者の法令遵守義務並びに法令遵守体制構築義務の違反に対応するため、立入検査等の権限を都道府県知事又は保健所設置市長・特別区長に付与する。

○義務違反に対する都道府県知事等の改善命令の権限（薬機法第72条の２の２）

　都道府県知事、保健所設置市長・特別区長は、薬局開設者の法令遵守体制に係る措置が不十分であると認める場合においては、その改善に必要な措置を講じるべきことを命じることができる。

○関係行政機関の連携協力（薬機法第76条の３の３）

　複数自治体にまたがる法令違反や保健衛生上の危険発生時に速やかに連携がとれるよう、厚生労働大臣、都道府県知事、保健所設置市長・特別区長は、第13章の監督権限の行使が円滑に行われるよう、情報交換その他の必要な措置を行い、相互に連携を図りながら協力しなければならない。

（２）製造販売業及び製造業におけるガバナンスの強化

一　改正の趣旨

　すでに「（１）薬局におけるガバナンスの強化」で説明したが、近年発生している薬機法違反については、

①違法状態にあることを役員として認識しながら、その改善を怠り、漫然と違法行為を継続するものや、

②適切な業務運営体制や管理・監査体制が構築されていないことにより、違法行為を発見又は改善できないもののように、役員による適切な監視・監督や、ガバナンス体制の構築がなされていなかったこと等に問題があった。

　このことを踏まえ、ガバナンスの体制を強化し、薬機法違反の発生を未然に防ぐ体制を整備するための制度改正が必要となった。

二　改正の概要

○役員の責任の明確化（薬機法第12条第２項、第13条第３項、第13条の２の２第３項、第23条の２第２項、第23条の２の３第２項、第23条の20第２項、第23条の22第３項）

　製造販売業又は製造業の許可又は登録の申請書に、「薬事に関する業務に責任を有する役員」（以下「責任役員」という。）の氏名を記載することとする。これにより、製造販売業者等の法令遵守に関する責任役員の責任を明確にした。

○役員の資質の明確化（薬機法第12条の２第２項、第13条第６項、第23条の２の２第２項、第23条の２の３第４項、第23条の21第２項、第23条の22第６項）

　製造販売業者又は製造業者の役員が行うべき業務に必要な資質を明確化するため、業の許可における業者の欠格要件として「業務を適切に行うことができる知識及び経験を有すると認められない者」であることを追加した（第５条第３項の準用）。

○総括製造販売責任者等の選任責任（薬機法第17条第２項・第６項・第11項、第23条の２の14第２項・第６項・第11項、第23条の34第２項・第６項）

　総括製造販売責任者等は、意見申述義務、品質管理及び製造販売後安全管理の業務及び総括製造販売責任者等の遵守事項の遂行に関し、必要な能力及び経験を有する者でなければならないこととする。なお、医療機器又は体外診断用医薬品の製造販売業者については、平成25年の旧薬事法改正において、医療機器等の製造業が許可制から登録制に改められたことで、製造業者の品質管理に関する責任を負うこ

ととなったことから、医療機器等総括製造販売責任者は、意見申述義務、製造管理及び品質管理並びに製造販売後安全管理の業務及び総括製造販売責任者等の遵守事項の遂行に関し、必要な能力及び経験を有する者でなければならないこととする。

製造業者においては、製造管理者又は責任技術者に製造を管理させる場合は、意見申述義務、製造の管理に関する業務及び製造管理者又は責任技術者の遵守事項の実施のため必要な能力及び経験を有する者を選任しなければならないこととする。

○総括製造販売責任者等の意見申述義務及び製造販売業者等の意見尊重義務の強化（薬機法第17条第3項・第7項・第12項、第18条第2項・第4項、第23条の2の14第3項・第7項・第12項、第23条の2の15第2項・第4項、第23条の34第3項・第7項、第23条の35第2項・第4項）

総括製造販売責任者等は、その業務を公正かつ適正に行うために必要がある場合には、製造販売業者等に対し、書面により意見を述べることとする。製造販売業者等はその意見を尊重し、法令遵守のために措置を講ずる必要があるときは、当該措置を講ずるとともに、講じた措置の内容（措置を講じない場合は、その旨及びその理由）を記録し、適切に保存しなければならないこととする。

○製造販売業者等の法令遵守体制構築義務（薬機法第18条の2、第23条の2の15の2、第23条の35の2）

製造販売業者は、総括製造販売責任者による品質管理及び製造販売後安全管理に関する業務その他の製造販売業者の業務を適正に遂行することにより、薬事に関する法令の規定の遵守を確保するために、厚生労働省令で定めるところにより、次の措置を講じなければならないこととし、これらの措置の内容を記録し、保管する義務を負うこととする。

① 品質管理及び製造販売後安全管理（医療機器、体外診断用医薬品については製造管理も対象。以下この項目において同じ。）に関する業務について総括製造販売責任者が有する権限を明らかにすること。

② 品質管理及び製造販売後安全管理に関する業務その他の製造販売業者の業務の遂行が法令に適合することを確保するための体制、当該製造販売業者の薬事に関する業務に責任を有する役員及び従業者の業務の監督に係る体制その他の製造販売業者の業務の適正を確保するために必要なものとして厚生労働省令で定める体制を整備すること。

③ 総括製造販売責任者その他の厚生労働省令で定める者に、厚生労働省令で定める基準を遵守して品質管理及び製造販売後安全管理を行わせるために必要な権限の付与及びそれらの者が行う業務の監督その他の措置。

④ 製造販売業者の従業者に対して法令遵守のための指針を示すことその他の製造販売業者の業務の適切な遂行に必要なものとして厚生労働省令で定める措置。

製造業者は、責任技術者又は製造管理者による製造の管理に関する業務その他の製造業者の業務が適切に遂行されることにより、薬事に関する法令の遵守を確保するよう、厚生労働省令で定めるところにより、次に掲げる措置を講じなければならないこととし、これらの措置の内容を記録し、保管する義務を負うこととする。

① 製造の管理に関する業務について製造管理者又は責任技術者が有する権限を明らかにすること。

② 製造の管理に関する業務その他の製造業者の業務の遂行が法令に適合することを確保するための体制、当該製造業者の薬事に関する業務に責任を有する役員及び従業者の業務の監督に係る体制その他の製造業者の業務の適正を確保するために必要なものとして厚生労働省令で定める体制を整備すること。

③ 製造管理者、責任技術者その他の厚生労働省令で定める者に厚生労働省令で定める基準を遵守して製造管理又は品質管理を行わせるために必要な権限の付与及びそれらの者が行う業務の監督その他の措置（医療機器・体外診断用医薬品については、③は規定していない）。

④ 製造業者の従業者に対して法令遵守のための指針を示すことその他の製造業者の業務の適切な遂行に必要なものとして厚生労働省令で定める措置。

○義務違反に対する国等の行政処分の権限（薬機法第69条第1項）

総括製造販売責任者等の選任方法、総括製造販売責任者等による書面による意見申述義務、製造販売業者等による意見尊重及び措置義務、製造販売業者等の法令遵守義務並びに法令遵守体制構築義務の違反に対応するため、立入検査等の権限を厚生労働大臣又は都道府県知事に付与する。

○義務違反に対する厚生労働大臣の改善命令の権限（薬機法第72条の2の2）

厚生労働大臣は、製造販売業者又は製造業者の法令遵守体制に係る措置が不十分であると認める場合においては、その改善に必要な措置を講じるべきことを命じることができる。

（3）医薬品、体外診断用医薬品の総括製造販売責任者の要件に係る特例の創設

一　改正の趣旨

医薬品、医薬部外品、化粧品、医療機器、体外診断用医薬品、再生医療等製品の製造販売業者には、品質管理業務と製造販売後安全管理業務（以下この項目において単に「業務」という。）において、業務の監督、回収や添付文書の改訂等の措置の決定等を公正かつ適正に実行する役割を担う責任者（以下「総括製造販売責任者」という。）の設置が義務づけられている（改正前の薬機法第17条第1項、第23条の2の14第1項、第23条の34第1項）。

総括製造販売責任者の要件としては、薬機法第17条第1項、薬機法施行規則第85条、第87条等において、資格や経歴、業務に係る法令及び実務に精通していること等が課されているところである。

このうち、医薬品又は体外診断用医薬品に係る総括製造販売責任者については、原則として薬剤師がその業務を担わなければならないこととされており、例外として、品質管理等に薬剤師を必要しないと認められる医薬品である生薬及び医療用ガスについては、薬剤師以外の者が総括製造販売責任者となることが可能となっている。

例外に該当するもの以外の医薬品については、必ず薬剤師要件を遵守することが必要であるところ、

・小規模な製造販売業者においては、一人しか存在しない薬剤師が退職した場合に後任者の雇用の目途が立たない場合には、総括製造販売責任の設置基準を満たすことができない（特に、薬剤師教育が6年制となったこと等を要因として、近年、薬剤師の臨床指向が高まっており、後任者の雇用を取り巻く状況は厳しくなりつつある）。

・薬剤師資格を有する者が少ない製造販売業者において、薬剤師として薬学的専門性は有するものの、業務に係る法令及び実務に精通しているとは言い難い者が選任されていたことで、製造販売承認書と

製造実態に相違が生じた、報告義務の対象となる販売した医薬品又は対外診断用医薬品による副作用の発生を把握していたにもかかわらず定められた期限内に報告されなかった

といった問題が生じている。

今回の薬機法改正により製造販売業者のガバナンス体制の強化が図られる中、上記のような場合に、薬剤師の要件に固執することが原因で品質管理等の業務が公正かつ適正に実行されないこととならないよう、医薬品又は体外診断用医薬品の総括製造販売責任者に薬剤師以外の者を選任することができる場合を追加する。

二　改正の概要

医薬品又は体外診断用医薬品の製造販売業者において、総括製造販売責任者としての適格性を考慮し、総括製造販売責任者として薬剤師を設置することが著しく困難である場合には、厚生労働省令で定めるところに従って理由書等の必要な書類を厚生労働大臣に提出した上で、薬剤師以外の者を限定的に置くことができるよう、薬事師要件の例外規定を追加した（薬機法第17条第1項、第23条の2の14第1項関係）。

（4）店舗販売業、配置販売業、卸売販売業、高度管理医療機器等の販売業若しくは貸与業、管理医療機器の販売業若しくは貸与業、医療機器の修理業、再生医療等製品の販売業におけるガバナンスの強化

一　改正の趣旨

すでに「（1）薬局におけるガバナンスの強化」・「（2）製造販売業及び製造業におけるガバナンスの強化」で説明したが、近年発生している薬機法違反については、

①違法状態にあることを役員として認識しながら、その改善を怠り、漫然と違法行為を継続するものや、

②適切な業務運営体制や管理・監査体制が構築されていないことにより、違法行為を発見又は改善できないもの

のように、役員による適切な監視・監督や、ガバナンス体制の構築がなされていなかったこと等に問題があった。

このことを踏まえ、ガバナンスの体制を強化し、薬機法違反の発生を未然に防ぐ体制を整備するための制度改正が必要となった。

二　改正の概要

上記課題の対応として以下を新たに法律に規定する。

○役員の責任の明確化（薬機法第26条第2項、第30条第2項、第34条第2項、第39条第3項、第40条の2第3項、第40条の5第3項）

店舗販売業等の許可等における申請書に「薬事に関する業務に責任を有する役員」の氏名を記載することとする。従前においては省令において「業務を行う役員」の氏名を記載することとされていたが、役員の不作為による薬機法違反事例が近年見受けられるため、責任を明確化する観点から改正した。

○役員の資質の明確化（薬機法第26条第5項、第30条第4項、第34条第4項、第39条第5項、第39条の3、第40条の2第6項、第40条の5第5項）

店舗販売業等の役員が行うべき業務に必要な資質を明確化するため、業の許可における業者の欠格要件として「業務を適正に行うことができる知識及び経験を有すると認められない者」であることを追加する（第5条第3項の準用）（※薬局と同様）。

○責任者に求められる能力の明確化（薬機法第28条第3項、第31条の2第3項、第35条第3項、第39条第5項、第40条の3、第40条の7）

責任者は、意見申述義務、店舗販売業者等の義務及び遵守事項等の実施のために必要な能力及び経験を有する者でなければならないこととする。

○責任者の意見申述義務及び店舗販売業者等の意見尊重義務の強化（薬機法第29条第2項、第29条の2第2項、第31条の3第2項、第31条の4第2項、第36条第2項、第36条の2第2項、第40条、第40条の3、第40条の7）

責任者が、店舗販売業者等に対し意見を述べる場合は、書面によって行うこととする。店舗販売業者等はその意見を尊重するとともに、法令遵守のために措置を講ずる必要があるときは、当該措置を講じ、講じた措置の内容（措置を講じない場合は、その旨及びその内容）を記録し、これを適切に保管しなければならないこととする。

○店舗販売業者等の法令遵守体制構築義務（薬機法第29条の3、第31条の5、第36条の2の2、第40条、第40条の3、第40条の7）

店舗販売業者等は、店舗の管理等に関する業務を適正に遂行することにより、薬事に関する法令の規定の遵守を確保するために、厚生労働省令で定めるところにより、次に掲げる措置を講じなければならないこととし、これらの措置の内容を記録し、保管する義務を負うこととする。

①店舗の管理等に関する業務について責任者が有する権限を明らかにすること。

②店舗の管理等に関する業務その他の店舗販売業者等の業務の遂行が法令に適合することを確保するための体制、当該店舗販売業者等の薬事に関する業務に責任を有する役員及び従業員の薬事に関する業務に責任を有する役員及び従業者の業務の監督に係る体制その他の店舗販売業者等の業務の適正を確保するために必要なものとして厚生労働省令で定める体制を整備すること。

③店舗販売業者等の従業者に対して法令遵守のための指針を示すことその他の店舗販売業者等の業務の適正な遂行に必要なものとして厚生労働省令で定める措置。

○義務違反に対する国等の行政処分の権限（薬機法第69条）

責任者の選任方法、責任者による書面による意見申述義務、店舗販売業者等による意見尊重及び措置義務、店舗販売業者等の法令遵守義務並びに法令遵守体制構築義務の違反に対応するため、立入検査等の権限を都道府県知事、保健所設置市長及び特別区長に付与する（医療機器の修理業については厚生労働大臣）。

○義務違反に対する厚生労働大臣の改善命令の権限（薬機法第72条の2の2）

都道府県知事、保健所設置市長及び特別区長は、店舗販売業者等において法令遵守体制に係る措置が不十分であると認める場合においては、その改善に必要な措置を講じるべきことを命じることができる

（医療機器の修理業については厚生労働大臣）。

○関係行政機関の連携協力（薬機法第76条の3の3）

　複数自治体にまたがる法令違反や保健衛生上の危険発生時に速やかに連携がとれるよう、厚生労働大臣、都道府県知事、保健所設置市長・特別区長は、第13章の監督権限の行使が円滑に行われるよう、情報交換その他の必要な措置を行い、相互に連携を図りながら協力しなければならない。

○薬種商販売業及び既存配置販売業者へのガバナンス規制の適用（令和元年改正法附則第31条による薬事法の一部を改正する法律の一部改正）

　薬種商販売業（昭和35年の薬事法施行以前に指定医薬品以外の品目を販売する販売業を営業しており、法施行時に薬種商とみなされた者）及び平成18年薬事法改正前薬事法の規定により営業を行う既存配置販売業者についても、ガバナンス規制を適用する。

　薬種販売業については新規許可が想定されないこと及び既存配置販売業者については、平成18年薬事法改正前薬事法第30条の許可の規定が適用されることを考慮し、責任者に求められる能力の明確化、責任者の意見申述義務及び店舗販売業者等の意見尊重義務の強化、店舗販売業者等の法令遵守体制構築義務、義務違反に対する国等の行政処分の権限、義務違反に対する厚生労働大臣の改善命令の権限を適用する。

（5）虚偽・誇大広告に係る措置命令及び課徴金納付命令の導入
一　改正の趣旨

　医薬品、医療機器等の虚偽・誇大広告に対する規制は、薬機法の流通規制の枠組みを支える重要な要素であるところ、近年、虚偽・誇大広告の禁止を規定する第66条第1項の違反及びそのおそれのある行為は後を絶たない。

　こうした状況を踏まえ、
①虚偽・誇大広告を速やかに是正するための措置命令
②虚偽・誇大広告を通じて当該品目の販売で得た経済的利益を徴収し、違反行為者がそれを保持し得ないようにすることによって、違反行為の抑止を図り、規制の実効性を確保するための課徴金制度
を導入することとした。

二　改正の概要
○措置命令に係る規定の整備（薬機法第72条の5、第72条の6）

　現在、未承認医薬品、医療機器、再生医療等製品の広告（以下「未承認品の広告」という。）の禁止（第68条）違反については、第72条の5において、当該違法広告に係る厚生労働大臣又は都道府県知事（第69条第2項の規定により、薬局、店舗販売業又は高度管理医療機器等若しくは管理医療機器（特定保守管理医療機器を除く。以下同じ。）の販売業若しくは貸与業にあってはその薬局、店舗又は営業所の所在地が保健所設置市又は特別区の区域にある場合においては、保健所設置市の市長又は特別区の区長。）による中止等の命令を規定している。

　この条文の対象に第66条の虚偽・誇大広告の禁止違反を加えるとともに、広告の中止以外にも訂正公示等を命ずることができる旨を明記し、訂正公示等については、不当景品類及び不当表示防止法（昭和

37年法律第134号。以下「景品表示法」という。）第７条第１項の措置命令を参考に、違反行為がなくなっている場合でも違反行為者等に対して命ずることができることとする（第72条の５第１項）。

また、現行の第72条の５第２項において未承認品の広告をインターネット等により行われている場合に、特定電気通信役務提供者（いわゆるプロバイダ）に対し、当該広告の送信防止措置を要請できることとし、第72条の６において当該特定電気通信役務提供者が要請に応じた場合に、違反者に対して損害賠償責任を負わないとされている。

虚偽・誇大広告に係る措置命令の導入と併せ、この要請等の規定の対象に、虚偽・誇大広告も含めることとする。

○課徴金納付命令（薬機法第75条の５の２）

厚生労働大臣は、虚偽・誇大広告に係る第66条第１項の規定に違反する行為をした者（課徴金対象行為者）に対し、国庫への課徴金納付を命じなければならないこととする。

課徴金額は、課徴金対象期間に販売した課徴金対象行為に係る医薬品等の対価の額の合計額に、4.5％を乗じて得た額とする。この4.5％は、違反行為を行った事業者の違反行為を通じて得た利益と擬制した算定率で、医薬品・医療機器の製造販売業者の営業利益率を参考に設定している（第１項）。

なお、景品表示法の課徴金制度においては、課徴金対象行為が不当表示に該当することを知らず、かつ、知らないことにつき相当の注意を怠った者でないと認められるときには課徴金納付命令の対象外としているが、薬機法においては同様の規定は盛り込まないこととする。これは、薬機法において虚偽・誇大の禁止の対象である名称、製造方法、効能、効果又は性能に係る虚偽・誇大広告は、承認等の対象となっているため、これらの事項に関する広告が虚偽・誇大に該当することについて知らず、かつ、知らないことにつき相当の注意を怠っていないケースは通常存在しないと考えられるからである。

課徴金対象期間は、以下のいずれかの期間であって、当該期間が３年を超えるときは、当該期間の末日から遡って３年間とする（第２項）。
・原則：課徴金対象行為をした期間
・「課徴金対象行為をやめた日」から（Ａ）６月を経過する日、又は、「（Ｂ）課徴金対象行為により当該医薬品等の名称、製造方法、効能、効果又は性能に関して誤解を生ずるおそれを解消するための措置」をとった日のいずれか早い日までの間に、「当該課徴金対象行為に係る医薬品等の取引をした」場合：課徴金対象行為をした期間に、「当該課徴金対象行為をやめてから最後に当該取引をした日までの期間」を加えた期間

上記の課徴金対象期間の設定は、課徴金対象行為をやめた後も、課徴金対象行為によって生じた医療関係者や消費者の誤認による取引が含まれると考えられるためであるが、そのような取引が存続すると考えられる期間については課徴金対象期間の明確化、事業者等の予見可能性及び法的安定性を確保する観点から、画一的な取扱とすることが望ましいと言える。このため、景品表示法の課徴金制度を参考に、当該期間を最長６月とみなし、また、立法目的を考慮し、医薬品等の名称、製造方法、効能、効果又は性能に関して誤解を生ずるおそれを解消するための措置をとった場合にはその措置の実施日を終期とすることとする。

　課徴金納付命令は、他法の課徴金制度と同様、義務的賦課制度としているが、公認会計士法（昭和23年法律第103号）における監査法人に対する課徴金制度と同様、一定の処分を行った場合においては課徴金納付を命じないことができる旨の規定を置く。

　これは、

・課徴金対象行為によっては、業務停止命令や業許可等の取消を行うことが真に必要な局面が存在するところ、このような場合には課徴金と同等以上の経済的不利益が被処分者に生じることから、必ず課徴金納付命令を行わなければならないとすると、行政の目的と手段が比例していないこととなるおそれがあること

・また、課徴金対象行為を行ったが、迅速に中止し、その後適切な改善措置を講じているなど、保健衛生上の危害の発生又は拡大に与える影響が軽微である場合については、虚偽・誇大広告に係る措置命令や、薬機法第72条の4第1項の業務改善命令に加え、課徴金の納付を命ずることは、目的と手段が比例していないこととなるおそれがあること

から、設けるものである。

　課徴金納付命令については、他法令の導入例においていずれにおいても規模基準を設定し、課徴金額が規模基準未満となる場合は課徴金納付命令をしえないこととされている。

　薬機法においても、限られた行政リソースの下で全ての課徴金対象行為に対し課徴金を課すこととすると、真に抑止の必要性が高い事案に対する執行に影響を及ぼすおそれがあることを考慮し、規模基準を設定することとする。

　規模基準は、景品表示法と同様、課徴金対象行為の対象となった医薬品等の売上額に着目して設定することとし、具体的には、売上額が5,000万円（※）、課徴金額に変換して225万円未満となる事案については課徴金を課さないこととする（第4項）。

※　景品表示法の課徴金の規模基準は課徴金額で150万円未満、売上額で5,000万円となっている。

○景品表示法の課徴金納付命令がある場合等における課徴金の減額（薬機法第75条の5の3）

　一般消費者に対して行われる薬機法違反の広告については、一部において景品表示法と適用が重複する可能性は否定できない。

　このため、薬機法に基づく課徴金納付命令（売上額×4.5％）を発する場合に、同一の違反行為について同一の違反者に対して景品表示法の課徴金納付命令（売上額×3％）が発せられるときに薬機法の課徴金額を減額する規定を置く（※）。

※　景品表示法は「一般消費者による自主的かつ合理的な選択を阻害するおそれのある行為の制限及び禁止」を通じて「一般消費者の利益を保護する」もの（第1条）、薬機法は「医薬品、医薬部外品、化粧品、医療機器及び再生医療等製品・・・の品質、有効性及び安全性の確保」により「保健衛生の向上を図る」もの（第1条）であり、目的は異にするが、不適切な表示、広告により市場での選択をゆがませる行為を抑止する必要性と、そのために講ずる手段が共通している。景品表示法が上記のとおり一般消費者の利益を保護するという目的を有している以上、景品表示法と適用が重複する一般消費者に対する薬機法違反の広告について、例えば景品表示法の適用を排除するような仕組みは適切ではないと考えられる。その一方で、一つの行為に対して重複して課徴金を課すことは当該行為を抑止

するために必要かつ合理的な水準を超えてしまうおそれがある。これらを踏まえ、薬機法の課徴金が対象業種の相対的に高い利益率を反映して景品表示法よりも高い算定率となることを勘案し、上記のように措置したものである。

ただし、薬機法の虚偽・誇大広告は、名称、製造方法、効能、効果又は性能に関することに限られており、景品表示法の不当表示に該当するが薬機法の虚偽・誇大広告に該当しない場合も存在する（例えば「売り上げNo.1」という虚偽広告を行った場合には薬機法の違反は成立しない）ため、課徴金対象期間が両法で異なり、対象とする売上額も異なるケースも想定される。

また、景品表示法の課徴金の算定の場面において事業者による事実報告による減額（景品表示法第9条）、返金措置の実施による減額（景品表示法第11条）が行われた場合に、これらの減額措置が無に帰さないようにする必要がある。

したがって、薬機法の課徴金額から景品表示法の課徴金額を控除するという方式を採るのではなく、景品表示法の課徴金相当額として薬機法において計算した売上額×3％に相当する額を、薬機法の課徴金額から控除するとの規定を設けることとする。

なお、この減額規定は景品表示法において返金措置の実施による減額によって景品表示法の課徴金納付命令が行われなかった場合にも適用されることとする。

また、薬機法の課徴金納付命令を行った後に、景品表示法の課徴金納付命令があった場合を想定し、そのような場合には課徴金額を当初の課徴金額から対価合計額の3％相当額を控除した額に変更しなければならない旨を規定することとした（第75条の5の5第8項）。

なお、課徴金納付命令を変更した際に既に当初の課徴金が納付済みの場合は還付を行う必要があるが、金融商品取引法においてはこの場合の還付に関する規定を省令で定めており、薬機法においてもこれに倣うこととする。

【コラム】金融商品取引法の規定について

　金融商品取引法においては、例えば、インサイダー取引について課徴金納付命令（買付け等の総額と重要事実公表後2週間の最高値に買付けた数量を乗じた額の差額）と違反行為により得た財産の没収・追徴の調整規定を置いている。

　具体的には、金融商品取引法の課徴金納付命令がされた後に同一事件について没収・追徴の確定判決があった場合には、課徴金の額を、当初の課徴金額から没収・追徴額を控除した額に変更しなければならないとしている（金融商品取引法第185条の8第7項）。なお、この場合において、没収・追徴額が課徴金額よりも高いときには課徴金納付命令の取り消しを規定している（金融商品取引法第185条の8第8項）が、薬機法の課徴金制度においては、景品表示法による課徴金との調整をした場合でも課徴金額が端数処理の下限である1万円未満となることはないため、課徴金額の変更のみを規定することとする。

　また、金融商品取引法の課徴金額を変更する場合には、既に変更後の課徴金額を超える額が納付されているケースも存在しうるところ、還付に関する規定は法律には置かず、内閣府令において、変更を行った後のすみやかな還付を規定している（金融商品取引法第六章の二の規定による課徴金

に関する内閣府令第62条第4項)。

■金融商品取引法（昭和23年法律第25号）（抜粋）

第百七十五条　第百六十六条第一項又は第三項の規定に違反して、同条第一項に規定する売買等を
　した者があるときは、内閣総理大臣は、次節に定める手続に従い、その者に対し、次の各号に掲
　げる場合の区分に応じ、当該各号に定める額（次の各号のうち二以上の号に掲げる場合に該当す
　るときは、当該二以上の号に定める額の合計額）に相当する額の課徴金を国庫に納付することを
　命じなければならない。

一　第百六十六条第一項又は第三項の規定に違反して、自己の計算において有価証券の売付け等
　（同条第一項に規定する業務等に関する重要事実の公表がされた日以前六月以内に行われたもの
　（当該公表がされた日については、当該公表がされた後に行われたものを除く。）に限る。以下こ
　の号において同じ。）をした場合　次のイに掲げる額から次のロに掲げる額を控除した額

イ　当該有価証券の売付け等について当該有価証券の売付け等をした価格にその数量を乗じて得た
　額

ロ　当該有価証券の売付け等について業務等に関する重要事実の公表がされた後二週間における最
　も低い価格に当該有価証券の売付け等の数量を乗じて得た額

二・三　（略）

2～12　（略）

第百七十八条　内閣総理大臣は、次に掲げる事実のいずれかがあると認めるときは、当該事実に係
　る事件について審判手続開始の決定をしなければならない。

一～十五　（略）

十六　第百七十五条第一項（同条第九項において準用する場合を含む。）又は第二項に該当する事
　実

十七　（略）

2～29　（略）

第百八十五条の八　（略）

2～6　（略）

7　内閣総理大臣は、前条第一項の決定又は同条第十四項若しくは第十五項の決定の後、同一事件
　について、当該決定を受けた者に対し、第百九十八条の二第一項各号に掲げる財産の没収又は同
　項各号に掲げる財産の価額の追徴の確定裁判があつたときは、前条第一項の決定又は同条第十四
　項若しくは第十五項の決定に係る課徴金の額を、第一号に掲げる額から第二号に掲げる額を控除
　した額に変更しなければならない。ただし、第一号に掲げる額が、第二号に掲げる額を超えない
　ときは、この限りでない。

　　一　第百七十三条第一項、第百七十四条第一項、第百七十四条の二第一項、第百七十四条の三
　　第一項若しくは第百七十五条第一項（同条第九項において準用する場合を含む。）若しくは第二
　　項又は前条第十四項若しくは第十五項の規定による額

　　二　当該裁判において没収を命じられた第百九十八条の二第一項各号に掲げる財産に相当する

額又は当該裁判において追徴を命じられた同項各号に掲げる財産の価額に相当する額（当該裁判において同項各号に掲げる財産の没収及び同項各号に掲げる財産の価額の追徴が命じられたときは、当該裁判において没収を命じられた同項各号に掲げる財産に相当する額及び当該裁判において追徴を命じられた同項各号に掲げる財産の価額に相当する額の合計額）

8　第六項ただし書又は前項ただし書の場合においては、内閣総理大臣は、前条第一項、第六項、第七項、第十項、第十一項、第十四項又は第十五項の決定を取り消さなければならない。

9　第六項又は第七項の規定による変更の処分は、文書をもつて行わなければならない。

10　第六項又は第七項の規定による変更の処分は、当該処分に係る文書の謄本を送達することによつて、その効力を生ずる。

11・12　（略）

第百八十五条の十五　前条第一項の規定により督促を受けた者がその指定する期限までにその納付すべき金額を納付しないときは、内閣総理大臣の命令で、第百八十五条の七第一項、第二項、第四項から第八項まで及び第十項から第十七項までの決定（第百八十五条の八第六項又は第七項の規定による変更後のものを含む。以下この条及び次条において「課徴金納付命令」という。）を執行する。この命令は、執行力のある債務名義と同一の効力を有する。

2　課徴金納付命令の執行は、民事執行法（昭和五十四年法律第四号）その他強制執行の手続に関する法令の規定に従つてする。

3　内閣総理大臣は、課徴金納付命令の執行に関して必要があると認めるときは、公務所又は公私の団体に照会して必要な事項の報告を求めることができる。

■金融商品取引法第六章の二の規定による課徴金に関する内閣府令（平成17年内閣府令第17号）

第六十二条　（略）

2　法第百八十五条の八第六項又は第七項の規定による変更の処分に係る文書には、変更後の課徴金の額、変更の理由及び変更後の課徴金の納付期限を記載しなければならない。

3　（略）

4　金融庁長官は、法第百八十五条の八第六項又は第七項の規定による変更の処分をした場合であって、当該変更の処分をした後の法第百八十五条の七第一項、第六項、第七項、第十項、第十一項、第十四項又は第十五項の決定に係る課徴金の額を超える額の課徴金が既に納付されているときは、速やかに、当該超える額を被審人に還付する手続をとらなければならない。法第百八十五条の八第八項の規定による取消しの処分をした場合であって、法第百八十五条の七第一項、第六項、第七項、第十項、第十一項、第十四項又は第十五項の決定に係る課徴金が既に納付されているときも、同様とする。

○事実の報告による課徴金額の減額（薬機法第75条の5の4）

　景品表示法においては、不当表示の早期発見・防止及びコンプライアンス体制構築のため、課徴金納付命令があるべきことを予知してされた場合を除き、事業者が課徴金対象行為を行った事実を報告したときは、課徴金額を50％減額する規定を置いている。

　薬機法の課徴金制度においても、保健衛生上の危害の発生及び拡大の防止の観点からは、虚偽・誇大広告の早期発見・防止等が重要であることから、同様の規定を置くこととされた。

　なお、景品表示法においては、このほかに、事業者が自主的に返金措置を行った場合の減額規定を設けているが、
・　一般消費者の利益を保護することを目的とする景品表示法と異なり、薬機法は保健衛生の向上を図ることを目的としており、返金措置と法目的の達成との関連性が薄いこと
・　国民皆保険制度を前提に使用される医薬品、医療機器等の費用負担者は、消費者だけでなく各保険者による保険給付によっても行われており、これら費用負担者に対する返金措置を過不足なく行うことは困難であると想定されること
等を考慮し、薬機法の課徴金制度には返金措置による減額の規定は盛り込まないこととされた。

○課徴金納付に係る手続規定（薬機法第75条の5の5から第75条の5の19）

　課徴金対象行為者の課徴金納付義務、弁明の機会の付与の方式、弁明の機会の付与の通知の方式、代理人、課徴金納付命令の方式等、納付の催促、課徴金納付命令の執行、課徴金等の請求権、送達書類、送達に関する民事訴訟法の準用、公示送達、電子情報処理組織の使用及び行政手続法の適用除外についての規定を新設している（景品表示法第13条から25条と同内容）。

　また、景品表示法においては、課徴金納付命令関係の規定については行政手続法3章の規定は適用しないとしつつ、景品表示法第10条第8項の返金措置計画の認定の取消処分については、行政手続法第12条及び第14条を適用することとしている。

　薬機法においては、上述の通り返金措置による課徴金額の減額制度を導入しないが、公認会計士法を参考に、他の行政処分をした場合に課徴金納付命令をしないことができる旨を規定する。公認会計士法の課徴金制度の行政手続法の適用除外規定については、課徴金納付命令に係る規定（同法第31条の2及び第34条の21の2）に係る行政手続法第12条の規定は適用することとしており、薬機法においてもこれに倣うこととする。

　なお、第75条の5の5第3項、第4項については、課徴金対象行為をした法人Aが合併等により消滅し、合併した法人が更に合併した場合、現在の規定ぶりで、当初の課徴金対象行為を2度目以降の合併後の法人の行為とみなすことができるのか疑義が生じかねないことから、景品表示法と異なり、「…がした課徴金対象行為とみなして、第七十五条の五の二からこの条までの規定を適用する。」とし、第75条の5の5第3項を含めることで、当初の課徴金対象行為を2度目以降の合併後の法人の行為とみなすことができることを明確化している。

【参考】課徴金納付命令の対照表

薬機法	不当景品類及び不当表示防止法
（課徴金納付命令） 第七十五条の五の二　第六十六条第一項の規定に違反する行為（以下「課徴金対象行為」という。）をした者（以下「課徴金対象行為者」という。）があるときは、厚生労働大臣は、当該課徴金対象行為者に対し、課徴金対象期間に取引をした課徴金対象行為に係る医薬品等の対価の額の合計額（次条及び第七十五条の五第八項において「対価合計額」という。）に百分の四・五を乗じて得た額に相当する額の課徴金を国庫に納付することを命じなければならない。 2　前項に規定する「課徴金対象期間」とは、課徴金対象行為をした期間（課徴金対象行為をやめた後そのやめた日から六月を経過する日（同日前に、課徴金対象行為者が、当該課徴金対象行為により当該医薬品等の名称、製造方法、効能、効果又は性能に関して誤解を生ずるおそれを解消するための措置として厚生労働省令で定める措置をとつたときは、その日）までの間に課徴金対象行為者が当該課徴金対象行為に係る医薬品等の取引をしたときは、当該課徴金対象行為をやめてから最後に当該取引をした日までの期間を加えた期間とし、当該期間が三年を超えるときは、当該期間の末日から遡つて三年間とする。）をいう。 3　第一項の規定にかかわらず、厚生労働大臣は、次に掲げる場合には、課徴金対象行為者に対して同項の課徴金を納付することを命じないことができる。 　一　第七十二条の四第一項又は第七十二条の五第一項の命令をする場合（保健衛生上の危害の発生又は拡大に与える影響が軽微であると認められる場合に限る。） 　二　第七十五条第一項又は第七十五条の二第一項の処分をする場合	（課徴金納付命令） 第八条　事業者が、第五条の規定に違反する行為（同条第三号に該当する表示に係るものを除く。以下「課徴金対象行為」という。）をしたときは、内閣総理大臣は、当該事業者に対し、当該課徴金対象行為に係る課徴金対象期間に取引をした当該課徴金対象行為に係る商品又は役務の政令で定める方法により算定した売上額に百分の三を乗じて得た額に相当する額の課徴金を国庫に納付することを命じなければならない。ただし、当該事業者が当該課徴金対象行為をした期間を通じて当該課徴金対象行為に係る表示が次の各号のいずれかに該当することを知らず、かつ、知らないことにつき相当の注意を怠つた者でないと認められるとき、又はその額が百五十万円未満であるときは、その納付を命ずることができない。 　一　商品又は役務の品質、規格その他の内容について、実際のものよりも著しく優良であること又は事実に相違して当該事業者と同種若しくは類似の商品若しくは役務を供給している他の事業者に係るものよりも著しく優良であることを示す表示 　二　商品又は役務の価格その他の取引条件について、実際のものよりも取引の相手方に著しく有利であること又は事実に相違して当該事業者と同種若しくは類似の商品若しくは役務を供給している他の事業者に係るものよりも取引の相手方に著しく有利であることを示す表示 2　前項に規定する「課徴金対象期間」とは、課徴金対象行為をした期間（課徴金対象行為をやめた後そのやめた日から六月を経過する日（同日前に、当該事業者が当該課徴金対象行為に係る表示が不当に顧客を誘引し、一般消費者による自主的かつ合理的な選択を阻害

４　第一項の規定により計算した課徴金の額が二百二十五万円未満であるときは、課徴金の納付を命ずることができない。	するおそれを解消するための措置として内閣府令で定める措置をとつたときは、その日）までの間に当該事業者が当該課徴金対象行為に係る商品又は役務の取引をしたときは、当該課徴金対象行為をやめてから最後に当該取引をした日までの期間を加えた期間とし、当該期間が三年を超えるときは、当該期間の末日から遡つて三年間とする。）をいう。 ３　内閣総理大臣は、第一項の規定による命令（以下「課徴金納付命令」という。）に関し、事業者がした表示が第五条第一号に該当するか否かを判断するため必要があると認めるときは、当該表示をした事業者に対し、期間を定めて、当該表示の裏付けとなる合理的な根拠を示す資料の提出を求めることができる。この場合において、当該事業者が当該資料を提出しないときは、同項の規定の適用については、当該表示は同号に該当する表示と推定する。
（不当景品類及び不当表示防止法の課徴金納付命令がある場合等における課徴金の額の減額） 第七十五条の五の三　前条第一項の場合において、厚生労働大臣は、当該課徴金対象行為について、当該課徴金対象行為者に対し、不当景品類及び不当表示防止法（昭和三十七年法律第百三十四号）第八条第一項の規定による命令があるとき、又は同法第十一条の規定により課徴金の納付を命じないものとされるときは、対価合計額に百分の三を乗じて得た額を当該課徴金の額から減額するものとする。	【相当規定なし】
（課徴金対象行為に該当する事実の報告による課徴金の額の減額） 第七十五条の五の四　第七十五条の五の二第一項又は前条の場合において、厚生労働大臣は、課徴金対象行為者が課徴金対象行為に該当する事実を厚生労働省令で定めるところにより厚生労働大臣に報告したときは、同項又は同条の規定により計算した課徴金の額に百分の	（課徴金対象行為に該当する事実の報告による課徴金の額の減額） 第九条　前条第一項の場合において、内閣総理大臣は、当該事業者が課徴金対象行為に該当する事実を内閣府令で定めるところにより内閣総理大臣に報告したときは、同項の規定により計算した課徴金の額に百分の五十を乗じて得た額を当該課徴金の額から減額するもの

五十を乗じて得た額を当該課徴金の額から減額するものとする。ただし、その報告が、当該課徴金対象行為についての調査があつたことにより当該課徴金対象行為について同項の規定による命令（以下「課徴金納付命令」という。）があるべきことを予知してされたものであるときは、この限りでない。	とする。ただし、その報告が、当該課徴金対象行為についての調査があつたことにより当該課徴金対象行為について課徴金納付命令があるべきことを予知してされたものであるときは、この限りでない。
【相当規定なし】	（返金措置の実施による課徴金の額の減額等） 第十条　第十五条第一項の規定による通知を受けた者は、第八条第二項に規定する課徴金対象期間において当該商品又は役務の取引を行つた一般消費者であつて政令で定めるところにより特定されているものからの申出があつた場合に、当該申出をした一般消費者の取引に係る商品又は役務の政令で定める方法により算定した購入額に百分の三を乗じて得た額以上の金銭を交付する措置（以下この条及び次条において「返金措置」という。）を実施しようとするときは、内閣府令で定めるところにより、その実施しようとする返金措置（以下この条において「実施予定返金措置」という。）に関する計画（以下この条において「実施予定返金措置計画」という。）を作成し、これを第十五条第一項に規定する弁明書の提出期限までに内閣総理大臣に提出して、その認定を受けることができる。 2　実施予定返金措置計画には、次に掲げる事項を記載しなければならない。 一　実施予定返金措置の内容及び実施期間 二　実施予定返金措置の対象となる者が当該実施予定返金措置の内容を把握するための周知の方法に関する事項 三　実施予定返金措置の実施に必要な資金の額及びその調達方法 3　実施予定返金措置計画には、第一項の認定の申請前に既に実施した返金措置の対象となつた者の氏名又は名称、その者に対して交付した金銭の額及びその計算方法その他の当該申請

前に実施した返金措置に関する事項として内閣府令で定めるものを記載することができる。

4　第一項の認定の申請をした者は、当該申請後これに対する処分を受けるまでの間に返金措置を実施したときは、遅滞なく、内閣府令で定めるところにより、当該返金措置の対象となつた者の氏名又は名称、その者に対して交付した金銭の額及びその計算方法その他の当該返金措置に関する事項として内閣府令で定めるものについて、内閣総理大臣に報告しなければならない。

5　内閣総理大臣は、第一項の認定の申請があつた場合において、その実施予定返金措置計画が次の各号のいずれにも適合すると認める場合でなければ、その認定をしてはならない。

一　当該実施予定返金措置計画に係る実施予定返金措置が円滑かつ確実に実施されると見込まれるものであること。

二　当該実施予定返金措置計画に係る実施予定返金措置の対象となる者（当該実施予定返金措置計画に第三項に規定する事項が記載されている場合又は前項の規定による報告がされている場合にあつては、当該記載又は報告に係る返金措置が実施された者を含む。）のうち特定の者について不当に差別的でないものであること。

三　当該実施予定返金措置計画に記載されている第二項第一号に規定する実施期間が、当該課徴金対象行為による一般消費者の被害の回復を促進するため相当と認められる期間として内閣府令で定める期間内に終了するものであること。

6　第一項の認定を受けた者（以下この条及び次条において「認定事業者」という。）は、当該認定に係る実施予定返金措置計画を変更しようとするときは、内閣府令で定めるところにより、内閣総理大臣の認定を受けなければならない。

7　第五項の規定は、前項の認定について準用する。

8　内閣総理大臣は、認定事業者による返金措置が第一項の認定を受けた実施予定返金措置計画（第六項の規定による変更の認定があつたときは、その変更後のもの。次条第一項及び第二項において「認定実施予定返金措置計画」という。）に適合して実施されていないと認めるときは、第一項の認定（第六項の規定による変更の認定を含む。次項及び第十項ただし書において単に「認定」という。）を取り消さなければならない。

9　内閣総理大臣は、認定をしたとき又は前項の規定により認定を取り消したときは、速やかに、これらの処分の対象者に対し、文書をもつてその旨を通知するものとする。

10　内閣総理大臣は、第一項の認定をしたときは、第八条第一項の規定にかかわらず、次条第一項に規定する報告の期限までの間は、認定事業者に対し、課徴金の納付を命ずることができない。ただし、第八項の規定により認定を取り消した場合には、この限りでない。

第十一条　認定事業者（前条第八項の規定により同条第一項の認定（同条第六項の規定による変更の認定を含む。）を取り消されたものを除く。第三項において同じ。）は、同条第一項の認定後に実施された認定実施予定返金措置計画に係る返金措置の結果について、当該認定実施予定返金措置計画に記載されている同条第二項第一号に規定する実施期間の経過後一週間以内に、内閣府令で定めるところにより、内閣総理大臣に報告しなければならない。

2　内閣総理大臣は、第八条第一項の場合において、前項の規定による報告に基づき、前条第一項の認定後に実施された返金措置が認定実施予定返金措置計画に適合して実施されたと認めるときは、当該返金措置（当該認定実

施予定返金措置計画に同条第三項に規定する
事項が記載されている場合又は同条第四項の
規定による報告がされている場合にあつては、
当該記載又は報告に係る返金措置を含む。）に
おいて交付された金銭の額として内閣府令で
定めるところにより計算した額を第八条第一
項又は第九条の規定により計算した課徴金の
額から減額するものとする。この場合におい
て、当該内閣府令で定めるところにより計算
した額を当該課徴金の額から減額した額が零
を下回るときは、当該額は、零とする。

3　内閣総理大臣は、前項の規定により計算し
た課徴金の額が一万円未満となつたときは、
第八条第一項の規定にかかわらず、認定事業
者に対し、課徴金の納付を命じないものとす
る。この場合において、内閣総理大臣は、速
やかに、当該認定事業者に対し、文書をもつ
てその旨を通知するものとする。

（課徴金の納付義務等）

第七十五条の五の五　課徴金納付命令を受けた
者は、第七十五条の五の二第一項、第七十五
条の五の三又は前条の規定により計算した課
徴金を納付しなければならない。

2　第七十五条の五の二第一項、第七十五条の
五の三又は前条の規定により計算した課徴金
の額に一万円未満の端数があるときは、その
端数は、切り捨てる。

3　課徴金対象行為者が法人である場合におい
て、当該法人が合併により消滅したときは、
当該法人がした課徴金対象行為は、合併後存
続し、又は合併により設立された法人がした
課徴金対象行為とみなして、第七十五条の五
の二からこの条までの規定を適用する。

4　課徴金対象行為者が法人である場合におい
て、当該法人が当該課徴金対象行為に係る事
案について報告徴収等（第六十九条第五項の
規定による報告の徴収、帳簿書類その他の物
件の提出の命令、立入検査又は質問をいう。

（課徴金の納付義務等）

第十二条　課徴金納付命令を受けた者は、第八
条第一項、第九条又は前条第二項の規定によ
り計算した課徴金を納付しなければならない。

2　第八条第一項、第九条又は前条第二項の規
定により計算した課徴金の額に一万円未満の
端数があるときは、その端数は、切り捨てる。

3　課徴金対象行為をした事業者が法人である
場合において、当該法人が合併により消滅し
たときは、当該法人がした課徴金対象行為は、
合併後存続し、又は合併により設立された法
人がした課徴金対象行為とみなして、第八条
から前条まで並びに前二項及び次項の規定を
適用する。

4　課徴金対象行為をした事業者が法人である
場合において、当該法人が当該課徴金対象行
為に係る事案について報告徴収等（第二十九
条第一項の規定による報告の徴収、帳簿書類

以下この項において同じ。）が最初に行われた日（当該報告徴収等が行われなかつたときは、当該法人が当該課徴金対象行為について第七十五条の五の八第一項の規定による通知を受けた日。以下この項において「調査開始日」という。）以後においてその一若しくは二以上の子会社等（課徴金対象行為者の子会社若しくは親会社（会社を子会社とする他の会社をいう。以下この項において同じ。）又は当該課徴金対象行為者と親会社が同一である他の会社をいう。以下この項において同じ。）に対して当該課徴金対象行為に係る事業の全部を譲渡し、又は当該法人（会社に限る。）が当該課徴金対象行為に係る事案についての調査開始日以後においてその一若しくは二以上の子会社等に対して分割により当該課徴金対象行為に係る事業の全部を承継させ、かつ、合併以外の事由により消滅したときは、当該法人がした課徴金対象行為は、当該事業の全部若しくは一部を譲り受け、又は分割により当該事業の全部若しくは一部を承継した子会社等（以下この項において「特定事業承継子会社等」という。）がした課徴金対象行為とみなして、第七十五条の五の二からこの条までの規定を適用する。この場合において、当該特定事業承継子会社等が二以上あるときは、第七十五条の五の二第一項中「当該課徴金対象行為者に対し」とあるのは「特定事業承継子会社等（第七十五条の五の五第四項に規定する特定事業承継子会社等をいう。以下この項において同じ。）に対し、この項の規定による命令を受けた他の特定事業承継子会社等と連帯して」と、第七十五条の五の五第一項中「受けた者は、第七十五条の五の二第一項」とあるのは「受けた特定事業承継子会社等（第四項に規定する特定事業承継子会社等をいう。以下この項において同じ。）は、第七十五条の五の二第一項の規定による命令を受けた他の特定事業承

その他の物件の提出の命令、立入検査又は質問をいう。以下この項において同じ。）が最初に行われた日（当該報告徴収等が行われなかつたときは、当該法人が当該課徴金対象行為について第十五条第一項の規定による通知を受けた日。以下この項において「調査開始日」という。）以後においてその一若しくは二以上の子会社等（事業者の子会社若しくは親会社（会社を子会社とする他の会社をいう。以下この項において同じ。）又は当該事業者と親会社が同一である他の会社をいう。以下この項において同じ。）に対して当該課徴金対象行為に係る事業の全部を譲渡し、又は当該法人（会社に限る。）が当該課徴金対象行為に係る事案についての調査開始日以後においてその一若しくは二以上の子会社等に対して分割により当該課徴金対象行為に係る事業の全部を承継させ、かつ、合併以外の事由により消滅したときは、当該法人がした課徴金対象行為は、当該事業の全部若しくは一部を譲り受け、又は分割により当該事業の全部若しくは一部を承継した子会社等（以下この項において「特定事業承継子会社等」という。）がした課徴金対象行為とみなして、第八条から前条まで及び前三項の規定を適用する。この場合において、当該特定事業承継子会社等が二以上あるときは、第八条第一項中「当該事業者に対し」とあるのは「特定事業承継子会社等（第十二条第四項に規定する特定事業承継子会社等をいう。以下この項において同じ。）に対し、この項の規定による命令を受けた他の特定事業承継子会社等と連帯して」と、第一項中「受けた者は、第八条第一項」とあるのは「受けた特定事業承継子会社等（第四項に規定する特定事業承継子会社等をいう。以下この項において同じ。）は、第八条第一項の規定による命令を受けた他の特定事業承継子会社等と連帯して、同項」とする。

継子会社等と連帯して、同項」とする。

5　前項に規定する「子会社」とは、会社がその総株主（総社員を含む。以下この項において同じ。）の議決権（株主総会において決議をすることができる事項の全部につき議決権を行使することができない株式についての議決権を除き、会社法第八百七十九条第三項の規定により議決権を有するものとみなされる株式についての議決権を含む。以下この項において同じ。）の過半数を有する他の会社をいう。この場合において、会社及びその一若しくは二以上の子会社又は会社の一若しくは二以上の子会社がその総株主の議決権の過半数を有する他の会社は、当該会社の子会社とみなす。

6　第三項及び第四項の場合において、第七十五条の五の二第二項及び第三項、第七十五条の五の三並びに前条の規定の適用に関し必要な事項は、政令で定める。

7　課徴金対象行為をやめた日から五年を経過したときは、厚生労働大臣は、当該課徴金対象行為に係る課徴金の納付を命ずることができない。

8　厚生労働大臣は、課徴金納付命令を受けた者に対し、当該課徴金対象行為について、不当景品類及び不当表示防止法第八条第一項の規定による命令があつたとき、又は同法第十一条の規定により課徴金の納付を命じないものとされたときは、当該課徴金納付命令に係る課徴金の額を、対価合計額に百分の三を乗じて得た額を第七十五条の五の二第一項の規定により計算した課徴金の額から控除した額（以下この項において「控除後の額」という。）（当該課徴金納付命令に係る課徴金の額が第七十五条の五の四の規定により計算したものであるときは、控除後の額に百分の五十を乗じて得た額を控除後の額から控除した額）に変更しなければならない。この場合において、変更後の課徴金の額に一万円未満の端数

5　前項に規定する「子会社」とは、会社がその総株主（総社員を含む。以下この項において同じ。）の議決権（株主総会において決議をすることができる事項の全部につき議決権を行使することができない株式についての議決権を除き、会社法（平成十七年法律第八十六号）第八百七十九条第三項の規定により議決権を有するものとみなされる株式についての議決権を含む。以下この項において同じ。）の過半数を有する他の会社をいう。この場合において、会社及びその一若しくは二以上の子会社又は会社の一若しくは二以上の子会社がその総株主の議決権の過半数を有する他の会社は、当該会社の子会社とみなす。

6　第三項及び第四項の場合において、第八条第二項及び第三項並びに第九条から前条までの規定の適用に関し必要な事項は、政令で定める。

7　課徴金対象行為をやめた日から五年を経過したときは、内閣総理大臣は、当該課徴金対象行為に係る課徴金の納付を命ずることができない。

（相当規定なし）

があるときは、その端数は、切り捨てる。	
（課徴金納付命令に対する弁明の機会の付与） 第七十五条の五の六　厚生労働大臣は、課徴金納付命令をしようとするときは、当該課徴金納付命令の名宛人となるべき者に対し、弁明の機会を与えなければならない。	（課徴金納付命令に対する弁明の機会の付与） 第十三条　内閣総理大臣は、課徴金納付命令をしようとするときは、当該課徴金納付命令の名宛人となるべき者に対し、弁明の機会を与えなければならない。
（弁明の機会の付与の方式） 第七十五条の五の七　弁明は、厚生労働大臣が口頭ですることを認めたときを除き、弁明を記載した書面（次条第一項において「弁明書」という。）を提出してするものとする。 2　弁明をするときは、証拠書類又は証拠物を提出することができる。	（弁明の機会の付与の方式） 第十四条　弁明は、内閣総理大臣が口頭ですることを認めたときを除き、弁明を記載した書面（次条第一項において「弁明書」という。）を提出してするものとする。 2　弁明をするときは、証拠書類又は証拠物を提出することができる。
（弁明の機会の付与の通知の方式） 第七十五条の五の八　厚生労働大臣は、弁明書の提出期限（口頭による弁明の機会の付与を行う場合には、その日時）までに相当な期間をおいて、課徴金納付命令の名宛人となるべき者に対し、次に掲げる事項を書面により通知しなければならない。 一　納付を命じようとする課徴金の額 二　課徴金の計算の基礎及び当該課徴金に係る課徴金対象行為 三　弁明書の提出先及び提出期限（口頭による弁明の機会の付与を行う場合には、その旨並びに出頭すべき日時及び場所） 2　厚生労働大臣は、課徴金納付命令の名宛人となるべき者の所在が判明しない場合においては、前項の規定による通知を、その者の氏名（法人にあつては、その名称及び代表者の氏名）、同項第三号に掲げる事項及び厚生労働大臣が同項各号に掲げる事項を記載した書面をいつでもその者に交付する旨を厚生労働省の事務所の掲示場に掲示することによつて行うことができる。この場合においては、掲示を始めた日から二週間を経過したときに、当該通知がその者に到達したものとみなす。	（弁明の機会の付与の通知の方式） 第十五条　内閣総理大臣は、弁明書の提出期限（口頭による弁明の機会の付与を行う場合には、その日時）までに相当な期間をおいて、課徴金納付命令の名宛人となるべき者に対し、次に掲げる事項を書面により通知しなければならない。 一　納付を命じようとする課徴金の額 二　課徴金の計算の基礎及び当該課徴金に係る課徴金対象行為 三　弁明書の提出先及び提出期限（口頭による弁明の機会の付与を行う場合には、その旨並びに出頭すべき日時及び場所） 2　内閣総理大臣は、課徴金納付命令の名宛人となるべき者の所在が判明しない場合においては、前項の規定による通知を、その者の氏名（法人にあつては、その名称及び代表者の氏名）、同項第三号に掲げる事項及び内閣総理大臣が同項各号に掲げる事項を記載した書面をいつでもその者に交付する旨を消費者庁の事務所の掲示場に掲示することによつて行うことができる。この場合においては、掲示を始めた日から二週間を経過したときに、当該通知がその者に到達したものとみなす。

（代理人） 第七十五条の五の九　前条第一項の規定による通知を受けた者（同条第二項後段の規定により当該通知が到達したものとみなされる者を含む。次項及び第四項において「当事者」という。）は、代理人を選任することができる。 ２　代理人は、各自、当事者のために、弁明に関する一切の行為をすることができる。 ３　代理人の資格は、書面で証明しなければならない。 ４　代理人がその資格を失つたときは、当該代理人を選任した当事者は、書面でその旨を厚生労働大臣に届け出なければならない。	（代理人） 第十六条　前条第一項の規定による通知を受けた者（同条第二項後段の規定により当該通知が到達したものとみなされる者を含む。次項及び第四項において「当事者」という。）は、代理人を選任することができる。 ２　代理人は、各自、当事者のために、弁明に関する一切の行為をすることができる。 ３　代理人の資格は、書面で証明しなければならない。 ４　代理人がその資格を失つたときは、当該代理人を選任した当事者は、書面でその旨を内閣総理大臣に届け出なければならない。
（課徴金納付命令の方式等） 第七十五条の五の十　課徴金納付命令（第七十五条の五の五第八項の規定による変更後のものを含む。以下同じ。）は、文書によつて行い、課徴金納付命令書には、納付すべき課徴金の額、課徴金の計算の基礎及び当該課徴金に係る課徴金対象行為並びに納期限を記載しなければならない。 ２　課徴金納付命令は、その名宛人に課徴金納付命令書の謄本を送達することによつて、その効力を生ずる。 ３　第一項の課徴金の納期限は、課徴金納付命令書の謄本を発する日から七月を経過した日とする。	（課徴金納付命令の方式等） 第十七条　課徴金納付命令は、文書によつて行い、課徴金納付命令書には、納付すべき課徴金の額、課徴金の計算の基礎及び当該課徴金に係る課徴金対象行為並びに納期限を記載しなければならない。 ２　課徴金納付命令は、その名宛人に課徴金納付命令書の謄本を送達することによつて、その効力を生ずる。 ３　第一項の課徴金の納期限は、課徴金納付命令書の謄本を発する日から七月を経過した日とする。
（納付の督促） 第七十五条の五の十一　厚生労働大臣は、課徴金をその納期限までに納付しない者があるときは、督促状により期限を指定してその納付を督促しなければならない。 ２　厚生労働大臣は、前項の規定による督促をしたときは、その督促に係る課徴金の額につき年十四・五パーセントの割合で、納期限の翌日からその納付の日までの日数により計算した延滞金を徴収することができる。ただし、	（納付の督促） 第十八条　内閣総理大臣は、課徴金をその納期限までに納付しない者があるときは、督促状により期限を指定してその納付を督促しなければならない。 ２　内閣総理大臣は、前項の規定による督促をしたときは、その督促に係る課徴金の額につき年十四・五パーセントの割合で、納期限の翌日からその納付の日までの日数により計算した延滞金を徴収することができる。ただし、

延滞金の額が千円未満であるときは、この限りでない。 3　前項の規定により計算した延滞金の額に百円未満の端数があるときは、その端数は、切り捨てる。	延滞金の額が千円未満であるときは、この限りでない。 3　前項の規定により計算した延滞金の額に百円未満の端数があるときは、その端数は、切り捨てる。
（課徴金納付命令の執行） 第七十五条の五の十二　前条第一項の規定により督促を受けた者がその指定する期限までにその納付すべき金額を納付しないときは、厚生労働大臣の命令で、課徴金納付命令を執行する。この命令は、執行力のある債務名義と同一の効力を有する。 2　課徴金納付命令の執行は、民事執行法（昭和五十四年法律第四号）その他強制執行の手続に関する法令の規定に従つてする。 3　厚生労働大臣は、課徴金納付命令の執行に関して必要があると認めるときは、公務所又は公私の団体に照会して必要な事項の報告を求めることができる。	（課徴金納付命令の執行） 第十九条　前条第一項の規定により督促を受けた者がその指定する期限までにその納付すべき金額を納付しないときは、内閣総理大臣の命令で、課徴金納付命令を執行する。この命令は、執行力のある債務名義と同一の効力を有する。 2　課徴金納付命令の執行は、民事執行法（昭和五十四年法律第四号）その他強制執行の手続に関する法令の規定に従つてする。 3　内閣総理大臣は、課徴金納付命令の執行に関して必要があると認めるときは、公務所又は公私の団体に照会して必要な事項の報告を求めることができる。
（課徴金等の請求権） 第七十五条の五の十三　破産法（平成十六年法律第七十五号）、民事再生法（平成十一年法律第二百二十五号）、会社更生法（平成十四年法律第百五十四号）及び金融機関等の更生手続の特例等に関する法律（平成八年法律第九十五号）の規定の適用については、課徴金納付命令に係る課徴金の請求権及び第七十五条の五の十一第二項の規定による延滞金の請求権は、過料の請求権とみなす。	（課徴金等の請求権） 第二十条　破産法（平成十六年法律第七十五号）、民事再生法（平成十一年法律第二百二十五号）、会社更生法（平成十四年法律第百五十四号）及び金融機関等の更生手続の特例等に関する法律（平成八年法律第九十五号）の規定の適用については、課徴金納付命令に係る課徴金の請求権及び第十八条第二項の規定による延滞金の請求権は、過料の請求権とみなす。
（送達書類） 第七十五条の五の十四　送達すべき書類は、この法律に規定するもののほか、厚生労働省令で定める。	（送達書類） 第二十一条　送達すべき書類は、この節に規定するもののほか、内閣府令で定める。
（送達に関する民事訴訟法の準用） 第七十五条の五の十五　書類の送達については、民事訴訟法（平成八年法律第百九号）第九十九条、第百一条、第百三条、第百五条、	（送達に関する民事訴訟法の準用） 第二十二条　書類の送達については、民事訴訟法（平成八年法律第百九号）第九十九条、第百一条、第百三条、第百五条、第百六条、第

第百六条、第百八条及び第百九条の規定を準用する。この場合において、同法第九十九条第一項中「執行官」とあるのは「厚生労働省の職員」と、同法第百八条中「裁判長」とあり、及び同法第百九条中「裁判所」とあるのは「厚生労働大臣」と読み替えるものとする。

百八条及び第百九条の規定を準用する。この場合において、同法第九十九条第一項中「執行官」とあるのは「消費者庁の職員」と、同法第百八条中「裁判長」とあり、及び同法第百九条中「裁判所」とあるのは「内閣総理大臣」と読み替えるものとする。

（公示送達）

第七十五条の五の十六　厚生労働大臣は、次に掲げる場合には、公示送達をすることができる。

一　送達を受けるべき者の住所、居所その他送達をすべき場所が知れない場合

二　外国においてすべき送達について、前条において準用する民事訴訟法第百八条の規定によることができず、又はこれによつても送達をすることができないと認めるべき場合

三　前条において準用する民事訴訟法第百八条の規定により外国の管轄官庁に嘱託を発した後六月を経過してもその送達を証する書面の送付がない場合

2　公示送達は、送達すべき書類を送達を受けるべき者にいつでも交付すべき旨を厚生労働省の事務所の掲示場に掲示することにより行う。

3　公示送達は、前項の規定による掲示を始めた日から二週間を経過することによつて、その効力を生ずる。

4　外国においてすべき送達についてした公示送達にあつては、前項の期間は、六週間とする。

（公示送達）

第二十三条　内閣総理大臣は、次に掲げる場合には、公示送達をすることができる。

一　送達を受けるべき者の住所、居所その他送達をすべき場所が知れない場合

二　外国においてすべき送達について、前条において準用する民事訴訟法第百八条の規定によることができず、又はこれによつても送達をすることができないと認めるべき場合

三　前条において準用する民事訴訟法第百八条の規定により外国の管轄官庁に嘱託を発した後六月を経過してもその送達を証する書面の送付がない場合

2　公示送達は、送達すべき書類を送達を受けるべき者にいつでも交付すべき旨を消費者庁の事務所の掲示場に掲示することにより行う。

3　公示送達は、前項の規定による掲示を始めた日から二週間を経過することによつて、その効力を生ずる。

4　外国においてすべき送達についてした公示送達にあつては、前項の期間は、六週間とする。

（電子情報処理組織の使用）

第七十五条の五の十七　厚生労働省の職員が、情報通信技術を活用した行政の推進等に関する法律（平成十四年法律第百五十一号）第三条第九号に規定する処分通知等であつて第七十五条の五の二から前条まで又は厚生労働省令の規定により書類の送達により行うこととしているものに関する事務を、同法第七条

（電子情報処理組織の使用）

第二十四条　行政手続等における情報通信の技術の利用に関する法律（平成十四年法律第百五十一号）第二条第七号に規定する処分通知等であつて、この節又は内閣府令の規定により書類の送達により行うこととしているものについては、同法第四条第一項の規定にかかわらず、当該処分通知等の相手方が送達を

第一項の規定により同法第六条第一項に規定する電子情報処理組織を使用して行つたときは、第七十五条の五の十五において準用する民事訴訟法第百九条の規定による送達に関する事項を記載した書面の作成及び提出に代えて、当該事項を当該電子情報処理組織を使用して厚生労働省の使用に係る電子計算機（入出力装置を含む。）に備えられたファイルに記録しなければならない。	受ける旨の内閣府令で定める方式による表示をしないときは、電子情報処理組織（同項に規定する電子情報処理組織をいう。次項において同じ。）を使用して行うことができない。 2　消費者庁の職員が前項に規定する処分通知等に関する事務を電子情報処理組織を使用して行つたときは、第二十二条において準用する民事訴訟法第百九条の規定による送達に関する事項を記載した書面の作成及び提出に代えて、当該事項を電子情報処理組織を使用して消費者庁の使用に係る電子計算機（入出力装置を含む。）に備えられたファイルに記録しなければならない。
（行政手続法の適用除外） 第七十五条の五の十八　厚生労働大臣が第七十五条の五の二から第七十五条の五の十六までの規定によつてする課徴金納付命令その他の処分については、行政手続法（平成五年法律第八十八号）第三章の規定は、適用しない。ただし、第七十五条の五の二の規定に係る同法第十二条の規定の適用については、この限りでない。	（行政手続法の適用除外） 第二十五条　内閣総理大臣がする課徴金納付命令その他のこの節の規定による処分については、行政手続法（平成五年法律第八十八号）第三章の規定は、適用しない。ただし、第十条第八項の規定に係る同法第十二条及び第十四条の規定の適用については、この限りでない。
第六十九条　（略） 2～4　（略） 5　厚生労働大臣は、第七十五条の五の二第一項の規定による命令を行うため必要があると認めるときは、同項に規定する課徴金対象行為者又は同項に規定する課徴金対象行為に関して関係のある者に対し、その業務若しくは財産に関して報告をさせ、若しくは帳簿書類その他の物件の提出を命じ、又はその職員に、当該課徴金対象行為者若しくは当該課徴金対象行為に関して関係のある者の事務所、事業所その他当該課徴金対象行為に関係のある場所に立ち入り、帳簿書類その他の物件を検査させ、若しくは当該課徴金対象行為者その他の関係者に質問させることができる。	第二十九条　内閣総理大臣は、第七条第一項の規定による命令、課徴金納付命令又は前条第一項の規定による勧告を行うため必要があると認めるときは、当該事業者若しくはその者とその事業に関して関係のある事業者に対し、その業務若しくは財産に関して報告をさせ、若しくは帳簿書類その他の物件の提出を命じ、又はその職員に、当該事業者若しくはその者とその事業に関して関係のある事業者の事務所、事業所その他その事業を行う場所に立ち入り、帳簿書類その他の物件を検査させ、若しくは関係者に質問させることができる。

6〜7　（略） 8　当該職員は、前各項の規定による立入検査、質問又は収去をする場合には、その身分を示す証明書を携帯し、関係人の請求があつたときは、これを提示しなければならない。 9　第一項から第七項までの権限は、犯罪捜査のために認められたものと解釈してはならない。	2　前項の規定により立入検査をする職員は、その身分を示す証明書を携帯し、関係者に提示しなければならない。 3　第一項の規定による権限は、犯罪捜査のために認められたものと解釈してはならない。
（省令への委任） 第七十五条の五の十九　第七十五条の五の二から前条までに定めるもののほか、課徴金納付命令に関し必要な事項は、厚生労働省令で定める。	（内閣府令への委任等） 第三十四条　この法律に定めるもののほか、この法律を実施するため必要な事項は、内閣府令で定める。 2　（略）

4．薬局・薬剤師の在り方

　薬剤師の歴史は医薬分業（※）の歴史といってもよい。

　（※）医師が患者に処方箋を交付し、薬局の薬剤師がその処方箋に基づき調剤を行い、医師と薬剤師がそれぞれの専門分野を分担し、国民医療の質的向上を図るもの。

　日本においては明治7年に医薬分業を踏まえた規定が整備され、何度かの制度改正を経ながらも、その精神が現代まで受け継がれてきた。

　平成30年医薬品医療機器制度部会の第4回資料によれば、医師と薬剤師が相互に専門性を発揮することによる効果として

・薬剤師が薬歴確認を行うことにより、複数診療科受診による重複投薬、相互作用の有無の確認などができ、薬物療法の有効性・安全性が向上すること

・薬の効果、副作用、用法などについて薬剤師が、処方した医師・歯科医師と連携して、患者に説明（服薬指導）することにより、患者の薬に対する理解が深まり、調剤された薬を用法どおり服用することが期待でき、薬物療法の有効性、安全性が向上すること

があげられている。

　また調剤業務を薬局が担うことによる効果として、

・使用したい医薬品が手元に無くても、患者に必要な医薬品を医師・歯科医師が自由に処方できること

・処方箋を患者に交付することにより、患者が自身の服用する薬について知ることができること

・病院薬剤師の外来調剤業務が軽減することにより、本来病院薬剤師が行うべき入院患者に対する病棟活動が可能となること

・医薬品の供給を担う施設としての薬局が、その立地を生かして地域住民との関係性を築くことができること

があげられているところである。

　このように医薬分業の効果があげられている一方で、国民が実態として医薬分業の効果を体感できていないことが課題となってきた。

　例えば、「院内処方として医薬品を医療機関で受け取るよりも、院外処方として薬局で受け取る方が、患者の負担額は大きくなるが、負担の増加に見合うサービスの向上や分業の効果などが実感できない」（平成27年1月28日第41回規制改革会議資料より抜粋）といった意見もある。

　このような医薬分業に懐疑的な意見も踏まえ、患者視点の制度の再構築が必要となった。

（1）薬局の機能分化の推進

一　改正の趣旨

　我が国においては、医薬分業を推進することにより、個々の国民の状況を考慮した上で、薬剤師がその職能を発揮できる環境を整えてきた。具体的な職能発揮の内容としては、地域包括ケアシステムの中で、薬剤師が、薬物療法の有効性・安全性の向上を図ることや多剤・重複投薬の防止や残薬解消を推進することなどが想定されてきた。

　薬剤師の職能発揮を更に推進するため、今回の改正では薬剤師による継続的な服薬管理の促進や薬局薬剤師とその他医療機関の情報連携強化のための規定を設けることとしている。

　上記の薬剤師の職能強化の観点に加え、利用者の薬局の選択に資するため、薬局の機能分化が必要とされている。今後更なる高齢化の進展が見込まれており、在宅医療の需要が増大することや、地域包括ケアシステムの一翼を担うかかりつけとしての機能を薬剤師・薬局が発揮する必要があることから、①在宅医療への対応や入退院時における他の医療機関との継続的な情報連携において主体的な役割を担うことができる薬局や、②がん等の薬物療法を受けている患者に対して、医療機関との密な連携を行いつつ、高い専門性に基づき、より丁寧な薬学的管理や特殊な調剤に対応できる薬局のニーズが高まることが想定される。しかしながら、現状、国民がこれらの機能を有する薬局を選ぶために活用できる情報が不足しているため、国民が自身の状況に適した薬局を選択することが困難となっている。

二　改正の概要

○地域連携薬局及び専門医療機関連携薬局に係る認定制度の新設（薬機法第6条の2、第6条の3）

　薬局であって、その機能が、医師若しくは歯科医師又は薬剤師が診療又は調剤に従事する医療提供施設と連携し、地域における薬剤及び医薬品の適正な使用の推進及び効率的な提供に必要な情報の提供及び薬学的知見に基づく指導を実施するために必要な機能に関する①～④の要件に該当するものは、その所在地の都道府県知事の認定を受けて地域連携薬局と称することができることとした（名称独占の規定）。

　なお、薬局の許可権限は保健所設置市及び特別区も有しているが、薬局の選択を医療を受ける者が適切に行うための制度を新設するため、一定の広さを持った区域内における薬局の集合体の中から医療を受ける者が自らにあった薬局を比較して選べるようにする必要がある。そのため、利用者が自らにあった薬局を選択する一助とするために、薬局からの情報提供により個々の薬局の情報を公表している薬局機能情報提供制度（第8条の2）の主体が都道府県知事であることと同様、承認を行うことができる主体を都道府県知事に限定することとした。

①　構造設備が薬剤及び医薬品について情報の提供又は薬学的知見に基づく指導を受ける者（以下「利用者」という。）の心身の状況に配慮する観点から必要なものとして厚生労働省令で定める基準に適

合するものであること。

② 利用者の薬剤及び医薬品の使用に関する情報を他の医療提供施設と共有する体制が厚生労働省令で定める基準に適合するものであること。

③ 地域の患者に対し安定的に薬剤を供給するための調剤及び調剤された薬剤の販売又は授与の業務を行う体制が厚生労働省令で定める基準に適合するものであること。

④ 居宅等における調剤並びに情報の提供及び薬学的知見に基づく指導を行う体制が厚生労働省令に適合するものであること。

　薬局であって、その機能が医師若しくは歯科医師又は薬剤師が診療又は調剤に従事する医療提供施設と連携し、薬剤の適正な使用の確保のために専門的な薬学的知見に基づく指導を実施する上で必要な機能に関する以下の①～③の要件に該当するものは、厚生労働省令で定めるがんその他の傷病の区分（パブリックコメントの案によれば、がんのみが省令で規定される予定）ごとに、その所在地の都道府県知事の認定を受けて専門医療機関連携薬局と称することができる（名称独占の規定）。

① 構造設備が利用者の心身の状況に配慮する観点から必要なものとして厚生労働省令で定める基準に適合するものであること。

② 利用者の薬剤及び医薬品の使用に関する情報を他の医療提供施設と共有する体制が厚生労働省令で定める基準に適合するものであること。

③ 専門的な薬学的知見に基づく調剤及び指導の業務を行う体制が厚生労働省令で定める基準に適合するものであること。

　専門医療機関連携薬局と称するに当たっては、認定を受けた傷病の区分を明示しなければならない。
　地域連携薬局又は専門医療機関連携薬局（以下「認定薬局」という。）の認定を受けようとする者は、所定の事項を記載した申請書をその薬局の所在地の都道府県知事に提出しなければならないこととする。当該認定は、一年ごとにその更新を受けなければ、その期間の経過によって、その効力を失うこととした。

※地域連携薬局の要件
◆主な認定要件（パブリックコメントを踏まえ厚生労働省令で規定が想定される内容）
【在宅医療への対応】
・　在宅医療に関する取組の実績（一定程度の実績）
・　高度管理医療機器等の販売業等の許可の取得並びに必要な医療機器及び衛生材料の提供体制
・　開店時間外の相談応需体制の整備
・　休日及び夜間の調剤応需体制の整備
・　地域の他の薬局への医薬品提供体制の整備
・　麻薬の調剤応需体制の整備
・　無菌製剤処理を実施できる体制の整備（他の薬局の無菌調剤室を利用して無菌製剤処理を実施する体制を含む。）
・　医療安全対策の実施
・　継続して１年以上勤務している常勤薬剤師の一定数以上の配置

- 地域包括ケアシステムに関する研修を修了した常勤薬剤師の一定数以上の配置
- 薬事に関する実務に従事する全ての薬剤師に対する、地域包括ケアシステムに関する研修又はこれに準ずる研修の計画的な実施
- 地域の他の医療提供施設に対する医薬品の適正使用に関する情報の提供実績

【医療提供施設との情報共有体制】
- 地域包括ケアシステムの構築に資する会議への定期的な参加
- 地域の医療機関に勤務する薬剤師その他の医療関係者に対し、利用者の薬剤等の使用情報について随時報告・連絡できる体制の整備
- 地域の医療機関に勤務する薬剤師その他の医療関係者に対し、利用者の薬剤等の使用情報について報告・連絡を行った実績（一定程度の実績）
- 地域の他の薬局に対し、利用者の薬剤等の使用情報について報告・連絡できる体制の整備

【患者に配慮した構造設備】
- 利用者が座って服薬指導等を受けることができる、間仕切り等で区切られた相談窓口等及び相談の内容が漏えいしないよう配慮した設備の設置
- 高齢者、障害者等の円滑な利用に適した構造

※専門医療機関連携薬局の要件
◆主な認定要件（パブリックコメントを踏まえ厚生労働省令で規定が想定される内容）
【業務を行う体制】
- 開店時間外の相談応需体制の整備
- 休日及び夜間の調剤応需体制の整備
- 地域の他の薬局へのがん等の傷病の区分に係る医薬品提供体制の整備
- 麻薬の調剤応需体制の整備
- 医療安全対策の実施
- 継続して1年以上勤務している常勤薬剤師の一定数以上の配置
- がん等の傷病の区分に係る専門性を有する常勤薬剤師の配置
- 薬事に関する実務に従事する全ての薬剤師に対するがん等の傷病の区分に係る専門的な研修の計画的な実施
- 地域の他の薬局に対するがん等の傷病の区分に関する研修の定期的な実施
- 地域の他の医療提供施設に対するがん等の傷病の区分に係る医薬品の適正使用に関する情報の提供実績

【医療提供施設との情報共有体制】
- 専門的な医療の提供等を行う医療機関との会議への定期的な参加
- 専門的な医療の提供等を行う医療機関に勤務する薬剤師その他の医療関係者に対し、がん等の傷病の区分に該当する利用者の薬剤等の使用情報について随時報告・連絡できる体制の整備
- 専門的な医療の提供等を行う医療機関に勤務する薬剤師その他の医療関係者に対し、がん等の傷病の区分に該当する利用者の薬剤等の使用情報について報告・連絡を行った実績（一定程度の実績）
- 地域の他の薬局に対し、がん等の傷病の区分に該当する利用者の薬剤等の使用情報について報告・連絡できる体制の整備

【患者に配慮した構造設備】

・　利用者が座って服薬指導等を受ける個室等の設備の設置

・　高齢者、障害者等の円滑な利用に適した構造

○立入検査・改善命令（薬機法第69条第3項、第72条第5項、第72条の2第3項）

　都道府県知事は認定薬局の名称独占の規定及び専門医療機関連携薬局の区分の明示にかかる規定に基づく命令を遵守しているかを確かめるために必要がある時は、許可自治体とも連携しつつ、立入検査をできることとした。

　都道府県知事は認定薬局の認定要件とされている構造設備が厚生労働大臣の定める基準に適合しない場合は、改善を命令し、施設の一部又は全部を使用することを禁止することができることとした。

　都道府県知事は認定薬局の認定要件とされている体制整備にかかる要件を欠くに至った時は当該要件に適合するようにその業務の体制を整備することを命令できることとした。

○認定の取消（薬機法第75条第4項・第5項）

　都道府県知事は、次のいずれかに該当する場合においては、認定薬局の認定を取り消すことができることとした。

①　認定薬局が認定にかかる要件を欠くに至つたとき。

②　認定薬局の開設者が構造設備の改善命令にかかる規定である第72条第5項、体制整備の改善命令にかかる規定である第72条の2第3項の規定に基づく命令に違反したとき。

③　専門医療機関連携薬局にあつては第6条の3第3項に規定する区分の明示義務に違反したとき。

○罰則（薬機法第86条、第88条）

　認定薬局の構造設備の改善命令にかかる違反については、構造設備の改善命令にかかる違反と同様、一年以下の懲役若しくは100万円以下の罰則に処する。

　認定薬局の名称独占にかかる違反については、薬局の名称独占を規定する第6条と同様、30万円以下の罰金に処する。

（2）薬剤師の権能強化等について

一　改正の趣旨

　我が国において推進されてきた医薬分業は医師と薬剤師が相互に専門性を発揮することにより、医療の質の向上を目指すことを目的としている。そのため医薬分業の推進に伴う負担の増加に見合うサービスの向上や分業の効果等を国民が実感できる体制を構築することは医薬分業に対する国民の理解を深めるために急務となっている。

　整備すべき体制の1つとして、適切な投薬、医療提供のため、病院への入退院時に医者等と連携し、切れ目のない服薬管理を行うことが挙げられる。こうした中、医療法（昭和23年法律第205号）においては、医師等に、患者の調剤等に関する情報を薬剤師に提供する努力義務が課されているが、薬局薬剤師が得た情報を医師等に提供することについては薬機法上特段の定めがない。

　加えて、薬剤師を労働者として使用する薬局においては、勤務する薬剤師による他の医療提供施設の医師等への情報の提供を円滑に実施することが求められるほか、切れ目のない服薬管理を行うために

は、当該薬局の地域のニーズを踏まえた薬剤の調剤、医薬品の提供を行うことが望ましく、これらを薬局開設者の責務として明示することが必要である。

（参考）副作用リスクの高い医療用医薬品の服用に際して、風邪薬等の一般用医薬品を含め他の医薬品と併用する場合、体内で薬物相互作用が生じることで重篤な副作用が発現するリスクが高まるおそれがある。しかし、薬局において調剤した薬剤を購入する際に患者が併用したい風邪薬について相談できれば、薬物相互作用が生じにくい他の風邪薬への変更等を薬剤師が指導することで、このリスクは回避することができる。また、当該患者が常用している一般用医薬品を薬局薬剤師が把握していれば、処方箋を受け取ったときに医師に対して処方変更を提案することも可能となる。

　更に、地域のニーズを踏まえた医薬品の提供のためには、薬局のみで提供することができる医療用医薬品のほか、処方箋がなくとも購入できる医薬品も取り扱い、医薬品の販売業も併せ行うことが望ましい。また、今般、継続的服薬管理の導入など、患者に対する情報提供及び指導を行う専門家としての薬剤師の役割を重視する改正を行うことに鑑み、調剤の業務を行う場所としての薬局の定義を今回の改正に合わせて変更する必要がある。

　現在、薬局の定義規定（薬機法第2条第12項）において、①薬局を「調剤の業務を行う場所」として定義し、患者に対する薬剤及び医薬品の使用に必要な情報提供の場としての役割を含んでいないこと、②「医薬品の販売業を併せ行う場合には」とされ、販売業を併せ行なう薬局が薬局の一類型に過ぎないかのような規定となっていることは、薬局に求められる役割に照らしてそぐわないとの意見があり、薬局が調剤だけではなく情報提供も行う場であること及び多くの薬局において医療用医薬品以外の医薬品も取り扱うことを前提とした規定振りに改める必要がある。

　また、改正前の薬機法第9条の3第1項により、調剤された薬剤に関する情報提供及び指導については、薬剤師が対面で行わなければならないこととされている。しかし、通信技術の発達により、必ずしも対面による情報提供及び指導を行わずとも、薬剤の適正な使用を確保することが可能な患者も想定されるようになったため、時代の要請に沿った規定が必要となった。また、医師がオンラインによる診療を実施することについては医療法による制限がない一方で、薬機法ではオンラインによる情報提供及び指導が認められていないため、オンライン診療を受けた患者が、対面により薬剤師の情報提供及び指導を受けなければならず、オンライン診療のメリットが薄れている現状がある。

　その他、患者の服薬情報を継続的、一元的に管理することで個々の患者の状況を踏まえた服薬指導を行う体制を整備することも薬局に今後求められる取組の1つといえる。この点、薬機法及び薬剤師法上、薬剤師が、薬剤を販売・授与する場合に情報提供及び必要な薬学的知見に基づく指導を行うことは定められているが、継続的な指導の実施については特段の定めがない。薬学的知見に基づく指導とは、用法・用量に加え、服用を止めるタイミング等を個別に指示すること、症状や併用薬を踏まえて、医薬品の変更を促すこと、受診勧奨をすること等を指しており、継続的な指導を行うことで個々の患者の服薬情報の管理をより適切に行うことが可能となる。

　また、現状、薬剤師法において、調剤録について、調剤録と求められる記載が同じである処方箋を保存するため、調剤録の保存は調剤が済んだ場合は不要となるが、今般、調剤後も継続的な服薬管理を実

施することとしていることから、薬歴の継続的管理の観点から調剤録を薬歴管理のために活用し、調剤済みとなっても、一定期間保存させる必要がある。

二　改正の概要

○薬局薬剤師と他の医療提供施設の情報連携強化（薬機法第１条の５第２項）

　薬局において調剤又は調剤された薬剤若しくは医薬品の販売若しくは授与の業務に従事する薬剤師は、薬剤又は医薬品の適切かつ効率的な提供に資するため、医療を受ける者の薬剤又は医薬品の使用に関する情報を他の医療提供施設（医療法第１条の２第２項に規定する医療提供施設をいう。以下同じ。）において診療又は調剤に従事する医師若しくは歯科医師又は薬剤師に提供することにより、医療提供施設相互間の業務の連携の推進に努めなければならないこととする。

○薬局開設者の責務の明確化等（薬機法第１条の５第３項、第２条第12項）

　薬局開設者は、医療を受ける者に必要な薬剤及び医薬品の安定的な供給を図るとともに、当該薬局において薬剤師による前項の情報の提供が円滑になされるよう配慮しなければならないこととする。

　薬局が患者に対する薬剤及び医薬品の使用に必要な情報提供の場としての役割を持つことが明確になるよう、また多くの薬局で医療用医薬品以外の医薬品も扱うことを前提とした規定となるよう、第２条第12項の薬局の定義を「・・・調剤の業務並びに薬剤及び医薬品の適正な使用に必要な情報の提供及び薬学的知見に基づく指導の業務を行う場（その開設者が併せ行う医薬品の販売業に必要な場所を含む。）をいう。・・・」に改める。

○オンラインによる情報提供及び指導の実施（薬機法第９条の４第１項）

　薬機法第９条の４第１項における対面の定義を変更し、対面とは映像及び音声の送受信により相手の状態を相互に認識しながら通話をすることが可能な方法その他の措置により薬剤の適正な使用を確保することが可能であると認められる方法として厚生労働省令で定めるものを含むこととし、オンラインにより薬剤師が必要な情報を提供し、及び必要な薬学的知見に基づく指導を行うことができるようにする。これについては令和２年３月31日に通知が発出され、改正の趣旨や内容が公表されている（巻末の関係資料参照）。

【コラム】コロナ禍におけるオンライン服薬指導について

　オンライン診療については、従前、初診の患者は原則対面としつつ、対象の例示として離島、へき地に住む患者を示していた。そしてその後のテクノロジーの発展を受け、平成30年３月に「オンライン診療の適切な実施に関する指針」が整備、また診療報酬上のオンライン診療料の新設等により、オンライン診療を行う体制が整備されることとなった。

　診療におけるこのような流れを受け、今回の法改正により、対面が原則とされていた薬剤師の情報提供や指導もオンラインによる対応が可能となったところである。

　しかしながら、新型コロナウイルス感染症が急激に拡大している状況の中、診療や服薬指導の対応について、時限的・特例的な対応が行われる動きが出てきた。

　令和２年４月10日付の事務連絡（「新型コロナウイルス感染症の拡大に際しての電話や情報通

信機器を用いた診療等の時限的・特例的な取扱いについて」厚生労働省医政局医事課・厚生労働省医薬・生活衛生局総務課）（巻末の関係資料参照）では、

・薬局はFAX等により医療機関から送付された処方箋を処方箋としてみなして調剤を行うこと
・可能な時期に原本を入手し、FAX等により送付された処方箋情報とともに保管すること
・すべての薬局において、必要な情報を得た上で、適切な服薬指導が可能と判断した場合には電話や情報通信機器による服薬指導を行ってよいこと
・この事務連絡による取扱いは、かかりつけ薬剤師・薬局や、当該患者の居住地域内にある薬局により行われることが望ましいこと

等が周知された。

　このように、院内感染を含む感染防止のための非常時の対応が薬局においても行われている。この事務連絡による対応は、新型コロナウイルス感染症が拡大し、医療機関への受診が困難になりつつある状況下に鑑みた時限的な対応である。そのため、その期間は、感染が収束するまでの間とし、原則として3ヶ月ごとに検証がされる。

　今回の特例的な措置についても、検証の結果を受けた短期間での見直しの可能性がある。そのため、常に最新の情報を確認した上で、業務の実施にあたることが必要となる。

○継続的な服薬管理の促進（薬機法第9条の4第5項・第6項、第36条の4第5項、薬剤師法第25条の2第2項）

　薬局開設者は、医師又は歯科医師から交付された処方箋により調剤された薬剤の適正な使用のため必要がある場合として厚生労働省令で定める場合（※）には、厚生労働省令で定めるところ（※）により、その薬局において薬剤の販売又は授与に従事する薬剤師に、その調剤した薬剤を購入し、又は譲り受けた者の当該薬剤の使用の状況を継続的かつ的確に把握させるとともに、その調剤した薬剤を購入し、又は譲り受けた者に対して必要な情報を提供させ、又は必要な薬学的知見に基づく指導を行わせなければならないこととする（薬剤師法第25条の2においては薬剤師の義務として同様の規定を新設）。

※薬機法施行規則第15条の14の2第1項において「薬剤の適正な使用のため、情報の提供又は指導を行う必要があるとその薬局において薬剤の販売又は授与に従事する薬剤師が認める場合」を定めた。また、薬機法施行規則第15条の14の2第2項において、その場合、薬局開設者は、次に掲げる事項のうち、その薬局において薬剤の販売又は授与に従事する薬剤師が必要と認めるものについて、当該薬剤師に把握させなければならないこととした。

①薬機法施行規則第15条の13第5項第1号から第9号までに掲げる事項
②当該薬剤の服薬状況
③当該薬剤を使用する者の服薬中の体調の変化
④その他薬機法第9条の4第5項の規定による情報の提供又は指導を行うために把握が必要な事項

　薬機法施行規則第15条の14の2第3項において、薬局開設者は、法第9条の4第5項の規定による情報の提供又は指導を、次に掲げる方法により、その薬局において薬剤の販売又は授与に従事する薬剤師に行わせなければならないこととした。

①当該薬剤の使用に当たり保健衛生上の危害の発生を防止するために必要な事項について説明を行わせ

ること。

②当該薬剤の用法、用量、使用上の注意、当該薬剤との併用を避けるべき医薬品その他の当該薬剤の適
　正な使用のために必要な情報を、当該薬剤を購入し、又は譲り受けた者の状況に応じて個別に提供さ
　せ、又は必要な指導を行わせること。

③当該薬剤を使用しようとする者が手帳を所持する場合は、必要に応じ、当該手帳を活用した情報の提
　供又は指導を行わせること。

④当該情報の提供又は指導を行つた薬剤師の氏名を伝えさせること。

　薬局開設者は、医薬品の適正な使用のため必要がある場合として厚生労働省令で定める場合（※）に
は、厚生労働省令で定めるところに（※）より、その薬局において医薬品の販売又は授与に従事する薬
剤師に、その販売又は授与された薬局医薬品を購入し、又は譲り受けた者の当該薬局医薬品の使用の状
況を継続的かつ的確に把握させるとともに、必要な情報を提供させ、又は必要な薬学的知見に基づく指
導を行わせなければならないこととする。

※薬機法施行規則第158条の９の２第１項において、「当該薬局医薬品の適正な使用のため、情報の提供
　又は指導を行う必要があるとその薬局において医薬品の販売又は授与に従事する薬剤師が認める場
　合」を定めた。また、第158条の９の２第２項において、その場合、薬局開設者は、次に掲げる事項
　のうち、その薬局において医薬品の販売又は授与に従事する薬剤師が必要と認めるものについて、当
　該薬剤師に把握させなければならないこととした。

①第158条の８第４項第１号から第10号までに掲げる事項

②当該薬局医薬品の服薬状況

③当該薬局医薬品を使用する者の服薬中の体調の変化

④その他法第36条の4第５項の規定による情報の提供又は指導を行うために把握が必要な事項

（※）さらに、第158条の９の２第３項において、薬局開設者は、法第36条の４第５項の規定による情報
　　　の提供又は指導を、次に掲げる方法により、その薬局において医薬品の販売又は授与に従事する
　　　薬剤師に行わせなければならないこととした。

①当該薬局医薬品の使用に当たり保健衛生上の危害の発生を防止するために必要な事項について説明を
　行わせること。

②当該薬局医薬品の用法、用量、使用上の注意、当該薬局医薬品との併用を避けるべき医薬品その他の
　当該薬局医薬品の適正な使用のために必要な情報を、その薬局において当該薬局医薬品を購入し、又
　は譲り受けた者の状況に応じて個別に提供させ、又は必要な指導を行わせること。

③当該薬局医薬品を使用しようとする者が手帳を所持する場合は、必要に応じ、当該手帳を活用した情
　報の提供又は指導を行わせること。

④必要に応じて、当該薬局医薬品に代えて他の医薬品の使用を勧めさせること。

⑤必要に応じて、医師又は歯科医師の診断を受けることを勧めさせること。

⑥当該情報の提供又は指導を行つた薬剤師の氏名を伝えさせること。

　薬局開設者は、その薬局において薬剤の販売又は授与に従事する薬剤師に情報の提供及び指導を行わ
せたとき（継続的な服薬指導を行ったときも含む。）は、厚生労働省令で定めるところにより、当該薬
剤師に、その内容を記録させなければならないこととする（※）。

※薬機法施行規則第第15条の14の3において、法第9条の3第6項の規定により、薬局開設者が、その薬局において薬剤の販売又は授与に従事する薬剤師に記録させなければならない事項は、次のとおりとされた。

①法第9条の4第1項、第4項又は第5項の規定による情報の提供及び指導を行つた年月日

②前号の情報の提供及び指導の内容の要点

③第1号の情報の提供及び指導を行つた薬剤師の氏名

④第1号の情報の提供及び指導を受けた者の氏名及び年齢

　また、薬局開設者は、その記録を、その記載の日から三年間、保存しなければならないこととされた。

○服薬状況等の管理の義務化（薬剤師法第28条）

　薬剤師は、薬局で調剤したときは、厚生労働省令で定めるところにより調剤録に厚生労働省令で定める事項を記入しなければならないこととし、厚生労働省令において、服薬状況等が調剤録に記載されるように規定し、調剤済みとなった後も、調剤録で服薬状況等を管理できるようにする（※）。

※薬剤師法施行規則（昭和36年厚生省令第5号）第16条において、調剤録に記入しなければならない事項が定められている。ただし、その調剤により当該処方せんが調剤済みとなった場合は、以下に掲げる事項のみ記入することで足りることが規定されている。

①患者の氏名及び年令

②調剤並びに情報の提供及び指導を行つた年月日

③調剤並びに情報の提供及び指導を行つた薬剤師の氏名

④情報の提供及び指導の内容の要点

【コラム】継続的な服薬管理をする対象となる医薬品について

　処方箋により調剤された薬剤は、特定の人の特定の疾病に対して用いられることを想定しており、その使用にはその人の特性にあった特別の注意が必要となるため、今回の改正により、継続的な服薬管理を必要とすることとした。

　医薬品はその特徴から①一般用医薬品②要指導医薬品③薬局医薬品に分類（※）され、③の薬局医薬品については更に（a）医療用医薬品（b）薬局製造販売医薬品に細分化される。

※要指導医薬品及び一般用医薬品と、これ以外の医薬品である薬局医薬品（いわゆる医療用医薬品等）とは、人体に対する作用が著しくなく、広く需要者の選択により使用されることが目的とされているかどうかという点で異なる。

　①の一般用医薬品については、従前より薬学的知見に基づく指導（用法用量に加え、服用を止めるタイミング等を個別に指示すること、症状や併用薬を踏まえて、医薬品の変更を促すこと、受診勧奨をすること等をいう。）は必要とされていないことから、継続的な服薬管理を求めないこととされた。

　②の要指導医薬品については、薬学的知見に基づく指導が必要とされているものの、需要者の選択により使用されることが目的とされる点で、医療関係者の指示等の下で使用されることが目的とされる薬局医薬品と位置づけが異なる。そのため、需要者の選択により家庭の常備薬として要指導

医薬品が使用されることも想定されるため、継続的な服薬管理が必須とはいえない。このような事情を踏まえ、従前のとおり、薬局開設者等の義務としては、その薬局の薬剤師に、要指導医薬品を販売し、又は授与する場合に必要な情報提供及び薬学的知見に基づく指導を行わせることとし、継続的な服薬管理までは求めないこととされた。

　③の薬局医薬品については、薬局開設者等の義務として、その薬局の薬剤師に、継続的な服薬管理を行わせることを求めることとする。

　なお、薬局医薬品のうち薬局製造販売医薬品については、医薬品医療機器等法施行令第74条の4第1項により、薬剤師の情報提供及び指導等の義務について特例が設けられ、指導については義務としないこととしている。そのため薬局製造販売医薬品の販売又は授与の際の継続的な服薬管理は求めないこととされた。

5．医薬品、医療機器等の安全かつ適切な入手

（1）承認等を受けないで行われる医薬品、医療機器等の輸入に関する規制の見直し

　「医薬品の個人輸入」という言葉を耳にしたことのある方も多いのではないだろうか。薬機法上の正確な用語ではないものの、個人等が自ら使用する目的で行う医薬品、医薬部外品、化粧品、医療機器及び再生医療等製品（以下この項目において「医薬品、医療機器等」という。）の輸入などがこのように呼称されている。

　近年、インターネットやクレジットカードの普及やグローバル化の進展に伴って、承認手続を経ていない医薬品、医療機器等の輸入が急増している一方で、これらの医薬品、医療機器等が販売授与されたことによる健康被害も発生している。

　薬機法においては、医薬品、医療機器等の輸入に関する手続規定が置かれてこなかったが、医薬品、医療機器等の輸入を取り巻く上記のような状況に鑑み、医薬品、医療機器等の輸入に係る確認手続を明確に規定し、手続の適正化を図ることとした。

一　改正の趣旨

・医薬品等の流通規制の枠組

　医薬品、医療機器等の輸入確認制度の説明に先立ち、医薬品、医療機器等の輸入を取り巻く流通規制につき、医薬品に係る規定を例にとって、その全体像を概観したい。

　薬機法は、医薬品等の品質、有効性及び安全性の確保を目的とするところ、第14条第1項等の承認等によってその目的を達成している。

　このため、薬機法では国内での販売授与を目的として海外から医薬品を輸入する場合は、国内での販売授与を目的として医薬品を製造する場合と同様（※）、その輸入を行う者は、厚生労働大臣の承認等を得なければならないこととしている（薬機法第14条）。

　（※）薬機法では、第2条第13項において、「製造又は輸入した」医薬品等の販売授与を行うことを「製造販売」と定義する。その上で、医薬品等の製造販売に当たっては、厚生労働大臣による製造販

売業許可（薬機法第12条）や製造販売承認（薬機法第14条）等を求めることとしている。

　これらの規定を踏まえると、薬機法においては、承認手続を経ていない医薬品を輸入する場合（個人輸入等）に、当該医薬品を国内において販売授与することを禁じている。

・輸入確認制度の新設について

　上述のとおり、薬機法においては、医薬品、医療機器等の輸入に関する手続規定が置かれてこなかった。

　その一方で、インターネットの普及等に伴って医薬品、医療機器等の個人輸入等が急増する中で、国内での販売授与目的を有しないとして輸入されたこれらの医薬品、医療機器等が、法に反して国内で流通され、健康被害（※）が発生している状況にある。

（※）厚生労働省が行った調査では、国内向けに広告している海外サイトから、医薬品成分を含有すると称している製品の買い上げ・分析を行った結果、表示と異なる医薬品成分が含まれる医薬品が約3割を占めた。

　こうした中、法改正前は、承認等を受けない医薬品、医療機器等の輸入行為が販売授与目的を有するか否かを確認するために、その輸入数量等を厚生労働省が確認する運用（以下「薬監証明」という。）が行われてきた。これは、国内における医薬品、医療機器等の販売・授与目的が推測される場合については、地方厚生局が証明書を発行しない限り、税関で留め置くという運用である。

　しかしながら、薬監証明は運用上の制度であることから、医薬品、医療機器等の転売等が想定される場合においても、強制力を持った対応が困難であるといった課題が生じていた。

　以上のような課題を踏まえ、承認等を受けずに行われる医薬品、医療機器等の輸入行為が、国内での販売授与を目的としていないこと等の確認を法定化するとともに、販売授与の目的であるおそれがある場合には当該物の廃棄等を命ずることができるようにすることで、承認等の制度への違反を未然に防ぎ、承認等の制度の実効性の強化を図ることとした。

　加えて、近年、国内での販売授与の目的ではない輸入を装って海外から改正前薬機法第55条第2項に規定する模造に係る医薬品が輸入され、国内で流通した事例が確認されていたが、改正前薬機法においては販売授与目的での模造に係る医薬品の輸入の禁止が明記されていなかったため、禁止規定を置いた。

二　改正の概要
○医薬品、医療機器等の輸入の確認（薬機法第56条の2、第60条、第62条、第64条、第65条の5）
・輸入確認に係る規定
　近年の医薬品、医療機器等の不正輸入事案等を踏まえ、医薬品、医療機器等を輸入しようとする者に

対しては、医薬品、医療機器等の製造販売業の承認又は指定高度管理医療機器等の製造販売の認証を受けた場合を除き、医薬品、医療機器等の使用目的や数量等を記載した申請書とともに必要書類を厚生労働大臣に提出し、確認を求めなければならないこととした（第56条の2第1項等）。

　具体的な確認手続や提出書類等については、薬機法施行規則に委任されており、今回の法改正に伴って薬機法施行規則にこれらの規定を新設した。

　例えば薬機法施行規則第218条の2の2（準用する場合を含む。）においては、第1項及び第2項で確認手続に係る申請書の内容等を、第3項において、輸入確認において申請書に添付すべき書類を輸入の目的ごとに規定している。

　厚生労働大臣は、申請書に記載された情報や、申請書に添付された書類の真正さなどを勘案し、申請者が申請の目的に沿って輸入を行っているか、すなわち当該輸入行為が、国内での販売授与を目的としていないこと等の確認を行うこととなる。

・輸入確認をしない場合に係る規定

　薬機法第56条の2第1項に規定する輸入確認において、当該申請に係る輸入が以下に該当する場合は、輸入確認をしないこととした（同条第2項）。

①　申請者が、販売又は授与の目的で輸入をするおそれがある場合

②　申請者又は当該申請に関与する者が薬機法、麻薬及び向精神薬取締法（昭和28年法律第14号）、毒物及び劇物取締法（昭和25年法律第303号）等の薬事に関する法令に基づく処分に違反し、その違反行為があった日から2年を経過していない場合

・輸入確認を要しない場合に係る規定

　厚生労働大臣が定める医薬品、医療機器等を厚生労働省令で定める数量以下（※1）輸入する場合や、その他厚生労働省令で定める場合（※2）については、医薬品、医療機器等の輸入に当たって同条第1項の確認を受けることを要しないこととした。

　なお、医薬品として自己使用する必要がある麻薬や覚醒剤原料を輸入する場合については、麻薬及び向精神薬取締法や覚醒剤取締法（昭和26年法律第252号）において輸入の許可制度が定められているため、薬機法に基づく輸入確認制度の対象外とした。

（※1）輸入の確認を要しないこととされる具体的な数量については、薬機法施行規則第218条の2の4第1項（準用する場合を含む。）に規定されている。

（※2）薬機法施行規則第218条の2の4第2項（準用する場合を含む。）では、「厚生労働省令で定める」輸入の確認が不要な場合として、一定数量以下の医薬品、医療機器等を、①携帯して輸入する場合、②その住所地で受け取る場合などを規定している。

○模造に係る医薬品、医療機器等の輸入規制の見直し（薬機法第55条の2、第60条、第62条、第64条、第65条の5）

　改正前の薬機法第55条第2項（準用する場合を含む。）においては、模造に係る医薬品、医療機器等につき、その販売授与等を禁止していたが、国内での販売授与目的での「輸入」を禁止していなかった。

一方で、国内での販売授与目的を有しない輸入を装って模造に係る医薬品、医療機器等を輸入した後、国内で流通させる事案が発生したことなどから、模造に係る医薬品、医療機器等の販売授与目的での輸入を規制する必要が生じていた。

このような状況を踏まえ、模造に係る医薬品、医療機器等につき、薬機法に第55条の2を新設し、従来から規定していた販売授与の禁止に加え、国内での販売授与目的での製造及び輸入の禁止を明記した。

○医薬品、医療機器等の輸入者に対する検査等（薬機法第69条第4項）

厚生労働大臣、都道府県知事、保健所設置市長及び特別区長は、医薬品、医療機器等を輸入しようとする者又は輸入した者が薬機法第56条の2（準用する場合を含む。）を遵守しているかどうかを確かめるために必要があると認めるときは、薬事監視員、麻薬取締官又は麻薬取締員に、当該者に対して必要な報告を求めさせたり、輸入した医薬品、医療機器等を取り扱う場所又は当該輸入行為に関係のある場所に立ち入り、帳簿書類その他の物件を検査させ、従業員その他の関係者に質問させ、試験のため必要な最少分量に限り、収去させたりすることができることとした。

○違反者への廃棄等の命令（薬機法第70条第2項・第3項）

厚生労働大臣は、医薬品、医療機器等を輸入しようとする者又は輸入した者に対して、第56条の2（準用する場合を含む。）に違反する場合、その医薬品、医療機器等の輸入を認めないものとするほか、廃棄や保健衛生上の危害の発生防止に係る措置として、廃棄等の措置を採るよう命ずることができることとした。

また、厚生労働大臣、都道府県知事、保健所設置市長及び特別区長は、その命令の下、薬事監視員、麻薬取締官又は麻薬取締員にその職務に当たらせることができることとした。

これらの規定により、輸入確認制度の実効性を担保し、承認等を受けない医薬品、医療機器等が販売授与目的で輸入されることを防止することとしている。

（2）麻薬取締官及び麻薬取締員による模造に係る医薬品等対策の実施

一 改正の趣旨

近年、個人輸入や違法な卸売販売業者による販売を原因として、模造に係る医薬品の国内での流通が問題となっており、日本国内向けに広告している医薬品の個人向けの輸入用ウェブサイトから商品の買い上げ調査を行ったところ、約3割が模造に係る医薬品であることが確認されている。

こうした模造に係る医薬品の流通について、国際刑事警察機構（ICPO）は、大規模な薬物犯罪組織が関与していると報告している。また、G7サミットや世界保健機関（WHO）、犯罪防止刑事司法委員会（CCPCJ）等においても、国内における模造に係る医薬品の流通や健康被害発生防止の観点のみならず、犯罪組織対策の観点からも、模造に係る医薬品に対する対処能力を強化すべきであることが示されてきたところである。

このような背景から、諸外国においては、模造に係る医薬品の流通に関する取締りについて、薬事に関する違反に係る司法警察権限を有する取締機関が行っている場合が一般的である。一方で我が国においては、他の薬機法違反事例と同様に、司法警察職員ではない都道府県や市区町村の薬事監視員が中心となって対応してきた。

このため、薬事規制当局として麻薬・向精神薬等の犯罪の捜査権限を持ち、国際的に連携してその取締りに当たってきた麻薬取締官及び麻薬取締員（以下「麻薬取締官等」という。）に、模造に係る医薬品及び承認等を受けないで行われる医薬品、医療機器等の輸入に関する監視・捜査権限を付与するべく、薬機法、麻薬及び向精神薬取締法の改正を行った。

二　改正の概要
○麻薬取締官等への薬事監視に係る行政権限の付与（薬機法第76条の３、第76条の３の２）

薬機法第76条の３を改正するとともに第76条の３の２を新設し、薬事監視員の有する行政権限のうち、麻薬取締官等に付与する行政権限として、模造に係る医薬品等に関する違反及び承認等を受けないで行われる医薬品等の輸入に関する違反に対する立入検査・廃棄命令等（薬機法第69条第４項及び第５項並びに第70条第３項）を加えた。

・　改正後薬機法第69条第４項の権限を麻薬取締官等に付与することで、厚生労働大臣、都道府県知事、保健所市長又は特別区長が必要と認めた際に、個人輸入しようとする又は個人輸入した医薬品等の収去やその者に対する必要な報告を求めること等を可能とした。これにより、薬機法第56条の２（準用する場合を含む。）に違反していないかの監視を行うことを可能とし、新設した輸入確認制度の実効性の確保を図ることとした。

・　薬機法第69条第５項の権限を麻薬取締官等に付与することで、模造に係る医薬品を所持している疑いがある薬局、病院、医薬品の製造販売業者等に対し、薬機法第55条の２（準用する場合を含む。）違反の監視を行うことを可能とし、模造に係る医薬品の流通防止を強化した。

・　薬機法第70条第３項の権限を麻薬取締官等に付与することで、改正後薬機法第69条第４項又は第５項に基づく立入検査等の結果、改正後薬機法第55条の２又は第56条の２に違反する医薬品等であった場合、その医薬品等に係る廃棄若しくは回収又はその他の必要な処分を命じることを可能とした。

○麻薬取締官等の警察権限に模造に係る医薬品の取締りを追加（麻薬及び向精神薬取締法第54条第５項）

麻薬取締官等が司法警察職員として行う職務として、無許可販売業の禁止違反（薬機法第84条第９号）、模造に係る医薬品等に関する禁止違反（薬機法第84条第19号）、承認等を受けないで行われる医薬品等の輸入に係る違反（薬機法第84条第21号）を加えた。

（３）覚醒剤原料の流通について
一　改正の趣旨

改正前の覚醒剤取締法では、医薬品である覚醒剤原料（※１）（以下単に「覚醒剤原料」という。）について、厚生労働大臣の許可を受けて、その業務のため覚醒剤原料を輸出入する場合のほかは、何人も、覚醒剤原料を輸出入してはならないこととしてきた。

このため、覚醒剤原料を医療上使用する必要がある人が、自己使用目的で覚醒剤原料を携帯して輸出入することも禁じられており、これらの者が国内外の滞在先で覚醒剤原料を使用することが困難となっ

ていた。

（※１）　本邦においては、平成19年から覚醒剤原料が医薬品として販売されている（パーキンソン病の治療剤）。他にもADHDの治療剤が海外で販売されている。

　翻って今後の社会状況を展望すると、グローバル化の一層の進展や、日本でのオリンピック・パラリンピックや万国博覧会等の開催が予定されていること等から、覚醒剤原料を医療上使用する必要がある人の移動が更に活発になることが想定される。

　このような状況を踏まえ、今回薬機法において新設した医薬品、医療機器等の輸入確認制度の特例的な制度として、覚醒剤取締法においても、覚醒剤原料を医療上使用する必要がある患者本人の携帯による輸出入（※２）の許可制（以下「携帯輸出入許可制」という。）を新設した。

（※２）　麻薬等の濫用性のある薬物については、国際条約において流通等を国際的な協同の下厳格に取り締まることとされていることから、本邦においては輸入のみならず輸出をも規制している。

　なお、携帯輸出入許可制の新設に当たっては、覚醒剤原料と同じく濫用のおそれがあること等から国内で規制されている薬物のうち、①医療や研究の用途に供することが確認されており、②施用等に関する規定ぶりが類似しており、③麻薬及び向精神薬取締法第13条、第17条で自己の疾病の治療を目的とした携帯輸出入が認められている麻薬の取扱いを参考とした。

　また、覚醒剤原料を患者、薬局、医療機関等がより一層適切に取り扱うことができるよう、覚醒剤原料の譲渡譲受、廃棄に関する規定を整備するとともに、薬局や医療機関等での帳簿の作成を義務化するなどした。

二　改正の概要
○覚醒剤原料の輸出入に係る禁止の一部解除（覚醒剤取締法第30条の６）

　覚醒剤原料を医療上使用する必要がある患者が、厚生労働大臣の許可を受けた上で、自己の疾病の治療を目的に覚醒剤原料を携帯して輸出入することを可能とした。

　なお、当該許可を受けている場合は、薬機法で新設する輸入確認制度における確認を受ける必要はないこととしている（薬機法第56条の２）。

○患者が所持する覚醒剤原料の取扱いに係る禁止の一部解除（覚醒剤取締法第30条の７第13号、第30条の９第１項第６号）

　改正前の覚醒剤取締法においては、覚醒剤原料の交付を受けた患者が、当該覚醒剤原料を病院や薬局等に譲り渡すことが禁止されていた。このため、当該覚醒剤原料が不要となった場合においても、これを病院や薬局等に譲り渡し、適切に廃棄してもらうことができなかった。

　また、当該患者が死亡した場合についても、相続人等が当該覚醒剤原料を所持することや、病院や薬局等に譲渡することが禁止されており、これを病院や薬局等に譲り渡し、適切に廃棄してもらうことができなかった。

　このような課題に対応するため、患者及びその相続人等から薬局、病院、診療所又は飼育動物診療施

設の開設者（※３）（※４）に覚醒剤原料を譲り渡すこと、相続人等が代わって覚醒剤原料を所持することを可能とした。

（※３）覚醒剤取締法第30条の12第２項で覚醒剤原料は鍵をかけた場所に保管することが義務づけられているため、返却先は鍵付きの保管場所を有するところとする必要がある。薬局に関しては薬機法第５条第１項第１号の規定によりその適合が開設要件となっている薬局等構造設備規則（昭和36年厚生省令第２号）第１条第１項第８号において、鍵のかかる貯蔵設備を有することを義務づけられていることから返却先の薬局を限定しないが、病院や診療所に関しては同様の義務が課されていないため、その覚醒剤原料を譲り渡した病院や診療所に限定している。

（※４）麻薬及び向精神薬取締法における譲渡・譲受と同様に、覚醒剤原料においてもその所有権の主体は、薬局、病院、診療所又は飼育動物診療施設の開設者であり、従事する医師や歯科医師等ではないため、譲渡先は、薬局、病院、診療所又は飼育動物診療施設の開設者としている。

○病院や薬局等から覚醒剤原料製造業者等への譲渡の禁止の解除（覚醒剤取締法第30条の９第１項第７号）

病院、診療所又は薬局で不良な覚醒剤原料が発見された場合や、誤って数量を多く譲り渡された場合等について、当該覚醒剤原料を、譲り渡した覚醒剤原料輸入業者、覚醒剤原料製造業者、覚醒剤製造業者、覚醒剤原料取扱者、覚醒剤原料研究者又は覚醒剤研究者に返却できることとした。

○病院や薬局等による覚醒剤原料の廃棄（覚醒剤取締法第30条の９第２項、第30条の13、第30条の14）

病院、診療所又は薬局の開設者が、医師や歯科医師等が施用のために交付した覚醒剤原料又は処方箋により薬剤師が調剤した覚醒剤原料を廃棄する場合の取扱いについて、麻薬に倣い、都道府県職員の立会いを求めず、30日以内の都道府県知事等への事後届出を行えば足りることとした。

ただし、行政において適切に覚醒剤原料の流通を把握する観点から、患者及びその相続人等から譲渡された覚醒剤原料を廃棄する場合については、譲渡された際に速やかに都道府県にその旨を届け出て、その後に廃棄しなければならないこととした。

○病院や薬局等における帳簿の作成の義務化（覚醒剤取締法第30条の14、第30条の17）

今回の改正に伴い、適切に覚醒剤原料が管理されるよう、麻薬と同様に病院、診療所又は薬局において譲渡、譲受、施用、施用のための交付、又は事故及び廃棄の届出を行った覚醒剤原料の品名及び数量並びにその年月日を帳簿に記入し、備えることとした。

また、事故によって喪失した覚醒剤原料が不正な目的で流通しないよう、厚生労働省主導で広域的、迅速かつ適切な対応を行うために、事故の届出を受けた都道府県知事に対して厚生労働大臣への届出を義務づけた。

【コラム】覚せい剤と覚醒剤

今回の法改正においては、ここまで触れてきた内容面の改正に加え、「覚せい剤取締法」の法律名が「覚醒剤取締法」に改められるなど、法令中の「覚せい剤○○」といった用語が一斉に「覚醒

剤○○」に改められた点も、隠れた注目ポイントだろう。

　これは、従来常用漢字ではなかった「醒」が、平成22年に常用漢字とされたことを踏まえた改正である。なお、平成25年の薬事法の一部改正時には、覚せい剤取締法に関する実質改正（制度等の改正）が行われなかったことから、常用漢字化が見送られたものと推察される。

　今回の法改正では、薬機法や覚醒剤取締法に限らず、他省庁所管法も含め、実に100箇所を超える「覚せい剤○○」が「覚醒剤○○」に改められている。

　同様に、「覚醒剤取締法」を引用している政令、省令等についても、覚醒剤取締法関係の改正が施行された令和2年4月1日に、「覚醒剤」の表記が改められた。

　余談であるが、「せい」を「醒」に改める法令作業を行うに当たり、法令担当者は、漢字の「覚醒剤」を「かくさめ剤」と読み上げることで改正前後の区別を図っていた。

6．その他の改正事項

（1）承認申請書等への虚偽記載が判明した場合の承認等の取消し等について

一　改正の趣旨

　薬機法上の承認は申請に関わる物が医薬品、医薬部外品、化粧品、医療機器及び再生医療等製品（以下「医薬品等」という。）として適当であるか否かを判断し、一般的に禁止されている行為を特定の場合に解除する行政庁の行為であり、特定の医薬品について品質、有効性及び安全性が確保されていることを公認する行為である。そのため公認に値しないと判断された場合にはその承認の取り消す必要がある。薬機法では承認の取消は以下の場合に行うこととされている。

① 申請に係る効能又は効果を有すると認められないとき、効能又は効果に比して著しく有害な作用を有することにより使用価値がないと認められるとき等に該当するに至ったと認めるときは承認を取り消さなければならない（第74条の2第1項）

② 保健衛生上の必要があると認めるに至ったときは、承認事項の一部の変更を命ずることができる（第74条の2第2項）

③ 次のいずれかに該当する場合には、承認の取消し又は承認事項の一部変更を命ずることができる（第74条の2第3項）

・製造販売業の許可が失効又は取り消されたとき
・製造所が製造管理・品質管理の基準への適合性調査を受けなかったとき
・再審査、再評価又は使用成績評価（以下「再審査等」という。）を受ける必要があるにもかかわらず適切に対応しなかったとき
・製造管理・品質管理方法の改善命令、業務停止命令に従わなかったとき
・承認に付された条件に違反したとき
・承認を受けた医薬品等を正当な理由なく3年間製造販売しないとき

　例えば、申請書の添付資料のうち、製造方法や試験方法に関する情報が実際に行われているものと異なっていた、ウイルスの不活化方法を正確に記載していなかった等の事情が判明した場合であっても、直ちに上記の承認の取消し事由に該当するものではなく、品質、有効性及び安全性に関する情報等の収集とこれに基づく科学的な判断を行って初めて承認の取消しができることとなっている。

　一方、今後、革新的な技術を用いた医薬品等の早期実用化を推進する一方で、未知の副作用や不具合が生じる可能性もある中、保健衛生上の危害の発生及び拡大の防止の観点からは、申請書又は添付資料の重要な事実の記載が欠けていた場合や虚偽記載があった場合に速やかに承認の取消しを含めた必要な措置をとることが重要である。

　既に再審査等で虚偽の資料を提出した場合も承認取消し事由としていること、また、他法においても、申請書や添付書類の虚偽記載や重要な事実の欠落を処分の拒否事由や取消し事由に設定している例が存在する（※）ことを踏まえ、取消し等を行うことができる事由として申請書の虚偽記載等を追加する。

（※）例えば、外国弁護士による法律事務の取扱いに関する特別措置法において、外国法事務弁護士の承認の取消事由として申請書及び添付書類のうちに重要な事項について虚偽の記載があり、又は重要な事実の記載が欠けていることが判明したときが規定されている。

　なお、申請書の虚偽等があった場合でも、有効性、安全性や当該医薬品等の普及状況を踏まえて、承認の取消しではなく承認事項の変更を命ずることも考えられることから、絶対的取消事由としては位置づけない。

二　改正の概要

○承認の取消等事由の追加（薬機法第74条の2第3項第2号）

　第74条の2第3項に「申請書又は添付資料のうちに重要な事項について虚偽の記載があり、又は重要な事実の記載が欠けていることが判明したとき」を追加した。

　同項の各号は、業許可から医薬品等の製造販売に係る時系列に沿って規定されており、虚偽のある申請書等の提出行為は業許可関係（第1号）と承認審査における製造所の適合性調査（現行第2号）との間に行われるものであるから、第2号として追加した。

○認証の取消等事由の追加（薬機法第23条の2の23第3項、第23条の4第2項第2号）

　承認と同様の理由から、登録認証機関による認証についても、第23条の4の取消等事由として「申請書又は添付資料のうちに重要な事項について虚偽の記載があり、又は重要な事実の記載が欠けていることが判明したとき」を追加した。

　なお、現行法上、認証を受けようとするときの申請に係る規定がない（※）ため、上記の改正と併せて、第23条の2の23第3項として申請書及び添付資料に係る規定を新設する。

（※）現在は、第23条の19の政令委任規定及び医薬品医療機器等法施行令第43条の省令委任規定に基づき、薬機法施行規則第115条で認証品の申請書様式の指定及び添付資料について規定している。

（参考）薬機法施行規則（抜粋）

第115条　法第23条の2の23第1項の指定高度管理医療機器等（同項に規定する指定高度管理医療機器等をいう。以下同じ。）の認証の申請は、様式第64号による申請書（正副2通）を登録認証機関（同項に規定する登録認証機関をいう。以下同じ。）に提出することによつて行うものとする。

　2　前項の申請書には、次に掲げる書類を添えなければならない。

　一　法第23条の2の23第1項の厚生労働大臣が定める基準への適合性に関する資料

　二　法第41条第3項又は法第42条第1項若しくは第2項の規定により基準が設けられている場合にあつては、当該基準への適合性に関する資料

（2）認証の内容を逸脱する医療機器及び体外診断用医薬品の製造及び輸入禁止

一 改正の趣旨

　医療機器及び体外診断用医薬品を製造販売する場合の品質、有効性及び安全性は、リスクが低い一般医療機器及び体外診断用医薬品を除き、

① 厚生労働大臣が基準を定めて指定した医療機器及び体外診断用医薬品については、厚生労働大臣の登録を受けた登録認証機関の認証

② ①以外の物については、厚生労働大臣の承認

によって担保することとしている。

　①の登録認証機関による認証制度は、平成14年改正により、中程度のリスクの管理医療機器及び体外診断用医薬品であってその形状、構造及び原理、使用方法又は性能等が既存の医療機器及び体外診断用医薬品と実質的に同等であるものを対象に導入された。また、平成25年改正により、リスクが高い高度管理医療機器及び体外診断用医薬品も対象とされており、保健衛生上の危害発生の防止の観点からは、承認の対象とされる医療機器及び体外診断用医薬品と同等の措置が求められることもある。

　また、①の厚生労働大臣が定める基準（以下「認証基準」という。）では、使用目的又は効果の範囲及び当該使用目的又は効果を達成するために求められる性状、品質、性能等の基準を規定している。

　上記②の承認に関しては、薬機法第55条第2項（第64条において準用する場合を含む。以下同じ。）において承認を得ていない医療機器及び体外診断用医薬品の販売が禁止されており、第56条第3号及び第65条第2号において性状、品質又は性能が承認の内容と異なる医療機器及び体外診断用医薬品の販売、製造及び輸入が禁止されている。

　この規定に違反した場合は、たとえ実際に販売行為を行っていなくとも、厚生労働大臣又は都道府県知事は保健衛生上の危害発生の防止のために当該医療機器の廃棄等の措置を命ずることができる（第70条第1項）。

　一方、上記①の認証に関しては、第55条第2項において認証を得ていない医療機器及び体外診断用医薬品の販売が禁止されており、第56条第4号及び第65条第3号において認証基準に適合しないものは販売、製造及び輸入は禁止されているが、認証の内容と異なる医療機器及び体外診断用医薬品の製造及び輸入は禁止されていない。

　このため、例えば、注射針で、その外径・内径などの誤差の許容範囲を認証基準で定められた値よりも厳しくしたものとして申請し、認証されたにも関わらず、その認証後に製造販売業者の判断で許容範囲を緩めて製造した場合、認証基準に適合している限りは第65条第3号違反とはならず、製造又は輸入した者に対して廃棄等を命ずることができない。

　また、認証基準に適合するか否かは、本来、登録認証機関の審査により初めて判明するのであって、認証の内容と異なる医療機器及び体外診断用医薬品の製造及び輸入を禁止しないことは、事前認証制度を設けた趣旨にも反する。

　こうしたことから、認証を要する医療機器及び体外診断用医薬品についても、承認を要する物と同等の規制となるよう、規定の整備が行われた。

二 改正の概要

○変更の届出先として機構を規定（薬機法第19条の3、第23条の2の18、第23条の38）

「その性状、品質又は性能がその認証の内容と異なるもの」を第56条第3号（体外診断用医薬品）及び第65条第2号（医療機器）に位置づけた。

なお、第56条第4号及び第65条第3号の、第23条の2の23第1項の規定により厚生労働大臣が定めた基準（認証基準）への適合しないもの、との規定は、上記の改正に伴い削除することとした。

（3）医薬品等行政評価・監視委員会の設置について

一　改正の趣旨

医薬品の副作用等は、本来、完全には避けることができないものであるが、これを最小化しつつ、必要な医薬品を医療現場に迅速に提供するため、

① 製品の承認審査において、その品質、有効性及び安全性を適切に評価するとともに、

② 市販後において、承認審査時に想定されていなかった健康へのリスクが新たに生じた場合には、迅速かつ的確に対策を講じ、その被害の発生及び拡大を最小限にする

ことが可能となるような制度が構築され、適切に運用されることが必要である。

我が国においては、これまで、サリドマイド、スモン、HIV、CJD、C型肝炎など、医薬品による副作用等の被害が問題になった事案が発生し、これらに対応する形で、累次の薬機法（旧薬機法を含む）等の制度改正を行い、製品の承認審査や市販後の安全対策などについて必要な見直しを行ってきた。

このような中で、平成20年に、厚生労働大臣とC型肝炎訴訟原告団・弁護団との基本合意に基づき、「薬害肝炎事件の検証及び再発防止のための医薬品行政のあり方検討委員会」が設置された。

平成22年4月に同委員会が取りまとめた「最終提言」においては、C型肝炎ウイルスの感染被害の発生・拡大に関する制度の不備及び運用（行政の対応）の問題点が指摘され、これらを踏まえ、

① 添付文書の位置付けの見直し等の制度改正に加え、

② 中立・公正な立場で医薬品行政を評価・監視する第三者組織を設置すること

が提言された。

また、「最終提言」を受けて設置された「厚生科学審議会医薬品等制度改正検討部会」においても、平成24年1月に議論の結果が取りまとめられ、薬害の再発を防止するとともに、医薬品行政に対する国民の信頼を回復するため、医薬品等行政を評価・監視する組織を設置すべきことが提言された。

こうしたことから平成25年の「薬事法等の一部を改正する法律案」の国会審議においても、衆・参両院でその設置に向けた検討に関する附帯決議（※）が採択されている。

（※）衆議院厚生労働委員会での附帯決議（平成25年11月1日）

厚生労働省に設置された薬害肝炎事件の検証及び再発防止のための医薬品行政のあり方を検討してきた委員会の最終提言において、薬害の発生及び拡大を未然に防止するため、医薬品行政に関わる行政機関とその活動に対して関し及び評価を行い、適切な措置をとるよう提言等を行う第三者組織を設置することが必要とされている。

政府は、各薬害被害者団体の意見を重く受け止め、独立性が確保される第三者組織の設置について、速やかに検討を行うこと。

（※）参議院厚生労働委員会での附帯決議（平成25年11月9日）

政府は、各薬害被害者団体の意見を重く受け止め、その権限において独立性、機動性が確保され、専

門性を有し、国民の理解に基づく医薬品の安全な使用等に資する第三者組織の設置について、速やかに検討を行うこと。

これらの経緯を踏まえ、医薬品等行政のあるべき姿及びその適切な運用を確保し、もって医薬品等による甚大な健康被害の発生及び拡大を未然に防止するため、薬機法を改正し、厚生労働省に、医薬品等行政を評価及び監視する第三者組織である医薬品等行政評価・監視委員会（以下「委員会」という。）を国家行政組織法（昭和23年法律第120号）上の８条機関として設置することとした。

二　改正の概要

○所掌事務（薬機法第76条の３の５）

本委員会は、以下の事務をつかさどることとされた。

① 医薬品、医薬部外品、化粧品、医療機器及び再生医療等製品（以下「医薬品等」という。）の安全性の確保並びにこれらの使用による保健衛生上の危害の発生及び拡大の防止に関する施策の実施状況の評価及び監視を行うこと。

※評価：施策そのものが適切か否か、科学的知見等に照らして、当該施策の実施状況から判断して決めること。

監視：施策が上記の評価結果も踏まえて適切に実施されているか否か、当該施策の実施状況を見張ること。

② ①の評価又は監視の結果に基づき、必要があると認めるときは、医薬品等の安全性の確保又はこれらの使用による保健衛生上の危害の発生若しくは拡大の防止のため講ずべき施策について、厚生労働大臣に意見を述べ、又は勧告をすること。

※「医薬品等の安全性の確保等に関すること」については、厚生労働省が所管している事務であるため、厚生労働大臣のみが意見具申及び勧告の対象となる。

また、医薬品等による甚大な健康被害の発生及び拡大を未然に防止するためには、委員会が勧告等をした段階で、その内容を国民に知らしめ、適切に行動してもらうことが重要であることから、委員会は、上記の意見を述べ、又は勧告をしたときは、遅滞なく、その意見又は勧告の内容を公表しなければならないこととする。

一般に「意見具申」や「勧告」は強制力を伴うものではなく、これらを受けて実際にいかなる施策を講ずるかについては、当該行政機関の責任において、判断すべきものである。しかしながら、本委員会が行う意見具申や勧告については、専門性を有する有識者による合議体がその知見に基づいて行うものであり、その内容は十分尊重されるべきものである。

また、評価及び監視の結果、意見具申や勧告の内容、これに基づき講じた施策の状況が委員会にフィードバックされることは、委員会において施策の効果の確認や新たな知見の獲得など、更なる医薬品等の安全性の確保等につなげていくことが可能となる。

以上を踏まえ、厚生労働大臣は、委員会の意見又は勧告に基づき講じた施策について委員会に報告しなければならないこととした。

○職権の行使（薬機法第76条の３の６）

　委員会は、外部の有識者から成る合議体の形をとることにより、医薬品等行政機関からの「独立性」は担保されているところであるが、公平・中立な立場で評価及び監視を行い、医薬品等による甚大な健康被害の発生及び拡大を未然に防止するという目的を達成するためには、上下関係の指揮命令系統から切り離された各委員の独立した判断が重要である。

　このため、「委員は、独立してその職権を行う」ことを明記し、委員の職権行使の独立性を確認的に規定すること（※）とされた。

※同様の例としては、消費者安全調査委員会、消費者委員会等がある。

（参考１）消費者安全調査委員会（消費者安全法（平成21年法律第50号））

　（職権の行使）

　第十七条　調査委員会の委員は、独立してその職権を行う。

（参考２）消費者委員会（消費者庁及び消費者委員会設置法（平成21年法律第48号））

　（職権の行使）

　第七条　委員会の委員は、独立してその職権を行う。

○資料の提出等の要求（薬機法第76条の３の７）

　委員会が、医薬品等の安全性の確保等に関する施策の実施状況の評価及び監視を行うに当たっては、厚生労働省等の関係行政機関が保有する情報内容を活用することが必要である。

　このため、これを担保する手段として、委員会は、関係行政機関の長に対し、必要な情報を収集させるとともに、資料の提出、意見の表明、説明など、必要な協力を求めることができる旨の規定を置くこととした。

　なお、本規定の対象について、医薬品等安全行政を所掌する厚生労働大臣に限らず、関係行政機関の長としているのは、例えば、医療機器の使用による保健衛生上の危害の発生が消費者事故として消費者庁に情報が寄せられることも想定され、このような厚生労働省以外の行政機関が入手した情報についても、委員会として把握し、評価及び監視に活用していくことが必要であるためである。

○委員会の組織（薬機法第76条の３の８）

①委員数

　委員会の機動的な運営、迅速な意思決定が可能な機動性を確保する観点からは、委員の数は少数にとどめることが望ましい。

　一方で、医薬品等の安全性の確保等に関する施策の実施状況の適切な評価及び監視を行うためには、医薬品等の副作用等により健康被害を受けた者、医薬品等を必要とする患者、医師、薬剤師等の医療従事者、法律の専門家など、医薬品等行政に関係する者をバランスよく配する必要がある。

　以上を踏まえ、委員会は、委員10人以内で組織することとする。

②臨時委員及び専門委員

　委員会自ら評価等を行うための専門性を確保する観点から、必要に応じて臨時委員及び専門委員を置

くことができることとする。

　臨時委員については、例えば、医薬品の使用による感染症の被害が発生・拡大した際に感染経路を特定するための疫学調査を含めて評価等を行う必要が生じた場合など、特別の事項についての調査審議のために必要に応じて置くこととする。

　専門委員については、例えば、個別の医薬品の安全性の確保に関する施策の評価等を行う際に、その前段階として当該医薬品自体の性質等について調査を行う必要が生じた場合など、専門の事項についての調査のために必要に応じて置くこととする。

※「審議会等の整理合理化に関する基本的計画」（平成11年４月27日閣議決定）

　　臨時委員：特別の事項を調査審議するために、通常の委員のほか、臨時の必要に応じて置かれる職員とする。臨時委員は、特別の事項に関する審議に関しては当該審議会等の意思決定に当たって議決権を有するものとする。

　　専門委員：専門の事項を調査するために置かれる補助的職員とする。専門委員は、当該審議会等の意思決定に当たっては議決権を有しないものとする。

○委員等の任命（薬機法第76条の３の９）

　委員会自ら評価等を行うための専門性を確保する観点から、委員及び臨時委員の資格要件については、医薬品等の副作用等により健康被害を受けた者、医薬品等を必要とする患者、医師、薬剤師等の医療従事者、法律の専門家などに共通するものとして、「医薬品、医薬部外品、化粧品、医療機器及び再生医療等製品の安全性の確保及びこれらの使用による保健衛生上の危害の発生又は拡大の防止に関して優れた識見を有する者」とする。

　専門委員の資格要件については、個別の医薬品に関する知識など、「当該専門の事項に関して優れた見識を有する者」とする。

○委員の任期等（薬機法第76条の３の10）

①委員等の任期

　「審議会等の整理合理化に関する基本的計画」（※）を踏まえ、委員の任期は２年とするとともに、臨時委員は特別の事項に係る調査審議が終了したとき、専門委員は専門の事項に関する調査が終了したときにそれぞれ解任されるものとする。

※審議会等の整理合理化に関する基本的計画

　委　　　員：委員の任期については、原則として２年以内とする。

　臨時委員：当該特別の事項の調査審議が終了したときは解任されるものとし、その旨明定するものとする。

　専門委員：当該専門の事項の調査審議が終了したときは解任されるものとし、その旨明定するものとする。

②委員等の勤務形態

　「審議会等の整理合理化に関する基本的計画」（※）を踏まえ、本委員会の所掌事務を遂行するためには、委員会が所掌事務と権限が法定された常設の機関であれば足り、必ずしもその構成員である委員等が常勤等である必要はない。このため、委員、臨時委員及び専門委員は、いずれも非常勤とする。

※審議会等の整理合理化に関する基本的計画
　委員は原則として非常勤とする。

　ただし、審議会等の性格、機能、所掌事務の経常性、事務量等からみて、ほぼ常時活動を要請される
ものであり、かつ、委員としての勤務態様上特段の必要がある場合には、常勤とすることができること
とする。

（参考）政令の規定について
①部会について（医薬品等行政評価・監視委員会令（令和２年政令第56号。以下「委員会令」という。）
　第１条）
・医薬品等行政評価・監視委員会（以下「委員会」という。）は部会を置くことができることとした。
・部会に属すべき委員等の指名は委員長が行うこととし、部会の部会長は部会に属する委員の互選によ
　り選任することとした。
・部会長は部会の事務を掌理することとし、部会長に事故があるときは、あらかじめその指名する委員
　が、その職務を代理することとした。
・委員会は部会の議決をもって委員会の議決とすることができることとした。
②議事について（委員会令第２条）
・委員会の会議は委員長が招集することとし、委員会の定足数は過半数とし、議決方法は委員及び議事
　に関係のある臨時委員で会議に出席したものの過半数で決し、可否同数のときは、委員長の決すると
　ころによることとした。これらについては、部会の議事に準用することとした。
③庶務について（委員会令第３条）
　委員会の庶務は、厚生労働省大臣官房厚生科学課において処理することとした。
④委員会の運営について（委員会令第４条）
　委員会令に定めるもののほか、委員会の運営に関し必要な事項は、委員長が委員会に諮って定めるこ
ととした。

【コラム】委員会の法的性格について
１　国家行政組織法が定める合議制の機関としては、同法第３条に規定する国の行政機関である機
　　関（３条機関）と、同法第８条に規定する国の行政機関に置かれる機関（８条機関）がある。
２　このうち、３条機関は、府又は省の外局として設置されるものであり、それ自体が一般私人に
　　対する命令等の行政処分の権限を有しているものである。
３　これに対し、８条機関は、府又は省に附置されるものであり、特別の事項を調査審議し、必要
　　に応じて、その長に対して意見等を提出する権限（行政機関に対する意見具申、勧告等の権限）
　　を有しているものである。
４　医薬品等行政・監視評価委員会については、
　①　公正・中立な立場で評価及び監視を行うため、その対象となる行政機関（厚生労働省）から
　　　の「独立性」を有することが必要であり、その「独立性」は、上下関係の指揮命令系統から切
　　　り離された有識者による合議体であれば担保することができること
　②　評価及び監視の結果に基づき、必要に応じて、行政機関の長（厚生労働大臣）に対して意見
　　　を述べ、又は勧告することとしており、委員会自体が一つの行政機関として一般私人に対して

行政処分を課す権限まで有するものではないこと

から、本委員会は、国家行政組織法上の8条機関として設置することとしている。

5　なお、本委員会は、厚生労働大臣の諮問にかかわらず、自ら評価及び監視を行うものであるが、同様の例としては、食品安全委員会等がある。

（参考1）国家行政組織法（昭和23年法律第120号）

（行政機関の設置、廃止、任務及び所掌事務）

第三条　（略）

2　行政組織のため置かれる国の行政機関は、省、委員会及び庁とし、その設置及び廃止は、別に法律の定めるところによる。

3・4　（略）

（審議会等）

第八条　第三条の国の行政機関には、法律の定める所掌事務の範囲内で、法律又は政令の定めるところにより、重要事項に関する調査審議、不服審査その他学識経験を有する者等の合議により処理することが適当な事務をつかさどらせるための合議制の機関を置くことができる。

（参考2）法令用語辞典（学陽書房）

委員会：内閣府設置法（平成11年法律第89号）、国家行政組織法において委員会という名称をもって呼ばれる行政機関は、原則として、いわゆる国家意思を表示する権限を有しているものに限られており、かつ、府又は省の外局とされている。

審議会：国の行政機関に附属し、その長の諮問に応じて、特別の事項を調査、審議する合議制の機関に付される名称である。（中略）諮問機関としての地位には、ごく軽い意味で意見を聴くものから議決機関たる性質を有するものまで各種のものがあるが、「審議会」は、原則として、いずれも、国家意思を自ら決定し、執行するものではない。（中略）なお、審議会には、諮問に応じて調査審議するだけでなく、積極的に意見を提出する権限（通常、建議という。）を与えられているものも多い。

（参考3）食品安全委員会（食品安全基本法（平成15年法律第48号））

（所掌事務）

第二十三条　委員会は、次に掲げる事務をつかさどる

一　（略）

二　次条の規定により、又は自ら食品健康影響評価を行うこと。

三　前号の規定により行った食品健康影響評価の結果に基づき、食品の安全性の確保のため講ずべき施策について内閣総理大臣を通じて関係各大臣に勧告すること。

四　第二号の規定により行った食品健康影響評価の結果に基づき講じられる施策の実施状況を監視し、必要があると認めるときは、内閣総理大臣を通じて関係各大臣に勧告すること。

五　食品の安全性の確保のため講ずべき施策に関する重要事項を調査審議し、必要があると認めるときは、関係行政機関の長に意見を述べること。

六・七　（略）

　　2～4　（略）

（参考4）復興推進委員会（復興庁設置法（平成23年法律第125号）

（復興推進委員会）

　第十五条　復興庁に、復興推進委員会（以下「委員会」という。）を置く。

　2　委員会は、次に掲げる事務をつかさどる。

　一　東日本大震災からの復興のための施策の実施状況を調査審議し、必要があると認める場合に内閣総理大臣に意見を述べること。

　二　内閣総理大臣の諮問に応じて、東日本大震災からの復興に関する重要事項を調査審議し、及びこれに関し必要と認める事項を内閣総理大臣に建議すること。

　3　委員会は、その所掌事務を遂行するため必要があると認めるときは、関係行政機関又は関係のある公私の団体に対し、資料の提出、意見の表明、説明その他の必要な協力を求めることができる。

　4　委員会は、その所掌事務を遂行するため特に必要があると認めるときは、前項に規定する者以外の者であって調査審議の対象となる事項に関し識見を有する者に対しても、必要な協力を依頼することができる。

【コラム】委員会の名称について

1　本委員会は、医薬品等の安全性の確保並びにこれらの使用による保健衛生上の危害の発生及び拡大の防止に関する施策の実施状況の評価及び監視を行い、その結果に基づき、講ずべき施策について意見を厚生労働大臣に対して述べ、又は勧告することにより、医薬品等行政のあるべき姿及びその適切な運用を確保し、もって医薬品等による甚大な健康被害の発生及び拡大を未然に防止するものである。

2　また、本委員会は、国家行政組織法第8条に規定する合議制の機関である。一般には、これらの合議制の機関には、「審議会」の名称が用いられているが、勧告権、資料提出要求権等の権限が付与されているなど、特殊な性格を有する機関には、「委員会」の名称が使用されていることが多い（※）。

※食品安全委員会、復興推進委員会、国立大学法人評価委員会など

3　以上を踏まえ、

①　本委員会の主な事務は、「評価」及び「監視」を行うことであり、その「評価」及び「監視」の対象は、「医薬品等に関する行政」であること

②　一般の審議会と異なり、厚生労働大臣に対する勧告権や資料提出要求権が付与されていることを勘案し、本委員会の名称は、「医薬品等行政評価・監視委員会」とされた。

【コラム】委員会を厚生労働省に設置することについて

1　本委員会は、医薬品等の安全性の確保並びにこれらの使用による保健衛生上の危害の発生及び拡大の防止に関する施策の実施状況の評価等及び講ずべき施策に係る意見申述・勧告を行う機関であり、当該評価等は、医薬品の使用による副作用の発生など、医薬品等の安全性に関する情報を元に行うものである。

2　この医薬品等の安全性に関する情報については、薬機法において、医薬品等の承認審査や製造販売後の安全対策を通じて、厚生労働省に集約される体制が確立されていることから、委員会において新たに一から医薬品等の安全性に関する情報を収集するよりも、薬機法に基づき厚生労働省に集約された情報を活用するほうが、評価等を迅速かつ的確に行うことができる。

3　また、委員会が行う評価等は、中立性・公平性が要求されるが、外部の有識者から成る合議体の形をとれば、行政機関の内部に設置される機関であっても、その意思決定において中立性・公平性を担保することができると考えられる。

4　以上を踏まえ、委員会については、

①　国家行政組織法上の8条機関として、医薬品等行政機関からの「独立性」を維持しつつ、

②　厚生労働省に集約された情報を効率的かつ効果的に活用し、迅速かつ的確な評価等が可能となる「機動性」を確保する

ため、厚生労働省に設置することとされた。

【コラム】委員会を新設することについて

　委員会の権能は、厚生労働省に設置されている既存の審議会（8条機関）に担わせることも考えられ、その場合、既存の審議会の所掌事務を勘案すると、薬事・食品衛生審議会と厚生科学審議会が想定される。しかしながら、いずれも以下の理由から適当でないことから、委員会は、既存の審議会にその権能を担わせる形ではなく、新たな8条機関として設置することとする。

1　薬事・食品衛生審議会に委員会の権能を担わせることについて

　薬事・食品衛生審議会は、医薬品等の承認審査に当たり厚生労働大臣へ意見を述べることなど、薬機法等の個別法の規定により、その権限に属せられた事項の処理を専ら行う8条機関である。

　一方で、委員会は、公正・中立な立場で医薬品等の安全性の確保等に関する施策の実施状況の評価等を行う機関であり、当該評価等の対象は、上述の薬事・食品衛生審議会から厚生労働大臣への意見具申等を含めた医薬品等に関する行政全体である。

　このように、薬事・食品衛生審議会は、厚生労働大臣等の意思決定に当たって意見を述べる諮問機関である一方、委員会は、自ら医薬品等に関する行政の評価等を行う機関であり、両者の性格は全く異なる。また、委員会が行う評価等の対象は、薬事・食品衛生審議会による厚生労働大臣への意見具申を含めた医薬品等に関する行政全体である。このため、委員会の権能を薬事・食品衛生審議会に担わせることは適当ではない。

2　厚生科学審議会に委員会の権能を担わせることについて

　厚生科学審議会は、所掌事務に関する科学技術に関する重要事項及び公衆衛生に関する重要事項に関し、厚生労働大臣の諮問に応じて調査審議を主として行う8条機関である。

　一方で、委員会は、医薬品等の安全性の確保等に関する施策の実施状況の評価等を自ら機動的に行う機関である。

　このように、厚生科学審議会は、基本的施策等に関する厚生労働大臣の意思決定に当たって調査審議等を行う諮問機関である一方、委員会は、自ら医薬品等に関する行政の評価等を行う機関であり、両者の性格は全く異なる。このような大きく異なる権能を一つの8条機関に担わせることは、組織の設置目的を曖昧なものとし、効率的な行政運営の観点から適切ではない。

　さらに、委員会の権能をこれら審議会に担わせるに当たっては、審議会の下に分科会や部会を新たに設けることにより対応することが考えられるが、この場合、審議会の分科会等の議決が、常に審議会全体の議決となることが担保されていない（例えば、現行の厚生科学審議会運営規程を前提とすると、分科会の議決は、厚生科学審議会の会長の同意を得なければ、同審議会の議決とすることができない）ことから、独立性のみならず、機動性の点でも問題がある。

【コラム】　総務省行政評価局との関係について

　総務省行政評価局は、各行政機関の業務の実施状況について、合規性、適正性、効率性等の観点から、評価及び監視を行う。

　一方で、委員会は、医薬品等の安全性の確保等に関する施策の実施状況について、当該施策が法律に違反していないかどうか、効率的に実施されているかどうかといった観点ではなく、委員会が持つ専門的・科学的知見に基づき、当該施策が医薬品の安全性の確保に資するかどうか等の観点から、評価等を行う。

　このように、総務省行政評価局が行う評価及び監視と、委員会が行う評価等とでは、その観点が異なる。

【コラム】薬機法の一部改正により委員会を設置することについて
1　委員会の設置を法律により行うことについて
（1）8条機関については、国家行政組織法において、法律又は政令の定めるところにより置くこととされており、「各省等設置法立案作業の手引書」（平成11年4月27日中央省庁等改革推進本部事務局）において、以下のいずれかに該当する場合には、法律に設置根拠を置くこととされている。
　①　いわゆる決定同意権限を有するもののうち、自ら国家意思を決定し、かつ、表示するもの
　②　国会議員を審議会等の構成員とするもの
　③　委員人事において国会の同意を要するもの
　④　所管府省の大臣に加え、他の関係大臣から諮問を受けるもの
　⑤　国と地方公共団体又は地方支分部局に置かれる審議会等が一対のものとして設けられ、同一の作用法等に設置根拠、所掌事務が規定されている場合

（2）本委員会は、公正・中立な立場で、厚生労働大臣から独立して、医薬品等の安全性の確保等に関する施策の実施状況の評価等を自ら行い、その結果に基づき、講ずべき施策について厚生労働大臣に意見を述べ、又は勧告をすることとしている。すなわち、医薬品等の安全性の確保等に関する施策の実施状況の評価等は、委員会の固有の権限であり、医薬品等に関する施策に係る国家意思の決定・表示に該当するものである。
　　このため、本委員会は、（1）①に該当することから、法律に設置根拠を置くこととする。
　　※（1）①に該当するものとして法律に設置根拠を置いている8条機関の例としては、国立大学法人評価委員会がある。同委員会は、国立大学等法人の業務の実績に関する評価を行っており、当該評価は、文部科学大臣ではなく、同委員会の固有の権限である、すなわち、国家意思の決定・表示に該当する。

2　委員会を薬機法に規定することについて

　本委員会は、薬機法の規定に基づき厚生労働大臣が行う医薬品等の安全性の確保等に関する施策について、その実施状況の評価及び監視を行い、その結果に基づき必要な勧告を行うことにより、当該施策及びその運用の適正化を図るものである。すなわち、①「医薬品等の流通規制（製造販売の承認等）」→②「市販後の安全対策（副作用報告等）」→③「これらの監督」という一連の医薬品等行政の流れに対して、④「①から③までが適切か否かの評価及び監視」として組み込まれるものであり、「医薬品等の安全性の確保及びこれらの使用による保健衛生上の危害の発生又は防止」という薬機法の目的に合致することから、本委員会は、薬機法の中に規定することとする。

3　医薬品等行政評価・監視委員会の章の位置について

　本委員会については、

①　医薬品等の安全性の確保等の観点から、「医薬品等の流通規制」→「市販後の安全対策」→「これらの監督」という一連の医薬品等行政の評価及び監視を行う機関であり、

②　指定薬物の規制に関する措置や、希少疾病用医薬品等に係る研究開発の促進のための措置については、医薬品等の安全性の確保等とは直接関係のないものであり、評価等の対象外であることを踏まえ、本委員会の章は、現行第13章の監督の章と現行第14章の指定薬物の取扱いの章の間に置くこととする。

（4）治験において副作用等の報告を求める対象となる薬物等の範囲の見直し

一　改正の趣旨

　薬機法では、治験（※1）の対象とされる（※2）薬物、機械器具、細胞加工物、導入遺伝子（以下「薬物等」という。）により発生した副作用、感染症、不具合による疾病、傷害、死亡を知ったときは、治験の依頼者又は実施者は厚生労働大臣に報告（以下「副作用等報告」という。）を行うことが義務付けられている。

　また、厚生労働大臣は、PMDAに副作用等報告に係る情報の整理及び当該報告に関する調査を行わせることができ、その場合には同機構は厚生労働大臣にその結果を通知することとしている。

（※1）医薬品等の承認申請で提出すべき資料のうち、臨床試験の試験成績に関する資料の収集を目的とする試験。既に販売されている医薬品等と治験の対象とされる薬物等との間に有効性・安全性の違いがあるかを確認するために行われる。

（※2）治験は承認申請する医薬品等の有効性や安全性に関するデータを収集するために行う試験であり、類似商品に対する当該治験の対象となる薬物等の優位性や併用薬の種類による当該治験の対象となる薬物等の有効性・安全性の向上を確認するために様々な薬物等を用いる中、治験によりデータ収集をしたい薬物等を示す用語として、行為の目標を示す「対象」を用いている。

　近年、医薬品等をより早期に各国の患者に届けることを目的とした世界同時開発や、それを可能にした医薬品規制の国際調和の進展等を背景に、複数の国で同時に共同して一つの治験を行う国際共同治験が増加している。治験は、治験の対象とされる薬物等のほか、治験が実施される多くの国・地域において標準的に用いられる既存の医薬品等が対照薬（被験薬の効能効果と比較するために使われる薬物）等や前処置薬等として用いられるケースがあり、国際共同治験の増加により、我が国以外の治験実施国・

地域においては承認されているが、我が国においては未承認である薬物等が治験の対照薬等や併用薬（副作用軽減や相乗効果発現のために用いる薬物）等として使用されるケースが増えてきている。

　我が国において未承認の対照薬等や併用薬等については、日本人が使用した場合に発生する副作用・不具合等もこれまで知られていないものである可能性があり、保健衛生上の危害発生・拡大を防止するためには、十分な情報に基づいて治験の中止も含めた措置を講ずる必要がある。このため、これら対照薬等や併用薬等、治験において使用する薬物等を広く副作用等報告の対象とすることが必要である。

　また、既に国内において承認されている対照薬等や併用薬等であっても、治験の対象とされる薬物等と組み合わせる場合、特定の疾病を対象に使用する場合、既承認の用法・用量とは異なる使用方法で用いる場合等においては、これまで知られていない副作用等が発生する可能性がある。

　さらに、既承認の医薬品等を治験で使用する場合に当該既承認の医薬品等を製造販売している者と治験の実施者が異なるときは、第68条の10第1項による製造販売後の副作用等報告が行われない可能性もある。

　こうしたことから、治験で使用する薬物等の承認・未承認の別にかかわらず、副作用等報告の対象とする。

二　改正の概要

　治験における副作用等報告の対象を「治験の対象とされる薬物等」から「治験の対象とされる薬物等その他の当該治験において用いる薬物等」に改めた。

※改正法を受けた省令の規定
・薬機法施行規則第269条第1項は、治験の依頼をしようとする者又は自ら治験を実施しようとする者（以下「治験依頼者等」という。）が治験の計画に関し厚生労働大臣に届け出る事項を定めている。

　今回、治験における副作用等報告の対象を拡大したことに伴い、届出事項の一部の対象について、「治験の対象とされる薬物（被験薬）」を「被験薬並びに被験薬の有効性及び安全性の評価のために使用する薬物（治験使用薬）」に拡大した。

　なお、併用薬、レスキュー薬（副作用の軽減のために使われる薬物）及び対照薬は基本的には、既に承認を受けた医薬品を使用するため、それら医薬品の承認時等にすでに収集している情報を同条で改めて届出させる必要は低い。そのため、報告の対象を拡大する項目は、被験薬の薬学的な効能効果に影響を与える場合（同項第1号）、医薬品の管理上必要な場合（同項第10号、第12号、第13号及び第19号）に限定する。

・これまでは被験薬の評価のために機械器具等や加工細胞等を使用した場合に届出義務はなかったが、治験の適正な評価のため、それらについて厚生労働大臣への届出義務を新設した（薬機法施行規則第269条第3項）。

・法第80条の2第2項ただし書きでは治験の開始後の届出を認めており、省令において開始後の届出が認められる場合を規定している。今後緊急に治験を行わなければならない状況が発生した場合に迅速に対応するため、厚生労働大臣が保健衛生上の危害の発生を防止するため必要な調査を行い、治験を中止させる必要がないと判断した場合に治験の開始後の届出を認めることを追加した（薬機法施行規

則第272条第2号）

・臨床研究法上の特定臨床研究については、医療機関及び医師に関する情報を公表することが義務化されていることをふまえ、治験についても同様の規定を設けることとした。

【参考】臨床研究法との比較

薬機法施行規則改正案	臨床研究法施行規則（平成30年厚生労働省令第17号）
（情報の公表） 第二百七十二条の二 治験の依頼をしようとする者又は自ら治験を実施しようとする者は、治験（第二百六十八条第二号から第六号までに掲げる薬物であつて、生物学的同等性を確認する試験を行うものに係る治験を除く。）を実施するに当たり世界保健機関が公表を求める事項その他治験実施の透明性の確保及び国民の治験への参加の選択に資する事項をあらかじめ公表しなければならない。これを変更したときも、同様とする。 2 治験を依頼した者又は自ら治験を実施した者は、治験を中止し、又は終了したときは、原則として治験を中止した日又は終了した日のいずれか早い日から一年以内にその結果の概要を作成し、公表しなければならない。	（情報の公表等） 第二十四条 研究責任医師は、臨床研究を実施する場合には、あらかじめ、臨床研究を実施するに当たり世界保健機関が公表を求める事項その他の臨床研究の過程の透明性の確保及び国民の臨床研究への参加の選択に資する事項を厚生労働省が整備するデータベースに記録することにより、当該事項を公表しなければならない。これを変更したときも同様とする。 2 研究責任医師は、第十四条第四号に掲げる臨床研究の内容に関する事項として記載した主たる評価項目に係るデータの収集を行うための期間が終了したときは原則としてその日から一年以内に主要評価項目報告書（研究計画書につき当該収集の結果等を取りまとめた一の概要をいう。以下同じ。）を、同号に掲げる臨床研究の内容に関する事項として記載した全ての評価項目に係るデータの収集を行うための期間が終了したときは原則としてその日から一年以内に研究計画書につき一の総括報告書（臨床研究の結果等を取りまとめた文書をいう。以下同じ。）及びその概要を、それぞれ作成しなければならない。 3〜9 （略）

・改正前の薬機法施行規則第273条は治験依頼者等が一定の事項を知ったときは、被験者の人権や安全を確保するため、一定の期間内に厚生労働大臣に報告をする義務を課している。

　今回の省令改正では、薬機法施行規則第273条第1項は（1）治験、（2）外国の臨床試験について対象とし、同条第2項は（3）外国における市販後の副作用、（4）外国における販売中止等の措置の実施、（5）疾病等の発生増加等に係る研究報告、について対象とした。

・Ａ：被験薬、Ｂ：併用薬とする治験を行っている場合には、Ｂ：被験薬、Ｃ：併用薬とする臨床試験におけるＢについての安全性情報は、別途Ｂの治験実施者から報告されるため不要である。そのため、治験又は外国で実施された臨床試験において、当該治験の被験薬と成分が同一性を有するものを使用していない場合については、副作用等の報告をしなくてよいよう、薬機法施行規則第273条第１項にただし書きを追加した。これは同条の趣旨が被験者保護にあり、治験の対象であるＡの被験薬の安全性情報を確保することを目的としているため、Ｂについての安全性情報まで収集させることは企業に過剰な規制となるためである。

・薬機法施行規則第273条第１項第１号について、
－収集の対象を（1）治験（2）外国の臨床試験としたこと
－被験薬以外の治験使用薬は治験薬概要書がないため、学術論文等の科学的知見をもって予測が行われること
を踏まえた規定ぶりとなっている。

・薬機法施行規則第273条第２項が対象とする（3）外国における市販後の副作用、（4）外国における販売中止等の措置の実施、（5）疾病等の発生増加等に係る研究報告のうち、（3）について、SNSにおける詳細を伴わない書き込みなどについては医学薬学的な調査が不可能なものであるため、当該報告が安全性の確保に寄与するとは言いがたい。そのため、当該治験における被験者保護に関する安全性の判断に影響を与える恐れがないと認められる場合には、報告を不要とすることとした（法第273条第３項ただし書き）。
※なお、アメリカの規制（CFR Code of Federal Regurations Title 21 Sec 312.32IND safety reporting）は、アメリカにおいて未承認の薬物については、外国（アメリカ以外の国）における市販後の個別症例情報も報告対象ではあるが、治験依頼者が、当該症例情報が治験で使われている薬物（であって海外で使われているもの）と因果関係があると示唆する根拠がある場合にのみ報告することとしている。

・新設する薬機法施行規則第273条第２項第２号ニは、治験依頼者が報告すべき事項として、副作用等に関する研究報告を定めたものであるが、研究報告の中にはエビデンスレベルの低いものや、臨床試験の条件が大きく異なるもの等が含まれており、治験対象疾患に対する治験薬の有効性、安全性に影響を与えない研究報告まで報告の対象とすることは製薬企業に対して過剰な規制となる。そのため今回の法改正において被験薬等の治験の対象となる疾患に対する有効性又は安全性の評価に影響を与えないと医学薬学上認められる研究報告については、報告対象としないこととした（薬機法施行規則第273条第２項第２号ニ）。

・機械器具等及び加工細胞等についても、薬物と同様、治験における副作用報告があることから、今回の報告対象の拡大に伴う所要の改正を行う。

（5）動物用医薬品等について
　改正の趣旨及び概要（薬機法第83条、第83条の２、第83条の２の２、第83条の２の３）

○革新的な医薬品、医療機器等への迅速なアクセス確保等

　人用医薬品等については、革新的な医薬品、医療機器等への迅速なアクセス確保等・安全対策の充実のため、医薬品及び医療機器の条件付き承認制度の創設や、変更計画を用いた承認事項の変更手続の迅速化等を行うこととしている。

　動物用医薬品等についても、獣医療現場においても革新的な動物用医薬品等の迅速な提供や変更計画を用いた承認事項の変更手続の迅速化等は重要であることから、人用医薬品等のみに係る独立行政法人医薬品医療機器総合機構に関する規定を除き、原則としてこれらの改正事項を適用させることとした。

○医薬品、医療機器等の安全対策の充実

　人用医薬品等については、現行の薬機法において、保健衛生上の危害の発生又は拡大の防止に資するため、適正使用に資する最新の情報の速やかな提供のための添付文書の電子化や、副作用情報等の収集を容易にするためのバーコード等表示の義務化を行うこととしている。

　動物用医薬品等についても、副作用情報の十分な収集や添付文書等の情報の迅速な提供が行われることは動物の保健衛生にとって重要であることから、これらの改正事項を適用することとした。

○医薬品、医療機器等の適切な製造・流通・販売を確保する仕組みの充実

　人用医薬品等については、製造販売業者等の経営陣が現場における法令遵守上の問題点に適切な対応をしていないことが原因とされる事例や虚偽・誇大広告等の違反事例が見られるところであり、これらの抑制を図るため、今般薬機法上の各業者におけるガバナンスの強化、課徴金制度の導入を行うこととしている。

　近年、動物用医薬品の製造販売業者等においても同様の違反事例が発生しており、動物の保健衛生にとっても同様の措置を導入することは重要であることから、動物用医薬品等についても、課徴金制度を除きこれらの改正事項を適用することとした。

○薬局・薬剤師の在り方

　医薬分業とは、医師が患者に処方箋を交付し、薬局の薬剤師がその処方箋に基づき調剤を行い、医師と薬剤師がそれぞれの専門分野で業務を分担し国民医療の質的向上を図るものである。しかしながら現状、薬局は調剤を中心とした業務を行うにとどまっており、本来の機能を果たせておらず、患者や他職種から医薬分業の意義やメリットが実感されづらい現状を踏まえて、患者本位の医薬分業へ見直すため、①薬局の機能分化、②薬局において整備した法令遵守体制等の届出、③遠隔服薬指導、④薬剤師による情報提供及び薬学的知見に基づく指導の強化を行うこととしている。

　これらの動物用医薬品への適用については、以下の通りとした。

① 　薬局の機能分化については、今般、薬局は都道府県知事に申請することで特定の機能を持つ地域連携薬局及び専門医療機関連携薬局として認定される仕組みを導入するものであるが、当該機能及び仕組みは人用医薬品等・医療分野に固有のものであり、動物用医薬品等・獣医療分野では想定していないことから、適用しない。

② 　薬局において整備した法令遵守体制等の整備については、少数ではあるが動物用医薬品の取扱いのある薬局が存在することから、適用する。

③ 　遠隔服薬指導及び③薬剤師による情報提供及び薬学的知見に基づく指導の強化については、動物用

医薬品には、薬局における調剤された薬剤及びそれに伴う服薬指導は存在しない概念であるため、適用しない。

○医薬品、医療機器等の安全かつ適切な入手

人用医薬品等については、近年、インターネットの普及等により医薬品、医療機器の輸入が容易化し、日本に持ち込まれる国内未承認の医薬品、医療機器等が急増している。承認等を受けずに行われる医薬品、医療機器等の輸入行為が国内での販売授与を目的としていないこと等の確認を法定化し、承認などの制度の実効性の強化を図るため、医薬品、医療機器等の個人輸入の規制の新設、麻薬取締官及び麻薬取締員による模造医薬品等対策の実施を行うこととしている。

動物用医薬品等については、既に薬機法第83条の２及び第83条の２の２において医薬品、再生医療等製品について個人輸入を原則として禁止しているが、今般、人用医薬品等においてより具体的に個人輸入の手続を規定し、規制する法的根拠を設けることとしている。動物用の医薬品、再生医療製品については同様に不正事例に適切に対応するため、適用することとする一方、動物用の医薬部外品及び医療機器についてはこれらを使用した食用動物から生産された肉・乳等を通じた健康被害の発生等は想定されないため、適用しない。なお、麻薬取締官等の模造医薬品等対策の実施については、今後とも動物用医薬品等の模造医薬品等対策は農林水産大臣のみが行い、麻薬取締官等は行わないこととするため、適用しない。

○その他の改正

人用医薬品等については、保健衛生上の危害の発生及び拡大の防止の観点から、承認申請書等への虚偽記載が判明した場合の承認取消し、認証の内容を逸脱する医療機器及び体外診断用医薬品の製造禁止をできるようにするほか、医薬品等行政評価・監視委員会の新設、治験において副作用等の報告を求める対象となる薬物等の範囲の見直しを行うこととしている。

動物用医薬品等においても、これらの改正事項は動物の保健衛生にとって重要であることから、適用することとした。ただし、医薬品等行政評価・監視委員会の新設は、当該委員会が人用の医薬品の薬害訴訟での原告団からの要望に基づき設置されるものであることを踏まえ、動物用医薬品等には適用しない。

○その他の法律の改正

登録免許税法について、今般の薬機法改正により、動物用の医薬品、医薬部外品の製造について保管のみを行う製造所に係る登録が新設されることから課税範囲に含めるための改正を行った。

7．血液法の改正

（1）科学技術の進展を踏まえた採血等の制限の見直し

一　改正の趣旨

血液は、人の生命を維持していくために不可欠のものであって、これをむやみに採取することは許されるべきものではない。ただし、より高次の目的すなわち人命の救助に関するものとして、医療上や学術研究上必要な血液の採取はやむを得ないことから、

①　次に掲げる物を製造する者が、その原料とする目的で採血する場合（改正前の安全な血液製剤の安定供給の確保等に関する法律（昭和31年法律第160号。以下「血液法」という。）第12条第1項本文）

・血液製剤

・医薬品、医療機器又は再生医療等製品

②　次に掲げる場合（同項ただし書）

・採血自体が治療行為である場合

・輸血、医学的検査（血清学的検査、生化学的検査、血液型判定等）や学術研究（血清組成の比較研究等）のために採血する場合

は、人体から採血することが認められるとともに、採血された血液を原料として①に掲げる物（血液製剤等）を製造することが認められている（同条第2項）。

このほか、採血事業者、病院・診療所の開設者は、厚生労働省令で定める医薬品、医療機器又は再生医療等製品を製造する者の委託を受けて、その物の原料とする目的で採血することが認められている。

また、昨今の再生医療技術の発達を踏まえ、改正前の国家戦略特別区域法（平成25年法律第107号）第20条の3では、厚生労働大臣の認定（特定認定）を受けた場合には、疾病の原因に関する研究、疾病の予防、診断及び治療に関する方法の研究開発又は医薬品等の研究開発において試験等の用途に用いる血液由来特定研究用具（※）の製造が認められるとともに、その研究用具の原料とする目的での採血が認められている。

※例えば、医薬品等の開発において、候補物質の有効性、毒性等の評価に用いられるiPS心筋細胞。

このような状況の下、新たに国家戦略特別区域法の規定による特定認定の申請の意向を示す企業があるとともに、国家戦略特区関西圏以外の地域においても、血液由来特定研究用具の製造ができないかとの要望がある。また、iPS細胞の創薬研究への利用の基礎となるiPS細胞の分化誘導や培養方法に関する基礎研究も進められているところであり、今後、研究の進展に伴って、血液由来のiPS細胞の活用がますます広がることが見込まれる。

そして、近年の再生医療技術の発達を踏まえれば、このような研究用具のほか、医療の質又は保健衛生の向上に資する物については、その時々の医薬品等の研究開発に関する状況を勘案して、採血された血液を原料として製造することを認め、又はその原料とする目的で採血することができるようにする必要性が高い。

※血液由来のiPS細胞の活用として、例えば、アルツハイマー病、鬱病などの患者の血液からiPS細胞を作製し、その病態解明のツールとして用いること、病気の患者の血液からiPS細胞を作製し、一定の患者情報と併せて製薬企業等に提供すること等がある。

※医療の質又は保健衛生の向上に資する物として、例えば、血液検査等の医療機器の研究開発に当たって、当該検査の精度管理の基準となる、いわゆる「標準品」がある。現行では、標準品の原料とする目的での採血が認められていないことから、標準品の製造業者は、海外から購入した血液を用いて標準品を製造して、医療機器の製造業者に提供せざるを得ず、医療機器の研究開発の支障となっている。

また、体外診断用医薬品については、改正前の血液法第2条第1項において「医薬品」の定義から除

外されている。これは、薬事法等の一部を改正する法律（平成25年法律第84号）において、体外診断用医薬品の規制が他の医薬品と異なり医療機器並びとなったことを踏まえ、血液法上も、体外診断用医薬品が血液製剤に含まれないことを明らかにしたものである。

しかしながら、体外診断用医薬品が「医薬品」の定義から除外されたことにより、体外診断用医薬品を製造する目的での採血が認められず（改正前の血液法第12条第1項）、医薬品、医療機器等を製造するための採血が認められていることと均衡を失する状況となっている。

このような研究用具その他の医療の質又は保健衛生の向上に資する物や体外診断用医薬品については、

① 医療上必要な医薬品の研究開発などの医療の質又は保健衛生の向上に資することから、高次の目的に寄与するものであること

② 採血は、医療及び歯科医療以外の目的で行われる場合であっても、医業に該当するものとされているため（血液法第30条）、医師又は医師の指示を受けた看護師等による安全な採血が担保されていること

から、血液法の理念に照らしても許容されるものである。

二　改正の概要
○採血等の制限の緩和（血液法第2条、第12条）

近年の再生医療技術の発達を踏まえ、人の血液の適正な利用を図るため、

① 採血することが認められる範囲について、研究用具その他の医療の質又は保健衛生の向上に資する物として厚生労働省令で定める物（※）を追加するとともに、

② 採血された血液を原料として製造することができる物の範囲について、上記①の物を追加することとした（血液法第12条）。

※血液法施行規則において、以下の物が規定されている。

① 医薬品、医療機器又は再生医療等製品の研究開発に用いる物であつて、次のイからハまでのいずれかに掲げるもの

イ　ヒト体細胞加工研究用具（ロ及びハに掲げる物を除く。）

ロ　ヒト体性幹細胞加工研究用具（ハに掲げる物を除く。）

ハ　ヒト人工多能性幹細胞加工研究用具

② 疾病の原因に関する研究又は疾病の予防、診断及び治療に関する方法の研究開発に用いる物であつて、①のイからハまでのいずれかに掲げるもの

③ 血液学的検査、生化学的検査その他人体から排出され、又は採取された検体の検査の精度を適正に保つために用いる物

また、体外診断用医薬品についても、他の医薬品、医療機器等と同様に、その原料とする目的で採血すること及びその採血された血液を原料として製造することを認めるために、血液法上の医薬品の定義から除外しないこととした（血液法第2条第1項、第12条）。

そして、研究用具その他の医療の質又は保健衛生の向上に資する物として厚生労働省令で定める物や体外診断用医薬品について、これらの物を製造する者が自ら採血する場合だけでなく、その者から委託を受けて、採血事業者、病院・診療所の開設者が、これらの物の原料とする目的で採血することも認め

ることとした。あわせて、血液製剤、医薬品、医療機器及び再生医療等製品についても、採血事業者、病院・診療所の開設者が、これらの物の原料とする目的で採血することを認めることとした。

　これらの改正に伴い、国家戦略特別区域法第20条の3は削除した。

○**採血者の義務（血液法第25条第3項）**

　研究用具等の原料を得る目的での採血については、適正な採血を確保するため、現行の国家戦略特別区域法第20条の3第1項を参考に、献血者等への説明・同意取得その他の厚生労働省令で定める措置（※）の確保を求めることとした（血液法第25条第3項）。

※血液法施行規則において、以下の措置が規定されている。

　①　献血者等（献血者等本人の同意を得ることが困難な場合にあつては、献血者等の親権を行う者、配偶者、後見人その他これらに準ずる者）に対し、採取した血液の使途その他採血に関し必要な事項について適切な説明を行い、その同意を得ること。

　②　採血の目的に照らして必要最小限の採血量とすること。

　③　採血によつて健康が害された献血者等を適切に処遇する体制を整備すること。

（2）採血業の許可基準の明確化

一　改正の趣旨

　血液は、人の生命を維持していくために不可欠のものであって、これをむやみに採取することは許されるべきものではないことから、血液製剤の原料とする目的で、業として、採血しようとする者は、厚生労働大臣の許可が必要とされている（改正前の第13条第1項）。当該許可については、血液製剤の安定供給、献血者等の保護の観点に照らして適切な採血を行えるかどうかを審査するため、

　ア　採血所ごとに、許可を受けるものとし、

　イ　相対的な不許可基準として、

　　①　血液製剤の供給が既に需要を満たしていると認めるとき

　　②　申請者が必要とする量の血液の供給を受けることが著しく困難であると認めるとき

　　③　営利目的で採血しようとするとき

　　④　申請者等が、許可の取消処分等を受け、その処分の日から3年を経過していないとき

のいずれかに該当するときは、厚生労働大臣は許可を与えないことができるものとされている（同条第2項）。

　現在、採血業の許可を受けている者は、日本赤十字社のみであり、同社は、日本全域において約190か所の採血所を開設している。また、血液製剤の安定供給、血液供給体制の効率性の確保の観点から、複数の事業者による血液供給体制の必要性が指摘されているが、新規参入する事業者についても複数の採血所を開設する可能性がある。

　このような状況の下、採血事業者の適格性を適切に判断するためには、採血所ごとに開設の可否を審査するのではなく、事業者自体について、適切な採血の業務の管理や構造設備を備える体制を整備して各採血所を管理することができるかどうかを審査する必要がある。

二　改正の概要

○**採血業の許可基準の明確化（血液法第13条第2項）**

　血液製剤の安定供給及び献血者等の保護の観点から採血事業者の適格性を適切に判断するため、採血業の許可要件として、採血業の許可を受けようとする者が、①適切な採血の業務の管理体制を有するとともに、適切な構造設備を有する採血所において採血すること、②健康診断基準に基づく検討診断を行うこと、③採血基準に基づく採血を行うことを定めることとした。

　さらに、今後、新たな採血事業者が参入した場合に、献血における献血者の意思を尊重し、どの採血事業者に対して自らの血液を提供しているかを認識できるようするため、④採血事業の許可を受けようとする者が、他の採血事業者と誤認されるおそれのある名称を用いていないことを許可要件として定めることとした。

（3）採血事業者のガバナンスの強化

一　改正の趣旨

　上記「（2）採血業の許可基準の明確化」で述べたとおり、採血事業者の適格性を適切に判断するためには、採血所ごとに開設の可否を審査するのではなく、事業者自体について、適切な採血の業務の管理や構造設備を備える体制を整備して各採血所を管理することができるかどうかを審査する必要がある。

二　改正の概要

○採血業の許可等の見直し（血液法第13条第1項、第14条）

　採血業の許可について、採血所ごとではなく、事業者単位で与えることとした（第13条第1項）。

　また、事業の休廃止についても、採血所ごとの許可を廃止した（第14条）。そして、採血事業者が、採血所の新設又は休廃止をしようとする場合は、原則として、厚生労働大臣への届出事項とした（血液法施行規則第7条）。

　なお、改正前の血液法第13条の許可を受けている日本赤十字社については、改正法附則第10条により、改正後の血液法第13条第1項の規定による許可を受けているものとみなすこととした。

○採血業の許可等に係る都道府県知事の経由事務の廃止（血液法第13条第6項）

　採血業の許可を事業者単位とすることに伴い、採血業の許可申請や事業の休廃止の申請における都道府県知事の経由事務を廃止し、厚生労働大臣が採血業の許可等をしたときは、採血所の所在地の都道府県知事に通知することとした。

○採血責任者等の設置義務の新設（血液法第21条）

　採血の業務の適正な管理を図るため、省令に位置付けられていた採血責任者及び採血統括者を法律上に位置付けることとし、採血事業者は、

① 採血所ごとに、採血に係る業務を管理する採血責任者を置かなければならないこととし、

② 二以上の採血所を開設したときは、採血責任者の設置、採血責任者に対する採血の指図その他採血に係る業務を統括管理する採血統括者を置かなければならないこととした。

○業務停止命令、立入検査（血液法第22条から第24条）

　採血業の許可を事業者単位とすることに伴い、業務停止命令に当たって、業務の一部の停止を命ずる

ことができることとした（第22条及び第23条）。また、立入検査において、採血所以外に、採血事業者の事務所その他の場所に立ち入ることができることとした（第24条）。「その他の場所」としては、出張採血を行った場所、採血により得られた血液の保管施設等が考えられる。

（4）原料血漿の製造業者の位置付けの明確化

一　改正の趣旨

「原料血漿」とは、国内で献血により得られる人血漿であって、血液製剤の原料となるものをいう（改正前の第17条第1項）。

原料血漿の製造は、採血に附帯する業務の一つとして、採血事業者の附帯業務に位置付けられており、採血事業者に、需給計画の作成に係る届出義務や需給計画の尊重義務等が課されている（改正前の第25条、第27条）。

このように、改正前の血液法では、採血事業者以外の者が、原料血漿を製造・供給することは想定されていなかったが、新規の採血事業者が参入することとなれば、そのことを契機に、原料血漿の製造・供給についても、新たな製造業者が介在するなど複数の流通ルートが生ずる事態が想定される。このような場合には、採血事業者のみに、需給計画の作成に係る届出義務や需給計画の尊重義務を課したとしても、需給計画を適切に作成することができないおそれがある。

二　改正の概要

○原料血漿の製造業者の位置付けの明確化（血液法第7条、第17条、第26条から第28条）

・　採血事業者としての義務と原料血漿の製造業者としての義務の関係を明確にするため、原料血漿の製造については、採血に附帯する業務から除外した（第17条）。

・　原料血漿の製造業者に対し、安全な血液製剤の安定的かつ適切な供給、その安全性の向上に寄与する技術の開発、情報の収集及び提供について、努力義務を課すこととした（第7条）。

・　需給計画を適切に作成して血液製剤の安定供給を図るため、需給計画の作成に係る届出義務及び需給計画の尊重義務等については、原料血漿の製造業者の義務とした（第26条第3項及び第7項、第28条）。

あわせて、原料血漿の製造業者は、原料血漿の供給の実績を報告しなければならないものとした（当該報告義務に違反した者は、50万円以下の罰金）（第27条第1項、第39条）。

（5）　献血推進計画及び献血受入計画の見直し

一　改正の趣旨

献血を推進し、血液製剤の安定供給の確保を図るため、厚生労働大臣は、毎年度、翌年度の献血の推進に関する計画（以下「献血推進計画」という。）を定めるものとされている（改正前の血液法第10条）。献血推進計画においては、「当該年度に献血により確保すべき血液の目標量」等を規定することとされているが、この血液の目標量等を定めるためには、血液製剤の医療需要、人口動態等のほか、採血事業者が採血可能な血液の量や、血液製剤の製造販売業者が供給すると見込まれる血液製剤の量を勘案する必要がある。しかしながら、改正前の血液法では、厚生労働大臣が、採血事業者の採血可能な血液の量等を把握する方法が措置されておらず、献血推進計画の作成に支障を生ずるおそれがある。

また、採血事業者は、毎年度、都道府県の区域を単位として、翌年度の献血の受入れに関する計画（以

下「献血受入計画」という。）を作成し、厚生労働大臣の認可を受けなければならないものとされているが、改正前の血液法では、献血受入計画において規定すべき事項が法定されていない（改正前の血液法第11条）。新規の事業者が参入し、複数の採血事業者が存在する事態となった場合、献血の推進の観点からは、献血の目標数値や献血血液の目標量を確保するために必要な措置を明確にする必要性が高い。

二　改正の概要

○献血推進計画の作成に係る届出義務（血液法第10条）

　献血推進計画の作成に資するため、採血事業者は、毎年度、翌年度において献血により受け入れることが可能であると見込まれる血液の量を、血液製剤の製造販売業者は、供給すると見込まれる血液製剤の量をそれぞれ厚生労働大臣に届け出なければならないこととする（当該届出義務に違反した者は、50万円以下の罰金）（血液法第10条第3項、第39条）。

○献血受入計画の記載事項の明確化（血液法第11条）

　献血の推進の円滑な実施を図るため、献血受入計画において、献血により受け入れる血液の目標量、当該目標量を確保するために必要な措置等を定めることとする（血液法第11条第2項）。

【参考】都道府県献血推進計画の記載事項

　献血の推進の円滑な実施を図るためには、都道府県献血推進計画の記載事項についても、献血により確保すべき血液の目標量、当該目標量を確保するために必要な事項等を定めることが望ましい。もっとも、地方分権改革が進められている状況の下、地方自治体が自らの責任において行政を実施する仕組みを構築するとの観点から、血液法上では、都道府県献血推進計画の内容の義務付けを行わず、通知により同計画の記載事項の明確化を図っていくこととした（令和2年8月27日付け薬生発0827第2号厚生労働省医薬・生活衛生局長通知「安全な血液製剤の安定供給の確保等に関する法律の一部改正について」）。

【コラム】「献血の推進」と「献血の受入れ」の内容の明確化

　血液法上、国及び都道府県が「献血の推進」を行い、採血事業者が「献血の受入れ」を行うこととされているが、「献血の受入れ」が受動的表現であり、例えば、献血者の募集がその内容に含まれているかどうかが必ずしも明確でなかった。このため、「献血の推進」及び「献血の受入れ」の内容を明確にし、国、都道府県及び採血事業者が、適切に役割分担を行って献血を推進することができるよう、

①　献血の推進の内容の例示として「献血に関する普及啓発」（第10条第2項第2号）
②　献血の受け入れの内容の例示として「献血者の募集」（第11条第2項第2号）
をそれぞれ規定することとした。

（6）保健衛生上の危害の発生又は拡大防止のための情報提供義務を負う者の追加

一　改正の趣旨

　血液製剤による保健衛生上の危害の発生又は拡大を防止するため、採血事業者は、血液に関する必要

な情報を、血液製剤の製造販売業者に提供しなければならないこととされている（改正前の血液法第28条）。具体的には、①採血事業者が、採血した血液にウイルスが混入していることを自ら把握した場合のほか、②医療現場においてウイルスの混入が判明した場合に遡及して調査した結果、同一の原料血液から製造された別の血液製剤があることが判明した場合にも、情報提供をしなければならない。

※血液に関する必要な情報とは、いつ提供されたどの原料血液にどのようなウイルスが混入しているおそれがあるのかが分かる情報をいう（採血日、原料血漿の供給日、製造番号等）。

　現在、採血事業を行っているのは、日本赤十字社のみであり、同社が自ら原料血漿及び血液製剤を製造しているほか、他の血液製剤の製造販売業者に原料血漿を供給しているが、今後、複数の採血事業者が採血事業に参入することを契機に、原料血漿の供給についても、新たな原料血漿及び血液製剤の製造業者が介在するなど複数の流通ルートが生ずる事態が想定される。

　このような場合に、採血事業者だけが、血液に関する必要な情報を血液製剤の製造販売業者に提供する義務を負うとすると、保健衛生上の危害の発生又は拡大を防止できないおそれがある。

　また、献血者が、複数の採血事業者で採血をする場合も想定されるところ、このような場合には、保健衛生上の危害の発生又は拡大のおそれの原因となったウイルスが入った献血者の血液について、別の採血事業者が採取し、その血液を原料として別の血液製剤が製造され、保健衛生上の危害が発生又は拡大するおそれがある。

二　改正の概要

○保健衛生上の危害の発生又は拡大防止のための情報提供義務（血液法第29条）

　血液製剤による保健衛生上の危害の発生又は拡大を防止するため、採血事業者のほか、原料血漿の製造業者及び血液製剤の製造業者は、血液、原料血漿又は血液製剤の安全性に関する必要な情報を、血液製剤の製造販売業者に提供しなければならないこととした。

　また、採血事業者は、その採取した血液を原料とする血液製剤による保健衛生上の危害の発生又は拡大のおそれが生じた場合には、血液の安全性に関する情報を、他の採血事業者に提供しなければならないこととした。

関係資料

関係資料

○ 薬機法等制度改正に関するとりまとめ

平成30年12月25日
厚生科学審議会
医薬品医療機器制度部会

第1　はじめに

○　平成25年、旧薬事法について安全対策の強化や医薬品販売規制の見直し等を内容とする二度の法改正が行われ、この改正法の附則で施行後5年を目途とする見直しの検討規定が置かれた。この規定を契機として、平成30年4月以降、厚生科学審議会医薬品医療機器制度部会（以下、「本部会」）では、医薬品、医療機器等の品質、有効性及び安全性の確保等に関する法律（昭和35年法律第145号。以下、「薬機法」）の施行状況に加え、人口構成の変化や技術革新の進展などの環境変化を踏まえ、薬機法見直しの検討を中心に、医薬品・医療機器等を取り巻く現状や課題について議論を行った。

○　この「とりまとめ」は、これまで計10回にわたって議論を行った内容について、特に法改正などの制度改正が必要と考えられる事項を中心にとりまとめたものである。

○　なお、薬剤師・薬局のあり方、医薬分業のあり方については、薬機法関連の制度改正に関わる事項にとどまらない幅広い議論を行ったことから、今後の関連制度に係る検討に資するよう、その結果を「薬剤師が本来の役割を果たし地域の患者を支援するための医薬分業の今後のあり方について」としてとりまとめた。

第2　高い品質・安全性を確保し、医療上の必要性の高い医薬品・医療機器等を迅速に患者に届ける制度

1.　基本的な考え方

○　患者のニーズに応える医薬品・医療機器等が我が国の医療現場に迅速に提供されるよう、技術革新やグローバル化の状況を踏まえつつ、安全対策の充実を含めた適切な制度整備を進めることが必要である。

○　近年、医薬品・医療機器等の開発においては、国際共同治験が活発に行われる一方で、各国の制度環境等に基づき企業が開発拠点を選ぶ状況が広がっている。このようなグローバル化の状況を踏まえ、安全確保を前提として、ドラッグラグ・デバイスラグ[1]の解消を目指すとともに、医療上の必要性の高い分野において迅速な患者アクセスを確保するよう、審査に関わる制度を見直す必要がある。

○　また、技術の進展を活用し、品質管理や安全対策のレベル向上を図るためには、国際整合性が高く合理的で、企業の生産性の向上に資する規制環境を整備する必要がある。例えば、個別製品を連続的・網羅的に確認する品質管理技術の進展が見られ、ロットごとのサンプル調査に比較して飛躍的な品質管理レベルの向上が期待される。また、情報技術を活用した適時適切な使用状況・副作用情報等の収集・分析や安全情報の提供等は安全対策の充実に貢献しうる。このような技術が日本に円滑に導入される環境を整えることが求められる。

○　さらに、情報技術の進展に伴い、特に医療情報データベースや疾患登録レジストリなどに含まれるリアルワールドデータ[2]の医薬品・医療機器等の安全性・有効性の評価における活用の可能性が広がっている。このような状況を踏まえ、製造販売後の安全対策のみならず、リアルワールドデータを比較対照として活用する効率的な医薬品・医療機器等の開発や適応拡大への応用などの科学的な検討を深めるとともに、信頼性が確保されたデータ収集を進めていく必要がある。

2.　具体的な方向性

（1）患者アクセスの迅速化に資する承認審査制度の合理化

①　先駆け審査指定制度、条件付き早期承認制度の法制化

○　平成27年から運用されている先駆け審査指定制度の対象となる革新的な医薬品・医療機器等[3]や、小児用法用量設定など医療上充足されていないニーズを満たす医薬品・医療機器等について、速やかな患者アクセスを確保することが重要である。このため、これらの医薬品・医療機器等を法令上明確化し、安全対策を前提に、迅速な承認審査を行うことなどにより、製造販売業者の承認申請を促すべきである。

○　重篤な疾患であって、有効な治療方法が乏しく、評価のための一定のデータはあるが患者数が少ない等の理由で新たな検

1　欧米等海外で新たに使用されるようになった医薬品・医療機器等が、日本で承認されて使用されるようになるまでの時間の差のこと。
2　ここでいうリアルワールドデータとは、実臨床の環境において収集された安全性・有効性の評価に活用できる各種電子的データを指す。
3　①画期性があり、②対象疾患が重篤、③対象疾患に対して極めて高い有効性を持ち、④（世界同時を含め）世界に先駆けて日本に早期開発・申請する医薬品・医療機器等のこと。

証的な臨床試験の実施が困難な疾患等を対象とする医薬品・医療機器について、有効性・安全性の確保を図りつつ、患者アクセスを迅速化することが重要である。このため、これらの医薬品・医療機器を薬機法上に基づく「条件付き早期承認制度」の対象として、要件を法令上明確化するとともに、製造販売後の有効性・安全性を適切に確認する観点から製造販売後調査を含めた情報収集活動とその評価を充実させる必要がある。また、当該制度に基づき承認された医薬品・医療機器については、使用する患者に対して、その事実と安全性等について十分な説明を行う必要がある。

○ これらの新たな制度の運用に当たっては、医療上の必要性の高い医薬品・医療機器等に限り適用されるよう、適用の条件や判断プロセスを明確にして透明性を高めることが重要である。

② 医療機器の特性を踏まえた承認制度の構築
○ 医療機器については、メスからペースメーカー、MRIまで多種多様であること、絶え間ない継続的な改善・改良が行われること、市販後に変更を繰り返すことや、手技者の影響が大きいことといった特性を有している。これらの医療機器の特性や、ビッグデータやAIといった新技術を応用した新たな医療機器などにも適用可能な承認制度の構築が求められている。

○ このことを踏まえ、革新的医療機器の速やかな患者アクセスの実現のために、以下の観点から制度を構築すべきである。
・ 施設や術者等の限定や市販後安全対策の充実強化により、機器のもつ機能に着目した他臓器や部位への迅速な適用追加
・ 改善・改良計画を審査の過程で確認し、計画された範囲の中で迅速な承認事項の一部変更を認めることにより、継続した改善・改良を可能とする承認審査
・ 市販後に恒常的な性能等が変化する医療機器について、医療機器の改善・改良プロセスを評価することにより、市販後の性能変化に併せて柔軟に承認内容を変更可能とする方策を踏まえた承認審査

○ 医療機器については、それぞれの特性に応じて承認、認証等を受けて製造販売が行われるが、認証を受けた医療機器の改良・改善を行った結果、認証基準の範囲を超え承認が必要となる場合がある。国民の医療ニーズに迅速に対応する観点から、このような場合の改良・改善について迅速・効率的な審査が可能となるよう、制度の改善を検討すべきである。

○ なお、医療機器の評価は、ヒトでの評価やモデル動物での評価よりも、実験系による評価の方がより適切な場合がある。革新的な医療機器の開発において、有効性・安全性を評価するための実験系・評価系を構築しつつ、効率的な開発を推進することも重要である。

③ 治験手続の明確化と被験者の安全性の確保
○ 治験において、対照薬や併用薬等として未承認薬等が用いられる場合の副作用・不具合報告や医療機関への情報提供等の義務を明確化することや、複数の治験薬を同時にそれぞれ異なる患者集団に投与するような複雑な治験を効率的かつ適切に管理するための運用の改善などを通じて、被験者の安全の確保を図るべきである。

（2）国際的な整合性のある品質管理手法の導入
① 製造所ごとのGMP[4]・GCTP[5]適合性調査の導入
○ 医薬品、医薬部外品及び再生医療等製品の承認後、製造販売業者は、品目毎にGMP・GCTP適合性調査を定期的（5年毎）に申請し、調査を受ける必要がある。この調査については、品目に共通な項目の重複調査回避、国際整合性を踏まえた品質管理の効率化・重点化等の観点から、調査項目は維持しつつ、製造業者の申請に基づき、製造所単位の調査を受けることも可能とすべきである。なお、製造所単位の調査では、剤形（固形剤、液剤等）や製造工程の技術特性に合わせた区分を設けて適合性を確認すべきである。

② QMS[6]適合性調査の見直し
○ 医療機器及び体外診断用医薬品の製造販売業者が、安定供給や組織改編によるバックアップ等を目的とし、同一の製造工程を複数の製造所で行うことがあるが、その後、製造の安定等により、基準適合証に記載された一部の製造所を利用しなくなる場合がある。このように、QMS適合性調査を受けた製造所のうち同一工程を複数の製造所で行っていたものの一部を利用しなくなる場合には、改めて当該調査を受けることまでは要しないこととすべきである。

③ リスクに応じた品質に係る承認事項の変更管理手法
○ 製造技術のイノベーションの活用やグローバル化したサプライチェーン[7]の効率的な管理を促進するため、製造方法等に

---

4 医薬品及び医薬部外品の製造所における製造管理及び品質管理の基準（Good Manufacturing Practiceの略）
5 再生医療等製品の製造所における製造管理及び品質管理の基準（Good Gene, Cellular and Tissue-based Products Manufacturing Practiceの略）
6 医療機器及び体外診断用医薬品の製造販売業者等における製造管理及び品質管理の基準（Quality Management Systemの略）
7 ここでは、医薬品等の製造過程を含む原材料等の供給網のこと。

関する承認事項の変更手続を円滑に行えるようにする必要がある。このため、PACMP（承認後変更管理計画書）を活用した品質に係る承認事項の変更管理手法を導入し、当該計画に沿った変更を行う場合は、より柔軟な手続を可能とするとともに、リスクに応じた予見可能性の高い変更管理手法を検討すべきである。

○ 医薬品等の製造過程における保管のみを行う製造所については、製造販売業者による適切な管理が行われ、当局による調査の実施が可能であることを前提として、サプライチェーンにおける変更内容を迅速かつ合理的に承認書等へ反映する方法を検討すべきである。

（3）安全対策の充実
① 添付文書情報の提供
○ 医薬品・医療機器等の適正使用に資する最新の情報を速やかに医療現場へ提供するとともに、納品されるたびに同じ添付文書が一施設に多数存在するといった課題を解決するため、添付文書の製品への同梱を廃止し、電子的な方法による提供を基本とすることが適当である。

○ 同梱に代わる確実な情報提供の方法として、製造販売業者の責任において、必要に応じて卸売販売業者の協力の下、医薬品・医療機器等の初回納品時に紙媒体による提供を行うものとする。また、最新の添付文書情報へアクセスを可能とする情報を製品の外箱に表示し、情報が改訂された場合には紙媒体などにより医療機関・薬局等に確実に届ける仕組みを構築する必要がある。

○ なお、医療機器等については、プログラム医療機器や設置管理医療機器をはじめとした製品の特性に応じた情報提供の方法に留意すべきである。

○ また、一般用医薬品等の消費者が直接購入する製品は、使用時に添付文書情報の内容を直ちに確認できる状態を確保する必要があるため、現行のままの対応とすることが適当である。

② トレーサビリティ[8]等の向上
○ 医療安全の確保の観点から、製造、流通から、医療現場に至るまでの一連において、医薬品・医療機器等の情報の管理、使用記録の追跡、取り違えの防止などバーコード[9]の活用によるトレーサビリティ等の向上が重要である。このような取組による安全対策を推進するため、医薬品・医療機器等の直接の容器・被包や小売用包装に、国際的な標準化規格に基づくバーコードの表示を義務化することが適当である。

○ バーコード表示を求めるに当たっては、医薬品・医療機器等の種類や特性に応じた効率的・段階的な対応や一般用医薬品などを含めた現状のコード規格の普及状況などを考慮する必要がある。

○ また、バーコード表示の義務化と合わせて製品情報のデータベース登録などを製造販売業者に求めるとともに、医療現場などにおけるバーコードを活用した安全対策の取組を推進していく必要がある。

③ 疾患登録レジストリ等の情報の安全対策への活用
○ 疾患ごとに患者情報が集積されている疾患登録レジストリ等の情報について、医薬品・医療機器等の安全対策に十分活用できるよう、製造販売業者がそれらの情報を収集しやすくすることが必要である。

第3 薬剤師・薬局のあり方
1. 基本的な考え方
○ 本部会では、医薬分業の現状を踏まえ、今後の地域における薬物療法の提供に当たっての患者支援のあり方について、「薬剤師が本来の役割を果たし地域の患者を支援するための医薬分業の今後のあり方について」にとりまとめた。

○ これを踏まえると、今後、地域包括ケアシステムの構築が進む中で、薬剤師・薬局がその役割を果たすためには、各地域の実情に応じ、医師をはじめとする他の職種や医療機関等の関係機関と情報共有しながら連携して、患者に対して一元的・継続的な薬物療法を提供することが重要である。

---

8 医薬品・医療機器等の流通、使用などの記録を作成し、事後的な追跡ができることをいう。
9 数字・記号等の識別子を光学的に読み取ることができる情報媒体で、ここでは2次元コードを含む。

○　そのためには、薬剤師は、調剤時のみならず医薬品の服用期間を通じて、服薬状況の把握（服薬アドヒアランス[10]や有効性の確認、薬物有害事象の発見等）による薬学的管理を継続的に実施し、必要に応じて、患者に対する情報提供や薬学的知見に基づく指導を行うほか、それらの情報を、かかりつけ医・かかりつけ歯科医に提供することはもちろん、他の職種や関係機関と共有することが更に必要となる。また、適切な薬学的管理を行い必要な受診勧奨につなげるため、要指導医薬品、一般用医薬品、いわゆる「健康食品」等の使用状況等を把握することも重要である。

○　薬局は、従事する薬剤師が以上のような役割を十分に果たせるような環境を整備する必要がある。その一環として、薬剤師の行う対人業務を充実させる観点から、品質の確保を前提として対物業務の効率化を図る必要がある。

○　また、今後、在宅医療の需要が増大することが見込まれるほか、がんの薬物療法に関して、経口薬が増加して外来で処方される機会が多くなっているなど、専門性が高い薬学的管理が継続的に必要となる薬物療法が提供される機会が増加しており、このような状況に適切に対応するためには、臨床現場で専門性が高く、実践的な経験を有する医療機関の薬剤師が中心的な役割を果たしつつも、地域の実情に応じて、一定の資質を有する薬局の薬剤師が医療機関の薬剤師と連携しながら対応することが望ましいと考えられる。このような中では、患者が自身に適した機能を有する薬局を選択できるようにすることが重要であり、そのための環境を整えるべきである。

２．具体的な方向性
（１）患者の薬物療法を支援するために必要な薬剤師・薬局における取組
　①　服用期間を通じた継続的な薬学的管理と患者支援
　　○　現行の薬剤師法等の規定では、薬剤師は調剤時に情報提供や薬学的知見に基づく指導を行うことが義務づけられているが、薬剤の服用期間を通じて服薬状況の把握等を行うべき旨は必ずしも明確ではない。このため、薬剤師には、調剤時のみならず、薬剤の服用期間を通じて、一般用医薬品等を含む必要な服薬状況の把握や薬学的知見に基づく指導を行う義務があることを明確化すべきである。

　　○　また、患者に対する継続的な薬学的管理・指導を効果的に実施できるよう、薬剤師に、上記により把握した患者の服薬状況等の情報や実施した指導等の内容について記録することを義務づけるべきである。

　　○　薬局開設者は、その薬局に従事する薬剤師に対して、上記に関する業務を実施させるべきである。

　②　医師等への服薬状況等に関する情報の提供
　　○　薬剤師は、把握した患者の服薬状況等に関する情報について、医療機関・薬局において診療又は調剤に従事する医師、歯科医師、薬剤師へ適切な頻度で提供するように努めるべきことを明確化すべきである。

　③　薬剤師の資質の向上
　　○　以上のような役割を果たすためには、薬剤師自らが常に自己研鑽に努め、専門性を高めていくことが重要である。

（２）患者が自身に適した薬局を主体的に選択するための方策
　　○　患者が自身に適した機能を有する薬局を主体的に選択できるよう、薬局開設許可に加え、特定の機能を有する薬局を法令上明確にし、当該機能を果たしうる薬局であることを示す名称の表示を可能とすべきである。なお、具体的な機能としては、「患者のための薬局ビジョン」においてかかりつけ薬剤師・薬局が備えていくことが必要とされた機能や患者等のニーズに応じて強化・充実すべきとされた機能を基本に、例えば、以下のような機能を持つ薬局が考えられる。
　　　・　地域において、在宅医療への対応や入退院時をはじめとする他の医療機関、薬局等との服薬情報の一元的・継続的な情報連携において役割を担う薬局
　　　・　がん等の薬物療法を受けている患者に対し、医療機関との密な連携を行いつつ、より丁寧な薬学管理や、高い専門性を求められる特殊な調剤に対応できる薬局

　　○　これらの薬局の機能に関する情報は、医療計画の策定等において活用されることが期待される。

（３）遠隔服薬指導等
　　○　遠隔診療の状況を踏まえ、対面でなくともテレビ電話等を用いることにより適切な服薬指導が行われると考えられる場合については、対面服薬指導義務の例外を検討する必要がある。例外の具体的な内容については、オンライン診療ガイドラインの内容や特区実証の状況等に加え、かかりつけ薬剤師に限定すべき、品質の確保など医薬品特有の事情を考慮すべき等の

10　患者が薬の作用・副作用について十分な説明を受け納得した上で、服薬の必要性を理解し、主体的に治療を受け、継続した服薬を行うこと。

本部会での指摘を踏まえ、専門家によって適切なルールを検討すべきである。

○　患者の療養の場や生活環境が変化している中で、患者が薬剤師による薬学的管理を受ける機会を確保するため、服薬指導及び調剤の一部を行う場所について、一定の条件の下で、職場等、医療が提供可能な場を含めるような取扱いとすべきである。

（4）対人業務を充実させるための業務の効率化
　　　○　質の高い薬学的管理を患者に行えるよう、薬剤師の業務実態とその中で薬剤師が実施すべき業務等を精査しながら、調剤機器や情報技術の活用等も含めた業務効率化のために有効な取組の検討を進めるべきである。

（5）麻薬流通の合理化
　　　○　在宅における緩和ケアを推進するためには、薬局において医療用麻薬が適切かつ円滑に患者に提供される必要がある。現行では処方箋を受け取った場合にのみ不足する医療用麻薬を薬局間で譲渡できる仕組みとなっているが、一定の要件の下で事前に譲渡することができるような仕組みを検討すべきである。

第4　医薬品・医療機器等の製造・流通・販売に関わる者に係るガバナンスの強化等
　1．基本的な考え方
　　　○　近年、承認書と異なる製造方法による医薬品の製造や医療用医薬品の偽造品の流通など、保健衛生上の危害の発生が懸念される不正事案が少なからず発生している。このような不正事案の今後の再発を防止することが肝要である。

　　　○　過去発生した不正事案の多くでは、薬機法において医薬品・医療機器等を取り扱う者に求められている基本的な責務が果たされていなかったことが大きな要因と考えられる。これを踏まえ、薬機法上の許可等業者、許可等業者の役員及び許可等業者において選任された責任者・管理者等が、薬機法が求める責務を果たすことを担保するための措置を検討し、再発防止に取り組む必要がある。

　　　○　また、経済的利得を主たる目的として行われる類型の違法行為を抑止する措置や、未承認の医薬品・医療機器等の個人輸入や偽造品の流通に関する不正事案等を踏まえた適切な措置等についても検討すべきである。

　2．具体的な方向性
　（1）製造・流通・販売に関わる者のガバナンスの強化
　　①　許可等業者・役員の責務の明確化
　　　○　医薬品、医薬部外品、化粧品、医療機器及び再生医療等製品の製造・流通・販売に関わる薬機法上の許可等業者が、法令を遵守して業務を行うことを確保する必要がある。このため、許可等業者について、法令遵守、法令遵守のための体制整備等の必要な措置、必要な能力及び経験を有する責任者・管理者等の選任等の義務を明確化すべきである。

　　　○　許可等業者が法人である場合には、その役員が許可等業者の法令遵守に責任を有することを明確にするため、以下の点を規定すべきである。
　　　・　許可等業者の薬事に関する業務に責任を有する役員（責任役員）を薬機法上位置づけること。
　　　・　責任役員による許可等業者の法令遵守を担保するため、必要な場合に、当該責任役員の変更を命じることができるものとする措置を定めること。

　　　○　許可等業者が、必要な能力及び経験を有する技術責任者の選任義務を果たすことができるようにするため、医薬品の製造販売業者が選任する総括製造販売責任者に求められる要件を、以下のように整理すべきである。
　　　・　現行制度を基本に、薬剤師であり、かつ一定の従事経験を有し、品質管理業務又は安全確保業務に関する総合的な理解力及び適正な判断力を有する者が任命されるよう、要件を明確化すること。
　　　・　総括製造販売責任者としての責務を果たすことが可能な職位を有する薬剤師が確保できない場合などに限り、薬剤師以外の者を選任できるような例外規定を設けること。
　　　・　その場合であっても、例外規定が長く続かないように、専門的見地から総括製造販売責任者を補佐する社員たる薬剤師の配置、薬剤師たる総括製造販売責任者の社内での継続的な育成などの体制を整備すること。

　　　○　同一の薬局開設者が複数の自治体において開設許可を有している場合においては、その薬局開設者の法令遵守体制等に関する行政対応をより円滑に行うことができるようにするため、国や許可自治体が相互に密接な連携を行うための方策を整理する必要がある。

　　　○　なお、許可等業者の法令違反等に対しては厳正な措置を行う一方で、許可申請書類を簡素化する等、平時の企業活動にお

ける事務負担については、可能な範囲で軽減することを検討すべきである。

② 経済的利得の是正を通じた違法行為の抑止
○ 経済的利得を主たる目的とするものと考えられる広告違反等の違反行為が、薬機法上の業許可を持たない事業者によっても行われるなど、現行の行政処分によっては抑止効果が機能しにくい実態があることを踏まえ、違法行為の抑止を図るため課徴金制度を検討すべきである。

○ 課徴金制度については、行政処分が機能しにくい業許可を持たない事業者等に対する取締りを実効的に行うことができるようにするとともに、その執行が適正に行われることを確保するため、以下のような明確な要件を検討すべきである。なお、納付された課徴金を医療費等に還元する可能性についても検討すべきであるとの指摘があった。
・ 他の行政処分が機能している場合等には課徴金納付命令を行わないことができるものとする除外規定を設けること。
・ 不当な経済的利得が一定規模以上の事案を課徴金納付命令の対象とすること。
・ 課徴金の額の算定については、違法行為の対象となった製品の売上額に一定の算定率を乗じる簡明な算定方式を採用すること。
・ 納付命令の実施主体については、国と都道府県等の双方に権限を付与すること。

○ 加えて、広告違反行為に対しては、訂正広告等を命じる措置命令を検討すべきである。

○ また、違反広告と併せて行われることが多い未承認の医薬品・医療機器等の販売、授与等の禁止への違反行為に対する十分な抑止措置も検討すべきである。

③ 卸売販売業者に対する規制の見直し
○ 医薬品を中心とした流通における品質管理の観点から、医薬品営業所管理者が適切な機能を発揮することが重要である。このため「物の出入り」のみならず全体業務の把握と管理を医薬品営業所管理者の業務として業務手順書に位置づけるとともに、業務を遂行するための勤務体制、不在時の連絡体制の確保等を卸売販売業者の義務として明確化すべきである。

○ また、返品等を含めた流通全体における品質管理については、トレーサビリティの確保も活用しつつ、卸売販売業者のみならず関係者との連携を含めた対応について検討すべきである。

④ 不適切な記載のある承認書等への対応
○ 医薬品・医療機器等について、承認・認証申請書等の重要な事項（品目仕様、製造方法等）において虚偽等の不適切な記載が判明した場合に、法令上の対応を行うことが困難な場合があるため、適切な対応が可能となるように整理すべきである。

（２）個人輸入に関する規制の見直し等
○ 未承認の医薬品・医療機器等の個人輸入や偽造品の流通による不正事案や健康被害の発生・拡大を防止するため、現状の輸入監視（薬監証明制度）の仕組みを法律上明確にし、手続違反に対する取締りや、保健衛生上の観点から特に必要と認める場合に輸入制限などを可能とするなど、個人輸入に関する指導・取締りを法令に基づき適切に実施できるように検討すべきである。

○ また、個人輸入や偽造品等に関する不正事案に関して、事案の認知から取締りまでを迅速に対処する必要があるため、これら事案についての捜査権限を薬事規制当局である厚生労働省・都道府県に属する麻薬取締官・麻薬取締員に付与することを検討すべきである。

○ 医療用の覚せい剤原料については、不正な流通防止のための措置を確保するとともに、自己の疾病の治療目的での患者の携帯輸出入を認めること等により、医療用の麻薬との規制の均衡を図るべきである。

第5 その他
○ 血液法の改正については、科学技術の発展や血液事業を巡る情勢の変化を踏まえ、血液製剤の安全性及び安定供給の確保に資するよう、薬事・食品衛生審議会薬事分科会血液事業部会において以下の検討が行われた。
・ 科学技術の発展を踏まえた採血等の制限の緩和
例えば血液由来iPS細胞を医薬品試験に活用する場合など、医療の発展に寄与する採血を認める。
・ 採血業の許可基準の明確化
採血業への新規参入者の予見可能性の確保及び献血者の保護を図るため、採血業の許可基準を明確化する。
・ 採血事業者のガバナンスを強化するための措置
採血業許可を採血所単位から事業者単位の規制にするとともに、現場における採血業務を管理する責任者を法律に規定

し、その責務を明確化することにより、採血事業者のガバナンスを強化する。

○ 「薬害肝炎事件の検証及び再発防止のための医薬品行政のあり方検討委員会」の指摘した「第三者組織」については、医薬品・医療機器等にかかわる行政の透明性の向上等の観点から、医薬品・医療機器等の安全対策の実施状況を評価・監視し、必要に応じて厚生労働大臣に意見を述べることができる組織として、同検討委員会の最終提言の趣旨を最大限尊重しつつ実効性のある組織を検討したうえで厚生労働省に設置すべきである。

○ このほか、「医療用医薬品の販売情報提供活動に関するガイドライン」については、情報提供を装った広告類似行為など、不適切な事例についての収集やその整理を含め、その施行後の運用及び遵守状況の調査・分析を実施し、その結果に応じて適切な方策を講じることとすべきである。

第6 おわりに

○ 以上が本部会で検討した内容であるが、各事項について、厚生労働省は関係機関との調整を行うなど、法制化の作業を迅速に進めていくほか、必要な施策を推進していくよう求める。

○ また、とりまとめた基本的な考え方に基づき、医薬品・医療機器等の品質、有効性及び安全性の向上に資する措置については、今回とりまとめた内容にとどまらず、必要に応じ実施していくべきである。

○ 今後も、引き続き、人口構造をはじめとした社会経済情勢の変化や技術革新・国際化の状況に適切に対応した制度となるように、適時適切に見直しを行うよう求める。

薬剤師が本来の役割を果たし地域の患者を支援するための
医薬分業の今後のあり方について
（医薬分業に関するとりまとめ）

1．医薬分業の現状

○　医薬分業が目指すものは、医師が患者に処方箋を交付し、薬剤師がその処方箋に基づき調剤を行うことで、医師と薬剤師がそれぞれの専門性を発揮して業務を分担・連携すること等によって、患者に対して有効かつ安全な薬物療法の提供を行い、医療の質の向上を図ることである。具体的には、薬局の薬剤師が患者の服薬情報を一元的・継続的に把握した上で、薬学的管理・指導が行われることにより、複数医療機関受診による重複投薬、相互作用の有無の確認などが可能となる。また、薬局の薬剤師が、処方した医師・歯科医師と連携して患者に服薬指導することにより、患者の薬に対する理解が深まり、薬を適切に服用することが期待できる。

○　これまでのわが国における医薬分業は、こうした姿を目指して推進され、厚生労働省の調査では、薬局において応需した処方箋のうち約2.8％について疑義照会が行われ、応需処方箋の約1.0％が処方変更につながっていることが示される[11]など、一定の役割を果たしてきた。その一方で近年、これまで長らく薬局においては概して調剤における薬剤の調製などの対物中心の業務が行われるにとどまり、薬剤師による薬学的管理・指導が十分に行われているとはいえず、そのような状況下での医薬分業については、患者にとってのメリットが感じられないとの指摘や、公的医療保険財源や患者の負担に見合ったものになっていないとの指摘がされるようになってきている。

○　医薬分業の現状を見ると、1970年代以降、診療報酬で処方箋料の引上げや薬価差解消等の措置がとられたこともあり、処方箋受取率は上昇を続け、現在では処方箋受取率7割[12]、薬局数は5万9千[13]を超えている。費用面では、調剤技術料は調剤報酬改定での引上げもあって直近で1.8兆円[14]に達しており、収益を内部留保として積み上げている薬局もある。

○　このような中で、厚生労働省は、平成27年に患者本位の医薬分業の実現に向けて「患者のための薬局ビジョン」を策定し、かかりつけ薬剤師・薬局を推進して、薬剤師の業務を対物業務から対人業務を中心とした業務へシフトさせ、薬剤師がその専門性を発揮するよう、医療保険制度等における対応も含めて施策を進めてきた。

○　しかしながら、その後も、医薬分業について厳しい指摘が続いているほか、薬局における法令遵守上の問題（医薬品の偽造品の調剤、調剤済み処方箋の不適切な取扱い等）も散見されている。

○　今回、本部会では、薬剤師・薬局のあり方と併せて医薬分業のあり方に関して議論してきたが、医薬分業により、医療機関では医師が自由に処方できることや医薬品の在庫負担がないことに加え、複数の医療機関を受診している患者について重複投薬・相互作用や残薬の確認をすることで、患者の安全につながっているという指摘がある一方で、現在の医薬分業は、政策誘導をした結果の形式的な分業であって多くの薬剤師・薬局において本来の機能を果たせておらず、医薬分業のメリットを患者も他の職種も実感できていないという指摘や、単純に薬剤の調製などの対物中心の業務を行うだけで業が成り立っており、多くの薬剤師・薬局が患者や他の職種から意義を理解されていないという危機感がないという指摘、さらには、薬剤師のあり方を見直せば医薬分業があるべき姿になるとは限らず、この際院内調剤の評価を見直し、院内処方へ一定の回帰を考えるべきであるという指摘があった。このことは関係者により重く受け止められるべきである。

2．今後の地域における薬物療法の提供に当たっての患者支援のあり方

○　近年、少子高齢化がさらに進展し、我が国の各地域において、医療・介護・保健・福祉等に関わる関係機関等が連携して住民を支える地域包括ケアシステムの構築が進められている。このような中で、患者は、外来、在宅、入院、介護施設など複数の療養環境を移行することから、療養環境に関わらず、医師と薬剤師が密に連携し、他の職種や関係機関の協力を得ながら、患者の服薬状況等の情報を一元的・継続的に把握し、最適な薬学的管理やそれに基づく指導を実施することが重要となっている。

○　特に、今後、在宅医療の需要の増加が見込まれる中で、必要な患者に対して在宅で安全かつ効果的な薬物療法を提供することは大きな課題となっており、これに薬剤師・薬局が関わるためには、「患者のための薬局ビジョン」でも指摘されているように、かかりつけ薬剤師・薬局の機能を果たすことが必要である。

11　出典：かかりつけ薬剤師・薬局機能調査・検討事業「かかりつけ薬剤師・薬局に関する調査報告書」（平成29年度）
12　出典：（公社）日本薬剤師会「保険調剤の動向」（平成29年度）
13　出典：厚生労働省「衛生行政報告例」（平成29年度）
14　出典：厚生労働省「調剤医療費の動向」（平成28年度）

○ また、がんの薬物療法に関して、経口薬が増加して外来で処方される機会が多くなっているなど、専門性が高い薬学的管理が継続的に必要となる薬物療法が提供される機会が増加している。このような状況に適切に対応するためには、臨床現場で専門性が高く、実践的な経験を有する医療機関の薬剤師が中心的な役割を果たしつつも、地域の実情に応じて、一定の資質を有する薬局の薬剤師が医療機関の薬剤師と連携しながら対応することが望ましいと考えられる。

○ これらの地域における医療のニーズの変化への対応については、医療機関の医師等が中心となって対応することが不可欠であるが、今後一層の高齢化や人口減少が見込まれる中において地域包括ケアシステムの更なる進展が求められることなどを踏まえると、薬剤師が、薬局で勤務する中で他の職種や関係機関と連携しながらこれらの業務に関わっていくことには意義があると考えられる。

○ そのためには、薬剤師が他の職種からも患者からも信頼されるに足る資質を持つことが前提となるが、この点に関しては、今後の薬学教育の下で、臨床において患者に接しながら薬学的な問題を発見し、それを解決できるようにするための臨床に係る実践的な能力を有する薬剤師の養成がさらに進められることを期待する。加えて、薬剤師の免許取得後も、地域で求められている役割が発揮できるよう、常に自己研鑽に努め、専門性を高めていくための取組が必要である。

○ さらに、薬剤師・薬局には、一般用医薬品等を提供する機能・相談機能を通じて地域住民による主体的な健康維持・増進を支援するという機能（いわゆる「健康サポート機能」）がある。今後も引き続き、薬剤師・薬局がそのような面においても更に役割を果たしていくことが強く期待される。

○ また、薬剤師・薬局が患者の薬物療法により積極的に関わるに当たっては、個人情報の厳正な保護措置などの体制が整っていることを前提に、患者の同意を得た上で、他の職種や関係機関との間で疾患や検査値等に関する必要な患者情報を共有する取組がさらに重要となるとの指摘があった。

○ しかしながら、薬剤師・薬局が経済的な利益の追求や効率性にのみ目を奪われ、このような機能を果たさず、調剤における薬剤の調製などの対物中心の業務にとどまる場合には、患者にとってメリットが感じられないものとなり、今後の患者に対する医薬分業の地域医療における意義は非常に小さくなると言わざるを得ない。

○ ここで、医療機関の薬剤師について述べると、医療機関の薬剤師は、入院患者に対する薬学的管理・指導や薬物血中濃度の確認、医療安全に係る対応等の業務を行う中で、チーム医療の一員として医師等と連携しながら患者に接している。

○ 本部会での議論では、現在の薬局薬剤師と比較して、医療機関の薬剤師は医療への貢献度が他の職種から見てもわかりやすく、その役割等が見える存在になっている一方で、医療機関の薬剤師業務が十分評価されておらず、医療機関の薬剤師の総数が薬局の薬剤師に比較して増えていないとの指摘があった。

○ 今後、薬局薬剤師と医療機関の薬剤師が連携して、外来や入退院時に患者情報等の共有を行いながら切れ目のない薬学的管理と患者支援を行うことが一層求められると考えられるが、そのためには、医療機関の薬剤師の役割はさらに重要になってくる。

3．おわりに

○ 本部会では、今回、薬剤師・薬局のあり方と医薬分業のあり方に関して幅広く議論してきたが、これには、薬剤師法や薬機法上の措置のほか、医療保険制度や介護保険制度における報酬上の措置、医療法における医療計画上の措置など関連制度が密接に関係する。そのため、それら関連制度の検討に当たっては、今回の本部会での議論を踏まえることが期待される。

○ とりわけ、医療保険制度における対応においては、平成28年度改定以降の調剤報酬改定において、患者本位の医薬分業となるよう、累次にわたる改定で見直しを進めるとされたが、今回の制度部会での議論も十分踏まえ、患者のための薬局ビジョンに掲げた医薬分業のあるべき姿に向けて、診療報酬・調剤報酬において医療機関の薬剤師や薬局薬剤師を適切に評価することが期待される。

（参考資料）

厚生科学審議会医薬品医療機器制度部会の開催経緯

平成30年度第1回　日時：2018年4月11日
（1）医薬行政をめぐる現状と課題について
（2）医薬品製造販売業者等が行う医薬品等の販売に関する情報提供の適正化について
（3）その他

平成30年度第2回　日時：2018年5月9日
（1）テーマ毎の検討（革新的な医薬品・医療機器等への迅速なアクセス確保・安全対策の充実）について
（2）その他

平成30年度第3回　日時：2018年6月7日
（1）テーマ毎の検討2（医薬品・医療機器等の適切な製造・流通・販売を確保する仕組みの充実）について
（2）テーマ毎の検討1（革新的な医薬品・医療機器等への迅速なアクセス確保・安全対策の充実）について
（3）その他

平成30年度第4回　日時：2018年7月5日
（1）テーマ毎の検討3（薬局・薬剤師のあり方・医薬品の安全な入手）について
（2）その他

平成30年度第5回　日時：2018年7月25日
（1）テーマ毎の検討3（薬局・薬剤師のあり方）について
（2）テーマ毎の検討3（医薬品の安全な入手）について
（3）その他

平成30年度第6回　日時：2018年9月28日
（1）「改正法の施行後5年を目途とした検討」の検討内容及び検討スケジュールについて
（2）その他

平成30年度第7回　日時：2018年10月18日
（1）迅速なアクセス・安全対策の充実等
（2）薬局・薬剤師のあり方、医薬分業のあり方
（3）その他

平成30年度第8回　日時：2018年11月8日
（1）迅速なアクセス・安全対策の充実等
（2）適切な製造・流通・販売の確保の仕組み
（3）薬局・薬剤師のあり方、医薬分業のあり方
（4）その他

平成30年度第9回　日時：2018年11月22日
（1）適切な製造・流通・販売の確保の仕組み
（2）薬局・薬剤師のあり方、医薬分業のあり方
（3）その他

平成30年度第10回　日時：2018年12月14日
（1）とりまとめ案について
（2）その他

医薬品医療機器制度部会　委員名簿

○　赤池　昭紀　　　和歌山県立医科大学客員教授

　　阿真　京子　　　（一社）知ろう小児医療守ろう子ども達の会代表理事

　　荒井　保明　　　国立がん研究センター理事長特任補佐

　　一條　宏　　　　（一社）日本医薬品卸売業連合会　薬制委員会委員長

　　伊藤　由希子　　津田塾大学総合政策学部教授

　　乾　英夫　　　　（公社）日本薬剤師会副会長

　　奥田　晴宏　　　国立医薬品食品衛生研究所所長

　　加茂谷　佳明　　塩野義製薬株式会社上席執行役員東京支店長

　　北澤　京子　　　京都薬科大学客員教授

　　久芳　明　　　　（一社）日本医療機器産業連合会　常任理事

　　早乙女　芳明　　東京都福祉保健局健康安全部薬務課長

　　中川　俊男　　　（公社）日本医師会副会長

　　花井　十伍　　　特定非営利活動法人ネットワーク医療と人権理事

　　平井　みどり　　兵庫県赤十字血液センター所長

　　本田　麻由美　　読売新聞東京本社編集局生活部次長

　　牧野　利彦　　　（公社）日本歯科医師会副会長

　　三村　優美子　　青山学院大学経営学部教授

　　村島　温子　　　国立成育医療研究センター周産期・母性診療センター
　　　　　　　　　　主任副センター長

◎　森田　朗　　　　津田塾大学総合政策学部教授

　　山口　育子　　　認定　NPO　法人ささえあい医療人権センターCOML　理事長

　　山本　隆司　　　東京大学大学院　法学政治学研究科教授

◎部会長　○部会長代理〔五十音順、敬称略〕

○ **医薬品、医療機器等の品質、有効性及び安全性の確保等に関する法律等の一部を改正する法律の一部の施行について(オンライン服薬指導関係)**

> 令和2年3月31日・薬生発0331第36号
> 各都道府県知事・保健所設置市長・特別区長あて
> 厚生労働省医薬・生活衛生局長通知

　医薬品、医療機器等の品質、有効性及び安全性の確保等に関する法律等の一部を改正する法律(令和元年法律第63号。以下「改正法」という。)については、令和元年12月4日に公布されましたが、医薬品、医療機器等の品質、有効性及び安全性の確保等に関する法律等の一部を改正する法律の施行期日を定める政令(令和2年政令第39号)が令和2年3月11日に公布され、改正法のうち、医薬品、医療機器等の品質、有効性及び安全性の確保等に関する法律(昭和35年法律第145号。以下「薬機法」という。)第9条の3に係る改正内容については、令和2年9月1日から施行することとされたところです。

　また、医薬品、医療機器等の品質、有効性及び安全性の確保等に関する法律施行規則等の一部を改正する省令(令和2年厚生労働省令第52号。以下「改正省令」という。)が令和2年3月27日に公布され、同年9月1日から施行することとされたところです。

　これらの改正の趣旨、内容等については下記のとおりですので、御了知の上、貴管下市町村、関係団体、関係機関等に周知徹底を図るとともに、適切な指導を行い、その実施に遺漏なきよう、お願いいたします。

記

第1　改正の趣旨
　これまで、改正法第1条の規定による改正前の薬機法第9条の3第1項の規定に基づき、薬剤を販売又は授与する場合には、その適正な使用を確保するため、薬局開設者が、その薬局で販売又は授与に従事する薬剤師に、対面により、服薬指導(薬剤の適正な使用のための情報の提供及び必要な薬学的知見に基づく指導をいう。以下同じ。)を行わせなければならないこととされていた。

　他方で、情報通信技術を活用した診療については、平成30年3月に、「オンライン診療の適切な実施に関する指針」(「オンライン診療の適切な実施に関する指針」の策定について(平成30年3月30日付け医政発0330第46号厚生労働省医政局長通知)別紙。以下「オンライン診療指針」という。)が発出され、安全で適切な普及を目指す施策が始まっている。また、服薬指導についても、平成28年9月より、国家戦略特別区域法(平成25年法律第107号)第20条の5の規定に基づき、薬剤交付時のテレビ電話装置等を用いた服薬指導について、特例措置に基づく実証事業(国家戦略特別区域処方箋薬剤遠隔指導事業)が行われている。

　このような状況について検討した厚生科学審議会医薬品医療機器制度部会の「薬機法等制度改正に関するとりまとめ」(平成30年12月25日)を踏まえ、改正法第1条の規定による改正後の薬機法(以下「改正薬機法」という。)第9条の3第1項において、オンライン服薬指導(改正省令第1条の規定による改正後の医薬品、医療機器等の品質、有効性及び安全性の確保等に関する法律施行規則(昭和36年厚生省令第1号。以下「改正薬機則」という。)第15条の13第2項第2号に規定するオンライン服薬指導をいう。以下同じ。)について新たに規定され、その具体的な要件については改正省令により示したところである。

　本通知は、オンライン服薬指導の具体的な運用について、オンライン診療(オンライン診療指針に定めるオンライン診療をいう。以下同じ。)の運用と整合性を確保する観点から、その解釈を明確化するものである。また、今後のオンライン診療及びオンライン服薬指導の普及や技術革新等の状況を踏まえ、オンライン服薬指導の運用について定期的に見直すことを予定している。

　なお、調剤時以外の電話やオンラインによる服薬状況の把握、相談又は指導は、今回、新たに規定するオンライン服薬指導とは異なり、現行法においても実施可能で、必要に応じて実施すべきものである。

第2　改正の内容
(1) オンライン服薬指導の実施(改正薬機法第9条の3第1項及び改正薬機則第15条の13第2項柱書関係)
　服薬指導について、オンライン服薬指導として、映像及び音声の送受信により相手の状態を相互に認識しながら通話をすることが可能な方法であって、(2)から(4)までに掲げる内容を満たすものについて実施することを可能とすること。

(2) 基本的な考え方
① 薬剤師と患者との信頼関係
　オンライン服薬指導を行う薬剤師は、対象とする患者に対して日頃から継続して対面による服薬指導を行うなど、当該患者の服薬状況等を一元的・継続的に把握し、当該薬剤師と当該患者との信頼関係が築かれているべきこと。

　原則として、同一の薬剤師が対面による服薬指導を適切に組み合わせて行うこと。ただし、やむを得ない場合には、当該患者に対面による服薬指導を行ったことのある当該薬局の薬剤師が当該薬剤師と連携して行うことは妨げられないこと。

② 薬剤師と医師又は歯科医師との連携確保
　薬剤師は、処方箋を交付する医師又は歯科医師(以下「処方医等」という。)と(3)③のオンライン服薬指導に関する服薬指導計画を共有し、服薬状況のフィードバック等を行うなど、当該処方医等と適切に連携すること。

191

③患者の安全性確保のための体制確保

　　患者の急変などの緊急時等においても患者の安全を確保するため、薬剤師・薬局は、処方医等との連絡体制など必要な体制を確保しなければならないこと。また、オンライン服薬指導を中止した場合に、速やかに適切な対面による服薬指導に切り替えられるよう、適切な体制整備が求められること。

④患者の希望に基づく実施と患者の理解

　　薬剤師は、オンライン服薬指導の実施に際して、あらかじめ、その実施に関する患者側の希望を確認しなければならないこと。また、対面による服薬指導に比較して患者の心身等の状態に関する情報が限定されること等、オンライン服薬指導の利益・不利益について、十分に説明し、その理解を得なければならないこと。

（３）オンライン服薬指導の実施要件（改正薬機法第９条の３第１項及び改正薬機則第15条の13第２項第１号から第３号まで関係）

①対面指導との関係

　　薬局開設者は、当該薬局の薬剤師に、同一内容又はこれに準じる内容の処方箋により調剤された薬剤について、あらかじめ、当該患者本人に対して対面による服薬指導を行ったことがある場合に、オンライン服薬指導を行わせること。準じる内容については、例えば、同一成分・同一効能の先発品と後発品の変更であること。

②薬剤師・患者関係

　　（２）①のとおり、日頃から継続して対面による服薬指導を行うなど、オンライン服薬指導を行う薬剤師と当該患者との信頼関係が築かれているべきであること。

　　薬局開設者は、オンライン服薬指導の実施に際して、その都度、当該薬局の薬剤師に薬学的知見に基づき実施の可否を判断させ、適切でない場合にはオンライン服薬指導を行わせてはならないこと。

③服薬指導計画の策定

　　薬局開設者が、当該薬局の薬剤師に、患者ごとにその同意を得て服薬指導計画を策定させ、当該服薬指導計画に基づきオンライン服薬指導を実施させること。服薬指導計画には、次の（ア）から（オ）までに掲げる事項を規定すること。

　（ア）オンライン服薬指導で取り扱う薬剤の種類及びその授受の方法に関する事項

　（イ）オンライン服薬指導及び対面による服薬指導の組合せに関する事項

　　　患者ごとの状況に応じ、オンライン服薬指導と対面による服薬指導の組合せ（頻度やタイミング等）について具体的な計画を記載すること。訪問診療において交付された処方箋により調剤された薬剤についてオンライン服薬指導を行う場合においては、④（イ）（ⅲ）に留意しつつ、訪問診療との組合せについても規定すること。

　（ウ）オンライン服薬指導を行うことができない場合に関する事項

　　　オンライン服薬指導を行わないと判断する条件と条件に該当した場合に対面による服薬指導に切り替える旨（情報通信環境の障害等によりオンライン服薬指導を行うことが困難になる場合を含む。）を記載すること。

　（エ）緊急時の対応方針に関する事項

　　　④（ア）又は（イ）の処方箋を交付する処方医等及び当該処方医等が勤務する病院又は診療所その他の関係医療機関との連絡体制並びに必要な場合の利用者搬送等の方法等を記載すること。

　（オ）その他オンライン服薬指導において必要な事項

　　　（ア）から（エ）までの事項のほか、以下の事項についても規定すること。

　（ⅰ）オンライン服薬指導を受ける場所に関する事項

　（ⅱ）オンライン服薬指導の時間に関する事項（予約制等）

　（ⅲ）オンライン服薬指導の方法（使用する情報通信機器、家族等の支援者・看護者の同席の有無等）

　（ⅳ）訪問診療において交付された処方箋により調剤された薬剤についてオンライン服薬指導を行う場合においては、従来の在宅対応において策定していた計画の内容又は当該計画の添付

　（ⅴ）オンライン服薬指導においては、対面による服薬指導に比較して得られる情報が限られることを踏まえ、利用者がオンライン服薬指導に対し積極的に協力する必要がある旨

　（ⅵ）やむを得ず、当該薬局において複数の薬剤師がオンライン服薬指導を実施する余地がある場合は、その薬剤師の氏名及びどのような場合にどの薬剤師がオンライン服薬指導を行うかの明示

　（ⅶ）情報漏洩等のリスクを踏まえて、セキュリティリスクに関する責任の範囲及びそのとぎれがないこと等の明示

　なお、服薬指導計画の策定に当たっては、以下について留意すべきであること。

・　薬剤師は、オンライン服薬指導実施についての患者側の希望を確認した上で、オンライン服薬指導の利益・不利益のほか、服薬指導計画の内容について患者に説明すること。

・　服薬指導計画は処方医等に共有するほか、その策定の際には、必要に応じて、個人情報保護のための措置や患者の同意等を前提に服薬指導に必要な情報の共有を求めるなど、処方医等と適切に連携すること。

・　患者に重度の認知機能障害がある等により薬剤師と十分に意思疎通を図ることができない場合は、服薬指導計画の合意の際に、患者の家族等を患者の代理人とすることができること。

・ オンライン診療の実施状況や患者の状況を踏まえ、必要がある場合には、適時適切に服薬指導計画の見直しを行うこと。見直す際には、策定時と同様に患者に説明し、同意を得るとともに、処方医等に共有すること。
・ 服薬指導計画は、当該計画に基づき行った直近の服薬指導の後、3年間保存すること。

④対象となる薬剤

オンライン服薬指導により薬剤の適正使用を確保するため、以下の(ア)及び(イ)の処方箋により調剤された薬剤をオンライン服薬指導の対象とすることができること。また、薬剤師は、③の服薬指導計画を処方医等に共有する際に、その後の処方箋に基づく薬剤をオンライン服薬指導の対象とすることができるかについての疑義が生じないよう、(ア)又は(イ)の処方箋である場合に処方箋の備考欄等に略称等を記載するなど、適切な対応を処方医等との間で相互に調整すること(仮に処方箋の備考欄等に記載する場合には、例えば、(ア)の場合には「オンライン診療」、(イ)の場合には「訪問診療」などが考えられる)。

(ア)処方医等がオンライン診療を行った際に交付した処方箋
(イ)処方医等が訪問診療(薬剤を使用しようとする者の居宅等において、処方医等が当該薬剤師との継続的な連携の下に行うものに限る。)を行った際に交付した処方箋

このとき行われる訪問診療は、処方医等が当該薬剤師との継続的な連携の下に行うものとして、以下のいずれにも該当するものであること。また、(ⅲ)、(ⅳ)及び(ⅴ)については、服薬指導計画に記載すること。

(ⅰ)事前に、処方医等及び薬剤師が一定の期間にわたって計画的に、訪問診療及び在宅における薬学的管理を連携して実施していること
(ⅱ)事前に、薬剤師は処方医等の訪問指示に基づき、薬学的管理指導計画等の計画を策定し、一定期間、在宅における薬学的管理を実施していること
(ⅲ)処方医等が訪問診療及びオンライン診療を組み合わせて診療を行う患者の場合は、処方箋交付時に処方医等又は薬剤師のいずれかが患者宅を訪問して患者の状況を対面で確認する観点から、オンライン診療時に交付する処方箋により調剤された薬剤についてはオンライン服薬指導を行わないこと。
(ⅳ)処方医等及び薬剤師は、それぞれ定期的に患者宅を訪問し、患者の状況を確認すること
(ⅴ)薬剤師は、薬学的知見に基づき、患者宅における服薬に関する情報等を処方医等に共有すること

このほか、複数の患者が居住する介護施設等においては、オンライン服薬指導が適切でない患者等が存在する可能性があるため、当該介護施設等の患者に対して訪問診療が行われた際の処方箋により調剤された薬剤については、オンライン服薬指導を行うべきではないこと。

(4)オンライン服薬指導に関するその他の留意事項

① 本人の状況の確認

オンライン服薬指導の実施においては、現にその看護に当たる者に指導する場合においても、必ず患者本人の状態を確認すること。

原則として、薬剤師と患者双方が、身分確認書類(例えば、薬剤師はHPKIカードや薬剤師免許等、患者は保険証やマイナンバーカード等。)を用いて、薬剤師は薬剤師であること、患者は患者本人であることの確認を行うこと。ただし、社会通念上、当然に薬剤師、患者本人であると認識できる状況である場合には、服薬指導の都度本人確認を行う必要はないこと。

② 通信環境(情報セキュリティ・プライバシー・利用端末)

オンライン服薬指導の実施における情報セキュリティ及びプライバシー保護等の観点から、オンライン診療指針に示された内容と同等の通信環境を確保すること。

③ 薬剤師に必要な知識及び技能の確保

薬剤師が、オンライン服薬指導を適切に実施するために必要な知識及び技能を習得していること。

④ 薬剤の品質管理

薬局開設者は、オンライン服薬指導後、当該薬局において当該薬局の薬剤師が調剤した薬剤を、品質を確保した状態で速やかに確実に患者に届けさせること。

調剤済みの薬剤の郵送又は配送を行う場合には、薬剤師による患者への直接の授与と同視しうる程度に、当該薬剤の品質の保持や、患者本人への確実な授与等がなされることを確保するため、薬局開設者は、あらかじめ配送のための手順を定め、配送の際に必要な措置を講ずること。

⑤ 服薬指導を受ける場所

患者がオンライン服薬指導を受ける場所は、適切な服薬指導を行うために必要な患者の心身の状態を確認する観点から、対面による服薬指導が行われる場合と同程度に清潔かつ安全であり、かつ、プライバシーが保たれるよう物理的に外部から隔離される空間であること。

⑥　服薬指導を行う場所

　　薬剤師がオンライン服薬指導を行う場所は、その調剤を行った薬局内の場所とすること。この場合において、当該場所は、対面による服薬指導が行われる場合と同程度にプライバシーが保たれるよう物理的に外部から隔離される空間であること。

⑦　処方箋

　　（３）③の服薬指導計画の共有を受けた処方医等が（３）④の処方箋を発行した際に、患者から、服薬指導計画を策定した薬局に送付して欲しい旨の申出があった場合は、当該医療機関は、当該処方箋を当該薬局に直接送付することができること。

⑧　業務手順の作成

　　薬局開設者は、処方医等及び関係医療機関との連携を含め、オンライン服薬指導を実施するために必要な業務に関する手順を定めた手順書を作成し、当該手順書に従い業務を行わせること。

（５）職場等における調剤の業務（薬剤師法施行規則第13条第３号関係）

　　薬剤師法施行規則（昭和36年厚生省令第５号）の改正により、薬剤師は、医療を受ける者の居宅等のほか、医療法施行規則（昭和23年厚生省令第50号）第１条第５号に規定する医療を受ける者が療養生活を営むことできる場所（ただし、医療法（昭和23年法律第205号）第１条の２第２項に規定する医療提供施設を除く。）において、医師又は歯科医師が交付した処方箋により、薬剤師法施行規則第13条の２各号に規定する調剤の業務を行うことができることとしたこと。

○新型コロナウイルス感染症の拡大に際しての電話や情報通信機器を用いた診療等の時限的・特例的な取扱いについて

令和2年4月10日・事務連絡
各都道府県・保健所設置市・特別区 衛生主管部（局）あて
厚生労働省医政局医事課・厚生労働省医薬・生活衛生局総務課通知

　今般、「新型コロナウイルス感染症緊急経済対策」（令和2年4月7日閣議決定）において、「新型コロナウイルス感染症が急激に拡大している状況の中で、院内感染を含む感染防止のため、非常時の対応として、オンライン・電話による診療、オンライン・電話による服薬指導が希望する患者によって活用されるよう直ちに制度を見直し、できる限り早期に実施する。」とされたところである。これを踏まえ、新型コロナウイルス感染症が拡大し、医療機関の受診が困難になりつつあることに鑑みた時限的・特例的な対応として、電話や情報通信機器を用いた診療や服薬指導等の取扱いについて下記のとおりまとめたので、貴管下の医療機関、薬局等に周知していただくようお願いする。

　また、これに伴い、「新型コロナウイルス感染症患者の増加に際しての電話や情報通信機器を用いた診療や処方箋の取扱いについて」（令和2年2月28日厚生労働省医政局医事課、医薬・生活衛生局総務課事務連絡。以下「2月28日事務連絡」という。）及び「新型コロナウイルスの感染拡大防止策としての電話や情報通信機器を用いた診療等の臨時的・特例的な取扱いについて」（令和2年3月19日付け厚生労働省医政局医事課、医薬・生活衛生局総務課事務連絡。）は廃止し、本事務連絡をもって代えることとする。

記

1．医療機関における対応
（1）初診からの電話や情報通信機器を用いた診療の実施について
　　　患者から電話等により診療等の求めを受けた場合において、診療等の求めを受けた医療機関の医師は、当該医師が電話や情報通信機器を用いた診療により診断や処方が当該医師の責任の下で医学的に可能であると判断した範囲において、初診から電話や情報通信機器を用いた診療により診断や処方をして差し支えないこと。ただし、麻薬及び向精神薬の処方をしてはならないこと。
　　　診療の際、できる限り、過去の診療録、診療情報提供書、地域医療情報連携ネットワーク（※）又は健康診断の結果等（以下「診療録等」という。）により当該患者の基礎疾患の情報を把握・確認した上で、診断や処方を行うこと。診療録等により当該患者の基礎疾患の情報が把握できない場合は、処方日数は7日間を上限とするとともに、麻薬及び向精神薬に加え、特に安全管理が必要な医薬品（いわゆる「ハイリスク薬」）として、診療報酬における薬剤管理指導料の「1」の対象となる薬剤（抗悪性腫瘍剤、免疫抑制剤等）の処方をしてはならないこと。
　（※）患者の同意を得た上で、医療機関間において、診療上必要な医療情報（患者の基本情報、処方データ、検査データ、画像データ等）を電子的に共有・閲覧できる仕組み
　　　なお、当該医師が電話や情報通信機器を用いた診療により診断や処方を行うことが困難であると判断し、診断や処方を行わなかった場合において、対面での診療を促す又は他の診療可能な医療機関を紹介するといった対応を行った場合は、受診勧奨に該当するものであり、こうした対応を行うことは医師法（昭和23年法律第201号）第19条第1項に規定する応招義務に違反するものではないこと。
（2）初診から電話や情報通信機器を用いた診療を実施する場合の留意点について
　①　実施に当たっての条件及び留意点
　　　上記（1）により初診から電話や情報通信機器を用いて診療を行う場合は、以下アからウまでに掲げる条件を満たした上で行うこと。
　　ア　初診から電話や情報通信機器を用いて診療を行うことが適していない症状や疾病等、生ずるおそれのある不利益、急病急変時の対応方針等について、医師から患者に対して十分な情報を提供し、説明した上で、その説明内容について診療録に記載すること（※）。
　　（※）説明に当たっては、「オンライン診療の適切な実施に関する指針」（平成30年3月厚生労働省策定。以下「指針」という。）Vの1．（1）に定める説明や同意に関する内容を参照すること。
　　イ　医師が地域における医療機関の連携の下で実効あるフォローアップを可能とするため、対面による診療が必要と判断される場合は、電話や情報通信機器を用いた診療を実施した医療機関において速やかに対面による診療に移行する又は、それが困難な場合は、あらかじめ承諾を得た他の医療機関に速やかに紹介すること。
　　ウ　電話や情報通信機器を用いて診療を行う場合においては、窓口での被保険者の確認等の手続きが行われず、また、診療も問診と視診に限定されていることなどから、対面で診療を行う場合と比べて、患者の身元の確認や心身の状態に関する情報を得ることが困難であり、患者のなりすましの防止や虚偽の申告による処方を防止する観点から、以下の措置を講じること。
　　　・　視覚の情報を含む情報通信手段を用いて診療を行う場合は、患者については被保険者証により受給資格を、医師については顔写真付きの身分証明書により本人確認を、互いに行うこと。その際、医師にあっては医師の資格を有していることを証明することが望ましい。
　　　・　電話を用いて診療を行う場合は、当該患者の被保険者証の写しをファクシミリで医療機関に送付する、被保険者証を撮影した写真の電子データを電子メールに添付して医療機関に送付する等により、受給資格の確認を行うこと。

- 電話を用いて診療を行う場合であって、上記に示す方法による本人確認が困難な患者についても、電話により氏名、生年月日、連絡先（電話番号、住所、勤務先等）に加え、保険者名、保険者番号、記号、番号等の被保険者証の券面記載事項を確認することで診療を行うこととしても差し支えないこと。
- なお、被保険者証の確認に加えて患者の本人確認を行う場合には、「保険医療機関等において本人確認を実施する場合の方法について」（令和２年１月10日付け保発0110第１号、保国発0110第１号、保高発0110第１号、保医発0110第１号厚生労働省保険局保険課長、国民健康保険課長、高齢者医療課長、医療課長連名通知）等に留意して適切に対応されたい。
- 虚偽の申告による処方が疑われる事例があった場合は、その旨を所在地の都道府県に報告すること。報告を受けた都道府県は、管下の医療機関に注意喚起を図るなど、同様の事例の発生の防止に努めること。

② その他

患者が保険医療機関に対して支払う一部負担金等の支払方法は、銀行振込、クレジットカード決済、その他電子決済等の支払方法により実施して差し支えないこと。

（３）２度目以降の診療を電話や情報通信機器を用いて実施する場合について

① 既に対面で診断され治療中の疾患を抱える患者について

既に対面で診断され治療中の疾患を抱える患者について、電話や情報通信機器を用いた診療により、当該患者に対して、これまでも処方されていた医薬品を処方することは事前に診療計画が作成されていない場合であっても差し支えないこと。

また、当該患者の当該疾患により発症が容易に予測される症状の変化に対して、これまで処方されていない医薬品の処方をしても差し支えないこと。ただし、次に掲げる場合に応じて、それぞれ次に掲げる要件を満たす必要があること。なお、感染が収束して本事務連絡が廃止された後に診療を継続する場合は、直接の対面診療を行うこと。

ア 既に当該患者に対して定期的なオンライン診療（※）を行っている場合

オンライン診療を行う前に作成していた診療計画に、発症が容易に予測される症状の変化を新たに追記するとともに、当該診療計画の変更について患者の同意を得ておくこと。なお、上記により追記を行う場合においては、オンライン診療により十分な医学的評価を行い、その評価に基づいて追記を行うこと。

イ これまで当該患者に対して定期的なオンライン診療を行っていない場合（既に当該患者に対して２月28日事務連絡に基づき電話や情報通信機器を用いた診療を行っている場合を含む。）

電話や情報通信機器を用いた診療により生じるおそれのある不利益、発症が容易に予測される症状の変化、処方する医薬品等について、患者に説明し、同意を得ておくこと。また、その説明内容について診療録に記載すること。

（※）「オンライン診療の適切な実施に関する指針」（平成30年３月厚生労働省策定。以下「指針」という。）が適用され、指針に沿って行われる診療

② 上記（１）により電話や情報通信機器を用いて初診を行った患者について

上記（１）により電話や情報通信機器を用いて初診を行った患者に対して、２度目以降の診療も電話や情報通信機器を用いて行う場合については、上記（１）の記載に沿って実施すること。なお、上記（１）による診療は、問診及び視診に限定されたものであることから、その際に作成した診療録は、上記（１）に記載した「過去の診療録」には該当しないこと。また、感染が収束して本事務連絡が廃止された後に診療を継続する場合は、直接の対面診療を行うこと。

（４）処方箋の取扱いについて

患者が、薬局において電話や情報通信機器による情報の提供及び指導（以下「服薬指導等」という。）を希望する場合は、処方箋の備考欄に「0410対応」と記載し、当該患者の同意を得て、医療機関から患者が希望する薬局にファクシミリ等により処方箋情報を送付すること。その際、医師は診療録に送付先の薬局を記載すること。また、医療機関は、処方箋原本を保管し、処方箋情報を送付した薬局に当該処方箋原本を送付すること。

上記（１）の診療により処方を行う際、診療録等により患者の基礎疾患を把握できていない場合は、処方箋の備考欄にその旨を明記すること。

なお、院内処方を行う場合は、患者と相談の上、医療機関から直接配送等により患者へ薬剤を渡すこととして差し支えないこと。その具体的な実施方法については、下記２.（４）に準じて行うこと。

（５）実施状況の報告について

上記（１）及び（３）②により電話や情報通信機器を用いた診療や受診勧奨を行う医療機関は、その実施状況について、別添１の様式により、所在地の都道府県に毎月報告を行うこと。また、各都道府県は管下の医療機関における毎月の実施状況をとりまとめ、厚生労働省に報告を行うこと。

（６）オンライン診療を実施するための研修受講の猶予について

指針において、2020年４月以降、オンライン診療を実施する医師は、厚生労働省が定める研修を受講しなければならないとされており、オンライン診療及び本事務連絡に基づく電話や情報通信機器を用いた診療を実施する医師は当該研修を受講することが望ましいが、新型コロナウイルス感染症が拡大している状況に鑑み、本事務連絡による時限的・特例的な取扱いが継続している間は、当該研修を受講していない医師が、オンライン診療及び本事務連絡に基づく電話や情報通信機器を用いた診療を実施しても差し支えないこと。なお、感染が収束して本事務連絡が廃止された場合は、指針に定めるとおり、研修を受講した医師でなければオンライン診療を実施できないことに留意すること。

２．薬局における対応

（１）処方箋の取扱いについて

　　　１．（４）により医療機関から処方箋情報の送付を受けた薬局は、医療機関から処方箋原本を入手するまでの間は、ファクシミリ等により送付された処方箋を薬剤師法（昭和35年法律第146号）第23条〜第27条、医薬品、医療機器等の品質、有効性及び安全性の確保等に関する法律（昭和35年法律第145号）第49条における処方箋とみなして調剤等を行う。

　　　薬局は、可能な時期に医療機関から処方箋原本を入手し、以前にファクシミリ等で送付された処方箋情報とともに保管すること。

（２）電話や情報通信機器を用いた服薬指導等の実施について

　　　新型コロナウイルス感染症の拡大防止等のため、全ての薬局において、薬剤師が、患者、服薬状況等に関する情報を得た上で、電話や情報通信機器を用いて服薬指導等を適切に行うことが可能と判断した場合には、当該電話や情報通信機器を用いた服薬指導等を行って差し支えないこととする。患者、服薬状況等に関する情報としては以下が考えられる。

　①　患者のかかりつけ薬剤師・薬局として有している情報

　②　当該薬局で過去に服薬指導等を行った際の情報

　③　患者が保有するお薬手帳に基づく情報

　④　患者の同意の下で、患者が利用した他の薬局から情報提供を受けて得られる情報

　⑤　処方箋を発行した医師の診療情報

　⑥　患者から電話等を通じて聴取した情報

　　　ただし、注射薬や吸入薬など、服用に当たり手技が必要な薬剤については、①〜⑥の情報に加え、受診時の医師による指導の状況や患者の理解に応じ、薬剤師が電話や情報通信機器を用いた服薬指導等を適切に行うことが可能と判断した場合に限り実施すること。

　　　なお、当該薬剤師が電話や情報通信機器を用いて服薬指導等を適切に行うことが困難であると判断し、対面での服薬指導等を促すことは薬剤師法（昭和35年法律第146号）第21条に規定する調剤応需義務に違反するものではないこと。

（３）電話や情報通信機器を用いた服薬指導等を実施する場合の留意点について

　　　上記（２）により電話や情報通信機器を用いた服薬指導等を行う場合は、以下①から④までに掲げる条件を満たした上で行うこと。

　①　薬剤の配送に関わる事項を含む、生じうる不利益等のほか、配送及び服薬状況の把握等の手順について、薬剤師から患者に対して十分な情報を提供し、説明した上で、当該説明を行ったことについて記録すること。

　②　薬剤師は、電話や情報通信機器を用いた服薬指導等を行うに当たり、当該患者に初めて調剤した薬剤については、患者の服薬アドヒアランスの低下等を回避して薬剤の適正使用を確保するため、調剤する薬剤の性質や患者の状態等を踏まえ、

　　ア　必要に応じ、事前に薬剤情報提供文書等を患者にファクシミリ等により送付してから服薬指導等を実施する

　　イ　必要に応じ、薬剤の交付時に（以下の（４）に従って配送した場合は薬剤が患者の手元に到着後、速やかに）、電話等による方法も含め、再度服薬指導等を行う

　　ウ　薬剤交付後の服用期間中に、電話等を用いて服薬状況の把握や副作用の確認などを実施する

　　エ　上記で得られた患者の服薬状況等の必要な情報を処方した医師にフィードバックする

　　　等の対応を行うこと。当該患者に初めて調剤した薬剤でない場合であっても、必要に応じて実施すること。

　③　電話や情報通信機器を用いた服薬指導等を行う過程で、対面による服薬指導等が必要と判断される場合は、速やかに対面による服薬指導に切り替えること。

　④　患者のなりすまし防止の観点から講ずべき措置については、１．（２）①ウに準じて行うこと。

（４）薬剤の配送等について

　　　調剤した薬剤は、患者と相談の上、当該薬剤の品質の保持（温度管理を含む。）や、確実な授与等がなされる方法（書留郵便等）で患者へ渡すこと。薬局は、薬剤の発送後、当該薬剤が確実に患者に授与されたことを電話等により確認すること。

　　　また、品質の保持（温度管理を含む。）に特別の注意を要する薬剤や、早急に授与する必要のある薬剤については、適切な配送方法を利用する、薬局の従事者が届ける、患者又はその家族等に来局を求める等、工夫して対応すること。

　　　患者が支払う配送料及び薬剤費等については、配送業者による代金引換の他、銀行振込、クレジットカード決済、その他電子決済等の支払方法により実施して差し支えないこと。

（５）その他

　①　本事務連絡に基づき電話や情報通信機器を用いて服薬指導等を行う場合であっても、患者の状況等によっては、対面での服薬指導等が適切な場合や、次回以降の調剤時に対面での服薬指導等を行う必要性が生じ得るため、本事務連絡に基づく取扱いは、かかりつけ薬剤師・薬局や、当該患者の居住地域内にある薬局により行われることが望ましいこと。

　②　医師が電話や情報通信機器を用いて上記１（１）に記載する受診勧奨を実施した場合であって、患者に対して一般用医薬品を用いた自宅療養等の助言した場合には、当該患者が薬局等に来局せずに、インターネット等を経由した一般用医薬品の購入を行うことが想定されるところ、薬局等においては、適切な医薬品販売方法に従って対応されたいこと。この際、当該医薬品に係る適切な情報提供及び濫用等のおそれのある医薬品の販売方法について留意すべきであること。

　　　なお、インターネット等を利用して特定販売を行う薬局等に関しては、厚生労働省ホームページ「一般用医薬品の販売サイト一覧」（※）において公表しているため、適宜参照すること。

　　　※「一般用医薬品の販売サイト一覧」

https://www.mhlw.go.jp/bunya/iyakuhin/ippanyou/hanbailist/index.html
③ 薬局は、本事務連絡に基づく電話や情報通信機器を用いた服薬指導等を行う場合の以下の点について、薬局内の掲示やホームページへの掲載等を通じて、事前に医療機関関係者や患者等に周知すること。
　ア　服薬指導等で使用する機器（電話、情報通信機器等）
　イ　処方箋の受付方法（ファクシミリ、メール、アプリケーション等）
　ウ　薬剤の配送方法
　エ　支払方法（代金引換サービス、クレジットカード決済等）
　オ　服薬期間中の服薬状況の把握に使用する機器（電話、情報通信機器等）

3．新型コロナウイルス感染症患者に対する診療等について
（1）自宅療養又は宿泊療養する軽症者等に対する診療等について
　　「新型コロナウイルス感染症対策の基本的対処方針」（令和2年3月28日新型コロナウイルス感染症対策本部決定。以下「対処方針」という。）においては、患者が増加し重症者等に対する入院医療の提供に支障をきたすおそれがあると判断する都道府県では、重症者等に対する医療提供に移す観点から、入院治療が必要ない軽症者等は自宅療養又は宿泊施設等での療養とすることとされている。
　　自宅療養又は宿泊施設等での療養とされた軽症者等について、自宅や宿泊施設等での療養期間中の健康管理において、新型コロナウイルス感染症の増悪が疑われる場合や、それ以外の疾患が疑われる場合において、当該患者の診断を行った医師又は新型コロナウイルス感染症の診断や治療を行った医師から情報提供を受けた医師は、医学的に電話や情報通信機器を用いた診療により診断や処方が可能であると判断した範囲において、患者の求めに応じて、電話や情報通信機器を用いた診療により、必要な薬剤を処方して差し支えないこと。その際、医師は、自宅療養又は宿泊療養する軽症者等に対する処方であることが分かるよう、処方箋の備考欄に「CoV自宅」又は「CoV宿泊」と記載すること。また、処方する薬剤を配送等により患者へ渡す場合は、当該患者が新型コロナウイルス感染症の軽症者等であることを薬局や配送業者が知ることになるため、それについて当該患者の同意を得る必要があること。
　　当該処方について、薬局で調剤する場合は、薬局における当該患者に対する服薬指導は電話や情報通信機器を用いて行って差し支えないこと。
（2）入院中の新型コロナウイルス感染症患者に対する診療等について
　　対処方針においては、感染者の大幅な増加を見据え、一般の医療機関の一般病床等の活用も検討し、ピーク時の入院患者を受け入れるために必要な病床を確保することとされている。今後、感染の更なる拡大により、一般の医療機関の一般病床等に新型コロナウイルス感染症患者を入院させ、十分な集中治療の経験がない医師等が当該患者を診療しなければならない場合等において、当該患者に対し、人工呼吸器による管理等の集中治療を適切に行うため、情報通信機器を用いて、他の医療機関の呼吸器や感染症の専門医等が、呼吸器の設定変更の指示を出すことなどを含め、十分な集中治療の経験がない医師等と連携して診療を行うことは差し支えないこと。

4．医療関係者、国民・患者への周知徹底
　　国民・患者に対して、電話や情報通信機器等による診療を受けられる医療機関の情報を提供するため、本事務連絡に基づき電話や情報通信機器を用いた診療を実施する医療機関の一覧を作成し、厚生労働省のホームページ等で公表することとする。このため、各都道府県においては、関係団体とも適宜協力をしながら、別添2の様式により、管下の医療機関のうち、本事務連絡に基づき電話や情報通信機器を用いた診療を実施する医療機関を把握するとともに、厚生労働省にその結果を報告すること。また、当該医療機関の一覧については、各都道府県においても、関係団体とも適宜連携をしながら住民や医療関係者への周知を図られたい。
　　なお、医療機関は、オンライン診療及び本事務連絡に基づく電話や情報通信機器を用いた診療を実施していることについて、その旨を医療に関する広告として広告可能であること。

5．本事務連絡による対応期間内の検証
　　本事務連絡による対応は、新型コロナウイルス感染症が拡大し、医療機関への受診が困難になりつつある状況下に鑑みた時限的な対応であることから、その期間は、感染が収束するまでの間とし、原則として3か月ごとに、新型コロナウイルス感染症の感染拡大の状況や、本事務連絡による医療機関及び薬局における対応の実用性と実効性確保の観点、医療安全等の観点から改善のために検証を行うこととする。その際、各都道府県においては、各都道府県単位で設置された新型コロナウイルス感染症に係る対策協議会等において、上記1（5）に基づき報告された実施状況も踏まえ、本事務連絡による対応の実績や地域との連携状況についての評価を行うこと。なお、評価に当たっては、医務主管課及び薬務主管課等の関係部署が連携しながら対応すること。
（別添　略）

○医薬品、医療機器等の品質、有効性及び安全性の確保等に関する法律（抄）

昭和35年法律第145号
令和元年法律第63号による改正
令和4年12月1日施行内容

（医薬関係者の責務）

第一条の五　医師、歯科医師、薬剤師、獣医師その他の医薬関係者は、医薬品等の有効性及び安全性その他これらの適正な使用に関する知識と理解を深めるとともに、これらの使用の対象者（動物への使用にあつては、その所有者又は管理者。第六十八条の四、第六十八条の七第三項及び第四項、第六十八条の二十一並びに第六十八条の二十二第三項及び第四項において同じ。）及びこれらを購入し、又は譲り受けようとする者に対し、これらの適正な使用に関する事項に関する正確かつ適切な情報の提供に努めなければならない。

2　薬局において調剤又は調剤された薬剤若しくは医薬品の販売若しくは授与の業務に従事する薬剤師は、薬剤又は医薬品の適切かつ効率的な提供に資するため、医療を受ける者の薬剤又は医薬品の使用に関する情報を他の医療提供施設（医療法（昭和二十三年法律第二百五号）第一条の二第二項に規定する医療提供施設をいう。以下同じ。）において診療又は調剤に従事する医師若しくは歯科医師又は薬剤師に提供することにより、医療提供施設相互間の業務の連携の推進に努めなければならない。

3　薬局開設者は、医療を受ける者に必要な薬剤及び医薬品の安定的な供給を図るとともに、当該薬局において薬剤師による前項の情報の提供が円滑になされるよう配慮しなければならない。

（定義）

第二条　この法律で「医薬品」とは、次に掲げる物をいう。

一　日本薬局方に収められている物

二　人又は動物の疾病の診断、治療又は予防に使用されることが目的とされている物であつて、機械器具等（機械器具、歯科材料、医療用品、衛生用品並びにプログラム（電子計算機に対する指令であつて、一の結果を得ることができるように組み合わされたものをいう。以下同じ。）及びこれを記録した記録媒体をいう。以下同じ。）でないもの（医薬部外品及び再生医療等製品を除く。）

三　人又は動物の身体の構造又は機能に影響を及ぼすことが目的とされている物であつて、機械器具等でないもの（医薬部外品、化粧品及び再生医療等製品を除く。）

2　この法律で「医薬部外品」とは、次に掲げる物であつて人体に対する作用が緩和なものをいう。

一　次のイからハまでに掲げる目的のために使用される物（これらの使用目的のほかに、併せて前項第二号又は第三号に規定する目的のために使用される物を除く。）であつて機械器具等でないもの

イ　吐きけその他の不快感又は口臭若しくは体臭の防止

ロ　あせも、ただれ等の防止

ハ　脱毛の防止、育毛又は除毛

二　人又は動物の保健のためにするねずみ、はえ、蚊、のみその他これらに類する生物の防除の目的のために使用される物（この使用目的のほかに、併せて前項第二号又は第三号に規定する目的のために使用される物を除く。）であつて機械器具等でないもの

三　前項第二号又は第三号に規定する目的のために使用される物（前二号に掲げる物を除く。）のうち、厚生労働大臣が指定するもの

3　この法律で「化粧品」とは、人の身体を清潔にし、美化し、魅力を増し、容貌（ぼう）を変え、又は皮膚若しくは毛髪を健やかに保つために、身体に塗擦、散布その他これらに類似する方法で使用されることが目的とされている物で、人体に対する作用が緩和なものをいう。ただし、これらの使用目的のほかに、第一項第二号又は第三号に規定する用途に使用されることも併せて目的とされている物及び医薬部外品を除く。

4　この法律で「医療機器」とは、人若しくは動物の疾病の診断、治療若しくは予防に使用されること、又は人若しくは動物の身体の構造若しくは機能に影響を及ぼすことが目的とされている機械器具等（再生医療等製品を除く。）であつて、政令で定めるものをいう。

5　この法律で「高度管理医療機器」とは、医療機器であつて、副作用又は機能の障害が生じた場合（適正な使用目的に従い適正に使用された場合に限る。次項及び第七項において同じ。）において人の生命及び健康に重大な影響を与えるおそれがあることからその適切な管理が必要なものとして、厚生労働大臣が薬事・食品衛生審議会の意見を聴いて指定するものをいう。

6　この法律で「管理医療機器」とは、高度管理医療機器以外の医療機器であつて、副作用又は機能の障害が生じた場合において人の生命及び健康に影響を与えるおそれがあることからその適切な管理が必要なものとして、厚生労働大臣が薬事・食品衛生審議会の意見を聴いて指定するものをいう。

7　この法律で「一般医療機器」とは、高度管理医療機器及び管理医療機器以外の医療機器であつて、副作用又は機能の障害が生じた場合においても、人の生命及び健康に影響を与えるおそれがほとんどないものとして、厚生労働大臣が薬事・食品衛生審議会の意見を聴いて指定するものをいう。

8　この法律で「特定保守管理医療機器」とは、医療機器のうち、保守点検、修理その他の管理に専門的な知識及び技能を必要とすることからその適正な管理が行われなければ疾病の診断、治療又は予防に重大な影響を与えるおそれがあるものとして、厚生労働大臣が薬事・食品衛生審議会の意見を聴いて指定するものをいう。

9　この法律で「再生医療等製品」とは、次に掲げる物（医薬部外品及び化粧品を除く。）であつて、政令で定めるものをいう。

　一　次に掲げる医療又は獣医療に使用されることが目的とされている物のうち、人又は動物の細胞に培養その他の加工を施したもの

　　イ　人又は動物の身体の構造又は機能の再建、修復又は形成

　　ロ　人又は動物の疾病の治療又は予防

　二　人又は動物の疾病の治療に使用されることが目的とされている物のうち、人又は動物の細胞に導入され、これらの体内で発現する遺伝子を含有させたもの

10　この法律で「生物由来製品」とは、人その他の生物（植物を除く。）に由来するものを原料又は材料として製造をされる医薬品、医薬部外品、化粧品又は医療機器のうち、保健衛生上特別の注意を要するものとして、厚生労働大臣が薬事・食品衛生審議会の意見を聴いて指定するものをいう。

11　この法律で「特定生物由来製品」とは、生物由来製品のうち、販売し、貸与し、又は授与した後において当該生物由来製品による保健衛生上の危害の発生又は拡大を防止するための措置を講ずることが必要なものであつて、厚生労働大臣が薬事・食品衛生審議会の意見を聴いて指定するものをいう。

12　この法律で「薬局」とは、薬剤師が販売又は授与の目的で調剤の業務並びに薬剤及び医薬品の適正な使用に必要な情報の提供及び薬学的知見に基づく指導の業務を行う場所（その開設者が併せ行う医薬品の販売業に必要な場所を含む。）をいう。ただし、病院若しくは診療所又は飼育動物診療施設の調剤所を除く。

13　この法律で「製造販売」とは、その製造（他に委託して製造をする場合を含み、他から委託を受けて製造をする場合を除く。以下「製造等」という。）をし、又は輸入をした医薬品（原薬たる医薬品を除く。）、医薬部外品、化粧品、医療機器若しくは再生医療等製品を、それぞれ販売し、貸与し、若しくは授与し、又は医療機器プログラム（医療機器のうちプログラムであるものをいう。以下同じ。）を電気通信回線を通じて提供することをいう。

14　この法律で「体外診断用医薬品」とは、専ら疾病の診断に使用されることが目的とされている医薬品のうち、人又は動物の身体に直接使用されることのないものをいう。

15　この法律で「指定薬物」とは、中枢神経系の興奮若しくは抑制又は幻覚の作用（当該作用の維持又は強化の作用を含む。以下「精神毒性」という。）を有する蓋然性が高く、かつ、人の身体に使用された場合に保健衛生上の危害が発生するおそれがある物（大麻取締法（昭和二十三年法律第百二十四号）に規定する大麻、覚醒剤取締法（昭和二十六年法律第二百五十二号）に規定する覚醒剤、麻薬及び向精神薬取締法（昭和二十八年法律第十四号）に規定する麻薬及び向精神薬並びにあへん法（昭和二十九年法律第七十一号）に規定するあへん及びけしがらを除く。）として、厚生労働大臣が薬事・食品衛生審議会の意見を聴いて指定するものをいう。

16　この法律で「希少疾病用医薬品」とは、第七十七条の二第一項の規定による指定を受けた医薬品を、「希少疾病用医療機器」とは、同項の規定による指定を受けた医療機器を、「希少疾病用再生医療等製品」とは、同項の規定による指定を受けた再生医療等製品を、「先駆的医薬品」とは、同条第二項の規定による指定を受けた医薬品を、「先駆的医療機器」とは、同項の規定による指定を受けた医療機器を、「先駆的再生医療等製品」とは、同項の規定による指定を受けた再生医療等製品を、「特定用途医薬品」とは、同条第三項の規定による指定を受けた医薬品を、「特定用途医療機器」とは、同項の規定による指定を受けた医療機器を、「特定用途再生医療等製品」とは、同項の規定による指定を受けた再生医療等製品をいう。

17　この法律で「治験」とは、第十四条第三項（同条第十五項及び第十九条の二第五項において準用する場合を含む。）、第二十三条の二の五第三項（同条第十五項及び第二十三条の二の十七第五項において準用する場合を含む。）又は第二十三条の二十五第三項（同条第十一項及び第二十三条の三十七第五項において準用する場合を含む。）の規定により提出すべき資料のうち臨床試験の試験成績に関する資料の収集を目的とする試験の実施をいう。

18　この法律にいう「物」には、プログラムを含むものとする。

（開設の許可）

第四条　薬局は、その所在地の都道府県知事（その所在地が保健所を設置する市又は特別区の区域にある場合においては、市長又は区長。次項、第七条第四項並びに第十条第一項（第三十八条第一項並びに第四十条第一項及び第二項において準用する場合を含む。）及び第二項（第三十八条第一項において準用する場合を含む。）において同じ。）の許可を受けなければ、開設してはならない。

2　前項の許可を受けようとする者は、厚生労働省令で定めるところにより、次に掲げる事項を記載した申請書をその薬局の所在地の都道府県知事に提出しなければならない。

　一　氏名又は名称及び住所並びに法人にあつては、その代表者の氏名

　二　その薬局の名称及び所在地

　三　その薬局の構造設備の概要

　四　その薬局において調剤及び調剤された薬剤の販売又は授与の業務を行う体制の概要並びにその薬局において医薬品の販売業を併せ行う場合にあつては医薬品の販売又は授与の業務を行う体制の概要

　五　法人にあつては、薬事に関する業務に責任を有する役員の氏名

　六　次条第三号イからトまでに該当しない旨その他厚生労働省令で定める事項

3　前項の申請書には、次に掲げる書類を添付しなければならない。

　一　その薬局の平面図

　二　第七条第一項ただし書又は第二項の規定により薬局の管理者を指定してその薬局を実地に管理させる場合にあつては、その薬局の管理者の氏名及び住所を記載した書類

　三　第一項の許可を受けようとする者及び前号の薬局の管理者以外にその薬局において薬事に関する実務に従事する薬剤師又は登録販売者を置く場合にあつては、その薬剤師又は登録販売者の氏名及び住所を記載した書類

　　四　その薬局において医薬品の販売業を併せ行う場合にあつては、次のイ及びロに掲げる書類

　　　イ　その薬局において販売し、又は授与する医薬品の薬局医薬品、要指導医薬品及び一般用医薬品に係る厚生労働省令で定める区分を記載した書類

　　　ロ　その薬局においてその薬局以外の場所にいる者に対して一般用医薬品を販売し、又は授与する場合にあつては、その者との間の通信手段その他の厚生労働省令で定める事項を記載した書類

　　五　その他厚生労働省令で定める書類

4　第一項の許可は、六年ごとにその更新を受けなければ、その期間の経過によつて、その効力を失う。

5　この条において、次の各号に掲げる用語の意義は、当該各号に定めるところによる。

　　一　登録販売者　第三十六条の八第二項の登録を受けた者をいう。

　　二　薬局医薬品　要指導医薬品及び一般用医薬品以外の医薬品（専ら動物のために使用されることが目的とされているものを除く。）をいう。

　　三　要指導医薬品　次のイからニまでに掲げる医薬品（専ら動物のために使用されることが目的とされているものを除く。）のうち、その効能及び効果において人体に対する作用が著しくないものであつて、薬剤師その他の医薬関係者から提供された情報に基づく需要者の選択により使用されることが目的とされているものであり、かつ、その適正な使用のために薬剤師の対面による情報の提供及び薬学的知見に基づく指導が行われることが必要なものとして、厚生労働大臣が薬事・食品衛生審議会の意見を聴いて指定するものをいう。

　　　イ　その製造販売の承認の申請に際して第十四条第十一項に該当するとされた医薬品であつて、当該申請に係る承認を受けてから厚生労働省令で定める期間を経過しないもの

　　　ロ　その製造販売の承認の申請に際してイに掲げる医薬品と有効成分、分量、用法、用量、効能、効果等が同一性を有すると認められた医薬品であつて、当該申請に係る承認を受けてから厚生労働省令で定める期間を経過しないもの

　　　ハ　第四十四条第一項に規定する毒薬

　　　ニ　第四十四条第二項に規定する劇薬

　　四　一般用医薬品　医薬品のうち、その効能及び効果において人体に対する作用が著しくないものであつて、薬剤師その他の医薬関係者から提供された情報に基づく需要者の選択により使用されることが目的とされているもの（要指導医薬品を除く。）をいう。

　（許可の基準）

第五条　次の各号のいずれかに該当するときは、前条第一項の許可を与えないことができる。

　　一　その薬局の構造設備が、厚生労働省令で定める基準に適合しないとき。

　　二　その薬局において調剤及び調剤された薬剤の販売又は授与の業務を行う体制並びにその薬局において医薬品の販売業を併せ行う場合にあつては医薬品の販売又は授与の業務を行う体制が厚生労働省令で定める基準に適合しないとき。

　　三　申請者（申請者が法人であるときは、薬事に関する業務に責任を有する役員を含む。第六条の四第一項、第十九条の二第二項、第二十三条の二の十七第二項及び第二十三条の三十七第二項において同じ。）が、次のイからトまでのいずれかに該当するとき。

　　　イ　第七十五条第一項の規定により許可を取り消され、取消しの日から三年を経過していない者

　　　ロ　第七十五条の二第一項の規定により登録を取り消され、取消しの日から三年を経過していない者

　　　ハ　禁錮以上の刑に処せられ、その執行を終わり、又は執行を受けることがなくなつた後、三年を経過していない者

　　　ニ　イからハまでに該当する者を除くほか、この法律、麻薬及び向精神薬取締法、毒物及び劇物取締法（昭和二十五年法律第三百三号）その他薬事に関する法令で政令で定めるもの又はこれに基づく処分に違反し、その違反行為があつた日から二年を経過していない者

　　　ホ　麻薬、大麻、あへん又は覚醒剤の中毒者

　　　ヘ　心身の障害により薬局開設者の業務を適正に行うことができない者として厚生労働省令で定めるもの

　　　ト　薬局開設者の業務を適切に行うことができる知識及び経験を有すると認められない者

　（地域連携薬局）

第六条の二　薬局であつて、その機能が、医師若しくは歯科医師又は薬剤師が診療又は調剤に従事する他の医療提供施設と連携し、地域における薬剤及び医薬品の適正な使用の推進及び効率的な提供に必要な情報の提供及び薬学的知見に基づく指導を実施するために必要な機能に関する次に掲げる要件に該当するものは、その所在地の都道府県知事の認定を受けて地域連携薬局と称することができる。

　　一　構造設備が、薬剤及び医薬品について情報の提供又は薬学的知見に基づく指導を受ける者（次号及び次条第一項において「利用者」という。）の心身の状況に配慮する観点から必要なものとして厚生労働省令で定める基準に適合するものであること。

　　二　利用者の薬剤及び医薬品の使用に関する情報を他の医療提供施設と共有する体制が、厚生労働省令で定める基準に適合するものであること。

　　三　地域の患者に対し安定的に薬剤を供給するための調剤及び調剤された薬剤の販売又は授与の業務を行う体制が、厚生労働省令で定める基準に適合するものであること。

　　四　居宅等（薬剤師法（昭和三十五年法律第百四十六号）第二十二条に規定する居宅等をいう。以下同じ。）における調剤並びに情報の提供及び薬学的知見に基づく指導を行う体制が、厚生労働省令で定める基準に適合するものであること。

2　前項の認定を受けようとする者は、厚生労働省令で定めるところにより、次の各号に掲げる事項を記載した申請書をその薬局の所在地の都道府県知事に提出しなければならない。

　　一　氏名又は名称及び住所並びに法人にあつては、その代表者の氏名

　　二　その薬局の名称及び所在地

　　三　前項各号に掲げる事項の概要

　　四　その他厚生労働省令で定める事項

3　地域連携薬局でないものは、これに地域連携薬局又はこれに紛らわしい名称を用いてはならない。

4　第一項の認定は、一年ごとにその更新を受けなければ、その期間の経過によつて、その効力を失う。

（専門医療機関連携薬局）

第六条の三　薬局であつて、その機能が、医師若しくは歯科医師又は薬剤師が診療又は調剤に従事する他の医療提供施設と連携し、薬剤の適正な使用の確保のために専門的な薬学的知見に基づく指導を実施するために必要な機能に関する次に掲げる要件に該当するものは、厚生労働省令で定めるがんその他の傷病の区分ごとに、その所在地の都道府県知事の認定を受けて専門医療機関連携薬局と称することができる。

　　一　構造設備が、利用者の心身の状況に配慮する観点から必要なものとして厚生労働省令で定める基準に適合するものであること。

　　二　利用者の薬剤及び医薬品の使用に関する情報を他の医療提供施設と共有する体制が、厚生労働省令で定める基準に適合するものであること。

　　三　専門的な薬学的知見に基づく調剤及び指導の業務を行う体制が、厚生労働省令で定める基準に適合するものであること。

2　前項の認定を受けようとする者は、厚生労働省令で定めるところにより、次の各号に掲げる事項を記載した申請書をその薬局の所在地の都道府県知事に提出しなければならない。

　　一　氏名又は名称及び住所並びに法人にあつては、その代表者の氏名

　　二　その薬局において専門的な薬学的知見に基づく調剤及び指導の業務を行うために必要なものとして厚生労働省令で定める要件を満たす薬剤師の氏名

　　三　その薬局の名称及び所在地

　　四　前項各号に掲げる事項の概要

　　五　その他厚生労働省令で定める事項

3　第一項の認定を受けた者は、専門医療機関連携薬局と称するに当たつては、厚生労働省令で定めるところにより、同項に規定する傷病の区分を明示しなければならない。

4　専門医療機関連携薬局でないものは、これに専門医療機関連携薬局又はこれに紛らわしい名称を用いてはならない。

5　第一項の認定は、一年ごとにその更新を受けなければ、その期間の経過によつて、その効力を失う。

（薬局の管理）

第七条　薬局開設者が薬剤師（薬剤師法第八条の二第一項の規定による厚生労働大臣の命令を受けた者にあつては、同条第二項の規定による登録を受けた者に限る。以下この項及び次項、第二十八条第二項、第三十一条の二第二項、第三十五条第一項並びに第四十五条において同じ。）であるときは、自らその薬局を実地に管理しなければならない。ただし、その薬局において薬事に関する実務に従事する他の薬剤師のうちから薬局の管理者を指定してその薬局を実地に管理させるときは、この限りでない。

2　薬局開設者が薬剤師でないときは、その薬局において薬事に関する実務に従事する薬剤師のうちから薬局の管理者を指定してその薬局を実地に管理させなければならない。

3　薬局の管理者は、次条第一項及び第二項に規定する義務並びに同条第三項に規定する厚生労働省令で定める業務を遂行し、並びに同項に規定する厚生労働省令で定める事項を遵守するために必要な能力及び経験を有する者でなければならない。

4　薬局の管理者（第一項の規定により薬局を実地に管理する薬局開設者を含む。次条第一項及び第三項において同じ。）は、その薬局以外の場所で業として薬局の管理その他薬事に関する実務に従事する者であつてはならない。ただし、その薬局の所在地の都道府県知事の許可を受けたときは、この限りでない。

（管理者の義務）

第八条　薬局の管理者は、保健衛生上支障を生ずるおそれがないように、その薬局に勤務する薬剤師その他の従業者を監督し、その薬局の構造設備及び医薬品その他の物品を管理し、その他その薬局の業務につき、必要な注意をしなければならない。

2　薬局の管理者は、保健衛生上支障を生ずるおそれがないように、その薬局の業務につき、薬局開設者に対し、必要な意見を書面により述べなければならない。

3　薬局の管理者が行う薬局の管理に関する業務及び薬局の管理者が遵守すべき事項については、厚生労働省令で定める。

（薬局開設者の遵守事項）

第九条　厚生労働大臣は、厚生労働省令で、次に掲げる事項その他薬局の業務に関し薬局開設者が遵守すべき事項を定めることができる。

　　一　薬局における医薬品の試験検査その他の医薬品の管理の実施方法に関する事項

　　二　薬局における調剤並びに調剤された薬剤及び医薬品の販売又は授与の実施方法（その薬局においてその薬局以外の場所にいる者に対して一般用医薬品（第四条第五項第四号に規定する一般用医薬品をいう。以下同じ。）を販売し、又は授与する場合におけるその者との間の通信手段に応じた当該実施方法を含む。）に関する事項

2　薬局開設者は、第七条第一項ただし書又は第二項の規定によりその薬局の管理者を指定したときは、第八条第二項の規定により述べられた薬局の管理者の意見を尊重するとともに、法令遵守のために措置を講ずる必要があるときは、当該措置を講じ、かつ、講じた措置の内容（措置を講じない場合にあつては、その旨及びその理由）を記録し、これを適切に保存しなければならない。

（薬局開設者の法令遵守体制）

第九条の二　薬局開設者は、薬局の管理に関する業務その他の薬局開設者の業務を適正に遂行することにより、薬事に関する法令の規定の遵守を確保するために、厚生労働省令で定めるところにより、次の各号に掲げる措置を講じなければならない。

　一　薬局の管理に関する業務について、薬局の管理者が有する権限を明らかにすること。

　二　薬局の管理に関する業務その他の薬局開設者の業務の遂行が法令に適合することを確保するための体制、当該薬局開設者の薬事に関する業務に責任を有する役員及び従業者の業務の監督に係る体制その他の薬局開設者の業務の適正を確保するために必要なものとして厚生労働省令で定める体制を整備すること。

　三　前二号に掲げるもののほか、薬局開設者の従業者に対して法令遵守のための指針を示すことその他の薬局開設者の業務の適正な遂行に必要なものとして厚生労働省令で定める措置

2　薬局開設者は、前項各号に掲げる措置の内容を記録し、これを適切に保存しなければならない。

（調剤された薬剤に関する情報提供及び指導等）

第九条の四　薬局開設者は、医師又は歯科医師から交付された処方箋により調剤された薬剤の適正な使用のため、当該薬剤を販売し、又は授与する場合には、厚生労働省令で定めるところにより、その薬局において薬剤の販売又は授与に従事する薬剤師に、対面（映像及び音声の送受信により相手の状態を相互に認識しながら通話をすることが可能な方法その他の方法により薬剤の適正な使用を確保することが可能であると認められる方法として厚生労働省令で定めるものを含む。）により、厚生労働省令で定める事項を記載した書面（当該事項が電磁的記録（電子的方式、磁気的方式その他人の知覚によつては認識することができない方式で作られる記録であつて、電子計算機による情報処理の用に供されるものをいう。以下第三十六条の十までにおいて同じ。）に記録されているときは、当該電磁的記録に記録された事項を厚生労働省令で定める方法により表示したものを含む。）を用いて必要な情報を提供させ、及び必要な薬学的知見に基づく指導を行わせなければならない。

2　薬局開設者は、前項の規定による情報の提供及び指導を行わせるに当たつては、当該薬剤師に、あらかじめ、当該薬剤を使用しようとする者の年齢、他の薬剤又は医薬品の使用の状況その他の厚生労働省令で定める事項を確認させなければならない。

3　薬局開設者は、第一項に規定する場合において、同項の規定による情報の提供又は指導ができないとき、その他同項に規定する薬剤の適正な使用を確保することができないと認められるときは、当該薬剤を販売し、又は授与してはならない。

4　薬局開設者は、医師又は歯科医師から交付された処方箋により調剤された薬剤の適正な使用のため、当該薬剤を購入し、若しくは譲り受けようとする者又は当該薬局開設者から当該薬剤を購入し、若しくは譲り受けた者から相談があつた場合には、厚生労働省令で定めるところにより、その薬局において薬剤の販売又は授与に従事する薬剤師に、必要な情報を提供させ、又は必要な薬学的知見に基づく指導を行わせなければならない。

5　第一項又は前項に定める場合のほか、薬局開設者は、医師又は歯科医師から交付された処方箋により調剤された薬剤の適正な使用のため必要がある場合として厚生労働省令で定める場合には、厚生労働省令で定めるところにより、その薬局において薬剤の販売又は授与に従事する薬剤師に、その調剤した薬剤を購入し、又は譲り受けた者の当該薬剤の使用の状況を継続的かつ的確に把握させるとともに、その調剤した薬剤を購入し、又は譲り受けた者に対して必要な情報を提供させ、又は必要な薬学的知見に基づく指導を行わせなければならない。

6　薬局開設者は、その薬局において薬剤の販売又は授与に従事する薬剤師に第一項又は前二項に規定する情報の提供及び指導を行わせたときは、厚生労働省令で定めるところにより、当該薬剤師にその内容を記録させなければならない。

（製造販売業の許可）

第十二条　次の表の上欄に掲げる医薬品（体外診断用医薬品を除く。以下この章において同じ。）、医薬部外品又は化粧品の種類に応じ、それぞれ同表の下欄に定める厚生労働大臣の許可を受けた者でなければ、それぞれ、業として、医薬品、医薬部外品又は化粧品の製造販売をしてはならない。

医薬品、医薬部外品又は化粧品の種類	許可の種類
第四十九条第一項に規定する厚生労働大臣の指定する医薬品	第一種医薬品製造販売業許可
前項に該当する医薬品以外の医薬品	第二種医薬品製造販売業許可
医薬部外品	医薬部外品製造販売業許可
化粧品	化粧品製造販売業許可

2　前項の許可を受けようとする者は、厚生労働省令で定めるところにより、次の各号に掲げる事項を記載した申請書を厚生労働大臣に提出しなければならない。

　一　氏名又は名称及び住所並びに法人にあつては、その代表者の氏名

　二　法人にあつては、薬事に関する業務に責任を有する役員の氏名

　三　第十七条第二項に規定する医薬品等総括製造販売責任者の氏名

　四　次条第二項において準用する第五条第三号イからまでに該当しない旨その他厚生労働省令で定める事項

3　前項の申請書には、次の各号に掲げる書類を添付しなければならない。

　一　法人にあつては、その組織図

　二　次条第一項第一号に規定する申請に係る医薬品、医薬部外品又は化粧品の品質管理に係る体制に関する書類

　　三　次条第一項第二号に規定する申請に係る医薬品、医薬部外品又は化粧品の製造販売後安全管理に係る体制に関する書類

　　四　その他厚生労働省令で定める書類

4　第一項の許可は、三年を下らない政令で定める期間ごとにその更新を受けなければ、その期間の経過によつて、その効力を失う。

　（許可の基準）

第十二条の二　次の各号のいずれかに該当するときは、前条第一項の許可を与えないことができる。

　　一　申請に係る医薬品、医薬部外品又は化粧品の品質管理の方法が、厚生労働省令で定める基準に適合しないとき。

　　二　申請に係る医薬品、医薬部外品又は化粧品の製造販売後安全管理（品質、有効性及び安全性に関する事項その他適正な使用のために必要な情報の収集、検討及びその結果に基づく必要な措置をいう。以下同じ。）の方法が、厚生労働省令で定める基準に適合しないとき。

2　第五条（第三号に係る部分に限る。）の規定は、前条第一項の許可について準用する。

　（製造業の許可）

第十三条　医薬品、医薬部外品又は化粧品の製造業の許可を受けた者でなければ、それぞれ、業として、医薬品、医薬部外品又は化粧品の製造をしてはならない。

2　前項の許可は、厚生労働省令で定める区分に従い、厚生労働大臣が製造所ごとに与える。

3　第一項の許可を受けようとする者は、厚生労働省令で定めるところにより、次の各号に掲げる事項を記載した申請書を厚生労働大臣に提出しなければならない。

　　一　氏名又は名称及び住所並びに法人にあつては、その代表者の氏名

　　二　その製造所の構造設備の概要

　　三　法人にあつては、薬事に関する業務に責任を有する役員の氏名

　　四　医薬品の製造業の許可を受けようとする者にあつては、第十七条第六項に規定する医薬品製造管理者の氏名

　　五　医薬部外品又は化粧品の製造業の許可を受けようとする者にあつては、第十七条第十一項に規定する医薬部外品等責任技術者の氏名

　　六　第六項において準用する第五条第三号イからトまでに該当しない旨その他厚生労働省令で定める事項

4　第一項の許可は、三年を下らない政令で定める期間ごとにその更新を受けなければ、その期間の経過によつて、その効力を失う。

5　その製造所の構造設備が、厚生労働省令で定める基準に適合しないときは、第一項の許可を与えないことができる。

6　第五条（第三号に係る部分に限る。）の規定は、第一項の許可について準用する。

7　厚生労働大臣は、第一項の許可又は第四項の許可の更新の申請を受けたときは、第五項の厚生労働省令で定める基準に適合するかどうかについての書面による調査又は実地の調査を行うものとする。

8　第一項の許可を受けた者は、当該製造所に係る許可の区分を変更し、又は追加しようとするときは、厚生労働大臣の許可を受けなければならない。

9　前項の許可については、第一項から第七項までの規定を準用する。

　（保管のみを行う製造所に係る登録）

第十三条の二の二　業として、製造所において医薬品、医薬部外品及び化粧品の製造工程のうち保管（医薬品、医薬部外品及び化粧品の品質、有効性及び安全性の確保の観点から厚生労働省令で定めるものを除く。以下同じ。）のみを行おうとする者は、当該製造所について厚生労働大臣の登録を受けたときは、第十三条の規定にかかわらず、当該製造所について同条第一項の規定による許可を受けることを要しない。

2　前項の登録は、製造所において保管のみを行おうとする者の申請により、保管のみを行う製造所ごとに行う。

3　第一項の登録の申請を行おうとする者は、厚生労働省令で定めるところにより、次の各号に掲げる事項を記載した申請書を厚生労働大臣に提出しなければならない。

　　一　氏名又は名称及び住所並びに法人にあつては、その代表者の氏名

　　二　法人にあつては、薬事に関する業務に責任を有する役員の氏名

　　三　医薬品の製造所について第一項の登録の申請を行おうとする者にあつては、第十七条第六項に規定する医薬品製造管理者の氏名

　　四　医薬部外品又は化粧品の製造所について第一項の登録の申請を行おうとする者にあつては、第十七条第十一項に規定する医薬部外品等責任技術者の氏名

　　五　第五項において準用する第五条第三号イからトまでに該当しない旨その他厚生労働省令で定める事項

4　第一項の登録は、三年を下らない政令で定める期間ごとにその更新を受けなければ、その期間の経過によつて、その効力を失う。

5　第五条（第三号に係る部分に限る。）の規定は、第一項の登録について準用する。

　（医薬品等外国製造業者の保管のみを行う製造所に係る登録）

第十三条の三の二　医薬品等外国製造業者は、保管のみを行おうとする製造所について厚生労働大臣の登録を受けることができる。

2　前項の登録については、第十三条の二の二第二項、第三項（同項第一号及び第五号に係る部分に限る。）、第四項及び第五項の規定を準用する。

　（医薬品、医薬部外品及び化粧品の製造販売の承認）

第十四条　医薬品（厚生労働大臣が基準を定めて指定する医薬品を除く。）、医薬部外品（厚生労働大臣が基準を定めて指定する医薬部外品を除く。）又は厚生労働大臣の指定する成分を含有する化粧品の製造販売をしようとする者は、品目ごとにその製造販売についての厚生労働大臣の承認を受けなければならない。

2 次の各号のいずれかに該当するときは、前項の承認は、与えない。
　一 申請者が、第十二条第一項の許可（申請をした品目の種類に応じた許可に限る。）を受けていないとき。
　二 申請に係る医薬品、医薬部外品又は化粧品を製造する製造所が、第十三条第一項の許可（申請をした品目について製造ができる区分に係るものに限る。）、第十三条の三第一項の認定（申請をした品目について製造ができる区分に係るものに限る。）又は第十三条の二の二第一項若しくは前条第一項の登録を受けていないとき。
　三 申請に係る医薬品、医薬部外品又は化粧品の名称、成分、分量、用法、用量、効能、効果、副作用その他の品質、有効性及び安全性に関する事項の審査の結果、その物が次のイからハまでのいずれかに該当するとき。
　　イ 申請に係る医薬品又は医薬部外品が、その申請に係る効能又は効果を有すると認められないとき。
　　ロ 申請に係る医薬品又は医薬部外品が、その効能又は効果に比して著しく有害な作用を有することにより、医薬品又は医薬部外品として使用価値がないと認められるとき。
　　ハ イ又はロに掲げる場合のほか、医薬品、医薬部外品又は化粧品として不適当なものとして厚生労働省令で定める場合に該当するとき。
　四 申請に係る医薬品、医薬部外品又は化粧品が政令で定めるものであるときは、その物の製造所における製造管理又は品質管理の方法が、厚生労働省令で定める基準に適合していると認められないとき。
3 第一項の承認を受けようとする者は、厚生労働省令で定めるところにより、申請書に臨床試験の試験成績に関する資料その他の資料を添付して申請しなければならない。この場合において、当該申請に係る医薬品が厚生労働省令で定める医薬品であるときは、当該資料は、厚生労働省令で定める基準に従つて収集され、かつ、作成されたものでなければならない。
4 第一項の承認の申請に係る医薬品、医薬部外品又は化粧品が、第八十条の六第一項に規定する原薬等登録原簿に収められている原薬等（原薬たる医薬品その他厚生労働省令で定める物をいう。以下同じ。）を原料又は材料として製造されるものであるときは、第一項の承認を受けようとする者は、厚生労働省令で定めるところにより、当該原薬等が同条第一項に規定する原薬等登録原簿に登録されていることを証する書面をもつて前項の規定により添付するものとされた資料の一部に代えることができる。
5 厚生労働大臣は、第一項の承認の申請に係る医薬品が、希少疾病用医薬品、先駆的医薬品又は特定用途医薬品その他の医療上特にその必要性が高いと認められるものである場合であつて、当該医薬品の有効性及び安全性を検証するための十分な人数を対象とする臨床試験の実施が困難であるときその他の厚生労働省令で定めるときは、厚生労働省令で定めるところにより、第三項の規定により添付するものとされた臨床試験の試験成績に関する資料の一部の添付を要しないこととすることができる。
6 第二項第三号の規定による審査においては、当該品目に係る申請内容及び第三項前段に規定する資料に基づき、当該品目の品質、有効性及び安全性に関する調査（既にこの条又は第十九条の二の承認を与えられている品目との成分、分量、用法、用量、効能、効果等の同一性に関する調査を含む。）を行うものとする。この場合において、当該品目が同項後段に規定する厚生労働省令で定める医薬品であるときは、あらかじめ、当該品目に係る資料が同項後段の規定に適合するかどうかについての書面による調査又は実地の調査を行うものとする。
7 第一項の承認を受けようとする者又は同項の承認を受けた者は、その承認に係る医薬品、医薬部外品又は化粧品が政令で定めるものであるときは、その物の製造所における製造管理又は品質管理の方法が第二項第四号に規定する厚生労働省令で定める基準に適合しているかどうかについて、当該承認を受けようとするとき、及び当該承認の取得後三年を下らない政令で定める期間を経過するごとに、厚生労働大臣の書面による調査又は実地の調査を受けなければならない。
8 第一項の承認を受けた者は、その承認に係る医薬品、医薬部外品又は化粧品を製造する製造所が、当該承認に係る品目の製造工程と同一の製造工程の区分（医薬品、医薬部外品又は化粧品の品質、有効性及び安全性の確保の観点から厚生労働省令で定める区分をいう。次条において同じ。）に属する製造工程について同条第三項の基準確認証の交付を受けているときは、当該製造工程に係る当該製造所における前項の調査を受けることを要しない。
9 前項の規定にかかわらず、厚生労働大臣は、第一項の承認に係る医薬品、医薬部外品又は化粧品の特性その他を勘案して必要があると認めるときは、当該医薬品、医薬部外品又は化粧品の製造所における製造管理又は品質管理の方法が第二項第四号に規定する厚生労働省令で定める基準に適合しているかどうかについて、書面による調査又は実地の調査を行うことができる。この場合において、第一項の承認を受けた者は、当該調査を受けなければならない。
10 厚生労働大臣は、第一項の承認の申請に係る医薬品が、希少疾病用医薬品、先駆的医薬品又は特定用途医薬品その他の医療上特にその必要性が高いと認められるものであるときは、当該医薬品についての第二項第三号の規定による審査又は第七項若しくは前項の規定による調査を、他の医薬品の審査又は調査に優先して行うことができる。
11 厚生労働大臣は、第一項の承認の申請があつた場合において、申請に係る医薬品、医薬部外品又は化粧品が、既にこの条又は第十九条の二の承認を与えられている医薬品、医薬部外品又は化粧品と有効成分、分量、用法、用量、効能、効果等が明らかに異なるときは、同項の承認について、あらかじめ、薬事・食品衛生審議会の意見を聴かなければならない。
12 厚生労働大臣は、第一項の承認の申請に関し、第五項の規定に基づき臨床試験の試験成績に関する資料の一部の添付を要しないこととした医薬品について第一項の承認をする場合には、当該医薬品の使用の成績に関する調査の実施、適正な使用の確保のために必要な措置の実施その他の条件を付してするものとし、当該条件を付した同項の承認を受けた者は、厚生労働省令で定めるところにより、当該条件に基づき収集され、かつ、作成された当該医薬品の使用の成績に関する資料その他の資料を厚生労働大臣に提出し、当該医薬品の品質、有効性及び安全性に関する調査を受けなければならない。この場合において、当該条件を付した同項の承認に係る医薬品が厚生労働省令で定める医薬品であるときは、当該資料は、厚生労働省令で定める基準に従つて収集され、かつ、作成されたものでなければならない。

13 厚生労働大臣は、前項前段に規定する医薬品の使用の成績に関する資料その他の資料の提出があつたときは、当該資料に基づき、同項前段に規定する調査（当該医薬品が同項後段の厚生労働省令で定める医薬品であるときは、当該資料が同項後段の規定に適合するかどうかについての書面による調査又は実地の調査及び同項前段に規定する調査）を行うものとし、当該調査の結果を踏まえ、同項前段の規定により付した条件を変更し、又は当該承認を受けた者に対して、当該医薬品の使用の成績に関する調査及び適正な使用の確保のために必要な措置の再度の実施を命ずることができる。

14 第十二項の規定により条件を付した第一項の承認を受けた者、第十二項後段に規定する資料の収集若しくは作成の委託を受けた者又はこれらの役員若しくは職員は、正当な理由なく、当該資料の収集又は作成に関しその職務上知り得た人の秘密を漏らしてはならない。これらの者であつた者についても、同様とする。

15 第一項の承認を受けた者は、当該品目について承認された事項の一部を変更しようとするとき（当該変更が厚生労働省令で定める軽微な変更であるときを除く。）は、その変更について厚生労働大臣の承認を受けなければならない。この場合においては、第二項から第七項まで及び第十項から前項までの規定を準用する。

16 第一項の承認を受けた者は、前項の厚生労働省令で定める軽微な変更について、厚生労働省令で定めるところにより、厚生労働大臣にその旨を届け出なければならない。

17 第一項及び第十五項の承認の申請（政令で定めるものを除く。）は、機構を経由して行うものとする。

（基準確認証の交付等）

第十四条の二　第十三条第一項の許可を受けようとする者若しくは同項の許可を受けた者、第十三条の三第一項の認定を受けようとする者若しくは同項の認定を受けた者又は第十三条の二の二第一項若しくは第十三条の三の二第一項の登録を受けようとする者若しくは第十三条の二の二第一項若しくは第十三条の三の二第一項の登録を受けた者は、その製造に係る医薬品、医薬部外品又は化粧品が前条第七項に規定する政令で定めるものであるときは、厚生労働省令で定めるところにより、当該許可、認定又は登録に係る製造所における当該医薬品、医薬部外品又は化粧品の製造管理又は品質管理の方法が同条第二項第四号に規定する厚生労働省令で定める基準に適合しているかどうかについて、厚生労働大臣に対し、医薬品、医薬部外品又は化粧品の製造工程の区分ごとに、その確認を求めることができる。

2 厚生労働大臣は、前項の確認を求められたときは、書面による調査又は実地の調査を行うものとする。

3 厚生労働大臣は、前項の規定による調査の結果、その製造所における製造管理又は品質管理の方法が前条第二項第四号に規定する厚生労働省令で定める基準に適合していると認めるときは、その製造所について当該基準に適合していることが確認されたことを証するものとして、厚生労働省令で定めるところにより、第一項に規定する医薬品、医薬部外品又は化粧品の製造工程の区分ごとに、基準確認証を交付する。

4 前項の基準確認証の有効期間は、当該基準確認証の交付の日から起算して政令で定める期間とする。

5 第三項の規定により基準確認証の交付を受けた製造業者が、次の各号のいずれかに該当することとなつた場合には、速やかに、当該基準確認証を厚生労働大臣に返還しなければならない。

一 当該基準確認証に係る第一項に規定する医薬品、医薬部外品又は化粧品の製造工程について、製造管理若しくは品質管理の方法が前条第二項第四号に規定する厚生労働省令で定める基準に適合せず、又はその製造管理若しくは品質管理の方法によつて医薬品、医薬部外品若しくは化粧品が第五十六条（第六十条及び第六十二条において準用する場合を含む。次号において同じ。）に規定する医薬品、医薬部外品若しくは化粧品若しくは第六十八条の二十に規定する生物由来製品に該当するようになるおそれがあることを理由として、第七十二条第二項の命令を受けた場合

二 当該基準確認証を受けた製造所について、その構造設備が、第十三条第五項の規定に基づく厚生労働省令で定める基準に適合せず、又はその構造設備によつて医薬品、医薬部外品若しくは化粧品が第五十六条に規定する医薬品、医薬部外品若しくは化粧品若しくは第六十八条の二十に規定する生物由来製品に該当するようになるおそれがあることを理由として、第七十二条第三項の命令を受けた場合

（機構による医薬品等審査等の実施）

第十四条の二の二　厚生労働大臣は、機構に、医薬品（専ら動物のために使用されることが目的とされているものを除く。以下この条において同じ。）、医薬部外品（専ら動物のために使用されることが目的とされているものを除く。以下この条において同じ。）又は化粧品のうち政令で定めるものについての第十四条の承認のための審査、同条第六項及び第七項（これらの規定を同条第十五項において準用する場合を含む。）、第九項並びに第十三項（同条第十五項において準用する場合を含む。）並びに前条第二項の規定による調査並びに同条第三項の規定による基準確認証の交付及び同条第五項の規定による基準確認証の返還の受付（以下「医薬品等審査等」という。）を行わせることができる。

2 厚生労働大臣は、前項の規定により機構に医薬品等審査等を行わせるときは、当該医薬品等審査等を行わないものとする。この場合において、厚生労働大臣は、第十四条の承認をするときは、機構が第五項の規定により通知する医薬品等審査等の結果を考慮しなければならない。

3 厚生労働大臣が第一項の規定により機構に医薬品等審査等を行わせることとしたときは、同項の政令で定める医薬品、医薬部外品又は化粧品について第十四条の承認の申請者、同条第七項若しくは第十三項（これらの規定を同条第十五項において準用する場合を含む。）若しくは前条第二項の規定による調査の申請者又は同条第五項の規定により基準確認証を返還する者は、機構が行う審査、調査若しくは基準確認証の交付を受け、又は機構に基準確認証を返還しなければならない。

4 厚生労働大臣が第一項の規定により機構に審査を行わせることとしたときは、同項の政令で定める医薬品、医薬部外品又は化粧品についての第十四条第十六項の規定による届出をしようとする者は、同項の規定にかかわらず、機構に届け出なければならない。

5　機構は、医薬品等審査等を行つたとき、又は前項の規定による届出を受理したときは、遅滞なく、当該医薬品等審査等の結果又は届出の状況を厚生労働省令で定めるところにより厚生労働大臣に通知しなければならない。

6　機構が行う医薬品等審査等に係る処分（医薬品等審査等の結果を除く。）又はその不作為については、厚生労働大臣に対して、審査請求をすることができる。この場合において、厚生労働大臣は、行政不服審査法第二十五条第二項及び第三項、第四十六条第一項及び第二項、第四十七条並びに第四十九条第三項の規定の適用については、機構の上級行政庁とみなす。

（新医薬品等の再審査）

第十四条の四　次の各号に掲げる医薬品につき第十四条の承認を受けた者は、当該医薬品について、当該各号に定める期間内に申請して、厚生労働大臣の再審査を受けなければならない。

一　既に第十四条又は第十九条の二の承認を与えられている医薬品と有効成分、分量、用法、用量、効能、効果等が明らかに異なる医薬品として厚生労働大臣がその承認の際指示したもの（以下「新医薬品」という。）　次に掲げる期間（以下この条において「調査期間」という。）を経過した日から起算して三月以内の期間（次号において「申請期間」という。）

イ　希少疾病用医薬品、先駆的医薬品その他厚生労働省令で定める医薬品として厚生労働大臣が薬事・食品衛生審議会の意見を聴いて指定するものについては、その承認のあつた日後六年を超え十年を超えない範囲内において厚生労働大臣の指定する期間

ロ　特定用途医薬品又は既に第十四条若しくは第十九条の二の承認を与えられている医薬品と効能若しくは効果のみが明らかに異なる医薬品（イに掲げる医薬品を除く。）その他厚生労働省令で定める医薬品として厚生労働大臣が薬事・食品衛生審議会の意見を聴いて指定するものについては、その承認のあつた日後六年に満たない範囲内において厚生労働大臣の指定する期間

ハ　イ又はロに掲げる医薬品以外の医薬品については、その承認のあつた日後六年

二　新医薬品（当該新医薬品につき第十四条又は第十九条の二の承認のあつた日後調査期間（第三項の規定による延長が行われたときは、その延長後の期間）を経過しているものを除く。）と有効成分、分量、用法、用量、効能、効果等が同一性を有すると認められる医薬品として厚生労働大臣がその承認の際指示したもの　当該新医薬品に係る申請期間（同項の規定による調査期間の延長が行われたときは、その延長後の期間に基づいて定められる申請期間）に合致するように厚生労働大臣が指示する期間

2　第十四条第十二項（同条第十五項において準用する場合を含む。）の規定により条件を付した同条の承認を受けた者は、当該承認に係る医薬品について、前項各号に掲げる医薬品の区分に応じ、当該各号に定める期間内に申請して、同項の厚生労働大臣の再審査を受けなければならない。

3　厚生労働大臣は、新医薬品の再審査を適正に行うため特に必要があると認めるときは、薬事・食品衛生審議会の意見を聴いて、調査期間を、その承認のあつた日後十年を超えない範囲内において延長することができる。

4　厚生労働大臣の再審査は、再審査を行う際に得られている知見に基づき、第一項各号に掲げる医薬品が第十四条第二項第三号イからハまでのいずれにも該当しないことを確認することにより行う。

5　第一項の申請は、申請書にその医薬品の使用成績に関する資料その他厚生労働省令で定める資料を添付してしなければならない。この場合において、当該申請に係る医薬品が厚生労働省令で定める医薬品であるときは、当該資料は、厚生労働省令で定める基準に従つて収集され、かつ、作成されたものでなければならない。

6　第四項の規定による確認においては、第一項各号に掲げる医薬品に係る申請内容及び前項前段に規定する資料に基づき、当該医薬品の品質、有効性及び安全性に関する調査を行うものとする。この場合において、第一項各号に掲げる医薬品が前項後段に規定する厚生労働省令で定める医薬品であるときは、あらかじめ、当該医薬品に係る資料が同項後段の規定に適合するかどうかについての書面による調査又は実地の調査を行うものとする。

7　第一項各号に掲げる医薬品につき第十四条の承認を受けた者は、厚生労働省令で定めるところにより、当該医薬品の使用の成績に関する調査その他厚生労働省令で定める調査を行い、その結果を厚生労働大臣に報告しなければならない。

8　第五項後段に規定する厚生労働省令で定める医薬品につき再審査を受けるべき者、同項後段に規定する資料の収集若しくは作成の委託を受けた者又はこれらの役員若しくは職員は、正当な理由なく、当該資料の収集又は作成に関しその職務上知り得た人の秘密を漏らしてはならない。これらの者であつた者についても、同様とする。

（医薬品、医薬部外品及び化粧品の承認された事項に係る変更計画の確認）

第十四条の七の二　第十四条第一項の承認を受けた者は、厚生労働省令で定めるところにより、厚生労働大臣に申し出て、当該承認を受けた品目について承認された事項の一部の変更に係る計画（以下この条において「変更計画」という。）が、次の各号のいずれにも該当する旨の確認を受けることができる。これを変更しようとするときも、同様とする。

一　当該変更計画に定められた変更が、製造方法その他の厚生労働省令で定める事項の変更であること。

二　第四十二条第一項又は第二項の規定により定められた基準に適合しないこととなる変更その他の厚生労働省令で定める変更に該当しないこと。

三　当該変更計画に従つた変更が行われた場合に、当該変更計画に係る医薬品、医薬部外品又は化粧品が、次のイからハまでのいずれにも該当しないこと。

イ　当該医薬品又は医薬部外品が、その変更前の承認に係る効能又は効果を有すると認められないこと。

ロ　当該医薬品又は医薬部外品が、その効能又は効果に比して著しく有害な作用を有することにより、医薬品又は医薬部外品として使用価値がないと認められること。

ハ　イ又はロに掲げる場合のほか、医薬品、医薬部外品又は化粧品として不適当なものとして、厚生労働省令で定める場合に該当すること。

2　前項の確認においては、変更計画（同項後段の規定による変更があつたときは、その変更後のもの。以下この条において同じ。）

の確認を受けようとする者が提出する資料に基づき、当該変更計画に係る医薬品、医薬部外品又は化粧品の品質、有効性及び安全性に関する調査を行うものとする。

3 第一項の確認を受けようとする者又は同項の確認を受けた者は、その確認に係る変更計画に従つて第十四条の承認を受けた事項の一部の変更を行う医薬品、医薬部外品又は化粧品が同条第二項第四号の政令で定めるものであり、かつ、当該変更が製造管理又は品質管理の方法に影響を与えるおそれがある変更として厚生労働省令で定めるものであるときは、厚生労働省令で定めるところにより、その変更を行う医薬品、医薬部外品又は化粧品の製造所における製造管理又は品質管理の方法が、同号の厚生労働省令で定める基準に適合している旨の確認を受けなければならない。

4 前項の確認においては、その変更を行う医薬品、医薬部外品又は化粧品の製造所における製造管理又は品質管理の方法が、第十四条第二項第四号の厚生労働省令で定める基準に適合しているかどうかについて、書面による調査又は実地の調査を行うものとする。

5 厚生労働大臣は、第一項の確認を受けた変更計画が同項各号のいずれかに該当していなかつたことが判明したとき、第三項の確認を受けた製造管理若しくは品質管理の方法が第十四条第二項第四号の厚生労働省令で定める基準に適合していなかつたことが判明したとき、又は偽りその他不正の手段により第一項若しくは第三項の確認を受けたことが判明したときは、その確認を取り消さなければならない。

6 第一項の確認を受けた者（その行おうとする変更が第三項の厚生労働省令で定めるものであるときは、第一項及び第三項の確認を受けた者に限る。）は、第十四条の承認を受けた医薬品、医薬部外品又は化粧品に係る承認された事項の一部について第一項の確認を受けた変更計画に従つた変更を行う日の厚生労働省令で定める日数前までに、厚生労働省令で定めるところにより、厚生労働大臣に当該変更を行う旨を届け出たときは、同条第十五の厚生労働大臣の承認を受けることを要しない。

7 厚生労働大臣は、前項の規定による届出があつた場合において、その届出に係る変更が第一項の確認を受けた変更計画に従つた変更であると認められないときは、その届出を受理した日から前項の厚生労働省令で定める日数以内に限り、その届出をした者に対し、その届出に係る変更の中止その他必要な措置を命ずることができる。

8 厚生労働大臣は、機構に、第十四条の二の二第一項の政令で定める医薬品、医薬部外品又は化粧品についての第一項及び第三項の確認を行わせることができる。

9 第十四条の二の二第二項、第三項、第五項及び第六項の規定並びに第五項の規定は、前項の規定により機構に第一項及び第三項の確認を行わせることとした場合について準用する。この場合において、必要な技術的読替えは、政令で定める。

10 厚生労働大臣が第十四条の二の二第一項の規定により機構に審査を行わせることとしたときは、同項の政令で定める医薬品、医薬部外品又は化粧品についての第六項の規定による届出は、同項の規定にかかわらず、機構に行わなければならない。

11 機構は、前項の規定による届出を受理したときは、直ちに、当該届出の状況を厚生労働省令で定めるところにより厚生労働大臣に通知しなければならない。

（医薬品等総括製造販売責任者等の設置及び遵守事項）

第十七条 医薬品、医薬部外品又は化粧品の製造販売業者は、厚生労働省令で定めるところにより、医薬品、医薬部外品又は化粧品の品質管理及び製造販売後安全管理を行わせるために、医薬品の製造販売業者にあつては薬剤師を、医薬部外品又は化粧品の製造販売業者にあつては厚生労働省令で定める基準に該当する者を、それぞれ置かなければならない。ただし、医薬品の製造販売業者について、次の各号のいずれかに該当する場合には、厚生労働省令で定めるところにより、薬剤師以外の技術者をもつてこれに代えることができる。

一 その品質管理及び製造販売後安全管理に関し薬剤師を必要としないものとして厚生労働省令で定める医薬品についてのみその製造販売をする場合

二 薬剤師を置くことが著しく困難であると認められる場合その他の厚生労働省令で定める場合

2 前項の規定により医薬品、医薬部外品又は化粧品の品質管理及び製造販売後安全管理を行う者として置かれる者（以下「医薬品等総括製造販売責任者」という。）は、次項に規定する義務及び第四項に規定する厚生労働省令で定める業務を遂行し、並びに同項に規定する厚生労働省令で定める事項を遵守するために必要な能力及び経験を有する者でなければならない。

3 医薬品等総括製造販売責任者は、医薬品、医薬部外品又は化粧品の品質管理及び製造販売後安全管理を公正かつ適正に行うために必要があるときは、製造販売業者に対し、意見を書面により述べなければならない。

4 医薬品等総括製造販売責任者が行う医薬品、医薬部外品又は化粧品の品質管理及び製造販売後安全管理のために必要な業務並びに医薬品等総括製造販売責任者が遵守すべき事項については、厚生労働省令で定める。

5 医薬品の製造業者は、自ら薬剤師であつてその製造を実地に管理する場合のほか、その製造を実地に管理させるために、製造所ごとに、薬剤師を置かなければならない。ただし、その製造の管理について薬剤師を必要としない医薬品を製造する製造所又は第十三条の二の二の登録を受けた保管のみを行う製造所においては、厚生労働省令で定めるところにより、薬剤師以外の技術者をもつてこれに代えることができる。

6 前項の規定により医薬品の製造を管理する者として置かれる者（以下「医薬品製造管理者」という。）は、次項及び第八項において準用する第八条第一項に規定する義務並びに第九項に規定する厚生労働省令で定める業務を遂行し、並びに同項に規定する厚生労働省令で定める事項を遵守するために必要な能力及び経験を有する者でなければならない。

7 医薬品製造管理者は、医薬品の製造の管理を公正かつ適正に行うために必要があるときは、製造業者に対し、意見を書面により述べなければならない。

8 医薬品製造管理者については、第七条第四項及び第八条第一項の規定を準用する。この場合において、第七条第四項中「その薬局の所在地の都道府県知事」とあるのは、「厚生労働大臣」と読み替えるものとする。

9　医薬品製造管理者が行う医薬品の製造の管理のために必要な業務及び医薬品製造管理者が遵守すべき事項については、厚生労働省令で定める。

10　医薬部外品又は化粧品の製造業者は、厚生労働省令で定めるところにより、医薬部外品又は化粧品の製造を実地に管理させるために、製造所ごとに、責任技術者を置かなければならない。

11　前項の規定により医薬部外品又は化粧品の製造を管理する者として置かれる者（以下「医薬部外品等責任技術者」という。）は、次項及び第十三項において準用する第八条第一項に規定する義務並びに第十四項に規定する厚生労働省令で定める業務を遂行し、並びに同項に規定する厚生労働省令で定める事項を遵守するために必要な能力及び経験を有する者でなければならない。

12　医薬部外品等責任技術者は、医薬部外品又は化粧品の製造の管理を公正かつ適正に行うために必要があるときは、製造業者に対し、意見を書面により述べなければならない。

13　医薬部外品等責任技術者については、第八条第一項の規定を準用する。

14　医薬部外品等責任技術者が行う医薬部外品又は化粧品の製造の管理のために必要な業務及び医薬部外品等責任技術者が遵守すべき事項については、厚生労働省令で定める。

（医薬品、医薬部外品及び化粧品の製造販売業者等の遵守事項等）

第十八条　厚生労働大臣は、厚生労働省令で、医薬品、医薬部外品又は化粧品の製造管理若しくは品質管理又は製造販売後安全管理の実施方法、医薬品等総括製造販売責任者の義務の遂行のための配慮事項その他医薬品、医薬部外品又は化粧品の製造販売業者がその業務に関し遵守すべき事項を定めることができる。

2　医薬品、医薬部外品又は化粧品の製造販売業者は、前条第三項の規定により述べられた医薬品等総括製造販売責任者の意見を尊重するとともに、法令遵守のために措置を講ずる必要があるときは、当該措置を講じ、かつ、講じた措置の内容（措置を講じない場合にあつては、その旨及びその理由）を記録し、これを適切に保存しなければならない。

3　厚生労働大臣は、厚生労働省令で、製造所における医薬品、医薬部外品又は化粧品の試験検査の実施方法、医薬品製造管理者又は医薬部外品等責任技術者の義務の遂行のための配慮事項その他医薬品、医薬部外品若しくは化粧品の製造業者又は医薬品等外国製造業者がその業務に関し遵守すべき事項を定めることができる。

4　医薬品、医薬部外品又は化粧品の製造業者は、前条第七項又は第十二項の規定により述べられた医薬品製造管理者又は医薬部外品等責任技術者の意見を尊重するとともに、法令遵守のために措置を講ずる必要があるときは、当該措置を講じ、かつ、講じた措置の内容（措置を講じない場合にあつては、その旨及びその理由）を記録し、これを適切に保存しなければならない。

5　医薬品、医薬部外品又は化粧品の製造販売業者は、製造販売後安全管理に係る業務のうち厚生労働省令で定めるものについて、厚生労働省令で定めるところにより、その業務を適正かつ確実に行う能力のある者に委託することができる。

（医薬品、医薬部外品及び化粧品の製造販売業者等の法令遵守体制）

第十八条の二　医薬品、医薬部外品又は化粧品の製造販売業者は、医薬品、医薬部外品又は化粧品の品質管理及び製造販売後安全管理に関する業務その他の製造販売業者の業務を適正に遂行することにより、薬事に関する法令の規定の遵守を確保するために、厚生労働省令で定めるところにより、次の各号に掲げる措置を講じなければならない。

一　医薬品、医薬部外品又は化粧品の品質管理及び製造販売後安全管理に関する業務について、医薬品等総括製造販売責任者が有する権限を明らかにすること。

二　医薬品、医薬部外品又は化粧品の品質管理及び製造販売後安全管理に関する業務その他の製造販売業者の業務の遂行が法令に適合することを確保するための体制、当該製造販売業者の薬事に関する業務に責任を有する役員及び従業者の業務の監督に係る体制その他の製造販売業者の業務の適正を確保するために必要なものとして厚生労働省令で定める体制を整備すること。

三　医薬品等総括製造販売責任者その他の厚生労働省令で定める者に、第十二条の二第一項各号の厚生労働省令で定める基準を遵守して医薬品、医薬部外品又は化粧品の品質管理及び製造販売後安全管理を行わせるために必要な権限の付与及びそれらの者が行う業務の監督その他の措置

四　前三号に掲げるもののほか、医薬品、医薬部外品又は化粧品の製造販売業者の従業者に対して法令遵守のための指針を示すことその他の製造販売業者の業務の適正な遂行に必要なものとして厚生労働省令で定める措置

2　医薬品、医薬部外品又は化粧品の製造販売業者は、前項各号に掲げる措置の内容を記録し、これを適切に保存しなければならない。

3　医薬品、医薬部外品又は化粧品の製造業者は、医薬品、医薬部外品又は化粧品の製造の管理に関する業務その他の製造業者の業務を適正に遂行することにより、薬事に関する法令の規定の遵守を確保するために、厚生労働省令で定めるところにより、次の各号に掲げる措置を講じなければならない。

一　医薬品、医薬部外品又は化粧品の製造の管理に関する業務について、医薬品製造管理者又は医薬部外品等責任技術者が有する権限を明らかにすること。

二　医薬品、医薬部外品又は化粧品の製造の管理に関する業務その他の製造業者の業務の遂行が法令に適合することを確保するための体制、当該製造業者の薬事に関する業務に責任を有する役員及び従業者の業務の監督に係る体制その他の製造業者の業務の適正を確保するために必要なものとして厚生労働省令で定める体制を整備すること。

三　医薬品製造管理者、医薬部外品等責任技術者その他の厚生労働省令で定める者に、第十四条第二項第四号の厚生労働省令で定める基準を遵守して医薬品、医薬部外品又は化粧品の製造管理又は品質管理を行わせるために必要な権限の付与及びそれらの者が行う業務の監督その他の措置

四　前三号に掲げるもののほか、医薬品、医薬部外品又は化粧品の製造業者の従業者に対して法令遵守のための指針を示すことその他の製造業者の業務の適正な遂行に必要なものとして厚生労働省令で定める措置

4 医薬品、医薬部外品又は化粧品の製造業者は、前項各号に掲げる措置の内容を記録し、これを適切に保存しなければならない。

（選任外国製造医薬品等製造販売業者に関する変更の届出）

第十九条の三 外国製造医薬品等特例承認取得者は、選任外国製造医薬品等製造販売業者を変更したとき、又は選任外国製造医薬品等製造販売業者につき、その氏名若しくは名称その他厚生労働省令で定める事項に変更があつたときは、三十日以内に、厚生労働大臣に届け出なければならない。

2 前条第五項において準用する第十四条の二の二第一項の規定により、機構に前条第一項の承認のための審査を行わせることとしたときは、同条第五項において準用する第十四条の二の二第一項の政令で定める医薬品、医薬部外品又は化粧品に係る選任外国製造医薬品等製造販売業者についての前項の規定による届出は、同項の規定にかかわらず、機構に行わなければならない。

3 機構は、前項の規定による届出を受理したときは、遅滞なく、届出の状況を厚生労働省令で定めるところにより厚生労働大臣に通知しなければならない。

（都道府県知事等の経由）

第二十一条 第十二条第一項の許可若しくは同条第四項の許可の更新の申請又は第十九条第一項の規定による届出は、申請者又は届出者の住所地（法人の場合にあつては、主たる事務所の所在地とする。以下同じ。）の都道府県知事（薬局開設者が当該薬局における設備及び器具をもつて医薬品を製造し、その医薬品を当該薬局において販売し、又は授与する場合であつて、当該薬局の所在地が保健所を設置する市又は特別区の区域にある場合においては、市長又は区長。次項、第六十九条第一項、第七十一条、第七十二条第三項及び第七十五条第二項において同じ。）を経由して行わなければならない。

2 第十三条第一項若しくは第八項の許可、同条第四項（同条第九項において準用する場合を含む。）の許可の更新、第十三条の二の二第一項の登録、同条第四項の登録の更新若しくは第六十八条の十六第一項の承認の申請又は第十九条第二項の規定による届出は、製造所の所在地の都道府県知事を経由して行わなければならない。

（製造販売業の許可）

第二十三条の二 次の表の上欄に掲げる医療機器又は体外診断用医薬品の種類に応じ、それぞれ同表の下欄に定める厚生労働大臣の許可を受けた者でなければ、それぞれ、業として、医療機器又は体外診断用医薬品の製造販売をしてはならない。

医療機器又は体外診断用医薬品の種類	許可の種類
高度管理医療機器	第一種医療機器製造販売業許可
管理医療機器	第二種医療機器製造販売業許可
一般医療機器	第三種医療機器製造販売業許可
体外診断用医薬品	体外診断用医薬品製造販売業許可

2 前項の許可を受けようとする者は、厚生労働省令で定めるところにより、次の各号に掲げる事項を記載した申請書を厚生労働大臣に提出しなければならない。

一 氏名又は名称及び住所並びに法人にあつては、その代表者の氏名

二 法人にあつては、薬事に関する業務に責任を有する役員の氏名

三 第二十三条の二の十四第二項に規定する医療機器等総括製造販売責任者の氏名

四 次条第二項において準用する第五条第三号イからトまでに該当しない旨その他厚生労働省令で定める事項

3 前項の申請書には、次の各号に掲げる書類を添付しなければならない。

一 法人にあつては、その組織図

二 次条第一項第一号に規定する申請に係る医療機器又は体外診断用医薬品の製造管理及び品質管理に係る体制に関する書類

三 次条第一項第二号に規定する申請に係る医療機器又は体外診断用医薬品の製造販売後安全管理に係る体制に関する書類

四 その他厚生労働省令で定める書類

4 第一項の許可は、三年を下らない政令で定める期間ごとにその更新を受けなければ、その期間の経過によつて、その効力を失う。

（許可の基準）

第二十三条の二の二 次の各号のいずれかに該当するときは、前条第一項の許可を与えないことができる。

一 申請に係る医療機器又は体外診断用医薬品の製造管理又は品質管理に係る業務を行う体制が、厚生労働省令で定める基準に適合しないとき。

二 申請に係る医療機器又は体外診断用医薬品の製造販売後安全管理の方法が、厚生労働省令で定める基準に適合しないとき。

2 第五条（第三号に係る部分に限る。）の規定は、前条第一項の許可について準用する。

（製造業の登録）

第二十三条の二の三 業として、医療機器又は体外診断用医薬品の製造（設計を含む。以下この章及び第八十条第二項において同じ。）をしようとする者は、製造所（医療機器又は体外診断用医薬品の製造工程のうち設計、組立て、滅菌その他の厚生労働省令で定めるものをするものに限る。以下この章及び同項において同じ。）ごとに、厚生労働省令で定めるところにより、厚生労働大臣の登録を受けなければならない。

2 前項の登録を受けようとする者は、厚生労働省令で定めるところにより、次の各号に掲げる事項を記載した申請書を厚生労働大臣に提出しなければならない。

　　一　氏名又は名称及び住所並びに法人にあつては、その代表者の氏名

　　二　製造所の所在地

　　三　法人にあつては、薬事に関する業務に責任を有する役員の氏名

　　四　医療機器の製造業の登録を受けようとする者にあつては、第二十三条の二の十四第六項に規定する医療機器責任技術者の氏名

　　五　体外診断用医薬品の製造業の登録を受けようとする者にあつては、第二十三条の二の十四第十一項に規定する体外診断用医薬品製造管理者の氏名

　　六　第四項において準用する第五条第三号イからトまでに該当しない旨その他厚生労働省令で定める事項

３　第一項の登録は、三年を下らない政令で定める期間ごとにその更新を受けなければ、その期間の経過によつて、その効力を失う。

４　第五条（第三号に係る部分に限る。）の規定は、第一項の登録について準用する。

（医療機器及び体外診断用医薬品の製造販売の承認）

第二十三条の二の五　医療機器（一般医療機器並びに第二十三条の二の二十三第一項の規定により指定する高度管理医療機器及び管理医療機器を除く。）又は体外診断用医薬品（厚生労働大臣が基準を定めて指定する体外診断用医薬品及び同項の規定により指定する体外診断用医薬品を除く。）の製造販売をしようとする者は、品目ごとにその製造販売についての厚生労働大臣の承認を受けなければならない。

２　次の各号のいずれかに該当するときは、前項の承認は、与えない。

　　一　申請者が、第二十三条の二第一項の許可（申請をした品目の種類に応じた許可に限る。）を受けていないとき。

　　二　申請に係る医療機器又は体外診断用医薬品を製造する製造所が、第二十三条の二の三第一項又は前条第一項の登録を受けていないとき。

　　三　申請に係る医療機器又は体外診断用医薬品の名称、成分、分量、構造、使用方法、効果、性能、副作用その他の品質、有効性及び安全性に関する事項の審査の結果、その物が次のイからハまでのいずれかに該当するとき。

　　　イ　申請に係る医療機器又は体外診断用医薬品が、その申請に係る効果又は性能を有すると認められないとき。

　　　ロ　申請に係る医療機器が、その効果又は性能に比して著しく有害な作用を有することにより、医療機器として使用価値がないと認められるとき。

　　　ハ　イ又はロに掲げる場合のほか、医療機器又は体外診断用医薬品として不適当なものとして厚生労働省令で定める場合に該当するとき。

　　四　申請に係る医療機器又は体外診断用医薬品が政令で定めるものであるときは、その物の製造管理又は品質管理の方法が、厚生労働省令で定める基準に適合していると認められないとき。

３　第一項の承認を受けようとする者は、厚生労働省令で定めるところにより、申請書に臨床試験の試験成績に関する資料その他の資料を添付して申請しなければならない。この場合において、当該申請に係る医療機器又は体外診断用医薬品が厚生労働省令で定める医療機器又は体外診断用医薬品であるときは、当該資料は、厚生労働省令で定める基準に従つて収集され、かつ、作成されたものでなければならない。

４　第一項の承認の申請に係る医療機器又は体外診断用医薬品が、第八十条の六第一項に規定する原薬等登録原簿に収められている原薬等を原料又は材料として製造されるものであるときは、第一項の承認を受けようとする者は、厚生労働省令で定めるところにより、当該原薬等が同条第一項に規定する原薬等登録原簿に登録されていることを証する書面をもつて前項の規定により添付するものとされた資料の一部に代えることができる。

５　厚生労働大臣は、第一項の承認の申請に係る医療機器又は体外診断用医薬品が、希少疾病用医療機器若しくは希少疾病用医薬品、先駆的医療機器若しくは先駆的医薬品又は特定用途医療機器若しくは特定用途医薬品その他の医療上特にその必要性が高いと認められるものである場合であつて、当該医療機器又は体外診断用医薬品の有効性及び安全性を検証するための十分な人数を対象とする臨床試験の実施が困難であるときその他の厚生労働省令で定めるときは、厚生労働省令で定めるところにより、第三項の規定により添付するものとされた臨床試験の試験成績に関する資料の一部の添付を要しないこととすることができる。

６　第二項第三号の規定による審査においては、当該品目に係る申請内容及び第三項前段に規定する資料に基づき、当該品目の品質、有効性及び安全性に関する調査を行うものとする。この場合において、当該品目が同項後段に規定する厚生労働省令で定める医療機器又は体外診断用医薬品であるときは、あらかじめ、当該品目に係る資料が同項後段の規定に適合するかどうかについての書面による調査又は実地の調査を行うものとする。

７　第一項の承認を受けようとする者又は同項の承認を受けた者は、その承認に係る医療機器又は体外診断用医薬品が政令で定めるものであるときは、その物の製造管理又は品質管理の方法が第二項第四号に規定する厚生労働省令で定める基準に適合しているかどうかについて、当該承認を受けようとするとき、及び当該承認の取得後三年を下らない政令で定める期間を経過するごとに、厚生労働大臣の書面による調査又は実地の調査を受けなければならない。

８　第一項の承認を受けようとする者又は同項の承認を受けた者は、その承認に係る医療機器又は体外診断用医薬品が次の各号のいずれにも該当するときは、前項の調査を受けることを要しない。

　　一　第一項の承認を受けようとする者又は同項の承認を受けた者が既に次条第一項の基準適合証又は第二十三条の二の二十四第一項の基準適合証の交付を受けている場合であつて、これらの基準適合証に係る医療機器又は体外診断用医薬品と同一の厚生労働省令で定める区分に属するものであるとき。

　　二　第一項の承認に係る医療機器又は体外診断用医薬品を製造する全ての製造所（当該医療機器又は体外診断用医薬品の製造工程のうち滅菌その他の厚生労働省令で定めるもののみをするものを除く。以下この号において同じ。）が、前号の基準適合証に係る医

療機器又は体外診断用医薬品を製造する製造所(同項の承認に係る医療機器又は体外診断用医薬品の製造工程と同一の製造工程が、当該製造所において、同号の基準適合証に係る医療機器又は体外診断用医薬品の製造工程として行われている場合に限る。)であるとき。

9　前項の規定にかかわらず、厚生労働大臣は、第一項の承認に係る医療機器又は体外診断用医薬品の特性その他を勘案して必要があると認めるときは、当該医療機器又は体外診断用医薬品の製造管理又は品質管理の方法が第二項第四号に規定する厚生労働省令で定める基準に適合しているかどうかについて、書面による調査又は実地の調査を行うことができる。この場合において、第一項の承認を受けようとする者又は同項の承認を受けた者は、当該調査を受けなければならない。

10　厚生労働大臣は、第一項の承認の申請に係る医療機器又は体外診断用医薬品が、希少疾病用医療機器若しくは希少疾病用医薬品、先駆的医療機器若しくは先駆的医薬品又は特定用途医療機器若しくは特定用途医薬品その他の医療上特にその必要性が高いと認められるものであるときは、当該医療機器又は体外診断用医薬品についての第二項第三号の規定による審査又は第七項若しくは前項の規定による調査を、他の医療機器又は体外診断用医薬品の審査又は調査に優先して行うことができる。

11　厚生労働大臣は、第一項の承認の申請があつた場合において、申請に係る医療機器が、既にこの条又は第二十三条の二の十七の承認を与えられている医療機器と構造、使用方法、効果、性能等が明らかに異なるときは、同項の承認について、あらかじめ、薬事・食品衛生審議会の意見を聴かなければならない。

12　厚生労働大臣は、第一項の承認の申請に関し、第五項の規定に基づき臨床試験の試験成績に関する資料の一部の添付を要しないこととした医療機器又は体外診断用医薬品について第一項の承認をする場合には、当該医療機器又は体外診断用医薬品の使用の成績に関する調査の実施、適正な使用の確保のために必要な措置の実施その他の条件を付してするものとし、当該条件を付した同項の承認を受けた者は、厚生労働省令で定めるところにより、当該条件に基づき収集され、かつ、作成された当該医療機器又は体外診断用医薬品の使用の成績に関する資料その他の資料を厚生労働大臣に提出し、当該医療機器又は体外診断用医薬品の品質、有効性及び安全性に関する調査を受けなければならない。この場合において、当該条件を付した同項の承認に係る医療機器又は体外診断用医薬品が厚生労働省令で定める医療機器又は体外診断用医薬品であるときは、当該資料は、厚生労働省令で定める基準に従つて収集され、かつ、作成されたものでなければならない。

13　厚生労働大臣は、前項前段に規定する医療機器又は体外診断用医薬品の使用の成績に関する資料その他の資料の提出があつたときは、当該資料に基づき、同項前段に規定する調査(当該医療機器又は体外診断用医薬品が同項後段の厚生労働省令で定める医療機器又は体外診断用医薬品であるときは、当該資料が同項後段の規定に適合するかどうかについての書面による調査又は実地の調査及び同項前段に規定する調査)を行うものとし、当該調査の結果を踏まえ、同項前段の規定により付した条件を変更し、又は当該承認を受けた者に対して、当該医療機器又は体外診断用医薬品の使用の成績に関する調査及び適正な使用の確保のために必要な措置の再度の実施を命ずることができる。

14　第十二項の規定により条件を付した第一項の承認を受けた者、第十二項後段に規定する資料の収集若しくは作成の委託を受けた者又はこれらの役員若しくは職員は、正当な理由なく、当該資料の収集又は作成に関しその職務上知り得た人の秘密を漏らしてはならない。これらの者であつた者についても、同様とする。

15　第一項の承認を受けた者は、当該品目について承認された事項の一部を変更しようとするとき(当該変更が厚生労働省令で定める軽微な変更であるときを除く。)は、その変更について厚生労働大臣の承認を受けなければならない。この場合においては、第二項から前項までの規定を準用する。

16　第一項の承認を受けた者は、前項の厚生労働省令で定める軽微な変更について、厚生労働省令で定めるところにより、厚生労働大臣にその旨を届け出なければならない。

17　第一項及び第十五項の承認の申請(政令で定めるものを除く。)は、機構を経由して行うものとする。

（基準適合証の交付等）

第二十三条の二の六　厚生労働大臣は、前条第七項（同条第十五項において準用する場合を含む。）の規定による調査の結果、同条の承認に係る医療機器又は体外診断用医薬品の製造管理又は品質管理の方法が同条第二項第四号に規定する厚生労働省令で定める基準に適合していると認めるときは、次に掲げる医療機器又は体外診断用医薬品について当該基準に適合していることを証するものとして、厚生労働省令で定めるところにより、基準適合証を交付する。

一　当該承認に係る医療機器又は体外診断用医薬品

二　当該承認を受けようとする者又は当該承認を受けた者が製造販売をし、又は製造販売をしようとする医療機器又は体外診断用医薬品であつて、前号に掲げる医療機器又は体外診断用医薬品と同一の前条第八項第一号に規定する厚生労働省令で定める区分に属するもの（当該医療機器又は体外診断用医薬品を製造する全ての製造所（当該医療機器又は体外診断用医薬品の製造工程のうち同項第二号に規定する厚生労働省令で定めるもののみをするものを除く。以下この号において同じ。）が前号に掲げる医療機器又は体外診断用医薬品を製造する製造所（当該承認を受けようとする者又は当該承認を受けた者が製造販売をし、又は製造販売をしようとする医療機器又は体外診断用医薬品の製造工程と同一の製造工程が、当該製造所において、同号に掲げる医療機器又は体外診断用医薬品の製造工程として行われている場合に限る。）であるものに限る。）

2　前項の基準適合証の有効期間は、前条第七項に規定する政令で定める期間とする。

3　医療機器又は体外診断用医薬品について第二十三条の四第二項第三号の規定により第二十三条の二の二十三の認証を取り消された者又は第七十二条第二項の規定による命令を受けた者は、速やかに、当該医療機器又は体外診断用医薬品の製造管理又は品質管理の方法が前条第二項第四号に規定する厚生労働省令で定める基準に適合していることを証する第一項の規定により交付された基準適合証を厚生労働大臣に返還しなければならない。

（医療機器及び体外診断用医薬品の承認された事項に係る変更計画の確認）

第二十三条の二の十の二　第二十三条の二の五第一項の承認を受けた者は、厚生労働省令で定めるところにより、厚生労働大臣に申し出て、当該承認を受けた品目について承認された事項の一部の変更に係る計画（以下この条において「変更計画」という。）が、次の各号のいずれにも該当する旨の確認を受けることができる。これを変更しようとするときも、同様とする。

一　当該変更計画に定められた変更が、性能、製造方法その他の厚生労働省令で定める事項の変更であること。

二　第四十二条第一項又は第二項の規定により定められた基準に適合しないこととなる変更その他厚生労働省令で定める変更に該当しないこと。

三　当該変更計画に従つた変更が行われた場合に、当該変更計画に係る医療機器又は体外診断用医薬品が、次のイからハまでのいずれにも該当しないこと。

　イ　当該医療機器又は体外診断用医薬品が、その変更前の承認に係る効果又は性能を有すると認められないこと。

　ロ　当該医療機器が、その効果又は性能に比して著しく有害な作用を有することにより、医療機器として使用価値がないと認められること。

　ハ　イ又はロに掲げる場合のほか、医療機器又は体外診断用医薬品として不適当なものとして、厚生労働省令で定める場合に該当すること。

2　前項の確認においては、変更計画（同項後段の規定による変更があつたときは、その変更後のもの。以下この条において同じ。）の確認を受けようとする者が提出する資料に基づき、当該変更計画に係る医療機器又は体外診断用医薬品の品質、有効性及び安全性に関する調査を行うものとする。

3　第一項の確認を受けようとする者又は同項の確認を受けた者は、その確認に係る変更計画に従つて第二十三条の二の五の承認を受けた事項の一部の変更を行う医療機器又は体外診断用医薬品が同条第二項第四号の政令で定めるものであり、かつ、当該変更が製造管理又は品質管理の方法に影響を与えるおそれがある変更として厚生労働省令で定めるものであるときは、厚生労働省令で定めるところにより、その変更を行う医療機器又は体外診断用医薬品の製造所における製造管理又は品質管理の方法が、同号の厚生労働省令で定める基準に適合している旨の確認を受けなければならない。

4　前項の確認においては、その変更を行う医療機器又は体外診断用医薬品の製造所における製造管理又は品質管理の方法が、第二十三条の二の五第二項第四号の厚生労働省令で定める基準に適合しているかどうかについて、書面による調査又は実地の調査を行うものとする。

5　厚生労働大臣は、第一項の確認を受けた変更計画が同項各号のいずれかに該当していなかつたことが判明したとき、第三項の確認を受けた製造管理若しくは品質管理の方法が第二十三条の二の五第二項第四号の厚生労働省令で定める基準に適合していなかつたことが判明したとき、又は偽りその他不正の手段により第一項若しくは第三項の確認を受けたことが判明したときは、その確認を取り消さなければならない。

6　第一項の確認を受けた者（その行おうとする変更が第三項の厚生労働省令で定めるものであるときは、第一項及び第三項の確認を受けた者に限る。）は、第二十三条の二の五の承認を受けた医療機器又は体外診断用医薬品に係る承認された事項の一部について第一項の確認を受けた変更計画に従つた変更（製造方法の変更その他の厚生労働省令で定める変更に限る。）を行う日の厚生労働省令で定める日数前までに、厚生労働省令で定めるところにより、厚生労働大臣に当該変更を行う旨を届け出たときは、同条第十五項の厚生労働大臣の承認を受けることを要しない。

7　厚生労働大臣は、前項の規定による届出があつた場合において、その届出に係る変更が第一項の確認を受けた変更計画に従つた変更であると認められないときは、その届出を受理した日から前項の厚生労働省令で定める日数以内に限り、その届出をした者に対し、その届出に係る変更の中止その他必要な措置を命ずることができる。

8　厚生労働大臣は、第一項の確認を受けた者が第二十三条の二の五の承認を受けた医療機器又は体外診断用医薬品に係る同項の確認を受けた変更計画に従つた変更（第六項に規定する製造方法の変更その他の厚生労働省令で定める変更のみを行う場合を除く。）について同条第十五項の承認の申請を行つた場合には、同項において準用する同条第六項の規定にかかわらず、同項に規定する品質、有効性及び安全性に関する調査に代えて、当該変更計画に従つた変更であるかどうかについての書面による調査又は実地の調査を行うことができる。

9　厚生労働大臣は、機構に、第二十三条の二の七第一項の政令で定める医療機器又は体外診断用医薬品についての第一項及び第三項の確認を行わせることができる。

10　第二十三条の二の七第二項、第三項、第五項及び第六項の規定並びに第五項の規定は、前項の規定により機構に第一項及び第三項の確認を行わせることとした場合について準用する。この場合において、必要な技術的読替えは、政令で定める。

11　厚生労働大臣が第二十三条の二の七第一項の規定により機構に審査を行わせることとしたときは、同項の政令で定める医療機器又は体外診断用医薬品についての第六項の規定による届出は、同項の規定にかかわらず、機構に行わなければならない。

12　機構は、前項の規定による届出を受理したときは、直ちに、当該届出の状況を厚生労働省令で定めるところにより厚生労働大臣に通知しなければならない。

（医療機器等総括製造販売責任者等の設置及び遵守事項）

第二十三条の二の十四　医療機器又は体外診断用医薬品の製造販売業者は、厚生労働省令で定めるところにより、医療機器又は体外診断用医薬品の製造管理及び品質管理並びに製造販売後安全管理を行わせるために、医療機器の製造販売業者にあつては厚生労働省令で定める基準に該当する者を、体外診断用医薬品の製造販売業者にあつては薬剤師を、それぞれ置かなければならない。ただし、体外診断用医薬品の製造販売業者について、次の各号のいずれかに該当する場合には、厚生労働省令で定めるところにより、薬剤師以

外の技術者をもつてこれに代えることができる。

一　その製造管理及び品質管理並びに製造販売後安全管理に関し薬剤師を必要としないものとして厚生労働省令で定める体外診断用医薬品についてのみその製造販売をする場合

二　薬剤師を置くことが著しく困難であると認められる場合その他の厚生労働省令で定める場合

2　前項の規定により医療機器又は体外診断用医薬品の製造管理及び品質管理並びに製造販売後安全管理を行う者として置かれる者（以下「医療機器等総括製造販売責任者」という。）は、次項に規定する義務及び第四項に規定する厚生労働省令で定める業務を遂行し、並びに同項に規定する厚生労働省令で定める事項を遵守するために必要な能力及び経験を有する者でなければならない。

3　医療機器等総括製造販売責任者は、医療機器又は体外診断用医薬品の製造管理及び品質管理並びに製造販売後安全管理を公正かつ適正に行うために必要があるときは、製造販売業者に対し、意見を書面により述べなければならない。

4　医療機器等総括製造販売責任者が行う医療機器又は体外診断用医薬品の製造管理及び品質管理並びに製造販売後安全管理のために必要な業務並びに医療機器等総括製造販売責任者が遵守すべき事項については、厚生労働省令で定める。

5　医療機器の製造業者は、厚生労働省令で定めるところにより、医療機器の製造を実地に管理させるために、製造所ごとに、責任技術者を置かなければならない。

6　前項の規定により医療機器の製造を管理する者として置かれる者（以下「医療機器責任技術者」という。）は、次項及び第八項において準用する第八条第一項に規定する義務並びに第九項に規定する厚生労働省令で定める業務を遂行し、並びに同項に規定する厚生労働省令で定める事項を遵守するために必要な能力及び経験を有する者でなければならない。

7　医療機器責任技術者は、医療機器の製造の管理を公正かつ適正に行うために必要があるときは、製造業者に対し、意見を書面により述べなければならない。

8　医療機器責任技術者については、第八条第一項の規定を準用する。

9　医療機器責任技術者が行う医療機器の製造の管理のために必要な業務及び医療機器責任技術者が遵守すべき事項については、厚生労働省令で定める。

10　体外診断用医薬品の製造業者は、自ら薬剤師であつてその製造を実地に管理する場合のほか、その製造を実地に管理させるために、製造所（設計その他の厚生労働省令で定める工程のみ行う製造所を除く。）ごとに、薬剤師を置かなければならない。ただし、その製造の管理について薬剤師を必要としない体外診断用医薬品については、厚生労働省令で定めるところにより、薬剤師以外の技術者をもつてこれに代えることができる。

11　前項の規定により体外診断用医薬品の製造を管理する者として置かれる者（以下「体外診断用医薬品製造管理者」という。）は、次項及び第十三項において準用する第八条第一項に規定する義務並びに第十四項に規定する厚生労働省令で定める業務を遂行し、並びに同項に規定する厚生労働省令で定める事項を遵守するために必要な能力及び経験を有する者でなければならない。

12　体外診断用医薬品製造管理者は、体外診断用医薬品の製造の管理を公正かつ適正に行うために必要があるときは、製造業者に対し、意見を書面により述べなければならない。

13　体外診断用医薬品製造管理者については、第七条第四項及び第八条第一項の規定を準用する。この場合において、第七条第四項中「その薬局の所在地の都道府県知事」とあるのは、「厚生労働大臣」と読み替えるものとする。

14　体外診断用医薬品製造管理者が行う体外診断用医薬品の製造の管理のために必要な業務及び体外診断用医薬品製造管理者が遵守すべき事項については、厚生労働省令で定める。

（医療機器及び体外診断用医薬品の製造販売業者等の遵守事項等）

第二十三条の二の十五　厚生労働大臣は、厚生労働省令で、医療機器又は体外診断用医薬品の製造管理若しくは品質管理又は製造販売後安全管理の実施方法、医療機器等総括製造販売責任者の義務の遂行のための配慮事項その他医療機器又は体外診断用医薬品の製造販売業者がその業務に関し遵守すべき事項を定めることができる。

2　医療機器又は体外診断用医薬品の製造販売業者は、前条第三項の規定により述べられた医療機器等総括製造販売責任者の意見を尊重するとともに、法令遵守のために措置を講ずる必要があるときは、当該措置を講じ、かつ、講じた措置の内容（措置を講じない場合にあつては、その旨及びその理由）を記録し、これを適切に保存しなければならない。

3　厚生労働大臣は、厚生労働省令で、製造所における医療機器又は体外診断用医薬品の試験検査の実施方法、医療機器責任技術者又は体外診断用医薬品製造管理者の義務の遂行のための配慮事項その他医療機器又は体外診断用医薬品の製造業者又は医療機器等外国製造業者がその業務に関し遵守すべき事項を定めることができる。

4　医療機器又は体外診断用医薬品の製造業者は、前条第七項又は第十二項の規定により述べられた医療機器責任技術者又は体外診断用医薬品製造管理者の意見を尊重するとともに、法令遵守のために措置を講ずる必要があるときは、当該措置を講じ、かつ、講じた措置の内容（措置を講じない場合にあつては、その旨及びその理由）を記録し、これを適切に保存しなければならない。

5　医療機器又は体外診断用医薬品の製造販売業者は、製造販売後安全管理に係る業務のうち厚生労働省令で定めるものについて、厚生労働省令で定めるところにより、その業務を適正かつ確実に行う能力のある者に委託することができる。

（医療機器又は体外診断用医薬品の製造販売業者等の法令遵守体制）

第二十三条の二の十五の二　医療機器又は体外診断用医薬品の製造販売業者は、医療機器又は体外診断用医薬品の製造管理及び品質管理並びに製造販売後安全管理に関する業務その他の製造販売業者の業務を適正に遂行することにより、薬事に関する法令の規定の遵守を確保するために、厚生労働省令で定めるところにより、次の各号に掲げる措置を講じなければならない。

一　医療機器又は体外診断用医薬品の製造管理及び品質管理並びに製造販売後安全管理に関する業務について、医療機器等総括製造販売責任者が有する権限を明らかにすること。

二　医療機器又は体外診断用医薬品の製造管理及び品質管理並びに製造販売後安全管理に関する業務その他の製造販売業者の業務の遂行が法令に適合することを確保するための体制、当該製造販売業者の薬事に関する業務に責任を有する役員及び従業者の業務の監督に係る体制その他の製造販売業者の業務の適正を確保するために必要なものとして厚生労働省令で定める体制を整備すること。

三　医療機器等総括製造販売責任者その他の厚生労働省令で定める者に、第二十三条の二の二第一項第二号及び第二十三条の二の五第二項第四号の厚生労働省令で定める基準を遵守して医療機器又は体外診断用医薬品の製造管理及び品質管理並びに製造販売後安全管理を行わせるために必要な権限の付与及びそれらの者が行う業務の監督その他の措置

四　前三号に掲げるもののほか、医療機器又は体外診断用医薬品の製造販売業者の従業者に対して法令遵守のための指針を示すことその他の製造販売業者の業務の適正な遂行に必要なものとして厚生労働省令で定める措置

2　医療機器又は体外診断用医薬品の製造販売業者は、前項各号に掲げる措置の内容を記録し、これを適切に保存しなければならない。

3　医療機器又は体外診断用医薬品の製造業者は、医療機器又は体外診断用医薬品の製造の管理に関する業務その他の製造業者の業務を適正に遂行することにより、薬事に関する法令の規定の遵守を確保するために、厚生労働省令で定めるところにより、次の各号に掲げる措置を講じなければならない。

一　医療機器又は体外診断用医薬品の製造の管理に関する業務について、医療機器責任技術者又は体外診断用医薬品製造管理者が有する権限を明らかにすること。

二　医療機器又は体外診断用医薬品の製造の管理に関する業務その他の製造業者の業務の遂行が法令に適合することを確保するための体制、当該製造業者の薬事に関する業務に責任を有する役員及び従業者の業務の監督に係る体制その他の製造業者の業務の適正を確保するために必要なものとして厚生労働省令で定める体制を整備すること。

三　前二号に掲げるもののほか、医療機器又は体外診断用医薬品の製造業者の従業者に対して法令遵守のための指針を示すことその他の製造業者の業務の適正な遂行に必要なものとして厚生労働省令で定める措置

4　医療機器又は体外診断用医薬品の製造業者は、前項各号に掲げる措置の内容を記録し、これを適切に保存しなければならない。

（選任外国製造医療機器等製造販売業者に関する変更の届出）

第二十三条の二の十八　外国製造医療機器等特例承認取得者は、選任外国製造医療機器等製造販売業者を変更したとき、又は選任外国製造医療機器等製造販売業者につき、その氏名若しくは名称その他厚生労働省令で定める事項に変更があつたときは、三十日以内に、厚生労働大臣に届け出なければならない。

2　前条第五項において準用する第二十三条の二の七第一項の規定により、機構に前条第一項の承認のための審査を行わせることとしたときは、同条第五項において準用する第二十三条の二の七第一項の政令で定める医療機器又は体外診断用医薬品に係る選任外国製造医療機器等製造販売業者についての前項の規定による届出は、同項の規定にかかわらず、機構に行わなければならない。

3　機構は、前項の規定による届出を受理したときは、遅滞なく、届出の状況を厚生労働省令で定めるところにより厚生労働大臣に通知しなければならない。

（都道府県知事の経由）

第二十三条の二の二十一　第二十三条の二第一項の許可若しくは同条第四項の許可の更新の申請又は第二十三条の二の十六第一項の規定による届出は、申請者又は届出者の住所地の都道府県知事を経由して行わなければならない。

2　第二十三条の二の三第一項の登録、同条第三項の登録の更新若しくは第六十八条の十六第一項の承認の申請又は第二十三条の二の十六第二項の規定による届出は、製造所の所在地の都道府県知事を経由して行わなければならない。

（指定高度管理医療機器等の製造販売の認証）

第二十三条の二の二十三　厚生労働大臣が基準を定めて指定する高度管理医療機器、管理医療機器又は体外診断用医薬品（以下「指定高度管理医療機器等」という。）の製造販売をしようとする者又は外国において本邦に輸出される指定高度管理医療機器等の製造等をする者（以下「外国指定高度管理医療機器製造等事業者」という。）であつて第二十三条の三第一項の規定により選任した製造販売業者に指定高度管理医療機器等の製造販売をさせようとするものは、厚生労働省令で定めるところにより、品目ごとにその製造販売についての厚生労働大臣の登録を受けた者（以下「登録認証機関」という。）の認証を受けなければならない。

2　次の各号のいずれかに該当するときは、登録認証機関は、前項の認証を与えてはならない。

一　申請者（外国指定高度管理医療機器製造等事業者を除く。）が、第二十三条の二第一項の許可（申請をした品目の種類に応じた許可に限る。）を受けていないとき。

二　申請者（外国指定高度管理医療機器製造等事業者に限る。）が、第二十三条の二第一項の許可（申請をした品目の種類に応じた許可に限る。）を受けた製造販売業者を選任していないとき。

三　申請に係る指定高度管理医療機器等を製造する製造所が、第二十三条の二の三第一項又は第二十三条の二の四第一項の登録を受けていないとき。

四　申請に係る指定高度管理医療機器等が、前項の基準に適合していないとき。

五　申請に係る指定高度管理医療機器等が政令で定めるものであるときは、その物の製造管理又は品質管理の方法が、第二十三条の二の五第二項第四号に規定する厚生労働省令で定める基準に適合していると認められないとき。

3　第一項の認証を受けようとする者は、厚生労働省令で定めるところにより、申請書に同項の厚生労働大臣が定める基準への適合性についての資料その他の資料を添付して申請しなければならない。この場合において、当該資料は、厚生労働省令で定める基準に従つて収集され、かつ、作成されたものでなければならない。

4　第一項の認証を受けようとする者又は同項の認証を受けた者は、その認証に係る指定高度管理医療機器等が政令で定めるものであ

るときは、その物の製造管理又は品質管理の方法が第二十三条の二の五第二項第四号に規定する厚生労働省令で定める基準に適合しているかどうかについて、当該認証を受けようとするとき、及び当該認証の取得後三年を下らない政令で定める期間を経過するごとに、登録認証機関の書面による調査又は実地の調査を受けなければならない。

5　第一項の認証を受けようとする者又は同項の認証を受けた者は、その認証に係る指定高度管理医療機器等が次の各号のいずれにも該当するときは、前項の調査を受けることを要しない。

一　第一項の認証を受けようとする者又は同項の認証を受けた者が既に第二十三条の二の六第一項の基準適合証又は次条第一項の基準適合証の交付を受けている場合であつて、これらの基準適合証に係る医療機器又は体外診断用医薬品と同一の第二十三条の二の五第八項第一号に規定する厚生労働省令で定める区分に属するものであるとき。

二　第一項の認証に係る医療機器又は体外診断用医薬品を製造する全ての製造所（当該医療機器又は体外診断用医薬品の製造工程のうち滅菌その他の厚生労働省令で定めるもののみをするものを除く。以下この号において同じ。）が、前号の基準適合証に係る医療機器又は体外診断用医薬品を製造する製造所（同項の認証に係る医療機器又は体外診断用医薬品の製造工程と同一の製造工程が、当該製造所において、同号の基準適合証に係る医療機器又は体外診断用医薬品の製造工程として行われている場合に限る。）であるとき。

6　前項の規定にかかわらず、登録認証機関は、第一項の認証に係る指定高度管理医療機器等の特性その他を勘案して必要があると認めるときは、当該医療機器又は体外診断用医薬品の製造管理又は品質管理の方法が第二十三条の二の五第二項第四号に規定する厚生労働省令で定める基準に適合しているかどうかについて、書面による調査又は実地の調査を行うことができる。この場合において、第一項の認証を受けようとする者又は同項の認証を受けた者は、当該調査を受けなければならない。

7　第一項の認証を受けた者は、当該品目について認証を受けた事項の一部を変更しようとするとき（当該変更が厚生労働省令で定める軽微な変更であるときを除く。）は、その変更についての当該登録認証機関の認証を受けなければならない。この場合においては、第二項から前項までの規定を準用する。

8　第一項の認証を受けた者は、前項の厚生労働省令で定める軽微な変更について、厚生労働省令で定めるところにより、当該登録認証機関にその旨を届け出なければならない。

（基準適合証の交付等）

第二十三条の二の二十四　登録認証機関は、前条第四項（同条第七項において準用する場合を含む。）の規定による調査の結果、同条の認証に係る医療機器又は体外診断用医薬品の製造管理又は品質管理の方法が第二十三条の二の五第二項第四号に規定する厚生労働省令で定める基準に適合していると認めるときは、次に掲げる医療機器又は体外診断用医薬品について当該基準に適合していることを証するものとして、厚生労働省令で定めるところにより、基準適合証を交付する。

一　当該認証に係る医療機器又は体外診断用医薬品

二　当該認証を受けようとする者又は当該認証を受けた者が製造販売をし、又は製造販売をしようとする医療機器又は体外診断用医薬品であつて、前号に掲げる医療機器又は体外診断用医薬品と同一の第二十三条の二の五第八項第一号に規定する厚生労働省令で定める区分に属するもの（当該医療機器又は体外診断用医薬品を製造する全ての製造所（当該医療機器又は体外診断用医薬品の製造工程のうち同項第二号に規定する厚生労働省令で定めるもののみをするものを除く。以下この号において同じ。）が、前号に掲げる医療機器又は体外診断用医薬品を製造する製造所（当該認証を受けようとする者又は当該認証を受けた者が製造販売をし、又は製造販売をしようとする医療機器又は体外診断用医薬品の製造工程と同一の製造工程が、当該製造所において、同号に掲げる医療機器又は体外診断用医薬品の製造工程として行われている場合に限る。）であるものに限る。）

2　前項の基準適合証の有効期間は、前条第四項に規定する政令で定める期間とする。

3　医療機器又は体外診断用医薬品について第二十三条の四第二項第三号の規定により前条の認証を取り消された者又は第七十二条第二項の規定による命令を受けた者は、速やかに、当該医療機器又は体外診断用医薬品の製造管理又は品質管理の方法が第二十三条の二の五第二項第四号に規定する厚生労働省令で定める基準に適合していることを証する第一項の規定により交付された基準適合証を登録認証機関に返還しなければならない。

（認証の取消し等）

第二十三条の四　登録認証機関は、基準適合性認証を与えた指定高度管理医療機器等が、第二十三条の二の二十三第二項第四号に該当するに至つたと認めるときは、その基準適合性認証を取り消さなければならない。

2　登録認証機関は、前項に定める場合のほか、基準適合性認証を受けた者が次の各号のいずれかに該当する場合には、その基準適合性認証を取り消し、又はその基準適合性認証を与えた事項の一部についてその変更を求めることができる。

一　第二十三条の二第一項の許可（基準適合性認証を受けた品目の種類に応じた許可に限る。）について、同条第四項の規定によりその効力が失われたとき、又は第七十五条第一項の規定により取り消されたとき。

二　第二十三条の二の二十三第三項に規定する申請書若しくは添付資料のうちに虚偽の記載があり、又は重要な事実の記載が欠けていることが判明したとき。

三　第二十三条の二の二十三第二項第五号に該当するに至つたとき。

四　第二十三条の二の二十三第四項又は第六項の規定に違反したとき。

五　基準適合性認証を受けた指定高度管理医療機器等について正当な理由がなく引き続く三年間製造販売をしていないとき。

六　第二十三条の三第一項の規定により選任した製造販売業者が欠けた場合において、新たに製造販売業者を選任しなかつたとき。

（製造販売業の許可）

第二十三条の二十　再生医療等製品は、厚生労働大臣の許可を受けた者でなければ、業として、製造販売をしてはならない。

2　前項の許可を受けようとする者は、厚生労働省令で定めるところにより、次の各号に掲げる事項を記載した申請書を厚生労働大臣に提出しなければならない。

一　氏名又は名称及び住所並びに法人にあつては、その代表者の氏名

二　法人にあつては、薬事に関する業務に責任を有する役員の氏名

三　第二十三条の三十四第二項に規定する再生医療等製品総括製造販売責任者の氏名

四　次条第二項において準用する第五条第三号イからトまでに該当しない旨その他厚生労働省令で定める事項

3　前項の申請書には、次の各号に掲げる書類を添付しなければならない。

一　法人にあつては、その組織図

二　次条第一項第一号に規定する申請に係る再生医療等製品の品質管理に係る体制に関する書類

三　次条第一項第二号に規定する申請に係る再生医療等製品の製造販売後安全管理に係る体制に関する書類

四　その他厚生労働省令で定める書類

4　第一項の許可は、三年を下らない政令で定める期間ごとにその更新を受けなければ、その期間の経過によつて、その効力を失う。

（許可の基準）

第二十三条の二十一　次の各号のいずれかに該当するときは、前条第一項の許可を与えないことができる。

一　申請に係る再生医療等製品の品質管理の方法が、厚生労働省令で定める基準に適合しないとき。

二　申請に係る再生医療等製品の製造販売後安全管理の方法が、厚生労働省令で定める基準に適合しないとき。

2　第五条（第三号に係る部分に限る。）の規定は、前条第一項の許可について準用する。

（製造業の許可）

第二十三条の二十二　再生医療等製品の製造業の許可を受けた者でなければ、業として、再生医療等製品の製造をしてはならない。

2　前項の許可は、厚生労働省令で定める区分に従い、厚生労働大臣が製造所ごとに与える。

3　第一項の許可を受けようとする者は、厚生労働省令で定めるところにより、次の各号に掲げる事項を記載した申請書を厚生労働大臣に提出しなければならない。

一　氏名又は名称及び住所並びに法人にあつては、その代表者の氏名

二　その製造所の構造設備の概要

三　法人にあつては、薬事に関する業務に責任を有する役員の氏名

四　第二十三条の三十四第六項に規定する再生医療等製品製造管理者の氏名

五　第六条において準用する第五条第三号イからトまでに該当しない旨その他厚生労働省令で定める事項

4　第一項の許可は、三年を下らない政令で定める期間ごとにその更新を受けなければ、その期間の経過によつて、その効力を失う。

5　その製造所の構造設備が、厚生労働省令で定める基準に適合しないときは、第一項の許可を与えないことができる。

6　第五条（第三号に係る部分に限る。）の規定は、第一項の許可について準用する。

7　厚生労働大臣は、第一項の許可又は第四項の許可の更新の申請を受けたときは、第五項の厚生労働省令で定める基準に適合するかどうかについての書面による調査又は実地の調査を行うものとする。

8　第一項の許可を受けた者は、当該製造所に係る許可の区分を変更し、又は追加しようとするときは、厚生労働大臣の許可を受けなければならない。

9　前項の許可については、第一項から第七項までの規定を準用する。

（再生医療等製品の製造販売の承認）

第二十三条の二十五　再生医療等製品の製造販売をしようとする者は、品目ごとにその製造販売についての厚生労働大臣の承認を受けなければならない。

2　次の各号のいずれかに該当するときは、前項の承認は、与えない。

一　申請者が、第二十三条の二十第一項の許可を受けていないとき。

二　申請に係る再生医療等製品を製造する製造所が、第二十三条の二十二第一項の許可（申請をした品目について製造ができる区分に係るものに限る。）又は前条第一項の認定（申請をした品目について製造ができる区分に係るものに限る。）を受けていないとき。

三　申請に係る再生医療等製品の名称、構成細胞、導入遺伝子、構造、用法、用量、使用方法、効能、効果、性能、副作用その他の品質、有効性及び安全性に関する事項の審査の結果、その物が次のイからハまでのいずれかに該当するとき。

イ　申請に係る効能、効果又は性能を有すると認められないとき。

ロ　申請に係る効能、効果又は性能に比して著しく有害な作用を有することにより、再生医療等製品として使用価値がないと認められるとき。

ハ　イ又はロに掲げる場合のほか、再生医療等製品として不適当なものとして厚生労働省令で定める場合に該当するとき。

四　申請に係る再生医療等製品の製造所における製造管理又は品質管理の方法が、厚生労働省令で定める基準に適合していると認められないとき。

3　第一項の承認を受けようとする者は、厚生労働省令で定めるところにより、申請書に臨床試験の試験成績に関する資料その他の資料を添付して申請しなければならない。この場合において、当該資料は、厚生労働省令で定める基準に従つて収集され、かつ、作成されたものでなければならない。

4　第一項の承認の申請に係る再生医療等製品が、第八十条の六第一項に規定する原薬等登録原簿に収められている原薬等を原料又は材料として製造されるものであるときは、第一項の承認を受けようとする者は、厚生労働省令で定めるところにより、当該原薬等が

同条第一項に規定する原薬等登録原簿に登録されていることを証する書面をもつて前項の規定により添付するものとされた資料の一部に代えることができる。

5　第二項第三号の規定による審査においては、当該品目に係る申請内容及び第三項前段に規定する資料に基づき、当該品目の品質、有効性及び安全性に関する調査（既にこの条又は第二十三条の三十七の承認（第二十三条の二十六第一項（第二十三条の三十七第五項において準用する場合を含む。）の規定により条件及び期限を付したものを除く。第十項において同じ。）を与えられている品目との構成細胞、導入遺伝子、構造、用法、用量、使用方法、効能、効果、性能等の同一性に関する調査を含む。）を行うものとする。この場合において、あらかじめ、当該品目に係る資料が第三項後段の規定に適合するかどうかについての書面による調査又は実地の調査を行うものとする。

6　第一項の承認を受けようとする者又は同項の承認を受けた者は、その承認に係る再生医療等製品の製造所における製造管理又は品質管理の方法が第二項第四号に規定する厚生労働省令で定める基準に適合しているかどうかについて、当該承認を受けようとするとき、及び当該承認の取得後三年を下らない政令で定める期間を経過するごとに、厚生労働大臣の書面による調査又は実地の調査を受けなければならない。

7　第一項の承認を受けた者は、その承認に係る再生医療等製品を製造する製造所が、当該承認に係る品目の製造工程と同一の製造工程の区分（再生医療等製品の品質、有効性及び安全性の確保の観点から厚生労働省令で定める区分をいう。）に属する製造工程について次条において準用する第十四条の二第三項の基準確認証の交付を受けているときは、当該製造工程に係る当該製造所における前項の調査を受けることを要しない。

8　前項の規定にかかわらず、厚生労働大臣は、第一項の承認に係る再生医療等製品の特性その他を勘案して必要があると認めるときは、当該再生医療等製品の製造所における製造管理又は品質管理の方法が第二項第四号に規定する厚生労働省令で定める基準に適合しているかどうかについて、書面による調査又は実地の調査を行うことができる。この場合において、第一項の承認を受けた者は、当該調査を受けなければならない。

9　厚生労働大臣は、第一項の承認の申請に係る再生医療等製品が、希少疾病用再生医療等製品、先駆的再生医療等製品又は特定用途再生医療等製品その他の医療上特にその必要性が高いと認められるものであるときは、当該再生医療等製品についての第二項第三号の規定による審査又は第六項若しくは前項の規定による調査を、他の再生医療等製品の審査又は調査に優先して行うことができる。

10　厚生労働大臣は、第一項の承認の申請があつた場合において、申請に係る再生医療等製品が、既にこの条又は第二十三条の三十七の承認を与えられている再生医療等製品と構成細胞、導入遺伝子、構造、用法、用量、使用方法、効能、効果、性能等が明らかに異なるときは、同項の承認について、あらかじめ、薬事・食品衛生審議会の意見を聴かなければならない。

11　第一項の承認を受けた者は、当該品目について承認された事項の一部を変更しようとするとき（当該変更が厚生労働省令で定める軽微な変更であるときを除く。）は、その変更について厚生労働大臣の承認を受けなければならない。この場合においては、第二項から第六項まで、第九項及び前項の規定を準用する。

12　第一項の承認を受けた者は、前項の厚生労働省令で定める軽微な変更について、厚生労働省令で定めるところにより、厚生労働大臣にその旨を届け出なければならない。

13　第一項及び第十一項の承認の申請（政令で定めるものを除く。）は、機構を経由して行うものとする。

（基準確認証の交付等）

第二十三条の二十五の二　第二十三条の二十二第一項の許可を受けようとする者若しくは同項の許可を受けた者又は第二十三条の二十四第一項の認定を受けようとする者若しくは同項の認定を受けた者については、第十四条の二の規定を準用する。この場合において、同条第一項中「は、その製造に係る医薬品、医薬部外品又は化粧品が前条第七項に規定する政令で定めるものであるときは、」とあるのは「は、」と、「同条第二項第四号」とあるのは「第二十三条の二十五第二項第四号」と、同条第三項中「前条第二項第四号」とあるのは「第二十三条の二十五第二項第四号」と、同条第五項第一号中「前条第二項第四号」とあるのは「第二十三条の二十五第二項第四号」と、「第五十六条（第六十条及び第六十二条において準用する場合を含む。次号において同じ。）」とあるのは「第六十五条の五」と、「若しくは第六十八条の二十に規定する生物由来製品に該当する」とあるのは「に該当する」と、同項第二号中「第五十六条第五項」とあるのは「第二十三条の二十二第五項」と、「第五十六条」とあるのは「第六十五条の五」と、「若しくは第六十八条の二十に規定する生物由来製品に該当する」とあるのは「に該当する」と読み替えるものとする。

（機構による再生医療等製品審査等の実施）

第二十三条の二十七　厚生労働大臣は、機構に、再生医療等製品（専ら動物のために使用されることが目的とされているものを除く。以下この条において同じ。）のうち政令で定めるものについての第二十三条の二十五の承認のための審査、同条第五項及び第六項（これらの規定を同条第十一項において準用する場合を含む。）並びに第八項並びに第二十三条の二十五の二において準用する第十四条の二第二項の規定による調査並びに第二十三条の二十五の二において準用する第十四条の二第三項の規定による基準確認証の交付及び第二十三条の二十五の二において準用する第十四条の二第五項の規定による基準確認証の返還の受付（以下「再生医療等製品審査等」という。）を行わせることができる。

2　厚生労働大臣は、前項の規定により機構に再生医療等製品審査等を行わせるときは、当該再生医療等製品審査等を行わないものとする。この場合において、厚生労働大臣は、第二十三条の二十五の承認をするときは、機構が第六項の規定により通知する再生医療等製品審査等の結果を考慮しなければならない。

3　厚生労働大臣が第一項の規定により機構に再生医療等製品審査等を行わせることとしたときは、同項の政令で定める再生医療等製品について第二十三条の二十五の承認の申請者、同条第六項（同条第十一項において準用する場合を含む。）若しくは第二十三条の二十五の二において準用する第十四条の二第二項の規定による調査の申請者又は第二十三条の二十五の二において準用する第十四

条の二第五項の規定により基準確認証を返還する者は、機構が行う審査、調査若しくは基準確認証の交付を受け、又は機構に基準確認証を返還しなければならない。

4　厚生労働大臣が第一項の規定により機構に審査を行わせることとしたときは、同項の政令で定める再生医療等製品についての第二十三条の二十五第十二項の規定による届出をしようとする者は、同項の規定にかかわらず、機構に届け出なければならない。

5　厚生労働大臣が第一項の規定により機構に審査を行わせることとしたときは、同項の政令で定める再生医療等製品についての前条第三項の規定による報告は、同項の規定にかかわらず、機構に行わなければならない。

6　機構は、再生医療等製品審査等を行つたとき、第四項の規定による届出を受理したとき、又は前項の規定による報告を受けたときは、遅滞なく、当該再生医療等製品審査等の結果、届出の状況又は報告を受けた旨を厚生労働省令で定めるところにより厚生労働大臣に通知しなければならない。

7　機構が行う再生医療等製品審査等に係る処分（再生医療等製品審査等の結果を除く。）又はその不作為については、厚生労働大臣に対して、審査請求をすることができる。この場合において、厚生労働大臣は、行政不服審査法第二十五条第二項及び第三項、第四十六条第一項及び第二項、第四十七条並びに第四十九条第三項の規定の適用については、機構の上級行政庁とみなす。

（新再生医療等製品等の再審査）

第二十三条の二十九　次の各号に掲げる再生医療等製品につき第二十三条の二十五の承認（第二十三条の二十六第一項の規定により条件及び期限を付したものを除く。以下この条において同じ。）を受けた者は、当該再生医療等製品について、当該各号に定める期間内に申請して、厚生労働大臣の再審査を受けなければならない。

一　既に第二十三条の二十五の承認又は第二十三条の三十七の承認（同条第五項において準用する第二十三条の二十六第一項の規定により条件及び期限を付したものを除く。以下この項において同じ。）を与えられている再生医療等製品と構成細胞、導入遺伝子、構造、用法、用量、使用方法、効能、効果、性能等が明らかに異なる再生医療等製品として厚生労働大臣がその承認の際指示したもの（以下「新再生医療等製品」という。）　次に掲げる期間（以下この条において「調査期間」という。）を経過した日から起算して三月以内の期間（次号において「申請期間」という。）

イ　希少疾病用再生医療等製品、先駆的再生医療等製品その他厚生労働省令で定める再生医療等製品として厚生労働大臣が薬事・食品衛生審議会の意見を聴いて指定するものについては、その承認のあつた日後六年を超え十年を超えない範囲内において厚生労働大臣の指定する期間

ロ　特定用途再生医療等製品又は既に第二十三条の二十五の承認若しくは第二十三条の三十七の承認を与えられている再生医療等製品と効能、効果若しくは性能のみが明らかに異なる再生医療等製品（イに掲げる再生医療等製品を除く。）その他厚生労働省令で定める再生医療等製品として厚生労働大臣が薬事・食品衛生審議会の意見を聴いて指定するものについては、その承認のあつた日後六年に満たない範囲内において厚生労働大臣の指定する期間

ハ　イ又はロに掲げる再生医療等製品以外の再生医療等製品については、その承認のあつた日後六年

二　新再生医療等製品（当該新再生医療等製品につき第二十三条の二十五の承認又は第二十三条の三十七の承認のあつた日後調査期間（次項の規定による延長が行われたときは、その延長後の期間）を経過しているものを除く。）と構成細胞、導入遺伝子、構造、用法、用量、使用方法、効能、効果、性能等が同一性を有すると認められる再生医療等製品として厚生労働大臣がその承認の際指示したもの　当該新再生医療等製品に係る申請期間（同項の規定による調査期間の延長が行われたときは、その延長後の期間に基づいて定められる申請期間）に合致するように厚生労働大臣が指示する期間

2　厚生労働大臣は、新再生医療等製品の再審査を適正に行うため特に必要があると認めるときは、薬事・食品衛生審議会の意見を聴いて、調査期間を、その承認のあつた日後十年を超えない範囲内において延長することができる。

3　厚生労働大臣の再審査は、再審査を行う際に得られている知見に基づき、第一項各号に掲げる再生医療等製品が第二十三条の二十五第二項第三号イからハまでのいずれにも該当しないことを確認することにより行う。

4　第一項の申請は、申請書にその再生医療等製品の使用成績に関する資料その他厚生労働省令で定める資料を添付してしなければならない。この場合において、当該申請に係る再生医療等製品が厚生労働省令で定める再生医療等製品であるときは、当該資料は、厚生労働省令で定める基準に従つて収集され、かつ、作成されたものでなければならない。

5　第三項の規定による確認においては、第一項各号に掲げる再生医療等製品に係る申請内容及び前項前段に規定する資料に基づき、当該再生医療等製品の品質、有効性及び安全性に関する調査を行うものとする。この場合において、第一項各号に掲げる再生医療等製品が前項後段に規定する厚生労働省令で定める再生医療等製品であるときは、あらかじめ、当該再生医療等製品に係る資料が同項後段の規定に適合するかどうかについての書面による調査又は実地の調査を行うものとする。

6　第一項各号に掲げる再生医療等製品につき第二十三条の二十五の承認を受けた者は、厚生労働省令で定めるところにより、当該再生医療等製品の使用の成績に関する調査その他厚生労働省令で定める調査を行い、その結果を厚生労働大臣に報告しなければならない。

7　第四項後段に規定する厚生労働省令で定める再生医療等製品につき再審査を受けるべき者、同項後段に規定する資料の収集若しくは作成の委託を受けた者又はこれらの役員若しくは職員は、正当な理由なく、当該資料の収集又は作成に関しその職務上知り得た人の秘密を漏らしてはならない。これらの者であつた者についても、同様とする。

（再生医療等製品の承認された事項に係る変更計画の確認）

第二十三条の三十二の二　第二十三条の二十五第一項の承認を受けた者は、厚生労働省令で定めるところにより、厚生労働大臣に申し出て、当該承認を受けた品目について承認された事項の一部の変更に係る計画（以下この条において「変更計画」という。）が、次の各号のいずれにも該当する旨の確認を受けることができる。これを変更しようとするときも、同様とする。

一　当該変更計画に定められた変更が、製造方法その他の厚生労働省令で定める事項の変更であること。

二　第四十二条第一項の規定により定められた基準に適合しないこととなる変更その他の厚生労働省令で定める変更に該当しないこと。

三　当該変更計画に従つた変更が行われた場合に、当該変更計画に係る再生医療等製品が、次のイからハまでのいずれにも該当しないこと。

　　イ　当該再生医療等製品が、その変更前の承認に係る効能、効果又は性能を有すると認められないこと。

　　ロ　当該再生医療等製品が、その効能、効果又は性能に比して著しく有害な作用を有することにより、再生医療等製品として使用価値がないと認められること。

　　ハ　イ又はロに掲げる場合のほか、再生医療等製品として不適当なものとして、厚生労働省令で定める場合に該当すること。

2　前項の確認においては、変更計画（同項後段の規定による変更があつたときは、その変更後のもの。以下この条において同じ。）の確認を受けようとする者が提出する資料に基づき、当該変更計画に係る再生医療等製品の品質、有効性及び安全性に関する調査を行うものとする。

3　第一項の確認を受けようとする者又は同項の確認を受けた者は、その確認に係る変更計画に定められた変更が製造管理又は品質管理の方法に影響を与えるおそれがある変更として厚生労働省令で定めるものであるときは、厚生労働省令で定めるところにより、その変更を行う再生医療等製品の製造所における製造管理又は品質管理の方法が、第二十三条の二十五第二項第四号の厚生労働省令で定める基準に適合している旨の確認を受けなければならない。

4　前項の確認においては、その変更を行う再生医療等製品の製造所における製造管理又は品質管理の方法が、第二十三条の二十五第二項第四号の厚生労働省令で定める基準に適合しているかどうかについて、書面による調査又は実地の調査を行うものとする。

5　厚生労働大臣は、第一項の確認を受けた変更計画が同項各号のいずれかに該当していなかつたことが判明したとき、第三項の確認を受けた製造管理若しくは品質管理の方法が第二十三条の二十五第二項第四号の厚生労働省令で定める基準に適合していなかつたことが判明したとき、又は偽りその他不正の手段により第一項若しくは第三項の確認を受けたことが判明したときは、その確認を取り消さなければならない。

6　第一項の確認を受けた者（その行おうとする変更が第三項の厚生労働省令で定めるものであるときは、第一項及び第三項の確認を受けた者に限る。）は、第二十三条の二十五の承認を受けた再生医療等製品に係る承認された事項の一部について第一項の確認を受けた変更計画に従つた変更を行う日の厚生労働省令で定める日数前までに、厚生労働省令で定めるところにより、厚生労働大臣に当該変更を行う旨を届け出たときは、同条第十一項の厚生労働大臣の承認を受けることを要しない。

7　厚生労働大臣は、前項の規定による届出があつた場合において、その届出に係る変更が第一項の確認を受けた変更計画に従つた変更であると認められないときは、その届出を受理した日から前項の厚生労働省令で定める日数以内に限り、その届出をした者に対し、その届出に係る変更の中止その他必要な措置を命ずることができる。

8　厚生労働大臣は、機構に、第二十三条の二十七第一項の政令で定める再生医療等製品についての第一項及び第三項の確認を行わせることができる。

9　第二十三条の二十七第二項、第三項、第六項及び第七項の規定並びに第五項の規定は、前項の規定により機構に第一項及び第三項の確認を行わせることとした場合について準用する。この場合において、必要な技術的読替えは、政令で定める。

10　厚生労働大臣が第二十三条の二十七第一項の規定により機構に審査を行わせることとしたときは、同項の政令で定める再生医療等製品についての第六項の規定による届出は、同項の規定にかかわらず、機構に行わなければならない。

11　機構は、前項の規定による届出を受理したときは、直ちに、当該届出の状況を厚生労働省令で定めるところにより厚生労働大臣に通知しなければならない。

（再生医療等製品総括製造販売責任者等の設置及び遵守事項）

第二十三条の三十四　再生医療等製品の製造販売業者は、厚生労働省令で定めるところにより、再生医療等製品の品質管理及び製造販売後安全管理を行わせるために、医師、歯科医師、薬剤師、獣医師その他の厚生労働省令で定める基準に該当する技術者を置かなければならない。

2　前項の規定により再生医療等製品の品質管理及び製造販売後安全管理を行う者として置かれる者（以下「再生医療等製品総括製造販売責任者」という。）は、次条に規定する義務及び第四項に規定する厚生労働省令で定める業務を遂行し、並びに同項に規定する厚生労働省令で定める事項を遵守するために必要な能力及び経験を有する者でなければならない。

3　再生医療等製品総括製造販売責任者は、再生医療等製品の品質管理及び製造販売後安全管理を公正かつ適正に行うために必要があるときは、製造販売業者に対し、意見を書面により述べなければならない。

4　再生医療等製品総括製造販売責任者が行う再生医療等製品の品質管理及び製造販売後安全管理のために必要な業務並びに再生医療等製品総括製造販売責任者が遵守すべき事項については、厚生労働省令で定める。

5　再生医療等製品の製造業者は、厚生労働大臣の承認を受けて自らその製造を実地に管理する場合のほか、その製造を実地に管理させるために、製造所ごとに、厚生労働大臣の承認を受けて、再生医療等製品に係る生物学的知識を有する者その他の技術者を置かなければならない。

6　前項の規定により再生医療等製品の製造を管理する者として置かれる者（以下「再生医療等製品製造管理者」という。）は、次項及び第八項において準用する第八条第一項に規定する義務並びに第九項に規定する厚生労働省令で定める業務を遂行し、並びに同項に規定する厚生労働省令で定める事項を遵守するために必要な能力及び経験を有する者でなければならない。

7　再生医療等製品製造管理者は、再生医療等製品の製造の管理を公正かつ適正に行うために必要があるときは、製造業者に対し、意

見を書面により述べなければならない。

8　再生医療等製品製造管理者については、第七条第四項及び第八条第一項の規定を準用する。この場合において、第七条第四項中「その薬局の所在地の都道府県知事」とあるのは、「厚生労働大臣」と読み替えるものとする。

9　再生医療等製品製造管理者が行う再生医療等製品の製造の管理のために必要な業務及び再生医療等製品製造管理者が遵守すべき事項については、厚生労働省令で定める。

（再生医療等製品の製造販売業者等の遵守事項等）

第二十三条の三十五　厚生労働大臣は、厚生労働省令で、再生医療等製品の製造管理若しくは品質管理又は製造販売後安全管理の実施方法、再生医療等製品総括製造販売責任者の義務の遂行のための配慮事項その他再生医療等製品の製造販売業者がその業務に関し遵守すべき事項を定めることができる。

2　再生医療等製品の製造販売業者は、前条第三項の規定により述べられた再生医療等製品総括製造販売責任者の意見を尊重するとともに、法令遵守のために措置を講ずる必要があるときは、当該措置を講じ、かつ、講じた措置の内容（措置を講じない場合にあつては、その旨及びその理由）を記録し、これを適切に保存しなければならない。

3　厚生労働大臣は、厚生労働省令で、製造所における再生医療等製品の試験検査の実施方法、再生医療等製品製造管理者の義務の遂行のための配慮事項その他再生医療等製品の製造業者又は再生医療等製品外国製造業者がその業務に関し遵守すべき事項を定めることができる。

4　再生医療等製品の製造業者は、前条第七項の規定により述べられた再生医療等製品製造管理者の意見を尊重するとともに、法令遵守のために措置を講ずる必要があるときは、当該措置を講じ、かつ、講じた措置の内容（措置を講じない場合にあつては、その旨及びその理由）を記録し、これを適切に保存しなければならない。

5　再生医療等製品の製造販売業者は、製造販売後安全管理に係る業務のうち厚生労働省令で定めるものについて、厚生労働省令で定めるところにより、その業務を適正かつ確実に行う能力のある者に委託することができる。

（再生医療等製品の製造販売業者等の法令遵守体制）

第二十三条の三十五の二　再生医療等製品の製造販売業者は、再生医療等製品の品質管理及び製造販売後安全管理に関する業務その他の製造販売業者の業務を適正に遂行することにより、薬事に関する法令の規定の遵守を確保するために、厚生労働省令で定めるところにより、次の各号に掲げる措置を講じなければならない。

一　再生医療等製品の品質管理及び製造販売後安全管理に関する業務について、再生医療等製品総括製造販売責任者が有する権限を明らかにすること。

二　再生医療等製品の品質管理及び製造販売後安全管理に関する業務その他の製造販売業者の業務の遂行が法令に適合することを確保するための体制、当該製造販売業者の薬事に関する業務に責任を有する役員及び従業者の業務の監督に係る体制その他の製造販売業者の業務の適正を確保するために必要なものとして厚生労働省令で定める体制を整備すること。

三　再生医療等製品総括製造販売責任者その他の厚生労働省令で定める者に、第二十三条の二十一第一項各号の厚生労働省令で定める基準を遵守して再生医療等製品の品質管理及び製造販売後安全管理を行わせるために必要な権限の付与及びそれらの者が行う業務の監督その他の措置

四　前三号に掲げるもののほか、再生医療等製品の製造販売業者の従業者に対して法令遵守のための指針を示すことその他の製造販売業者の業務の適正な遂行に必要なものとして厚生労働省令で定める措置

2　再生医療等製品の製造販売業者は、前項各号に掲げる措置の内容を記録し、これを適切に保存しなければならない。

3　再生医療等製品の製造業者は、再生医療等製品の製造の管理に関する業務その他の製造業者の業務を適正に遂行することにより、薬事に関する法令の規定の遵守を確保するために、厚生労働省令で定めるところにより、次の各号に掲げる措置を講じなければならない。

一　再生医療等製品の製造の管理に関する業務について、再生医療等製品製造管理者が有する権限を明らかにすること。

二　再生医療等製品の製造の管理に関する業務その他の製造業者の業務の遂行が法令に適合することを確保するための体制、当該製造業者の薬事に関する業務に責任を有する役員及び従業者の業務の監督に係る体制その他の製造業者の業務の適正を確保するために必要なものとして厚生労働省令で定める体制を整備すること。

三　再生医療等製品製造管理者その他の厚生労働省令で定める者に、第二十三条の二十五第二項第四号の厚生労働省令で定める基準を遵守して再生医療等製品の製造管理又は品質管理を行わせるために必要な権限の付与及びそれらの者が行う業務の監督その他の措置

四　前三号に掲げるもののほか、再生医療等製品の製造業者の従業者に対して法令遵守のための指針を示すことその他の製造業者の業務の適正な遂行に必要なものとして厚生労働省令で定める措置

4　再生医療等製品の製造業者は、前項各号に掲げる措置の内容を記録し、これを適切に保存しなければならない。

（選任外国製造再生医療等製品製造販売業者に関する変更の届出）

第二十三条の三十八　外国製造再生医療等製品特例承認取得者は、選任外国製造再生医療等製品製造販売業者を変更したとき、又は選任外国製造再生医療等製品製造販売業者につき、その氏名若しくは名称その他厚生労働省令で定める事項に変更があつたときは、三十日以内に、厚生労働大臣に届け出なければならない。

2　前条第五項において準用する第二十三条の二十七第一項の規定により、機構に前条第一項の承認のための審査を行わせることとしたときは、同条第五項において準用する第二十三条の二十七第一項の政令で定める再生医療等製品に係る選任外国製造再生医療等製品製造販売業者についての前項の規定による届出は、同項の規定にかかわらず、機構に行わなければならない。

3　機構は、前項の規定による届出を受理したときは、遅滞なく、届出の状況を厚生労働省令で定めるところにより厚生労働大臣に通知しなければならない。

（都道府県知事の経由）

第二十三条の四十一　第二十三条の二十第一項の許可若しくは同条第四項の許可の更新の申請又は第二十三条の三十六第一項の規定による届出は、申請者又は届出者の住所地の都道府県知事を経由して行わなければならない。

2　第二十三条の二十二第一項若しくは第八項の許可、同条第四項（同条第九項において準用する場合を含む。）の許可の更新若しくは第二十三条の三十四第五項の承認の申請又は第二十三条の三十六第二項の規定による届出は、製造所の所在地の都道府県知事を経由して行わなければならない。

（店舗販売業の許可）

第二十六条　店舗販売業の許可は、店舗ごとに、その店舗の所在地の都道府県知事（その店舗の所在地が保健所を設置する市又は特別区の区域にある場合においては、市長又は区長。次項及び第二十八条第四項において同じ。）が与える。

2　前項の許可を受けようとする者は、厚生労働省令で定めるところにより、次に掲げる事項を記載した申請書をその店舗の所在地の都道府県知事に提出しなければならない。

一　氏名又は名称及び住所並びに法人にあつては、その代表者の氏名

二　その店舗の名称及び所在地

三　その店舗の構造設備の概要

四　その店舗において医薬品の販売又は授与の業務を行う体制の概要

五　法人にあつては、薬事に関する業務に責任を有する役員の氏名

六　第五項において準用する第五条第三号イからトまでに該当しない旨その他厚生労働省令で定める事項

3　前項の申請書には、次に掲げる書類を添付しなければならない。

一　その店舗の平面図

二　第二十八条第一項の規定によりその店舗をその指定する者に実地に管理させる場合にあつては、その指定する者の氏名及び住所を記載した書類

三　第一項の許可を受けようとする者及び前号の者以外にその店舗において薬事に関する実務に従事する薬剤師又は登録販売者（第四条第五項第一号に規定する登録販売者をいう。以下同じ。）を置く場合にあつては、その薬剤師又は登録販売者の氏名及び住所を記載した書類

四　その店舗において販売し、又は授与する医薬品の要指導医薬品及び一般用医薬品に係る厚生労働省令で定める区分を記載した書類

五　その店舗においてその店舗以外の場所にいる者に対して一般用医薬品を販売し、又は授与する場合にあつては、その者との間の通信手段その他の厚生労働省令で定める事項を記載した書類

六　その他厚生労働省令で定める書類

4　次の各号のいずれかに該当するときは、第一項の許可を与えないことができる。

一　その店舗の構造設備が、厚生労働省令で定める基準に適合しないとき。

二　薬剤師又は登録販売者を置くことその他その店舗において医薬品の販売又は授与の業務を行う体制が適切に医薬品を販売し、又は授与するために必要な基準として厚生労働省令で定めるものに適合しないとき。

5　第五条（第三号に係る部分に限る。）の規定は、第一項の許可について準用する。

（店舗の管理）

第二十八条　店舗販売業者は、その店舗を、自ら実地に管理し、又はその指定する者に実地に管理させなければならない。

2　前項の規定により店舗を実地に管理する者（以下「店舗管理者」という。）は、厚生労働省令で定めるところにより、薬剤師又は登録販売者でなければならない。

3　店舗管理者は、次条第一項及び第二項に規定する義務並びに同条第三項に規定する厚生労働省令で定める業務を遂行し、並びに同項に規定する厚生労働省令で定める事項を遵守するために必要な能力及び経験を有する者でなければならない。

4　店舗管理者は、その店舗以外の場所で業として店舗の管理その他薬事に関する実務に従事する者であつてはならない。ただし、その店舗の所在地の都道府県知事の許可を受けたときは、この限りでない。

（店舗管理者の義務）

第二十九条　店舗管理者は、保健衛生上支障を生ずるおそれがないように、その店舗に勤務する薬剤師、登録販売者その他の従業者を監督し、その店舗の構造設備及び医薬品その他の物品を管理し、その他その店舗の業務につき、必要な注意をしなければならない。

2　店舗管理者は、保健衛生上支障を生ずるおそれがないように、その店舗の業務につき、店舗販売業者に対し、必要な意見を書面により述べなければならない。

3　店舗管理者が行う店舗の管理に関する業務及び店舗管理者が遵守すべき事項については、厚生労働省令で定める。

（店舗販売業者の遵守事項）

第二十九条の二　厚生労働大臣は、厚生労働省令で、次に掲げる事項その他店舗の業務に関し店舗販売業者が遵守すべき事項を定めることができる。

一　店舗における医薬品の管理の実施方法に関する事項

二　店舗における医薬品の販売又は授与の実施方法（その店舗においてその店舗以外の場所にいる者に対して一般用医薬品を販売し、

又は授与する場合におけるその者との間の通信手段に応じた当該実施方法を含む。）に関する事項

2　店舗販売業者は、第二十八条第一項の規定により店舗管理者を指定したときは、前条第二項の規定により述べられた店舗管理者の意見を尊重するとともに、法令遵守のために措置を講ずる必要があるときは、当該措置を講じ、かつ、講じた措置の内容（措置を講じない場合にあつては、その旨及びその理由）を記録し、これを適切に保存しなければならない。

（店舗販売業者の法令遵守体制）

第二十九条の三　店舗販売業者は、店舗の管理に関する業務その他の店舗販売業者の業務を適正に遂行することにより、薬事に関する法令の規定の遵守を確保するために、厚生労働省令で定めるところにより、次の各号に掲げる措置を講じなければならない。

一　店舗の管理に関する業務について、店舗管理者が有する権限を明らかにすること。

二　店舗の管理に関する業務その他の店舗販売業者の業務の遂行が法令に適合することを確保するための体制、当該店舗販売業者の薬事に関する業務に責任を有する役員及び従業者の業務の監督に係る体制その他の店舗販売業者の業務の適正を確保するために必要なものとして厚生労働省令で定める体制を整備すること。

三　前二号に掲げるもののほか、店舗販売業者の従業者に対して法令遵守のための指針を示すことその他の店舗販売業者の業務の適正な遂行に必要なものとして厚生労働省令で定める措置

2　店舗販売業者は、前項各号に掲げる措置の内容を記録し、これを適切に保存しなければならない。

（配置販売業の許可）

第三十条　配置販売業の許可は、配置しようとする区域をその区域に含む都道府県ごとに、その都道府県知事が与える。

2　前項の許可を受けようとする者は、厚生労働省令で定めるところにより、次の各号に掲げる事項を記載した申請書を配置しようとする区域をその区域に含む都道府県知事に提出しなければならない。

一　氏名又は名称及び住所並びに法人にあつては、その代表者の氏名

二　薬剤師又は登録販売者が配置することその他当該都道府県の区域において医薬品の配置販売を行う体制の概要

三　法人にあつては、薬事に関する業務に責任を有する役員の氏名

四　第三十一条の二第二項に規定する区域管理者の氏名

五　第四項において準用する第五条第三号イからトまでに該当しない旨その他厚生労働省令で定める事項

3　薬剤師又は登録販売者が配置することその他当該都道府県の区域において医薬品の配置販売を行う体制が適切に医薬品を配置販売するために必要な基準として厚生労働省令で定めるものに適合しないときは、第一項の許可を与えないことができる。

4　第五条（第三号に係る部分に限る。）の規定は、第一項の許可について準用する。

（都道府県ごとの区域の管理）

第三十一条の二　配置販売業者は、その業務に係る都道府県の区域を、自ら管理し、又は当該都道府県の区域内において配置販売に従事する配置員のうちから指定したものに管理させなければならない。

2　前項の規定により都道府県の区域を管理する者（以下「区域管理者」という。）は、厚生労働省令で定めるところにより、薬剤師又は登録販売者でなければならない。

3　区域管理者は、次条第一項及び第二項に規定する義務並びに同条第三項に規定する厚生労働省令で定める業務を遂行し、並びに同項に規定する厚生労働省令で定める事項を遵守するために必要な能力及び経験を有する者でなければならない。

（区域管理者の義務）

第三十一条の三　区域管理者は、保健衛生上支障を生ずるおそれがないように、その業務に関し配置員を監督し、医薬品その他の物品を管理し、その他その区域の業務につき、必要な注意をしなければならない。

2　区域管理者は、保健衛生上支障を生ずるおそれがないように、その区域の業務につき、配置販売業者に対し、必要な意見を書面により述べなければならない。

3　区域管理者が行う区域の管理に関する業務及び区域管理者が遵守すべき事項については、厚生労働省令で定める。

（配置販売業者の遵守事項）

第三十一条の四　厚生労働大臣は、厚生労働省令で、配置販売の業務に関する記録方法その他配置販売の業務に関し配置販売業者が遵守すべき事項を定めることができる。

2　配置販売業者は、第三十一条の二第一項の規定により区域管理者を指定したときは、前条第二項の規定により述べられた区域管理者の意見を尊重するとともに、法令遵守のために措置を講ずる必要があるときは、当該措置を講じ、かつ、講じた措置の内容（措置を講じない場合にあつては、その旨及びその理由）を記録し、これを適切に保存しなければならない。

（配置販売業者の法令遵守体制）

第三十一条の五　配置販売業者は、区域の管理に関する業務その他の配置販売業者の業務を適正に遂行することにより、薬事に関する法令の規定の遵守を確保するために、厚生労働省令で定めるところにより、次の各号に掲げる措置を講じなければならない。

一　区域の管理に関する業務について、区域管理者が有する権限を明らかにすること。

二　区域の管理に関する業務その他の配置販売業者の業務の遂行が法令に適合することを確保するための体制、当該配置販売業者の薬事に関する業務に責任を有する役員及び従業者の業務の監督に係る体制その他の配置販売業者の業務の適正を確保するために必要なものとして厚生労働省令で定める体制を整備すること。

三　前二号に掲げるもののほか、配置販売業者の従業者に対して法令遵守のための指針を示すことその他の配置販売業者の業務の適正な遂行に必要なものとして厚生労働省令で定める措置

2　配置販売業者は、前項各号に掲げる措置の内容を記録し、これを適切に保存しなければならない。

（卸売販売業の許可）

第三十四条 卸売販売業の許可は、営業所ごとに、その営業所の所在地の都道府県知事が与える。

2 前項の許可を受けようとする者は、厚生労働省令で定めるところにより、次の各号に掲げる事項を記載した申請書をその営業所の所在地の都道府県知事に提出しなければならない。

一 氏名又は名称及び住所並びに法人にあつては、その代表者の氏名

二 その営業所の構造設備の概要

三 法人にあつては、薬事に関する業務に責任を有する役員の氏名

四 次条第二項に規定する医薬品営業所管理者の氏名

五 第四項において準用する第五条第三号イからトまでに該当しない旨その他厚生労働省令で定める事項

3 営業所の構造設備が、厚生労働省令で定める基準に適合しないときは、第一項の許可を与えないことができる。

4 第五条（第三号に係る部分に限る。）の規定は、第一項の許可について準用する。

5 卸売販売業の許可を受けた者（以下「卸売販売業者」という。）は、当該許可に係る営業所については、業として、医薬品を、薬局開設者等以外の者に対し、販売し、又は授与してはならない。

（営業所の管理）

第三十五条 卸売販売業者は、営業所ごとに、薬剤師を置き、その営業所を管理させなければならない。ただし、卸売販売業者が薬剤師の場合であつて、自らその営業所を管理するときは、この限りでない。

2 卸売販売業者が、薬剤師による管理を必要としない医薬品として厚生労働省令で定めるもののみを販売又は授与する場合には、前項の規定にかかわらず、その営業所を管理する者（以下「医薬品営業所管理者」という。）は、薬剤師又は薬剤師以外の者であつて当該医薬品の品目に応じて厚生労働省令で定めるものでなければならない。

3 医薬品営業所管理者は、次条第一項及び第二項に規定する義務並びに同条第三項に規定する厚生労働省令で定める業務を遂行し、並びに同項に規定する厚生労働省令で定める事項を遵守するために必要な能力及び経験を有する者でなければならない。

4 医薬品営業所管理者は、その営業所以外の場所で業として営業所の管理その他薬事に関する実務に従事する者であつてはならない。ただし、その営業所の所在地の都道府県知事の許可を受けたときは、この限りでない。

（医薬品営業所管理者の義務）

第三十六条 医薬品営業所管理者は、保健衛生上支障を生ずるおそれがないように、その営業所に勤務する薬剤師その他の従業者を監督し、その営業所の構造設備及び医薬品その他の物品を管理し、その他その営業所の業務につき、必要な注意をしなければならない。

2 医薬品営業所管理者は、保健衛生上支障を生ずるおそれがないように、その営業所の業務につき、卸売販売業者に対し、必要な意見を書面により述べなければならない。

3 医薬品営業所管理者が行う営業所の管理に関する業務及び医薬品営業所管理者が遵守すべき事項については、厚生労働省令で定める。

（卸売販売業者の遵守事項）

第三十六条の二 厚生労働大臣は、厚生労働省令で、営業所における医薬品の試験検査の実施方法その他営業所の業務に関し卸売販売業者が遵守すべき事項を定めることができる。

2 卸売販売業者は、第三十五条第一項又は第二項の規定により医薬品営業所管理者を置いたときは、前条第二項の規定により述べられた医薬品営業所管理者の意見を尊重するとともに、法令遵守のために措置を講ずる必要があるときは、当該措置を講じ、かつ、講じた措置の内容（措置を講じない場合にあつては、その旨及びその理由）を記録し、これを適切に保存しなければならない。

（卸売販売業者の法令遵守体制）

第三十六条の二の二 卸売販売業者は、営業所の管理に関する業務その他の卸売販売業者の業務を適正に遂行することにより、薬事に関する法令の規定の遵守を確保するために、厚生労働省令で定めるところにより、次の各号に掲げる措置を講じなければならない。

一 営業所の管理に関する業務について、医薬品営業所管理者が有する権限を明らかにすること。

二 営業所の管理に関する業務その他の卸売販売業者の業務の遂行が法令に適合することを確保するための体制、当該卸売販売業者の薬事に関する業務に責任を有する役員及び従業者の業務の監督に係る体制その他の卸売販売業者の業務の適正を確保するために必要なものとして厚生労働省令で定める体制を整備すること。

三 前二号に掲げるもののほか、卸売販売業者の従業者に対して法令遵守のための指針を示すことその他の卸売販売業者の業務の適正な遂行に必要なものとして厚生労働省令で定める措置

2 卸売販売業者は、前項各号に掲げる措置の内容を記録し、これを適切に保存しなければならない。

（薬局医薬品に関する情報提供及び指導等）

第三十六条の四 薬局開設者は、薬局医薬品の適正な使用のため、薬局医薬品を販売し、又は授与する場合には、厚生労働省令で定めるところにより、その薬局において医薬品の販売又は授与に従事する薬剤師に、対面により、厚生労働省令で定める事項を記載した書面（当該事項が電磁的記録に記録されているときは、当該電磁的記録に記録された事項を厚生労働省令で定める方法により表示したものを含む。）を用いて必要な情報を提供させ、及び必要な薬学的知見に基づく指導を行わせなければならない。ただし、薬剤師等に販売し、又は授与するときは、この限りでない。

2 薬局開設者は、前項の規定による情報の提供及び指導を行わせるに当たつては、当該薬剤師に、あらかじめ、薬局医薬品を使用しようとする者の年齢、他の薬剤又は医薬品の使用の状況その他の厚生労働省令で定める事項を確認させなければならない。

3 薬局開設者は、第一項本文に規定する場合において、同項の規定による情報の提供又は指導ができないとき、その他薬局医薬品の

適正な使用を確保することができないと認められるときは、薬局医薬品を販売し、又は授与してはならない。

4　薬局開設者は、薬局医薬品の適正な使用のため、その薬局において薬局医薬品を購入し、若しくは譲り受けようとする者又はその薬局において薬局医薬品を購入し、若しくは譲り受けた者若しくはこれらの者によつて購入され、若しくは譲り受けられた薬局医薬品を使用する者から相談があつた場合には、厚生労働省令で定めるところにより、その薬局において医薬品の販売又は授与に従事する薬剤師に、必要な情報を提供させ、又は必要な薬学的知見に基づく指導を行わせなければならない。

5　第一項又は前項に定める場合のほか、薬局開設者は、薬局医薬品の適正な使用のため必要がある場合として厚生労働省令で定める場合には、厚生労働省令で定めるところにより、その薬局において医薬品の販売又は授与に従事する薬剤師に、その販売し、又は授与した薬局医薬品を購入し、又は譲り受けた者の当該薬局医薬品の使用の状況を継続的かつ的確に把握させるとともに、その薬局医薬品を購入し、又は譲り受けた者に対して必要な情報を提供させ、又は必要な薬学的知見に基づく指導を行わせなければならない。

（高度管理医療機器等の販売業及び貸与業の許可）

第三十九条　高度管理医療機器又は特定保守管理医療機器（以下「高度管理医療機器等」という。）の販売業又は貸与業の許可を受けた者でなければ、それぞれ、業として、高度管理医療機器等を販売し、授与し、若しくは貸与し、若しくは販売、授与若しくは貸与の目的で陳列し、又は高度管理医療機器プログラム（高度管理医療機器のうちプログラムであるものをいう。以下この項において同じ。）を電気通信回線を通じて提供してはならない。ただし、高度管理医療機器等の製造販売業者がその製造をし、又は輸入をした高度管理医療機器等を高度管理医療機器等の製造販売業者、製造業者、販売業者又は貸与業者に、高度管理医療機器等の製造業者がその製造した高度管理医療機器等を高度管理医療機器等の製造販売業者又は製造業者に、それぞれ販売し、授与し、若しくは貸与し、若しくは販売、授与若しくは貸与の目的で陳列し、又は高度管理医療機器プログラムを電気通信回線を通じて提供するときは、この限りでない。

2　前項の許可は、営業所ごとに、その営業所の所在地の都道府県知事（その営業所の所在地が保健所を設置する市又は特別区の区域にある場合においては、市長又は区長。次項、次条第二項及び第三十九条の三第一項において同じ。）が与える。

3　第一項の許可を受けようとする者は、厚生労働省令で定めるところにより、次の各号に掲げる事項を記載した申請書をその営業所の所在地の都道府県知事に提出しなければならない。

一　氏名又は名称及び住所並びに法人にあつては、その代表者の氏名

二　その営業所の構造設備の概要

三　法人にあつては、薬事に関する業務に責任を有する役員の氏名

四　次条第一項に規定する高度管理医療機器等営業所管理者の氏名

五　第五項において準用する第五条第三号イからトまでに該当しない旨その他厚生労働省令で定める事項

4　その営業所の構造設備が、厚生労働省令で定める基準に適合しないときは、第一項の許可を与えないことができる。

5　第五条（第三号に係る部分に限る。）の規定は、第一項の許可について準用する。

6　第一項の許可は、六年ごとにその更新を受けなければ、その期間の経過によつて、その効力を失う。

（管理医療機器の販売業及び貸与業の届出）

第三十九条の三　管理医療機器（特定保守管理医療機器を除く。以下この節において同じ。）を業として販売し、授与し、若しくは貸与し、若しくは販売、授与若しくは貸与の目的で陳列し、又は管理医療機器プログラム（管理医療機器のうちプログラムであるものをいう。以下この項において同じ。）を電気通信回線を通じて提供しようとする者（第三十九条第一項の許可を受けた者を除く。）は、厚生労働省令で定めるところにより、あらかじめ、営業所ごとに、その営業所の所在地の都道府県知事に次の各号に掲げる事項を届け出なければならない。ただし、管理医療機器の製造販売業者がその製造等をし、又は輸入をした管理医療機器を管理医療機器の製造販売業者、製造業者、販売業者又は貸与業者に、管理医療機器の製造業者がその製造した管理医療機器を管理医療機器の製造販売業者又は製造業者に、それぞれ販売し、授与し、若しくは貸与し、若しくは販売、授与若しくは貸与の目的で陳列し、又は管理医療機器プログラムを電気通信回線を通じて提供しようとするときは、この限りでない。

一　氏名又は名称及び住所並びに法人にあつては、その代表者の氏名

二　法人にあつては、薬事に関する業務に責任を有する役員の氏名

三　その他厚生労働省令で定める事項

2　厚生労働大臣は、厚生労働省令で、管理医療機器の販売業者又は貸与業者に係る営業所の構造設備の基準を定めることができる。

（準用）

第四十条　第三十九条第一項の高度管理医療機器等の販売業又は貸与業については、第七条第三項、第八条、第九条（第一項各号を除く。）、第九条の二、第十条第一項及び第十一条の規定を準用する。この場合において、第七条第三項中「次条第一項」とあるのは「第四十条第一項において準用する次条第一項」と、「同条第三項」とあり、及び「同項」とあるのは「第四十条第一項において準用する次条第三項」と、第九条第一項中「次に掲げる事項」とあるのは「高度管理医療機器又は特定保守管理医療機器の販売業又は貸与業の営業所における高度管理医療機器又は特定保守管理医療機器の品質確保の実施方法」と読み替えるものとする。

2　前条第一項の管理医療機器の販売業又は貸与業については、第九条第一項（各号を除く。）、第九条の二及び第十条第一項の規定を準用する。この場合において、第九条第一項中「次に掲げる事項」とあるのは、「管理医療機器（特定保守管理医療機器を除く。以下この項において同じ。）の販売業又は貸与業の営業所における管理医療機器の品質確保の実施方法」と読み替えるものとする。

3　一般医療機器（特定保守管理医療機器を除く。以下この項において同じ。）を業として販売し、授与し、若しくは貸与し、若しくは販売、授与若しくは貸与の目的で陳列し、又は一般医療機器のうちプログラムであるものを電気通信回線を通じて提供しようとする者（第三十九条第一項の許可を受けた者及び前条第一項の規定による届出を行つた者を除く。）については、第九条第一項（各号

225

を除く。）の規定を準用する。この場合において、同項中「次に掲げる事項」とあるのは、「一般医療機器（特定保守管理医療機器を除く。以下この項において同じ。）の販売業又は貸与業の営業所における一般医療機器の品質確保の実施方法」と読み替えるものとする。

4　前三項に規定するもののほか、必要な技術的読替えは、政令で定める。

（医療機器の修理業の許可）

第四十条の二　医療機器の修理業の許可を受けた者でなければ、業として、医療機器の修理をしてはならない。

2　前項の許可は、修理する物及びその修理の方法に応じ厚生労働省令で定める区分（以下「修理区分」という。）に従い、厚生労働大臣が修理をしようとする事業所ごとに与える。

3　第一項の許可を受けようとする者は、厚生労働省令で定めるところにより、次の各号に掲げる事項を記載した申請書を厚生労働大臣に提出しなければならない。

　一　氏名又は名称及び住所並びに法人にあつては、その代表者の氏名

　二　その事業所の構造設備の概要

　三　法人にあつては、薬事に関する業務に責任を有する役員の氏名

　四　第六項において準用する第五条第三号イからトまでに該当しない旨その他厚生労働省令で定める事項

4　第一項の許可は、三年を下らない政令で定める期間ごとにその更新を受けなければ、その期間の経過によつて、その効力を失う。

5　その事業所の構造設備が、厚生労働省令で定める基準に適合しないときは、第一項の許可を与えないことができる。

6　第五条（第三号に係る部分に限る。）の規定は、第一項の許可について準用する。

7　第一項の許可を受けた者は、当該事業所に係る修理区分を変更し、又は追加しようとするときは、厚生労働大臣の許可を受けなければならない。

8　前項の許可については、第一項から第六項までの規定を準用する。

（準用）

第四十条の三　医療機器の修理業については、第二十三条の二の十四第五項から第九項まで、第二十三条の二の十五第三項及び第四項、第二十三条の二の十五の二第三項及び第四項、第二十三条の二の十六第二項並びに第二十三条の二の二十二の規定を準用する。この場合において、第二十三条の二の十四第六項から第九項までの規定中「医療機器責任技術者」とあり、第二十三条の二の十五第三項及び第四項並びに第二十三条の二の十五の二第三項中「医療機器責任技術者又は体外診断用医薬品製造管理者」とあり、及び第二十三条の二の十六第二項中「医療機器責任技術者、体外診断用医薬品製造管理者」とあるのは、「医療機器修理責任技術者」と読み替えるものとする。

（再生医療等製品の販売業の許可）

第四十条の五　再生医療等製品の販売業の許可を受けた者でなければ、業として、再生医療等製品を販売し、授与し、又は販売若しくは授与の目的で貯蔵し、若しくは陳列してはならない。ただし、再生医療等製品の製造販売業者がその製造等をし、又は輸入した再生医療等製品を再生医療等製品の製造販売業者、製造業者又は販売業者に、厚生労働大臣が指定する再生医療等製品の製造販売業者がその製造等をし、又は輸入した当該再生医療等製品を医師、歯科医師若しくは獣医師又は病院、診療所若しくは飼育動物診療施設の開設者に、再生医療等製品の製造業者がその製造した再生医療等製品を再生医療等製品の製造販売業者又は製造業者に、それぞれ販売し、授与し、又はその販売若しくは授与の目的で貯蔵し、若しくは陳列するときは、この限りでない。

2　前項の許可は、営業所ごとに、その営業所の所在地の都道府県知事が与える。

3　第一項の許可を受けようとする者は、厚生労働省令で定めるところにより、次の各号に掲げる事項を記載した申請書をその営業所の所在地の都道府県知事に提出しなければならない。

　一　氏名又は名称及び住所並びに法人にあつては、その代表者の氏名

　二　その営業所の構造設備の概要

　三　法人にあつては、薬事に関する業務に責任を有する役員の氏名

　四　次条第一項に規定する再生医療等製品営業所管理者の氏名

　五　第五項において準用する第五条第三号イからトまでに該当しない旨その他厚生労働省令で定める事項

4　その営業所の構造設備が、厚生労働省令で定める基準に適合しないときは、第一項の許可を与えないことができる。

5　第五条（第三号に係る部分に限る。）の規定は、第一項の許可について準用する。

6　第一項の許可は、六年ごとにその更新を受けなければ、その期間の経過によつて、その効力を失う。

7　第一項の許可を受けた者は、当該許可に係る営業所については、業として、再生医療等製品を、再生医療等製品の製造販売業者、製造業者若しくは販売業者又は病院、診療所若しくは飼育動物診療施設の開設者その他厚生労働省令で定める者以外の者に対し、販売し、又は授与してはならない。

（準用）

第四十条の七　再生医療等製品の販売業については、第七条第三項、第八条、第九条（第一項各号を除く。）、第九条の二、第十条第一項及び第十一条の規定を準用する。この場合において、第七条第三項中「次条第一項」とあるのは「第四十条の七第一項において準用する次条第一項」と、「同条第三項」とあり、及び「同項」とあるのは「第四十条の七第一項において準用する次条第三項」と、第九条第一項中「次に掲げる事項」とあるのは「再生医療等製品の販売業の営業所における再生医療等製品の品質確保の実施方法」と読み替えるものとする。

2　前項に規定するもののほか、必要な技術的読替えは、政令で定める。

（容器等への符号等の記載）

第五十二条 医薬品（次項に規定する医薬品を除く。）は、その容器又は被包に、電子情報処理組織を使用する方法その他の情報通信の技術を利用する方法であつて厚生労働省令で定めるものにより、第六十八条の二第一項の規定により公表された同条第二項に規定する注意事項等情報を入手するために必要な番号、記号その他の符号が記載されていなければならない。ただし、厚生労働省令で別段の定めをしたときは、この限りでない。

2 要指導医薬品、一般用医薬品その他の厚生労働省令で定める医薬品は、これに添付する文書又はその容器若しくは被包に、当該医薬品に関する最新の論文その他により得られた知見に基づき、次に掲げる事項が記載されていなければならない。ただし、厚生労働省令で別段の定めをしたときは、この限りでない。

一 用法、用量その他使用及び取扱い上の必要な注意

二 日本薬局方に収められている医薬品にあつては、日本薬局方において当該医薬品の品質、有効性及び安全性に関連する事項として記載するように定められた事項

三 第四十一条第三項の規定によりその基準が定められた体外診断用医薬品にあつては、その基準において当該体外診断用医薬品の品質、有効性及び安全性に関連する事項として記載するように定められた事項

四 第四十二条第一項の規定によりその基準が定められた医薬品にあつては、その基準において当該医薬品の品質、有効性及び安全性に関連する事項として記載するように定められた事項

五 前各号に掲げるもののほか、厚生労働省令で定める事項

（模造に係る医薬品の販売、製造等の禁止）

第五十五条の二 模造に係る医薬品は、販売し、授与し、又は販売若しくは授与の目的で製造し、輸入し、貯蔵し、若しくは陳列してはならない。

（輸入の確認）

第五十六条の二 第十四条、第十九条の二、第二十三条の二の五若しくは第二十三条の二の十七の承認若しくは第二十三条の二の二十三の認証を受けないで、又は第十四条の九若しくは第二十三条の二の十二の届出をしないで、医薬品を輸入しようとする者（以下この条において「申請者」という。）は、厚生労働省令で定める事項を記載した申請書に厚生労働省令で定める書類を添付して、これを厚生労働大臣に提出し、その輸入についての厚生労働大臣の確認を受けなければならない。

2 厚生労働大臣は、次の各号のいずれかに該当する場合には、前項の確認をしない。

一 個人的使用に供せられ、かつ、売買の対象とならないと認められる程度の数量を超える数量の医薬品の輸入をする場合その他の申請者が販売又は授与の目的で輸入するおそれがある場合として厚生労働省令で定める場合

二 申請者又は申請者に代わつて前項の確認の申請に関する手続をする者がこの法律、麻薬及び向精神薬取締法、毒物及び劇物取締法その他第五条第三号ニに規定する薬事に関する法令で政令で定めるもの又はこれに基づく処分に違反し、その違反行為があつた日から二年を経過していない場合その他の輸入が不適当と認められる場合として厚生労働省令で定める場合

3 第一項の規定にかかわらず、次の各号のいずれかに該当する場合には、同項の規定による厚生労働大臣の確認を受けることを要しない。

一 覚醒剤取締法第三十条の六第一項ただし書又は麻薬及び向精神薬取締法第十三条第一項ただし書に規定する場合

二 第十四条の三第一項第二号に規定する医薬品その他の厚生労働大臣が定める医薬品で、厚生労働省令で定める数量以下のものを自ら使用する目的で輸入する場合その他のこれらの場合に準ずる場合として厚生労働省令で定める場合

（準用）

第六十条 医薬部外品については、第五十一条、第五十二条第二項及び第五十三条から第五十七条までの規定を準用する。この場合において、第五十一条中「第四十四条第一項若しくは第二項又は前条各号」とあるのは「第五十九条各号」と、第五十二条第二項第四号中「第四十二条第一項」とあるのは「第四十二条第二項」と、第五十三条中「第四十四条第一項若しくは第二項又は第五十条から前条まで」とあるのは「第五十九条又は第六十条において準用する第五十一条若しくは前条第二項」と、第五十四条第二号中「、第十九条の二、第二十三条の二の五又は第二十三条の二の十七」とあるのは「又は第十九条の二」と、「、効果又は性能」とあるのは「又は効果」と、「第十四条第一項、第二十三条の二の五第一項又は第二十三条の二の二十三第一項」とあるのは「第十四条第一項」と、第五十五条第一項中「第五十条から前条まで、第六十八条の二第一項、第六十八条の二の三、第六十八条の二の四第二項又は第六十八条の二の五」とあるのは「第五十九条又は第六十条において準用する第五十一条、第五十二条第二項、第五十三条及び前条」と、同条第二項中「認定若しくは第十三条の三の二第一項若しくは第二十三条の二の四第一項の登録」とあるのは「認定若しくは第十三条の三の二第一項の登録」と、「第八項若しくは第二十三条の二の三第一項」とあるのは「第八項」と、「、第十九条の二第四項、第二十三条の二の五第一項若しくは第十五項（第二十三条の二の十七第五項において準用する場合を含む。）、第二十三条の二の十七第四項若しくは第二十三条の二の二十三第一項若しくは第七項」とあるのは「若しくは第十九条の二第四項」と、第五十六条第三号中「、第十九条の二、第二十三条の二の五若しくは第二十三条の二の十七の承認を受けた医薬品又は第二十三条の二の二十三の認証を受けた体外診断用医薬品」とあるのは「又は第十九条の二の承認を受けた医薬部外品」と、「、品質若しくは性能がその承認又は認証」とあるのは「若しくは品質がその承認」と、「含む。）、第二十三条の二の五第十六項（第二十三条の二の十七第五項において準用する場合を含む。）又は第二十三条の二の二十三第八項」とあるのは「含む。）」と、同条第四号中「第十四条第一項又は第二十三条の二の五第一項」とあるのは「第十四条第一項」と、「、品質若しくは性能」とあるのは「若しくは品質」と、同条第五号中「第四十二条第一項」とあるのは「第四十二条第二項」と、第五十六条の二第一項中「第十四条、第十九条の二、第二十三条の二の五若しくは第二十三条の二の十七の承認若しくは第二十三条の二の二十三の認証」とあるのは「第十四条若しくは第十九条の二の承認」

と、「第十四条の九若しくは第二十三条の二の十二」とあるのは「第十四条の九」と、同条第三項第二号中「第十四条の三第一項第二号に規定する医薬品その他の厚生労働大臣」とあるのは「厚生労働大臣」と読み替えるものとする。

（準用）

第六十二条 化粧品については、第五十一条、第五十二条第二項及び第五十三条から第五十七条までの規定を準用する。この場合において、第五十一条中「第四十四条第一項若しくは第二項又は前条各号」とあるのは「第六十一条各号」と、第五十二条第二項第四号中「第四十二条第一項」とあるのは「第四十二条第二項」と、第五十三条中「第四十四条第一項若しくは第二項又は第五十条から前条まで」とあるのは「第六十一条又は第六十二条において準用する第五十一条若しくは前条第二項」と、第五十四条第二号中「、第十九条の二、第二十三条の二の五又は第二十三条の二の十七」とあるのは「又は第十九条の二」と、「、効果又は性能」とあるのは「又は効果」と、「第十四条第一項、第二十三条の二の五第一項又は第二十三条の二の二十三第一項」とあるのは「第十四条第一項」と、第五十五条第一項中「第五十条から前条まで、第六十八条の二第一項、第六十八条の二の三、第六十八条の二の四第二項又は第六十八条の二の五」とあるのは「第六十一条又は第六十二条において準用する第五十一条、第五十二条第二項、第五十三条及び前条」と、同条第二項中「認定若しくは第十三条の三の二第一項若しくは第二十三条の二の四第一項の登録」とあるのは「認定若しくは第十三条の三の二第一項の登録」と、「第八項若しくは第二十三条の二の三第一項」とあるのは「第八項」と、「、第十九条の二第四項、第二十三条の二の五第一項若しくは第十五項（第二十三条の二の十七第五項において準用する場合を含む。）、第二十三条の二の十七第四項若しくは第二十三条の二の二十三第一項若しくは第七項」とあるのは「若しくは第十九条の二第四項」と、第五十六条第三号中「、第十九条の二、第二十三条の二の五若しくは第二十三条の二の十七の承認を受けた医薬品又は第二十三条の二の二十三の認証を受けた体外診断用医薬品」とあるのは「又は第十九条の二の承認を受けた化粧品」と、「、品質若しくは性能がその承認又は認証」とあるのは「若しくは品質がその承認」と、「含む。）、第二十三条の二の五第十六項（第二十三条の二の十七第五項において準用する場合を含む。）又は第二十三条の二の二十三第八項」とあるのは「含む。)」と、同条第四号中「第十四条第一項又は第二十三条の二の五第一項」とあるのは「第十四条第一項」と、「、品質若しくは性能」とあるのは「若しくは品質」と、同条第五号中「第四十二条第一項」とあるのは「第四十二条第二項」と、第五十六条の二第一項中「第十四条、第十九条の二、第二十三条の二の五若しくは第二十三条の二の十七の承認若しくは第二十三条の二の二十三の認証」とあるのは「第十四条若しくは第十九条の二の承認」と、「第十四条の九若しくは第二十三条の二の十二」とあるのは「第十四条の九」と、同条第三項第二号中「第十四条の三第一項第二号に規定する医薬品その他の厚生労働大臣」とあるのは「厚生労働大臣」と読み替えるものとする。

（容器等への符号等の記載）

第六十三条の二 医療機器（次項に規定する医療機器を除く。）は、その容器又は被包に、電子情報処理組織を使用する方法その他の情報通信の技術を利用する方法であつて厚生労働省令で定めるものにより、第六十八条の二第一項の規定により公表された同条第二項に規定する注意事項等情報を入手するために必要な番号、記号その他の符号が記載されていなければならない。ただし、厚生労働省令で別段の定めをしたときは、この限りでない。

2 主として一般消費者の生活の用に供されることが目的とされている医療機器その他の厚生労働省令で定める医療機器は、これに添付する文書又はその容器若しくは被包に、当該医療機器に関する最新の論文その他により得られた知見に基づき、次に掲げる事項が記載されていなければならない。ただし、厚生労働省令で別段の定めをしたときは、この限りでない。

一 使用方法その他使用及び取扱い上の必要な注意

二 厚生労働大臣の指定する医療機器にあつては、その保守点検に関する事項

三 第四十一条第三項の規定によりその基準が定められた医療機器にあつては、その基準において当該医療機器の品質、有効性及び安全性に関連する事項として記載するように定められた事項

四 第四十二条第二項の規定によりその基準が定められた医療機器にあつては、その基準において当該医療機器の品質、有効性及び安全性に関連する事項として記載するように定められた事項

五 前各号に掲げるもののほか、厚生労働省令で定める事項

（準用）

第六十四条 医療機器については、第五十三条から第五十五条の二まで及び第五十六条の二の規定を準用する。この場合において、第五十三条中「第四十四条第一項若しくは第二項又は第五十条から前条まで」とあるのは「第六十三条又は第六十三条の二」と、第五十四条第二号中「第十四条、第十九条の二、第二十三条の二の五」とあるのは「第二十三条の二の五」と、「効能、効果」とあるのは「効果」と、「第十四条第一項、第二十三条の二の五第一項又は第二十三条の二の二十三第一項」とあるのは「第二十三条の二の二十三第一項」と、第五十五条第一項中「第五十条から前条まで」とあるのは「第六十三条、第六十三条の二、第六十四条において準用する第五十三条若しくは前条」と、「販売し、授与し、又は販売若しくは授与の目的で貯蔵し、若しくは陳列してはならない」とあるのは「販売し、貸与し、授与し、若しくは販売、貸与若しくは授与の目的で貯蔵し、若しくは陳列し、又は医療機器プログラムにあつては電気通信回線を通じて提供してはならない」と、同条第二項中「第十三条の三第一項の認定若しくは第十三条の三の二第一項若しくは第二十三条の二の四第一項の登録」とあるのは「第二十三条の二の四第一項の登録」と、「第十三条第一項若しくは第八項若しくは第二十三条の二の三第一項」とあるのは「第二十三条の二の三第一項」と、「第十四条第一項若しくは第十五項（第十九条の二第五項において準用する場合を含む。）、第十九条の二第四項、第二十三条の二の五第一項」とあるのは「第二十三条の二の五第一項」と、第五十六条の二第一項中「第十四条、第十九条の二、第二十三条の二の五若しくは第二十三条の二の十七」とあるのは「第二十三条の二の五若しくは第二十三条の二の十七」と、「第十四条の九若しくは第二十三条の二の十二」とあるのは「第二十三条の二の十二」と、同条第三項第二号中「第十四条の三第一項第二号」とあるのは「第二十三条の二の八第一項第二号」と読み替えるものとする。

（容器等への符号等の記載）

第六十五条の三　再生医療等製品は、その容器又は被包に、電子情報処理組織を使用する方法その他の情報通信の技術を利用する方法であつて厚生労働省令で定めるものにより、第六十八条の二第一項の規定により公表された同条第二項に規定する注意事項等情報を入手するために必要な番号、記号その他の符号が記載されていなければならない。ただし、厚生労働省令で別段の定めをしたときは、この限りでない。

（販売、製造等の禁止）

第六十五条の五　次の各号のいずれかに該当する再生医療等製品は、販売し、授与し、又は販売若しくは授与の目的で製造し、輸入し、貯蔵し、若しくは陳列してはならない。

　一　第四十一条第三項の規定によりその基準が定められた再生医療等製品であつて、その性状、品質又は性能がその基準に適合しないもの

　二　第二十三条の二十五又は第二十三条の三十七の厚生労働大臣の承認を受けた再生医療等製品であつて、その性状、品質又は性能（第二十三条の二十六第一項（第二十三条の三十七第五項において準用する場合を含む。）の規定により条件及び期限を付したものについては、これらを有すると推定されるものであること）がその承認の内容と異なるもの（第二十三条の二十五第十二項（第二十三条の三十七第五項において準用する場合を含む。）の規定に違反していないものを除く。）

　三　第四十二条第一項の規定によりその基準が定められた再生医療等製品であつて、その基準に適合しないもの

　四　その全部又は一部が不潔な物質又は変質若しくは変敗した物質から成つている再生医療等製品

　五　異物が混入し、又は付着している再生医療等製品

　六　病原微生物その他疾病の原因となるものにより汚染され、又は汚染されているおそれがある再生医療等製品

（注意事項等情報の公表）

第六十八条の二　医薬品（第五十二条第二項に規定する厚生労働省令で定める医薬品を除く。以下この条及び次条において同じ。）、医療機器（第六十三条の二第二項に規定する厚生労働省令で定める医療機器を除く。以下この条及び次条において同じ。）又は再生医療等製品の製造販売業者は、医薬品、医療機器又は再生医療等製品の製造販売をするときは、厚生労働省令で定めるところにより、当該医薬品、医療機器又は再生医療等製品に関する最新の論文その他により得られた知見に基づき、注意事項等情報について、電子情報処理組織を使用する方法その他の情報通信の技術を利用する方法により公表しなければならない。ただし、厚生労働省令で別段の定めをしたときは、この限りでない。

2　前項の注意事項等情報とは、次の各号に掲げる区分に応じ、それぞれ当該各号に定める事項をいう。

　一　医薬品　次のイからホまでに掲げる事項

　　イ　用法、用量その他使用及び取扱い上の必要な注意

　　ロ　日本薬局方に収められている医薬品にあつては、日本薬局方において当該医薬品の品質、有効性及び安全性に関連する事項として公表するように定められた事項

　　ハ　第四十一条第三項の規定によりその基準が定められた体外診断用医薬品にあつては、その基準において当該体外診断用医薬品の品質、有効性及び安全性に関連する事項として公表するように定められた事項

　　ニ　第四十二条第一項の規定によりその基準が定められた医薬品にあつては、その基準において当該医薬品の品質、有効性及び安全性に関連する事項として公表するように定められた事項

　　ホ　イからニまでに掲げるもののほか、厚生労働省令で定める事項

　二　医療機器　次のイからホまでに掲げる事項

　　イ　使用方法その他使用及び取扱い上の必要な注意

　　ロ　厚生労働大臣の指定する医療機器にあつては、その保守点検に関する事項

　　ハ　第四十一条第三項の規定によりその基準が定められた医療機器にあつては、その基準において当該医療機器の品質、有効性及び安全性に関連する事項として公表するように定められた事項

　　ニ　第四十二条第一項の規定によりその基準が定められた医療機器にあつては、その基準において当該医療機器の品質、有効性及び安全性に関連する事項として公表するように定められた事項

　　ホ　イからニまでに掲げるもののほか、厚生労働省令で定める事項

　三　再生医療等製品　次のイからホまでに掲げる事項

　　イ　用法、用量、使用方法その他使用及び取扱い上の必要な注意

　　ロ　再生医療等製品の特性に関して注意を促すための厚生労働省令で定める事項

　　ハ　第四十一条第三項の規定によりその基準が定められた再生医療等製品にあつては、その基準において当該再生医療等製品の品質、有効性及び安全性に関連する事項として公表するように定められた事項

　　ニ　第四十二条第一項の規定によりその基準が定められた再生医療等製品にあつては、その基準において当該再生医療等製品の品質、有効性及び安全性に関連する事項として公表するように定められた事項

　　ホ　イからニまでに掲げるもののほか、厚生労働省令で定める事項

（注意事項等情報の提供を行うために必要な体制の整備）

第六十八条の二の二　医薬品、医療機器又は再生医療等製品の製造販売業者は、厚生労働省令で定めるところにより、当該医薬品、医療機器若しくは再生医療等製品を購入し、借り受け、若しくは譲り受け、又は医療機器プログラムを電気通信回線を通じて提供を受けようとする者に対し、前条第二項に規定する注意事項等情報の提供を行うために必要な体制を整備しなければならない。

（医薬品、医療機器又は再生医療等製品を特定するための符号の容器への表示等）

第六十八条の二の五 医薬品、医療機器又は再生医療等製品の製造販売業者は、厚生労働省令で定める区分に応じ、医薬品、医療機器又は再生医療等製品の特定に資する情報を円滑に提供するため、医薬品、医療機器又は再生医療等製品を特定するための符号のこれらの容器への表示その他の厚生労働省令で定める措置を講じなければならない。

（情報の提供等）

第六十八条の二の六 医薬品、医療機器若しくは再生医療等製品の製造販売業者、卸売販売業者、医療機器卸売販売業者等（医療機器の販売業者又は貸与業者のうち、薬局開設者、医療機器の製造販売業者、販売業者若しくは貸与業者若しくは病院、診療所若しくは飼育動物診療施設の開設者に対し、業として、医療機器を販売し、若しくは授与するもの又は薬局開設者若しくは病院、診療所若しくは飼育動物診療施設の開設者に対し、業として、医療機器を貸与するものをいう。次項において同じ。）、再生医療等製品卸売販売業者（再生医療等製品の販売業者のうち、再生医療等製品の製造販売業者若しくは販売業者又は病院、診療所若しくは飼育動物診療施設の開設者に対し、業として、再生医療等製品を販売し、又は授与するものをいう。同項において同じ。）又は外国製造医薬品等特例承認取得者、外国製造医療機器等特例承認取得者若しくは外国製造再生医療等製品特例承認取得者（以下「外国特例承認取得者」と総称する。）は、医薬品、医療機器又は再生医療等製品の有効性及び安全性に関する事項その他医薬品、医療機器又は再生医療等製品の適正な使用のために必要な情報（第六十八条の二第二項第二号ロの規定による指定がされた医療機器の保守点検に関する情報を含む。次項において同じ。）を収集し、及び検討するとともに、薬局開設者、病院、診療所若しくは飼育動物診療施設の開設者、医薬品の販売業者、医療機器の販売業者、貸与業者若しくは修理業者、再生医療等製品の販売業者又は医師、歯科医師、薬剤師、獣医師その他の医薬関係者に対し、これを提供するよう努めなければならない。

2　薬局開設者、病院、診療所若しくは飼育動物診療施設の開設者、医薬品の販売業者、医療機器の販売業者、貸与業者若しくは修理業者、再生医療等製品の販売業者、医師、歯科医師、薬剤師、獣医師その他の医薬関係者又は医学医術に関する学術団体、大学、研究機関その他の厚生労働省令で定める者は、医薬品、医療機器若しくは再生医療等製品の製造販売業者、卸売販売業者、医療機器卸売販売業者等、再生医療等製品卸売販売業者又は外国特例承認取得者が行う医薬品、医療機器又は再生医療等製品の適正な使用のために必要な情報の収集に協力するよう努めなければならない。

3　薬局開設者、病院若しくは診療所の開設者又は医師、歯科医師、薬剤師その他の医薬関係者は、医薬品、医療機器及び再生医療等製品の適正な使用を確保するため、相互の密接な連携の下に第一項の規定により提供される情報の活用（第六十八条の二第二項第二号ロの規定による指定がされた医療機器の保守点検の適切な実施を含む。）その他必要な情報の収集、検討及び利用を行うことに努めなければならない。

（立入検査等）

第六十九条 厚生労働大臣又は都道府県知事は、医薬品、医薬部外品、化粧品、医療機器若しくは再生医療等製品の製造販売業者若しくは製造業者、医療機器の修理業者、第十八条第五項、第二十三条の二の十五第五項、第二十三条の三十五第五項、第六十八条の五第四項、第六十八条の七第六項若しくは第六十八条の二十二第六項の委託を受けた者又は第八十条の六第一項の登録を受けた者（以下この項において「製造販売業者等」という。）が、第十二条の二、第十三条第五項若しくは第六項（これらの規定を同条第九項において準用する場合を含む。）、第十三条の二の二第五項、第十四条第二項、第十五項若しくは第十六項、第十四条の三第二項、第十四条の九、第十七条、第十八条第一項から第四項まで、第十八条の二、第十九条、第二十三条、第二十三条の二の二、第二十三条の二の三第四項、第二十三条の二の五第二項、第十五項若しくは第十六項、第二十三条の二の八第二項、第二十三条の二の十二、第二十三条の二の十四（第四十条の三において準用する場合を含む。）、第二十三条の二の十五第一項から第四項まで（これらの規定を第四十条の三において準用する場合を含む。）、第二十三条の二の十五の二（第四十条の三において準用する場合を含む。）、第二十三条の二の十六（第四十条の三において準用する場合を含む。）、第二十三条の二の二十二（第四十条の三において準用する場合を含む。）、第二十三条の二十一、第二十三条の二十二第五項若しくは第六項（これらの規定を同条第九項において準用する場合を含む。）、第二十三条の二十五第二項、第十一項若しくは第十二項、第二十三条の二十八第二項、第二十三条の三十四、第二十三条の三十五第一項から第四項まで、第二十三条の三十五の二、第二十三条の三十六、第二十三条の四十二、第四十条の二第五項若しくは第六項（これらの規定を同条第八項において準用する場合を含む。）、第四十条の四、第四十六条第一項若しくは第四項、第五十八条、第六十八条の二の五、第六十八条の二の六第一項若しくは第二項、第六十八条の五第一項若しくは第四項から第六項まで、第六十八条の七第一項若しくは第六項から第八項まで、第六十八条の九、第六十八条の十第一項、第六十八条の十一、第六十八条の十四第一項、第六十八条の十六、第六十八条の二十二第一項若しくは第六項から第八項まで、第六十八条の二十四第一項、第八十条第一項から第三項まで若しくは第七項、第八十条の八若しくは第八十条の九第一項の規定又は第七十一条、第七十二条第一項から第三項まで、第七十二条の二の二、第七十二条の四、第七十三条、第七十五条第一項若しくは第七十五条の二第一項に基づく命令を遵守しているかどうかを確かめるために必要があると認めるときは、当該製造販売業者等に対して、厚生労働省令で定めるところにより必要な報告をさせ、又は当該職員に、工場、事務所その他当該製造販売業者等が医薬品、医薬部外品、化粧品、医療機器若しくは再生医療等製品を業務上取り扱う場所に立ち入り、その構造設備若しくは帳簿書類その他の物件を検査させ、若しくは従業員その他の関係者に質問させることができる。

2　都道府県知事（薬局、店舗販売業又は高度管理医療機器等若しくは管理医療機器（特定保守管理医療機器を除く。）の販売業若しくは貸与業にあつては、その薬局、店舗又は営業所の所在地が保健所を設置する市又は特別区の区域にある場合においては、市長又は区長。第七十条第一項、第七十二条第四項、第七十二条の二の一、第七十二条の二の二、第七十二条の四、第七十二条の五、第七十三条、第七十五条第一項、第七十六条、第七十六条の三の二及び第八十一条の二において同じ。）は、薬局開設者、医薬品の販売業者、第三十九条第一項若しくは第三十九条の三第一項の医療機器の販売業者若しくは貸与業者又は再生医療等製品の販売業者

（以下この項において「販売業者等」という。）が、第五条、第七条第一項、第二項、第三項（第四十条第一項及び第四十条の七第一項において準用する場合を含む。）若しくは第四項、第八条（第四十条第一項及び第四十条の七第一項において準用する場合を含む。）、第九条第一項（第四十条第一項、第二項及び第三項並びに第四十条の七第一項において準用する場合を含む。）若しくは第二項（第四十条第一項及び第四十条の七第一項において準用する場合を含む。）、第九条の二（第四十条第一項及び第二項並びに第四十条の七第一項において準用する場合を含む。）、第九条の三から第九条の五まで、第十条第一項（第三十八条、第四十条第一項及び第二項並びに第四十条の七第一項において準用する場合を含む。）若しくは第二項（第三十八条第一項において準用する場合を含む。）、第十一条（第三十八条、第四十条第一項及び第四十条の七第一項において準用する場合を含む。）、第二十六条第四項若しくは第五項、第二十七条から第二十九条の四まで、第三十条第三項若しくは第四項、第三十一条から第三十三条まで、第三十四条第三項から第五項まで、第三十五条から第三十六条の六まで、第三十六条の九から第三十七条まで、第三十九条第四項若しくは第五項、第三十九条の二、第三十九条の三第二項、第四十条の四、第四十条の五第四項、第五項若しくは第七項、第四十条の六、第四十五条、第四十六条第一項若しくは第四項、第四十九条、第五十七条の二（第六十五条の四において準用する場合を含む。）、第六十八条の二の六、第六十八条の五第三項、第五項若しくは第六項、第六十八条の七第二項、第五項若しくは第八項、第六十八条の九第二項、第六十八条の十第二項、第六十八条の二十二第二項、第五項若しくは第八項若しくは第八十条第七項の規定又は第七十二条第四項、第七十二条の二第一項若しくは第二項、第七十二条の二の二、第七十二条の四、第七十三条、第七十四条若しくは第七十五条第一項に基づく命令を遵守しているかどうかを確かめるために必要があると認めるときは、当該販売業者等に対して、厚生労働省令で定めるところにより必要な報告をさせ、又は当該職員に、薬局、店舗、事務所その他当該販売業者等が医薬品、医療機器若しくは再生医療等製品を業務上取り扱う場所に立ち入り、その構造設備若しくは帳簿書類その他の物件を検査させ、若しくは従業員その他の関係者に質問させることができる。

3　都道府県知事は、薬局開設者が、第八条の二第一項若しくは第二項の規定若しくは第七十二条の三に基づく命令を遵守しているかどうかを確かめるために必要があると認めるとき、又は地域連携薬局若しくは専門医療機関連携薬局（以下この章において「地域連携薬局等」という。）の開設者が第六条の二第三項若しくは第六条の三第三項若しくは第四項の規定若しくは第七十二条第五項若しくは第七十二条の二第三項に基づく命令を遵守しているかどうかを確かめるために必要があると認めるときは、当該薬局開設者若しくは当該地域連携薬局等の開設者に対して、厚生労働省令で定めるところにより必要な報告をさせ、又は当該職員に、薬局若しくは地域連携薬局等に立ち入り、その構造設備若しくは帳簿書類その他の物件を検査させ、若しくは従業員その他の関係者に質問させることができる。

4　厚生労働大臣、都道府県知事、保健所を設置する市の市長又は特別区の区長は、医薬品、医薬部外品、化粧品、医療機器又は再生医療等製品を輸入しようとする者若しくは輸入した者又は第五十六条の二第一項に規定する確認の手続に係る関係者が、同条（第六十条、第六十二条、第六十四条及び第六十五条の四において準用する場合を含む。）の規定又は第七十条第二項に基づく命令を遵守しているかどうかを確かめるために必要があると認めるときは、当該者に対して、厚生労働省令で定めるところにより必要な報告をさせ、又は当該職員に、当該者の試験研究機関、医療機関、事務所その他必要な場所に立ち入り、帳簿書類その他の物件を検査させ、従業員その他の関係者に質問させ、若しくは同条第一項に規定する物に該当する疑いのある物を、試験のため必要な最少分量に限り、収去させることができる。

5　厚生労働大臣は、第七十五条の五の二第一項の規定による命令を行うため必要があると認めるときは、同項に規定する課徴金対象行為者又は同項に規定する課徴金対象行為に関して関係のある者に対し、その業務若しくは財産に関して報告をさせ、若しくは帳簿書類その他の物件の提出を命じ、又は当該職員に、当該課徴金対象行為者若しくは当該課徴金対象行為に関して関係のある者の事務所、事業所その他当該課徴金対象行為に関係のある場所に立ち入り、帳簿書類その他の物件を検査させ、若しくは当該課徴金対象行為者その他の関係者に質問させることができる。

6　厚生労働大臣、都道府県知事、保健所を設置する市の市長又は特別区の区長は、前各項に定めるもののほか必要があると認めるときは、薬局開設者、病院、診療所若しくは飼育動物診療施設の開設者、医薬品、医薬部外品、化粧品、医療機器若しくは再生医療等製品の製造販売業者、製造業者若しくは販売業者、医療機器の貸与業者若しくは修理業者、第八十条の六第一項の登録を受けた者その他医薬品、医薬部外品、化粧品、医療機器若しくは再生医療等製品を業務上取り扱う者又は第十八条第五項、第二十三条の二の十五第五項、第二十三条の三十五第五項、第六十八条の五第四項、第六十八条の七第六項若しくは第六十八条の二十二第六項の委託を受けた者に対して、厚生労働省令で定めるところにより必要な報告をさせ、又は当該職員に、薬局、病院、診療所、飼育動物診療施設、工場、店舗、事務所その他医薬品、医薬部外品、化粧品、医療機器若しくは再生医療等製品を業務上取り扱う場所に立ち入り、その構造設備若しくは帳簿書類その他の物件を検査させ、従業員その他の関係者に質問させ、若しくは第七十条第一項に規定する物に該当する疑いのある物を、試験のため必要な最少分量に限り、収去させることができる。

7　厚生労働大臣又は都道府県知事は、必要があると認めるときは、登録認証機関に対して、基準適合性認証の業務又は経理の状況に関し、報告をさせ、又は当該職員に、登録認証機関の事務所に立ち入り、帳簿書類その他の物件を検査させ、若しくは関係者に質問させることができる。

8　当該職員は、前各項の規定による立入検査、質問又は収去をする場合には、その身分を示す証明書を携帯し、関係人の請求があつたときは、これを提示しなければならない。

9　第一項から第七項までの権限は、犯罪捜査のために認められたものと解釈してはならない。

　（廃棄等）

第七十条　厚生労働大臣又は都道府県知事は、医薬品、医薬部外品、化粧品、医療機器又は再生医療等製品を業務上取り扱う者に対して、第四十三条第一項の規定に違反して貯蔵され、若しくは陳列されている医薬品若しくは再生医療等製品、同項の規定に違反して

販売され、若しくは授与された医薬品若しくは再生医療等製品、同条第二項の規定に違反して貯蔵され、若しくは陳列されている医療機器、同項の規定に違反して販売され、貸与され、若しくは授与された医療機器、同項の規定に違反して電気通信回線を通じて提供された医療機器プログラム、第四十四条第三項、第五十五条（第六十条、第六十二条、第六十四条、第六十五条の四及び第六十八条の十九において準用する場合を含む。）、第五十五条の二（第六十条、第六十二条、第六十四条及び第六十五条の四において準用する場合を含む。）、第五十六条（第六十条及び第六十二条において準用する場合を含む。）、第五十七条第二項（第六十条、第六十二条及び第六十五条の四において準用する場合を含む。）、第六十五条、第六十五条の五若しくは第六十八条の二十に規定する医薬品、医薬部外品、化粧品、医療機器若しくは再生医療等製品、第二十三条の四の規定により基準適合性認証を取り消された医療機器若しくは体外診断用医薬品、第七十四条の二第一項若しくは第三項第三号（第七十五条の二の二第二項において準用する場合を含む。）、第五号若しくは第六号（第七十五条の二の二第二項において準用する場合を含む。）の規定により第十四条若しくは第十九条の二の承認を取り消された医薬品、医薬部外品若しくは化粧品、第二十三条の二の五若しくは第二十三条の二の十七の承認を取り消された医療機器若しくは体外診断用医薬品、第二十三条の二十五若しくは第二十三条の三十七の承認を取り消された再生医療等製品、第七十五条の三の規定により第十四条の三第一項（第二十条第一項において準用する場合を含む。）の規定による第十四条若しくは第十九条の二の承認を取り消された医薬品、第七十五条の三の規定により第二十三条の二の八第一項（第二十三条の二の二十第一項において準用する場合を含む。）の規定による第二十三条の二の五若しくは第二十三条の二の十七の承認を取り消された医療機器若しくは体外診断用医薬品、第七十五条の三の規定により第二十三条の二十八第一項（第二十三条の四十第一項において準用する場合を含む。）の規定による第二十三条の二十五若しくは第二十三条の三十七の承認を取り消された再生医療等製品又は不良な原料若しくは材料について、廃棄、回収その他公衆衛生上の危険の発生を防止するに足りる措置をとるべきことを命ずることができる。

2　厚生労働大臣は、第五十六条の二（第六十条、第六十二条、第六十四条及び第六十五条の四において準用する場合を含む。）の規定に違反して医薬品、医薬部外品、化粧品、医療機器又は再生医療等製品を輸入しようとする者又は輸入した者に対して、その医薬品、医薬部外品、化粧品、医療機器又は再生医療等製品の廃棄その他公衆衛生上の危険の発生を防止するに足りる措置をとるべきことを命ずることができる。

3　厚生労働大臣、都道府県知事、保健所を設置する市の市長又は特別区の区長は、前二項の規定による命令を受けた者がその命令に従わないとき、又は緊急の必要があるときは、当該職員に、前二項に規定する物を廃棄させ、若しくは回収させ、又はその他の必要な処分をさせることができる。

4　当該職員が前項の規定による処分をする場合には、第六十九条第八項の規定を準用する。

（改善命令等）

第七十二条　厚生労働大臣は、医薬品、医薬部外品、化粧品、医療機器又は再生医療等製品の製造販売業者に対して、その品質管理又は製造販売後安全管理の方法（医療機器及び体外診断用医薬品の製造販売業者にあつては、その製造管理若しくは品質管理に係る業務を行う体制又はその製造販売後安全管理の方法。以下この項において同じ。）が第十二条の二第一項第一号若しくは第二号、第二十三条の二の二第一項第一号若しくは第二号又は第二十三条の二十一第一項第一号若しくは第二号に規定する厚生労働省令で定める基準に適合しない場合においては、その品質管理若しくは製造販売後安全管理の方法の改善を命じ、又はその改善を行うまでの間その業務の全部若しくは一部の停止を命ずることができる。

2　厚生労働大臣は、医薬品、医薬部外品、化粧品、医療機器若しくは再生医療等製品の製造販売業者（選任外国製造医薬品等製造販売業者、選任外国製造医療機器等製造販売業者又は選任外国製造再生医療等製品製造販売業者（以下「選任製造販売業者」と総称する。）を除く。以下この項において同じ。）又は第八十条第一項から第三項までに規定する輸出用の医薬品、医薬部外品、化粧品、医療機器若しくは再生医療等製品の製造業者に対して、その物の製造所における製造管理若しくは品質管理の方法（医療機器及び体外診断用医薬品の製造販売業者にあつては、その物の製造管理又は品質管理の方法。以下この項において同じ。）が第十四条第二項第四号、第二十三条の二の五第二項第四号、第二十三条の二十五第二項第四号若しくは第八十条第二項に規定する厚生労働省令で定める基準に適合せず、又はその製造管理若しくは品質管理の方法によつて医薬品、医薬部外品、化粧品、医療機器若しくは再生医療等製品が第五十六条（第六十条及び第六十二条において準用する場合を含む。）、第六十五条若しくは第六十五条の五に規定する医薬品、医薬部外品、化粧品、医療機器若しくは再生医療等製品若しくは第六十八条の二十に規定する生物由来製品に該当するようになるおそれがある場合においては、その製造管理若しくは品質管理の方法の改善を命じ、又はその改善を行うまでの間その業務の全部若しくは一部の停止を命ずることができる。

3　厚生労働大臣又は都道府県知事は、医薬品（体外診断用医薬品を除く。）、医薬部外品、化粧品若しくは再生医療等製品の製造業者又は医療機器の修理業者に対して、その構造設備が、第十三条第五項、第二十三条の二十二第五項若しくは第四十条の二第五項の規定に基づく厚生労働省令で定める基準に適合せず、又はその構造設備によつて医薬品、医薬部外品、化粧品、医療機器若しくは再生医療等製品が第五十六条（第六十条及び第六十二条において準用する場合を含む。）、第六十五条若しくは第六十五条の五に規定する医薬品、医薬部外品、化粧品、医療機器若しくは再生医療等製品若しくは第六十八条の二十に規定する生物由来製品に該当するようになるおそれがある場合においては、その構造設備の改善を命じ、又はその改善を行うまでの間当該施設の全部若しくは一部を使用することを禁止することができる。

4　都道府県知事は、薬局開設者、医薬品の販売業者、第三十九条第一項若しくは第三十九条の三第一項の医療機器の販売業者若しくは貸与業者又は再生医療等製品の販売業者に対して、その構造設備が、第五条第一号、第二十六条第四項第一号、第三十四条第三項、第三十九条第四項、第三十九条の三第二項若しくは第四十条の五第四項の規定に基づく厚生労働省令で定める基準に適合せず、又はその構造設備によつて医薬品、医療機器若しくは再生医療等製品が第五十六条、第六十五条若しくは第六十五条の五に規定する医薬品、医療機器若しくは再生医療等製品若しくは第六十八条の二十に規定する生物由来製品に該当するようになるおそれがある場合に

おいては、その構造設備の改善を命じ、又はその改善を行うまでの間当該施設の全部若しくは一部を使用することを禁止することができる。

5　都道府県知事は、地域連携薬局等の開設者に対して、その構造設備が第六条の二第一項第一号又は第六条の三第一項第一号の規定に基づく厚生労働省令で定める基準に適合しない場合においては、その構造設備の改善を命じ、又はその改善を行うまでの間当該施設の全部若しくは一部を使用することを禁止することができる。

第七十二条の二　都道府県知事は、薬局開設者又は店舗販売業者に対して、その薬局又は店舗が第五条第二号又は第二十六条第四項第二号の規定に基づく厚生労働省令で定める基準に適合しなくなつた場合においては、当該基準に適合するようにその業務の体制を整備することを命ずることができる。

2　都道府県知事は、配置販売業者に対して、その都道府県の区域における業務を行う体制が、第三十条第三項の規定に基づく厚生労働省令で定める基準に適合しなくなつた場合においては、当該基準に適合するようにその業務を行う体制を整備することを命ずることができる。

3　都道府県知事は、地域連携薬局等の開設者に対して、その地域連携薬局等が第六条の二第一項各号（第一号を除く。）又は第六条の三第一項各号（第一号を除く。）に掲げる要件を欠くに至つたときは、当該要件に適合するようにその業務を行う体制を整備することを命ずることができる。

第七十二条の二の二　厚生労働大臣は、医薬品、医薬部外品、化粧品、医療機器若しくは再生医療等製品の製造販売業者若しくは製造業者又は医療機器の修理業者に対して、都道府県知事は、薬局開設者、医薬品の販売業者、第三十九条第一項若しくは第三十九条の三第一項の医療機器の販売業者若しくは貸与業者又は再生医療等製品の販売業者に対して、その者の第九条の二（第四十条第一項及び第二項並びに第四十条の七第一項において準用する場合を含む。）、第十八条の二、第二十三条の二の十五の二（第四十条の三において準用する場合を含む。）、第二十三条の三十五の二、第二十九条の三、第三十一条の五又は第三十六条の二の二の規定による措置が不十分であると認める場合においては、その改善に必要な措置を講ずべきことを命ずることができる。

第七十二条の四　第七十二条から前条までに規定するもののほか、厚生労働大臣は、医薬品、医薬部外品、化粧品、医療機器若しくは再生医療等製品の製造販売業者若しくは製造業者又は医療機器の修理業者について、都道府県知事は、薬局開設者、医薬品の販売業者、第三十九条第一項若しくは第三十九条の三第一項の医療機器の販売業者若しくは貸与業者又は再生医療等製品の販売業者について、その者にこの法律又はこれに基づく命令の規定に違反する行為があつた場合において、保健衛生上の危害の発生又は拡大を防止するために必要があると認めるときは、その製造販売業者、製造業者、修理業者、薬局開設者、販売業者又は貸与業者に対して、その業務の運営の改善に必要な措置をとるべきことを命ずることができる。

2　厚生労働大臣は、医薬品、医薬部外品、化粧品、医療機器若しくは再生医療等製品の製造販売業者若しくは製造業者又は医療機器の修理業者について、都道府県知事は、薬局開設者、医薬品の販売業者、第三十九条第一項若しくは第三十九条の三第一項の医療機器の販売業者若しくは貸与業者又は再生医療等製品の販売業者について、その者に第十四条第十二項、第二十三条の二の五第十二項、第二十三条の二十六第一項又は第七十九条第一項の規定により付された条件に違反する行為があつたときは、その製造販売業者、製造業者、修理業者、薬局開設者、販売業者又は貸与業者に対して、その条件に対する違反を是正するために必要な措置をとるべきことを命ずることができる。

（違反広告に係る措置命令等）

第七十二条の五　厚生労働大臣又は都道府県知事は、第六十六条第一項又は第六十八条の規定に違反した者に対して、その行為の中止、その行為が再び行われることを防止するために必要な事項又はこれらの実施に関連する公示その他公衆衛生上の危険の発生を防止するに足りる措置をとるべきことを命ずることができる。その命令は、当該違反行為が既になくなつている場合においても、次に掲げる者に対し、することができる。

一　当該違反行為をした者

二　当該違反行為をした者が法人である場合において、当該法人が合併により消滅したときにおける合併後存続し、又は合併により設立された法人

三　当該違反行為をした者が法人である場合において、当該法人から分割により当該違反行為に係る事業の全部又は一部を承継した法人

四　当該違反行為をした者から当該違反行為に係る事業の全部又は一部を譲り受けた者

2　厚生労働大臣又は都道府県知事は、第六十六条第一項又は第六十八条の規定に違反する広告（次条において「特定違法広告」という。）である特定電気通信（特定電気通信役務提供者の損害賠償責任の制限及び発信者情報の開示に関する法律（平成十三年法律第百三十七号）第二条第一号に規定する特定電気通信をいう。以下同じ。）による情報の送信があるときは、特定電気通信役務提供者（同法第二条第三号に規定する特定電気通信役務提供者をいう。以下同じ。）に対して、当該送信を防止する措置を講ずることを要請することができる。

（損害賠償責任の制限）

第七十二条の六　特定電気通信役務提供者は、前条第二項の規定による要請を受けて特定違法広告である特定電気通信による情報の送信を防止する措置を講じた場合その他の特定違法広告である特定電気通信による情報の送信を防止する措置を講じた場合において、当該措置により送信を防止された情報の発信者（特定電気通信役務提供者の損害賠償責任の制限及び発信者情報の開示に関する法律第二条第四号に規定する発信者をいう。以下同じ。）に生じた損害については、当該措置が当該情報の不特定の者に対する送信を防止するために必要な限度において行われたものであるときは、賠償の責めに任じない。

（承認の取消し等）

第七十四条の二　厚生労働大臣は、第十四条、第二十三条の二の五又は第二十三条の二十五の承認（第二十三条の二十六第一項の規定により条件及び期限を付したものを除く。）を与えた医薬品、医薬部外品、化粧品、医療機器又は再生医療等製品が第十四条第二項第三号イからハまで（同条第十五項において準用する場合を含む。）、第二十三条の二の五第二項第三号イからハまで（同条第十五項において準用する場合を含む。）若しくは第二十三条の二十五第二項第三号イからハまで（同条第十一項において準用する場合を含む。）のいずれかに該当するに至つたと認めるとき、又は第二十三条の二十六第一項の規定により条件及び期限を付した第二十三条の二十五の承認を与えた再生医療等製品が第二十三条の二十六第一項第二号若しくは第三号のいずれかに該当しなくなつたと認めるとき、若しくは第二十三条の二十五第二項第三号ハ（同条第十一項において準用する場合を含む。）若しくは第二十三条の二十六第四項の規定により読み替えて適用される第二十三条の二十五第十一項において準用する同条第二項第三号イ若しくはロのいずれかに該当するに至つたと認めるときは、薬事・食品衛生審議会の意見を聴いて、その承認を取り消さなければならない。

2　厚生労働大臣は、医薬品、医薬部外品、化粧品、医療機器又は再生医療等製品の第十四条、第二十三条の二の五又は第二十三条の二十五の承認を与えた事項の一部について、保健衛生上の必要があると認めるに至つたときは、その変更を命ずることができる。

3　厚生労働大臣は、前二項に定める場合のほか、医薬品、医薬部外品、化粧品、医療機器又は再生医療等製品の第十四条、第二十三条の二の五又は第二十三条の二十五の承認を受けた者が次の各号のいずれかに該当する場合には、その承認を取り消し、又はその承認を与えた事項の一部についてその変更を命ずることができる。

一　第十二条第一項の許可（承認を受けた品目の種類に応じた許可に限る。）、第二十三条の二第一項の許可（承認を受けた品目の種類に応じた許可に限る。）又は第二十三条の二十第一項の許可について、第十二条第四項、第二十三条の二第四項若しくは第二十三条の二十第四項の規定によりその効力が失われたとき、又は次条第一項の規定により取り消されたとき。

二　第十四条第三項、第二十三条の二の五第三項又は第二十三条の二十五第三項に規定する申請書又は添付資料のうちに虚偽の記載があり、又は重要な事実の記載が欠けていることが判明したとき。

三　第十四条第七項若しくは第九項、第二十三条の二の五第七項若しくは第九項又は第二十三条の二十五第六項若しくは第八項の規定に違反したとき。

四　第十四条の四第一項、第十四条の六第一項、第二十三条の二十九第一項若しくは第二十三条の三十一第一項の規定により再審査若しくは再評価を受けなければならない場合又は第二十三条の二の九第一項の規定により使用成績に関する評価を受けなければならない場合において、定められた期限までに必要な資料の全部若しくは一部を提出せず、又は虚偽の記載をした資料若しくは第十四条の四第五項後段、第十四条の六第四項、第二十三条の二の九第四項後段、第二十三条の二十九第四項後段若しくは第二十三条の三十一第四項の規定に適合しない資料を提出したとき。

五　第七十二条第二項の規定による命令に従わなかつたとき。

六　第十四条第十二項、第二十三条の二の五第十二項、第二十三条の二十六第一項又は第七十九条第一項の規定により第十四条、第二十三条の二の五又は第二十三条の二十五の承認に付された条件に違反したとき。

七　第十四条、第二十三条の二の五又は第二十三条の二十五の承認を受けた医薬品、医薬部外品、化粧品、医療機器又は再生医療等製品について正当な理由がなく引き続く三年間製造販売をしていないとき。

（許可の取消し等）

第七十五条　厚生労働大臣は、医薬品、医薬部外品、化粧品、医療機器若しくは再生医療等製品の製造販売業者、医薬品（体外診断用医薬品を除く。）、医薬部外品、化粧品若しくは再生医療等製品の製造業者又は医療機器の修理業者について、都道府県知事は、薬局開設者、医薬品の販売業者、第三十九条第一項若しくは第三十九条の三第一項の医療機器の販売業者若しくは貸与業者又は再生医療等製品の販売業者について、この法律その他薬事に関する法令で政令で定めるもの若しくはこれに基づく処分に違反する行為があつたとき、又はこれらの者（これらの者が法人であるときは、その薬事に関する業務に責任を有する役員を含む。）が第五条第三号若しくは第十二条の二第二項、第十三条第六項（同条第九項において準用する場合を含む。）、第二十三条の二の二第二項、第二十三条の二十一第二項、第二十三条の二十二第六項（同条第九項において準用する場合を含む。）、第二十六条第五項、第三十条第四項、第三十四条第四項、第三十九条第五項、第四十条の二第六項（同条第八項において準用する場合を含む。）若しくは第四十条の五第五項において準用する第五条（第三号に係る部分に限る。）の規定に該当するに至つたときは、その許可を取り消し、又は期間を定めてその業務の全部若しくは一部の停止を命ずることができる。

2　都道府県知事は、医薬品、医薬部外品、化粧品、医療機器若しくは再生医療等製品の製造販売業者、医薬品（体外診断用医薬品を除く。）、医薬部外品、化粧品若しくは再生医療等製品の製造業者又は医療機器の修理業者について前項の処分が行われる必要があると認めるときは、その旨を厚生労働大臣に通知しなければならない。

3　第一項に規定するもののほか、厚生労働大臣は、医薬品、医療機器又は再生医療等製品の製造販売業者又は製造業者が、次の各号のいずれかに該当するときは、期間を定めてその業務の全部又は一部の停止を命ずることができる。

一　当該製造販売業者又は製造業者（血液製剤（安全な血液製剤の安定供給の確保等に関する法律（昭和三十一年法律第百六十号）第二条第一項に規定する血液製剤をいう。以下この項において同じ。）の製造販売業者又は血液製剤若しくは原料血漿（しよう）（同法第七条に規定する原料血漿（しよう）をいう。第三号において同じ。）の製造業者に限る。）が、同法第二十七条第三項の勧告に従わなかつたとき。

二　採血事業者（安全な血液製剤の安定供給の確保等に関する法律第二条第三項に規定する採血事業者をいう。次号において同じ。）以外の者が国内で採取した血液又は国内で有料で採取され、若しくは提供のあつせんをされた血液を原料として血液製剤を製造したとき。

三　当該製造販売業者又は製造業者以外の者（血液製剤の製造販売業者又は血液製剤若しくは原料血漿（しよう）の製造業者を除く。）

が国内で採取した血液（採血事業者又は病院若しくは診療所の開設者が安全な血液製剤の安定供給の確保等に関する法律第十二条第一項第二号に掲げる物の原料とする目的で採取した血液を除く。）又は国内で有料で採取され、若しくは提供のあつせんをされた血液を原料として医薬品（血液製剤を除く。）、医療機器又は再生医療等製品を製造したとき。

4　都道府県知事は、地域連携薬局の開設者が、次の各号のいずれかに該当する場合においては、地域連携薬局の認定を取り消すことができる。

　一　地域連携薬局が、第六条の二第一項各号に掲げる要件を欠くに至つたとき。

　二　地域連携薬局の開設者が、第六条の四第一項の規定又は同条第二項において準用する第五条（第三号に係る部分に限る。）の規定に該当するに至つたとき。

　三　地域連携薬局の開設者が、第七十二条第五項又は第七十二条の二第三項の規定に基づく命令に違反したとき。

5　都道府県知事は、専門医療機関連携薬局の開設者が、次の各号のいずれかに該当する場合においては、専門医療機関連携薬局の認定を取り消すことができる。

　一　専門医療機関連携薬局が、第六条の三第一項各号に掲げる要件を欠くに至つたとき。

　二　専門医療機関連携薬局の開設者が、第六条の三第三項の規定に違反したとき。

　三　専門医療機関連携薬局の開設者が、第六条の四第一項の規定又は同条第二項において準用する第五条（第三号に係る部分に限る。）の規定に該当するに至つたとき。

　四　専門医療機関連携薬局の開設者が、第七十二条第五項又は第七十二条の二第三項の規定に基づく命令に違反したとき。

（課徴金納付命令）

第七十五条の五の二　第六十六条第一項の規定に違反する行為（以下「課徴金対象行為」という。）をした者（以下「課徴金対象行為者」という。）があるときは、厚生労働大臣は、当該課徴金対象行為者に対し、課徴金対象期間に取引をした課徴金対象行為に係る医薬品等の対価の額の合計額（次条及び第七十五条の五の五第八項において「対価合計額」という。）に百分の四・五を乗じて得た額に相当する額の課徴金を国庫に納付することを命じなければならない。

2　前項に規定する「課徴金対象期間」とは、課徴金対象行為をした期間（課徴金対象行為をやめた後そのやめた日から六月を経過する日（同日前に、課徴金対象行為者が、当該課徴金対象行為により当該医薬品等の名称、製造方法、効能、効果又は性能に関して誤解を生ずるおそれを解消するための措置として厚生労働省令で定める措置をとつたときは、その日）までの間に課徴金対象行為者が当該課徴金対象行為に係る医薬品等の取引をしたときは、当該課徴金対象行為をやめてから最後に当該取引をした日までの期間を加えた期間とし、当該期間が三年を超えるときは、当該期間の末日から遡つて三年間とする。）をいう。

3　第一項の規定にかかわらず、厚生労働大臣は、次に掲げる場合には、課徴金対象行為者に対して同項の課徴金を納付することを命じないことができる。

　一　第七十二条の四第一項又は第七十二条の五第一項の命令をする場合（保健衛生上の危害の発生又は拡大に与える影響が軽微であると認められる場合に限る。）

　二　第七十五条第一項又は第七十五条の二第一項の処分をする場合

4　第一項の規定により計算した課徴金の額が二百二十五万円未満であるときは、課徴金の納付を命ずることができない。

（不当景品類及び不当表示防止法の課徴金納付命令がある場合等における課徴金の額の減額）

第七十五条の五の三　前条第一項の場合において、厚生労働大臣は、当該課徴金対象行為について、当該課徴金対象行為者に対し、不当景品類及び不当表示防止法（昭和三十七年法律第百三十四号）第八条第一項の規定による命令があるとき、又は同法第十一条の規定により課徴金の納付を命じないものとされるときは、対価合計額に百分の三を乗じて得た額を当該課徴金の額から減額するものとする。

（課徴金対象行為に該当する事実の報告による課徴金の額の減額）

第七十五条の五の四　第七十五条の五の二第一項又は前条の場合において、厚生労働大臣は、課徴金対象行為者が課徴金対象行為に該当する事実を厚生労働省令で定めるところにより厚生労働大臣に報告したときは、同項又は同条の規定により計算した課徴金の額に百分の五十を乗じて得た額を当該課徴金の額から減額するものとする。ただし、その報告が、当該課徴金対象行為についての調査があつたことにより当該課徴金対象行為について同項の規定による命令（以下「課徴金納付命令」という。）があるべきことを予知してされたものであるときは、この限りでない。

（課徴金の納付義務等）

第七十五条の五の五　課徴金納付命令を受けた者は、第七十五条の五の二第一項、第七十五条の五の三又は前条の規定により計算した課徴金を納付しなければならない。

2　第七十五条の五の二第一項、第七十五条の五の三又は前条の規定により計算した課徴金の額に一万円未満の端数があるときは、その端数は、切り捨てる。

3　課徴金対象行為者が法人である場合において、当該法人が合併により消滅したときは、当該法人がした課徴金対象行為は、合併後存続し、又は合併により設立された法人がした課徴金対象行為とみなして、第七十五条の五の二からこの条までの規定を適用する。

4　課徴金対象行為者が法人である場合において、当該法人が当該課徴金対象行為に係る事案について報告徴収等（第六十九条第五項の規定による報告の徴収、帳簿書類その他の物件の提出の命令、立入検査又は質問をいう。以下この項において同じ。）が最初に行われた日（当該報告徴収等が行われなかつたときは、当該法人が当該課徴金対象行為について第七十五条の五の八第一項の規定による通知を受けた日。以下この項において「調査開始日」という。）以後においてその一若しくは二以上の子会社等（課徴金対象行為者の子会社若しくは親会社（会社を子会社とする他の会社をいう。以下この項において同じ。）又は当該課徴金対象行為者と親会社

235

が同一である他の会社をいう。以下この項において同じ。）に対して当該課徴金対象行為に係る事業の全部を譲渡し、又は当該法人（会社に限る。）が当該課徴金対象行為に係る事案についての調査開始日以後においてその一若しくは二以上の子会社等に対して分割により当該課徴金対象行為に係る事業の全部を承継させ、かつ、合併以外の事由により消滅したときは、当該法人がした課徴金対象行為は、当該事業の全部若しくは一部を譲り受け、又は分割により当該事業の全部若しくは一部を承継した子会社等（以下この項において「特定事業承継子会社等」という。）がした課徴金対象行為とみなして、第七十五条の五の二からこの条までの規定を適用する。この場合において、当該特定事業承継子会社等が二以上あるときは、第七十五条の五の二第一項中「当該課徴金対象行為者に対し」とあるのは「特定事業承継子会社等（第七十五条の五の五第四項に規定する特定事業承継子会社等をいう。以下この項において同じ。）に対し、この項の規定による命令を受けた他の特定事業承継子会社等と連帯して」と、第七十五条の五の五第一項中「受けた者は、第七十五条の五の二第一項」とあるのは「受けた特定事業承継子会社等（第四項に規定する特定事業承継子会社等をいう。以下この項において同じ。）は、第七十五条の五の二第一項の規定による命令を受けた他の特定事業承継子会社等と連帯して、同項」とする。

5　前項に規定する「子会社」とは、会社がその総株主（総社員を含む。以下この項において同じ。）の議決権（株主総会において決議をすることができる事項の全部につき議決権を行使することができない株式についての議決権を除き、会社法第八百七十九条第三項の規定により議決権を有するものとみなされる株式についての議決権を含む。以下この項において同じ。）の過半数を有する他の会社をいう。この場合において、会社及びその一若しくは二以上の子会社又は会社の一若しくは二以上の子会社がその総株主の議決権の過半数を有する他の会社は、当該会社の子会社とみなす。

6　第三項及び第四項の場合において、第七十五条の五の二第二項及び第三項、第七十五条の五の三並びに前条の規定の適用に関し必要な事項は、政令で定める。

7　課徴金対象行為をやめた日から五年を経過したときは、厚生労働大臣は、当該課徴金対象行為に係る課徴金の納付を命ずることができない。

8　厚生労働大臣は、課徴金納付命令を受けた者に対し、当該課徴金対象行為について、不当景品類及び不当表示防止法第八条第一項の規定による命令があつたとき、又は同法第十一条の規定により課徴金の納付を命じないものとされたときは、当該課徴金納付命令に係る課徴金の額を、対価合計額に百分の三を乗じて得た額を第七十五条の五の二第一項の規定により計算した課徴金の額から控除した額（以下この項において「控除後の額」という。）（当該課徴金納付命令に係る課徴金の額が第七十五条の五の四の規定により計算したものであるときは、控除後の額に百分の五十を乗じて得た額を控除後の額から控除した額）に変更しなければならない。この場合において、変更後の課徴金の額に一万円未満の端数があるときは、その端数は、切り捨てる。

（課徴金納付命令に対する弁明の機会の付与）

第七十五条の五の六　厚生労働大臣は、課徴金納付命令をしようとするときは、当該課徴金納付命令の名宛人となるべき者に対し、弁明の機会を与えなければならない。

（弁明の機会の付与の方式）

第七十五条の五の七　弁明は、厚生労働大臣が口頭ですることを認めたときを除き、弁明を記載した書面（次条第一項において「弁明書」という。）を提出してするものとする。

2　弁明をするときは、証拠書類又は証拠物を提出することができる。

（弁明の機会の付与の通知の方式）

第七十五条の五の八　厚生労働大臣は、弁明書の提出期限（口頭による弁明の機会の付与を行う場合には、その日時）までに相当な期間をおいて、課徴金納付命令の名宛人となるべき者に対し、次に掲げる事項を書面により通知しなければならない。

一　納付を命じようとする課徴金の額
二　課徴金の計算の基礎及び当該課徴金に係る課徴金対象行為
三　弁明書の提出先及び提出期限（口頭による弁明の機会の付与を行う場合には、その旨並びに出頭すべき日時及び場所）

2　厚生労働大臣は、課徴金納付命令の名宛人となるべき者の所在が判明しない場合においては、前項の規定による通知を、その者の氏名（法人にあつては、その名称及び代表者の氏名）、同項第三号に掲げる事項及び厚生労働大臣が同項各号に掲げる事項を記載した書面をいつでもその者に交付する旨を厚生労働省の事務所の掲示場に掲示することによつて行うことができる。この場合においては、掲示を始めた日から二週間を経過したときに、当該通知がその者に到達したものとみなす。

（代理人）

第七十五条の五の九　前条第一項の規定による通知を受けた者（同条第二項後段の規定により当該通知が到達したものとみなされる者を含む。次項及び第四項において「当事者」という。）は、代理人を選任することができる。

2　代理人は、各自、当事者のために、弁明に関する一切の行為をすることができる。
3　代理人の資格は、書面で証明しなければならない。
4　代理人がその資格を失つたときは、当該代理人を選任した当事者は、書面でその旨を厚生労働大臣に届け出なければならない。

（課徴金納付命令の方式等）

第七十五条の五の十　課徴金納付命令（第七十五条の五の五第八項の規定による変更後のものを含む。以下同じ。）は、文書によつて行い、課徴金納付命令書には、納付すべき課徴金の額、課徴金の計算の基礎及び当該課徴金に係る課徴金対象行為並びに納期限を記載しなければならない。

2　課徴金納付命令は、その名宛人に課徴金納付命令書の謄本を送達することによつて、その効力を生ずる。
3　第一項の課徴金の納期限は、課徴金納付命令書の謄本を発する日から七月を経過した日とする。

（納付の督促）

第七十五条の五の十一　厚生労働大臣は、課徴金をその納期限までに納付しない者があるときは、督促状により期限を指定してその納付を督促しなければならない。

2　厚生労働大臣は、前項の規定による督促をしたときは、その督促に係る課徴金の額につき年十四・五パーセントの割合で、納期限の翌日からその納付の日までの日数により計算した延滞金を徴収することができる。ただし、延滞金の額が千円未満であるときは、この限りでない。

3　前項の規定により計算した延滞金の額に百円未満の端数があるときは、その端数は、切り捨てる。

（課徴金納付命令の執行）

第七十五条の五の十二　前条第一項の規定により督促を受けた者がその指定する期限までにその納付すべき金額を納付しないときは、厚生労働大臣の命令で、課徴金納付命令を執行する。この命令は、執行力のある債務名義と同一の効力を有する。

2　課徴金納付命令の執行は、民事執行法（昭和五十四年法律第四号）その他強制執行の手続に関する法令の規定に従つてする。

3　厚生労働大臣は、課徴金納付命令の執行に関して必要があると認めるときは、公務所又は公私の団体に照会して必要な事項の報告を求めることができる。

（課徴金等の請求権）

第七十五条の五の十三　破産法（平成十六年法律第七十五号）、民事再生法（平成十一年法律第二百二十五号）、会社更生法（平成十四年法律第百五十四号）及び金融機関等の更生手続の特例等に関する法律（平成八年法律第九十五号）の規定の適用については、課徴金納付命令に係る課徴金の請求権及び第七十五条の五の十一第二項の規定による延滞金の請求権は、過料の請求権とみなす。

（送達書類）

第七十五条の五の十四　送達すべき書類は、この法律に規定するもののほか、厚生労働省令で定める。

（送達に関する民事訴訟法の準用）

第七十五条の五の十五　書類の送達については、民事訴訟法（平成八年法律第百九号）第九十九条、第百一条、第百三条、第百五条、第百六条、第百八条及び第百九条の規定を準用する。この場合において、同法第九十九条第一項中「執行官」とあるのは「厚生労働省の職員」と、同法第百八条中「裁判長」とあり、及び同法第百九条中「裁判所」とあるのは「厚生労働大臣」と読み替えるものとする。

（公示送達）

第七十五条の五の十六　厚生労働大臣は、次に掲げる場合には、公示送達をすることができる。

一　送達を受けるべき者の住所、居所その他送達をすべき場所が知れない場合

二　外国においてすべき送達について、前条において準用する民事訴訟法第百八条の規定によることができず、又はこれによつても送達をすることができないと認めるべき場合

三　前条において準用する民事訴訟法第百八条の規定により外国の管轄官庁に嘱託を発した後六月を経過してもその送達を証する書面の送付がない場合

2　公示送達は、送達すべき書類を送達を受けるべき者にいつでも交付すべき旨を厚生労働省の事務所の掲示場に掲示することにより行う。

3　公示送達は、前項の規定による掲示を始めた日から二週間を経過することによつて、その効力を生ずる。

4　外国においてすべき送達についてした公示送達にあつては、前項の期間は、六週間とする。

（電子情報処理組織の使用）

第七十五条の五の十七　厚生労働省の職員が、情報通信技術を活用した行政の推進等に関する法律（平成十四年法律第百五十一号）第三条第九号に規定する処分通知等であつて第七十五条の五の二から前条まで又は厚生労働省令の規定により書類の送達により行うこととしているものに関する事務を、同法第七条第一項の規定により同法第六条第一項に規定する電子情報処理組織を使用して行つたときは、第七十五条の五の十五において準用する民事訴訟法第百九条の規定による送達に関する事項を記載した書面の作成及び提出に代えて、当該事項を当該電子情報処理組織を使用して厚生労働省の使用に係る電子計算機（入出力装置を含む。）に備えられたファイルに記録しなければならない。

（行政手続法の適用除外）

第七十五条の五の十八　厚生労働大臣が第七十五条の五の二から第七十五条の五の十六までの規定によつてする課徴金納付命令その他の処分については、行政手続法（平成五年法律第八十八号）第三章の規定は、適用しない。ただし、第七十五条の五の二の規定に係る同法第十二条の規定の適用については、この限りでない。

（省令への委任）

第七十五条の五の十九　第七十五条の五の二から前条までに定めるもののほか、課徴金納付命令に関し必要な事項は、厚生労働省令で定める。

（薬事監視員）

第七十六条の三　第六十九条第一項から第六項まで、第七十条第三項、第七十六条の七第二項又は第七十六条の八第一項に規定する当該職員の職権を行わせるため、厚生労働大臣、都道府県知事、保健所を設置する市の市長又は特別区の区長は、国、都道府県、保健所を設置する市又は特別区の職員のうちから、薬事監視員を命ずるものとする。

2　前項に定めるもののほか、薬事監視員に関し必要な事項は、政令で定める。

（麻薬取締官及び麻薬取締員による職権の行使）

第七十六条の三の二　厚生労働大臣又は都道府県知事は、第六十九条第四項若しくは第六項に規定する当該職員の職権（同項に規定す

る職権は第五十五条の二に規定する模造に係る医薬品に該当する疑いのある物に係るものに限る。）又は第七十条第三項に規定する当該職員の職権（同項に規定する職権のうち同条第一項に係る部分については第五十五条の二に規定する模造に係る医薬品に係るものに限る。）を麻薬取締官又は麻薬取締員に行わせることができる。

（関係行政機関の連携協力）

第七十六条の三の三 厚生労働大臣、都道府県知事、保健所を設置する市の市長又は特別区の区長は、この章の規定による権限の行使が円滑に行われるよう、情報交換を行い、相互に緊密な連携を図りながら協力しなければならない。

（所掌事務）

第七十六条の三の五 委員会は、次に掲げる事務（薬事・食品衛生審議会の所掌に属するものを除く。）をつかさどる。

一 医薬品（専ら動物のために使用されることが目的とされているものを除く。以下この章において同じ。）、医薬部外品（専ら動物のために使用されることが目的とされているものを除く。以下この章において同じ。）、化粧品、医療機器（専ら動物のために使用されることが目的とされているものを除く。以下この章において同じ。）及び再生医療等製品（専ら動物のために使用されることが目的とされているものを除く。以下この章において同じ。）の安全性の確保並びにこれらの使用による保健衛生上の危害の発生及び拡大の防止に関する施策の実施状況の評価及び監視を行うこと。

二 前号の評価又は監視の結果に基づき、必要があると認めるときは、医薬品、医薬部外品、化粧品、医療機器若しくは再生医療等製品の安全性の確保又はこれらの使用による保健衛生上の危害の発生若しくは拡大の防止のため講ずべき施策について厚生労働大臣に意見を述べ、又は勧告をすること。

2 委員会は、前項第二号の意見を述べ、又は同号の勧告をしたときは、遅滞なく、その意見又は勧告の内容を公表しなければならない。

3 厚生労働大臣は、第一項第二号の意見又は勧告に基づき講じた施策について委員会に報告しなければならない。

（職権の行使）

第七十六条の三の六 委員会の委員は、独立してその職権を行う。

（資料の提出等の要求）

第七十六条の三の七 委員会は、その所掌事務を遂行するため必要があると認めるときは、関係行政機関の長に対し、情報の収集、資料の提出、意見の表明、説明その他必要な協力を求めることができる。

（組織）

第七十六条の三の八 委員会は、委員十人以内で組織する。

2 委員会に、特別の事項を調査審議させるため必要があるときは、臨時委員を置くことができる。

3 委員会に、専門の事項を調査させるため必要があるときは、専門委員を置くことができる。

（委員等の任命）

第七十六条の三の九 委員及び臨時委員は、医薬品、医薬部外品、化粧品、医療機器及び再生医療等製品の安全性の確保並びにこれらの使用による保健衛生上の危害の発生及び拡大の防止に関して優れた識見を有する者のうちから、厚生労働大臣が任命する。

2 専門委員は、当該専門の事項に関して優れた識見を有する者のうちから、厚生労働大臣が任命する。

第十六章 希少疾病用医薬品、希少疾病用医療機器及び希少疾病用再生医療等製品等の指定等

（委員の任期等）

第七十六条の三の十 委員の任期は、二年とする。ただし、補欠の委員の任期は、前任者の残任期間とする。

2 委員は、再任されることができる。

3 臨時委員は、その者の任命に係る当該特別の事項に関する調査審議が終了したときは、解任されるものとする。

4 専門委員は、その者の任命に係る当該専門の事項に関する調査が終了したときは、解任されるものとする。

5 委員、臨時委員及び専門委員は、非常勤とする。

（指定等）

第七十七条の二 厚生労働大臣は、次の各号のいずれにも該当する医薬品、医療機器又は再生医療等製品につき、製造販売をしようとする者（本邦に輸出されるものにつき、外国において製造等をする者を含む。次項及び第三項において同じ。）から申請があつたときは、薬事・食品衛生審議会の意見を聴いて、当該申請に係る医薬品、医療機器又は再生医療等製品を希少疾病用医薬品、希少疾病用医療機器又は希少疾病用再生医療等製品として指定することができる。

一 その用途に係る対象者の数が本邦において厚生労働省令で定める人数に達しないこと。

二 申請に係る医薬品、医療機器又は再生医療等製品につき、製造販売の承認が与えられるとしたならば、その用途に関し、特に優れた使用価値を有することとなる物であること。

2 厚生労働大臣は、次の各号のいずれにも該当する医薬品、医療機器又は再生医療等製品につき、製造販売をしようとする者から申請があつたときは、薬事・食品衛生審議会の意見を聴いて、当該申請に係る医薬品、医療機器又は再生医療等製品を先駆的医薬品、先駆的医療機器又は先駆的再生医療等製品として指定することができる。

一 次のいずれかに該当する医薬品、医療機器又は再生医療等製品であること。

イ 医薬品（体外診断用医薬品を除く。以下この号において同じ。）及び再生医療等製品にあつては、その用途に関し、本邦において既に製造販売の承認を与えられている医薬品若しくは再生医療等製品又は外国において販売し、授与し、若しくは販売若しくは授与の目的で貯蔵し、若しくは陳列することが認められている医薬品若しくは再生医療等製品と作用機序が明らかに異なる物であること。

　　ロ　医療機器及び体外診断用医薬品にあつては、その用途に関し、本邦において既に製造販売の承認を与えられている医療機器若しくは体外診断用医薬品又は外国において販売し、授与し、若しくは販売若しくは授与の目的で貯蔵し、若しくは陳列することが認められている医療機器若しくは体外診断用医薬品と原理が明らかに異なる物であること。

　二　申請に係る医薬品、医療機器又は再生医療等製品につき、製造販売の承認が与えられるとしたならば、その用途に関し、特に優れた使用価値を有することとなる物であること。

3　厚生労働大臣は、次の各号のいずれにも該当する医薬品、医療機器又は再生医療等製品につき、製造販売をしようとする者から申請があつたときは、薬事・食品衛生審議会の意見を聴いて、当該申請に係る医薬品、医療機器又は再生医療等製品を特定用途医薬品、特定用途医療機器又は特定用途再生医療等製品として指定することができる。

　一　その用途が厚生労働大臣が疾病の特性その他を勘案して定める区分に属する疾病の診断、治療又は予防であつて、当該用途に係る医薬品、医療機器又は再生医療等製品に対する需要が著しく充足されていないと認められる物であること。

　二　申請に係る医薬品、医療機器又は再生医療等製品につき、製造販売の承認が与えられるとしたならば、その用途に関し、特に優れた使用価値を有することとなる物であること。

4　厚生労働大臣は、前三項の規定による指定をしたときは、その旨を公示するものとする。

（資金の確保）

第七十七条の三　国は、希少疾病用医薬品、希少疾病用医療機器及び希少疾病用再生医療等製品並びにその用途に係る対象者の数が本邦において厚生労働省令で定める人数に達しない特定用途医薬品、特定用途医療機器及び特定用途再生医療等製品の試験研究を促進するのに必要な資金の確保に努めるものとする。

（税制上の措置）

第七十七条の四　国は、租税特別措置法（昭和三十二年法律第二十六号）で定めるところにより、希少疾病用医薬品、希少疾病用医療機器及び希少疾病用再生医療等製品並びにその用途に係る対象者の数が本邦において厚生労働省令で定める人数に達しない特定用途医薬品、特定用途医療機器及び特定用途再生医療等製品の試験研究を促進するため必要な措置を講ずるものとする。

（試験研究等の中止の届出）

第七十七条の五　第七十七条の二第一項から第三項までの規定による指定を受けた者は、当該指定に係る希少疾病用医薬品、希少疾病用医療機器若しくは希少疾病用再生医療等製品、先駆的医薬品、先駆的医療機器若しくは先駆的再生医療等製品又は特定用途医薬品、特定用途医療機器若しくは特定用途再生医療等製品の試験研究又は製造若しくは輸入を中止しようとするときは、あらかじめ、その旨を厚生労働大臣に届け出なければならない。

（指定の取消し等）

第七十七条の六　厚生労働大臣は、前条の規定による届出があつたときは、第七十七条の二第一項から第三項までの規定による指定（以下この条において「指定」という。）を取り消さなければならない。

2　厚生労働大臣は、次の各号のいずれかに該当するときは、指定を取り消すことができる。

　一　希少疾病用医薬品、希少疾病用医療機器若しくは希少疾病用再生医療等製品、先駆的医薬品、先駆的医療機器若しくは先駆的再生医療等製品又は特定用途医薬品、特定用途医療機器若しくは特定用途再生医療等製品が第七十七条の二第一項各号、第二項各号又は第三項各号のいずれかに該当しなくなつたとき。

　二　指定に関し不正の行為があつたとき。

　三　正当な理由なく希少疾病用医薬品、希少疾病用医療機器若しくは希少疾病用再生医療等製品、先駆的医薬品、先駆的医療機器若しくは先駆的再生医療等製品又は特定用途医薬品、特定用途医療機器若しくは特定用途再生医療等製品の試験研究又は製造販売が行われないとき。

　四　指定を受けた者についてこの法律その他薬事に関する法令で政令で定めるもの又はこれに基づく処分に違反する行為があつたとき。

3　厚生労働大臣は、前二項の規定により指定を取り消したときは、その旨を公示するものとする。

（省令への委任）

第七十七条の七　この章に定めるもののほか、希少疾病用医薬品、希少疾病用医療機器若しくは希少疾病用再生医療等製品、先駆的医薬品、先駆的医療機器若しくは先駆的再生医療等製品又は特定用途医薬品、特定用途医療機器若しくは特定用途再生医療等製品に関し必要な事項は、厚生労働省令で定める。

（手数料）

第七十八条　次の各号に掲げる者（厚生労働大臣に対して申請する者に限る。）は、それぞれ当該各号の申請に対する審査に要する実費の額を考慮して政令で定める額の手数料を納めなければならない。

　一　第十二条第四項の許可の更新を申請する者

　二　第十三条第四項の許可の更新を申請する者

　三　第十三条第八項の許可の区分の変更の許可を申請する者

　三の二　第十三条の二の二第四項の登録の更新を申請する者

　四　第十三条の三第一項の認定を申請する者

　五　第十三条の三第三項において準用する第十三条第四項の認定の更新を申請する者

　六　第十三条の三第三項において準用する第十三条第八項の認定の区分の変更又は追加の認定を申請する者

　六の二　第十三条の三の二第二項において準用する第十三条の二の二第四項の登録の更新を申請する者

七　第十四条又は第十九条の二の承認を申請する者

八　第十四条第七項（同条第十五項（第十九条の二第五項において準用する場合を含む。）及び第十九条の二第五項において準用する場合を含む。）、第九項（第十九条の二第五項において準用する場合を含む。）又は第十三項（同条第十五項（第十九条の二第五項において準用する場合を含む。）及び第十九条の二第五項において準用する場合を含む。）の調査を申請する者

八の二　第十四条の二第一項（第二十三条の二十五の二において準用する場合を含む。）の確認を受けようとする者

九　第十四条の四（第十九条の四において準用する場合を含む。）の再審査を申請する者

九の二　第十四条の七の二第一項又は第三項（これらの規定を第十九条の四において準用する場合を含む。）の確認を受けようとする者

十　第二十三条の二第四項の許可の更新を申請する者

十一　第二十三条の二の三第三項（第二十三条の二の四第二項において準用する場合を含む。）の登録の更新を申請する者

十二　第二十三条の二の四第一項の登録を申請する者

十三　第二十三条の二の五又は第二十三条の二の十七の承認を申請する者

十四　第二十三条の二の五第七項、第九項又は第十三項（これらの規定を同条第十五項（第二十三条の二の十七第五項において準用する場合を含む。）及び第二十三条の二の十七第五項において準用する場合を含む。）の調査を申請する者

十五　第二十三条の二の九（第二十三条の二の十九において準用する場合を含む。）の使用成績に関する評価を申請する者

十五の二　第二十三条の二の十の二第一項又は第三項（これらの規定を第二十三条の二の十九において準用する場合を含む。）の確認を受けようとする者

十六　第二十三条の十八第一項の基準適合性認証を申請する者

十七　第二十三条の二十第四項の許可の更新を申請する者

十八　第二十三条の二十二第四項の許可の更新を申請する者

十九　第二十三条の二十二第八項の許可の区分の変更の許可を申請する者

二十　第二十三条の二十四第一項の認定を申請する者

二十一　第二十三条の二十四第三項において準用する第二十三条の二十二第四項の認定の更新を申請する者

二十二　第二十三条の二十四第三項において準用する第二十三条の二十二第八項の認定の区分の変更又は追加の認定を申請する者

二十三　第二十三条の二十五又は第二十三条の三十七の承認を申請する者

二十四　第二十三条の二十五第六項（同条第十一項（第二十三条の三十七第五項において準用する場合を含む。）及び第二十三条の三十七第五項において準用する場合を含む。）又は第八項（第二十三条の三十七第五項において準用する場合を含む。）の調査を申請する者

二十五　第二十三条の二十九（第二十三条の三十九において準用する場合を含む。）の再審査を申請する者

二十五の二　第二十三条の三十二の二第一項又は第三項（これらの規定を第二十三条の三十九において準用する場合を含む。）の確認を受けようとする者

二十六　第四十条の二第一項の許可を申請する者

二十七　第四十条の二第四項の許可の更新を申請する者

二十八　第四十条の二第七項の修理区分の変更又は追加の許可を申請する者

二十九　第八十条第一項から第三項までの調査を申請する者

2　機構が行う第十三条の二第一項（第十三条の三第三項及び第八十条第四項において準用する場合を含む。）の調査、第十四条の二の二第一項（第十四条の五第一項（第十九条の四において準用する場合を含む。）並びに第十九条の二第五項及び第六項において準用する場合を含む。）の医薬品等審査等、第十四条の七の二第八項（第十九条の四において準用する場合を含む。）の確認、第二十三条の二の七第一項（第二十三条の二の十第一項（第二十三条の二の十九において準用する場合を含む。）並びに第二十三条の二の十七第五項及び第六項において準用する場合を含む。）の医療機器等審査等、第二十三条の六第二項（同条第四項において準用する場合を含む。）の調査、第二十三条の二の十の二第九項（第二十三条の二の十九において準用する場合を含む。）の確認、第二十三条の十八第二項の基準適合性認証、第二十三条の二十三第一項（第二十三条の二十四第三項及び第八十条第五項において準用する場合を含む。）の調査、第二十三条の二十七第一項（第二十三条の三十第一項（第二十三条の三十九において準用する場合を含む。）並びに第二十三条の三十七第五項及び第六項において準用する場合を含む。）の再生医療等製品審査等又は第二十三条の三十二の二第八項（第二十三条の三十九において準用する場合を含む。）の確認を受けようとする者は、当該調査、医薬品等審査等、医療機器等審査等、基準適合性認証又は再生医療等製品審査等に要する実費の額を考慮して政令で定める額の手数料を機構に納めなければならない。

3　前項の規定により機構に納められた手数料は、機構の収入とする。

（事務の区分）

第八十一条の三　第二十一条、第二十三条の二の二十一、第二十三条の四十一、第六十九条第一項、第四項、第六項及び第七項、第六十九条の二第二項、第七十条第一項及び第三項、第七十一条、第七十二条第三項、第七十二条の五、第七十六条の六第一項から第五項まで及び第七項、第七十六条の七第一項及び第二項、第七十六条の七の二並びに第七十六条の八第一項の規定により都道府県が処理することとされている事務は、地方自治法（昭和二十二年法律第六十七号）第二条第九項第一号に規定する第一号法定受託事務（次項において単に「第一号法定受託事務」という。）とする。

2　第二十一条、第六十九条第一項、第四項及び第六項、第七十条第一項及び第三項、第七十一条、第七十二条第三項並びに第七十二

条の五の規定により保健所を設置する市又は特別区が処理することとされている事務は、第一号法定受託事務とする。

（動物用医薬品等）

第八十三条　医薬品、医薬部外品、医療機器又は再生医療等製品（治験使用薬物等を含む。）であつて、専ら動物のために使用されることが目的とされているものに関しては、この法律（第二条第十五項、第六条の二第一項及び第二項、第六条の三第一項から第三項まで、第九条の三、第九条の四第一項、第二項及び第四項から第六項まで、第三十六条の十第一項及び第二項（同条第七項においてこれらの規定を準用する場合を含む。）、第六十条、第六十九条第五項、第七十二条第五項、第七十五条の五の二第一項から第三項まで、第七十五条の五の三、第七十五条の五の四、第七十五条の五の五第七項及び第八項、第七十五条の五の六、第七十五条の五の七第一項、第七十五条の五の八、第七十五条の五の九第四項、第七十五条の五の十一第一項及び第二項、第七十五条の五の十二第一項及び第三項、第七十五条の五の十四、第七十五条の五の十五、第七十五条の五の十六第一項、第七十五条の五の十七、第七十五条の五の十八、第七十五条の五の十九、第七十六条の三の二、第七十六条の四、第七十六条の六、第七十六条の六の二、第七十六条の七第一項及び第二項、第七十六条の七の二、第七十六条の八第一項、第七十六条の九、第七十六条の十、第七十七条、第八十一条の四、次項及び第三項並びに第八十三条の四第三項（第八十三条の五第二項において準用する場合を含む。）を除く。）中「厚生労働大臣」とあるのは「農林水産大臣」と、「厚生労働省令」とあるのは「農林水産省令」と、第二条第五項から第七項までの規定中「人」とあるのは「動物」と、第四条第一項中「都道府県知事（その所在地が保健所を設置する市又は特別区の区域にある場合においては、市長又は区長。次項、第七条第四項並びに第十条第一項（第三十八条第一項並びに第四十条第一項及び第二項において準用する場合を含む。）及び第二項（第三十八条第一項において準用する場合を含む。）において同じ。）」とあるのは「都道府県知事」と、同条第三項第四号イ中「医薬品の薬局医薬品、要指導医薬品及び一般用医薬品」とあり、並びに同号ロ、第二十五条第二号、第二十六条第三項第五号、第二十九条の二第一項第二号、第三十一条、第三十六条の九（見出しを含む。）、第三十六条の十の見出し、同条第五項及び第七項並びに第五十七条の二第三項中「一般用医薬品」とあるのは「医薬品」と、第八条の二第一項中「医療を受ける者」とあるのは「獣医療を受ける動物の飼育者」と、第九条第一項第二号中「一般用医薬品（第四条第五項第四号に規定する一般用医薬品をいう。以下同じ。）」とあるのは「医薬品」と、第十四条第二項第三号ロ中「又は」とあるのは「若しくは」と、「認められるとき」とあるのは「認められるとき、又は申請に係る医薬品が、その申請に係る使用方法に従い使用される場合に、当該医薬品が有する対象動物（牛、豚その他の食用に供される動物として農林水産省令で定めるものをいう。以下同じ。）についての残留性（医薬品の使用に伴いその医薬品の成分である物質（その物質が化学的に変化して生成した物質を含む。）が動物に残留する性質をいう。以下同じ。）の程度からみて、その使用に係る対象動物の肉、乳その他の食用に供される生産物で人の健康を損なうものが生産されるおそれがあることにより、医薬品として使用価値がないと認められるとき」と、同条第五項及び第十項、第二十三条の二の五第五項及び第十項並びに第二十三条の二十五第九項中「医療上」とあるのは「獣医療上」と、第十四条第五項及び第二十三条の二の五第五項中「人数」とあるのは「動物の数」と、第十四条の三第一項第一号、第二十三条の二の八第一項第一号及び第二十三条の二十八第一項第一号中「国民の生命及び健康」とあるのは「動物の生産又は健康の維持」と、第十四条の七の二第一項第三号ロ中「又は」とあるのは「若しくは」と、「認められること」とあるのは「認められること、又は当該変更計画に係る使用方法に従い使用される場合に、当該医薬品が有する対象動物についての残留性の程度からみて、その使用に係る対象動物の肉、乳その他の食用に供される生産物で人の健康を損なうものが生産されるおそれがあることにより、医薬品として使用価値がないと認められること」と、第二十一条第一項中「都道府県知事（薬局開設者が当該薬局における設備及び器具をもつて医薬品を製造し、その医薬品を当該薬局において販売し、又は授与する場合であつて、当該薬局の所在地が保健所を設置する市又は特別区の区域にある場合においては、市長又は区長。次項、第六十九条第一項、第七十一条、第七十二条第三項及び第七十五条第二項において同じ。）」とあるのは「都道府県知事」と、第二十三条の二十五第二項第三号ロ及び第二十三条の二十六第一項第三号中「又は」とあるのは「若しくは」と、「有すること」とあるのは「有すること又は申請に係る使用方法に従い使用される場合にその使用に係る対象動物の肉、乳その他の食用に供される生産物で人の健康を損なうものが生産されるおそれがあること」と、第二十三条の三十二の二第一項第三号ロ中「又は」とあるのは「若しくは」と、「有すること」とあるのは「有すること又は当該変更計画に係る使用方法に従い使用される場合にその使用に係る対象動物の肉、乳その他の食用に供される生産物で人の健康を損なうものが生産されるおそれがあること」と、第二十五条第一号中「要指導医薬品（第四条第五項第三号に規定する要指導医薬品をいう。以下同じ。）又は一般用医薬品」とあるのは「医薬品」と、第二十六条第一項中「都道府県知事（その店舗の所在地が保健所を設置する市又は特別区の区域にある場合においては、市長又は区長。次項及び第二十八条第四項において同じ。）」とあるのは「都道府県知事」と、同条第三項第四号中「医薬品の要指導医薬品及び一般用医薬品」とあるのは「医薬品」と、第三十六条の八第一項中「一般用医薬品」とあるのは「農林水産大臣が指定する医薬品（以下「指定医薬品」という。）以外の医薬品」と、同条第二項及び第三十六条の九第二号中「第二類医薬品及び第三類医薬品」とあるのは「指定医薬品以外の医薬品」と、同条第一号中「第一類医薬品」とあるのは「指定医薬品」と、第三十六条の十第三項及び第四項中「第二類医薬品」とあるのは「医薬品」と、第三十九条第二項中「都道府県知事（その営業所の所在地が保健所を設置する市又は特別区の区域にある場合においては、市長又は区長。次項、次条第二項及び第三十九条の三第一項において同じ。）」とあるのは「都道府県知事」と、第四十九条の見出し中「処方箋医薬品」とあるのは「要指示医薬品」と、同条第一項及び第二項中「処方箋の交付」とあるのは「処方箋の交付又は指示」と、第五十条第七号中「一般用医薬品にあつては、第三十六条の七第一項に規定する区分ごとに」とあるのは「指定医薬品にあつては」と、同条第十二号中「医師等の処方箋」とあるのは「獣医師等の処方箋・指示」と、同条第十三号及び第五十九条第九号中「人体」とあるのは「動物の身体」と、第五十二条第二項中「要指導医薬品、一般用医薬品」とあるのは「要指示医薬品以外の医薬品」と、第五十七条の二第三項中「第一類医薬品、第二類医薬品又は第三類医薬品」とあるのは「指定医薬品又はそれ以外の医薬品」と、第六十条中「及び第五十三条から第五十七条まで」とあるのは「、第五十三条から第五十六条まで及び第五十七条」と、「、第五十六条の二第一項中「第十四条、第十九条の二、第二十三条の二の五若しくは第

二十三条の二の十七の承認若しくは第二十三条の二の二十三の認証」とあるのは「第十四条若しくは第十九条の二の承認」と、「第十四条の九若しくは第二十三条の二の十二」とあるのは「第十四条の九」と、同条第三項第二号中「第十四条の三第一項第二号に規定する医薬品その他の厚生労働大臣」とあるのは「厚生労働大臣」と読み替える」とあるのは「読み替える」と、第六十三条の二第二項中「一般消費者の生活の用に供される」とあるのは「動物の所有者又は管理者により当該動物のために使用される」と、第六十四条中「第五十五条の二まで及び第五十六条の二」とあるのは「第五十五条の二まで」と、「、第五十六条の二第一項中「第十四条、第十九条の二、第二十三条の二の五若しくは第二十三条の二の十七」とあるのは「第二十三条の二の五若しくは第二十三条の二の十七」と、「第十四条の九若しくは第二十三条の二の十二」とあるのは「第二十三条の二の十二」と、同条第三項第二号中「第十四条の三第一項第二号」とあるのは「第二十三条の二の八第一項第二号」と読み替える」とあるのは「読み替える」と、第六十八条の二の六第二項中「医学学術」とあるのは「獣医学」と、第六十九条第二項中「都道府県知事（薬局、店舗販売業又は高度管理医療機器等若しくは管理医療機器（特定保守管理医療機器を除く。）の販売業者しくは貸与業にあつては、その薬局、店舗又は営業所の所在地が保健所を設置する市又は特別区の区域にある場合においては、市長又は区長。第七十条第一項、第七十二条第四項、第七十二条の二第一項、第七十二条の二の二、第七十二条の四、第七十二条の五、第七十三条、第七十五条第一項、第七十六条、第七十六条の三の二及び第八十一条の二において同じ。）」とあるのは「都道府県知事」と、同条第四項及び第六項、第七十条第三項、第七十六条の三第一項並びに第七十六条の三の三中「、都道府県知事、保健所を設置する市の市長又は特別区の区長」とあるのは「又は都道府県知事」と、第七十六条の三第一項中「、都道府県、保健所を設置する市又は特別区」とあるのは「又は都道府県」と、第七十七条の二第一項第一号、第七十七条の三及び第七十七条の四中「対象者」とあるのは「対象の動物」と、「人数」とあるのは「数」とする。

2　農林水産大臣は、前項の規定により読み替えて適用される第十四条第一項若しくは第十五項（第十九条の二第五項において準用する場合を含む。以下この項において同じ。）若しくは第十九条の二第一項の承認の申請又は第十四条の七の二第一項の変更計画の確認の申出があつたときは、当該申請又は申出に係る医薬品につき前項の規定により読み替えて適用される第十四条第二項第三号ロ（残留性の程度に係る部分に限り、同条第十五項及び第十九条の二第五項において準用する場合を含む。）又は第十四条の七の二第一項第三号ロ（残留性の程度に係る部分に限る。）に該当するかどうかについて、厚生労働大臣の意見を聴かなければならない。

3　農林水産大臣は、第一項の規定により読み替えて適用される第二十三条の二十五第一項若しくは第十一項（第二十三条の三十七第五項において準用する場合を含む。以下この項において同じ。）若しくは第二十三条の三十七第一項の承認の申請又は第二十三条の三十二の二第一項の変更計画の確認の申出があつたときは、当該申請又は申出に係る再生医療等製品につき第一項の規定により読み替えて適用される第二十三条の二十五第二項第三号ロ（当該再生医療等製品の使用に係る対象動物の肉、乳その他の食用に供される生産物で人の健康を損なうものが生産されるおそれに係る部分に限り、同条第十一項において準用する場合（第二十三条の二十六第四項の規定により読み替えて適用される場合を含む。）及び第二十三条の三十七第五項において準用する場合を含む。）、第二十三条の二十六第一項第三号（当該再生医療等製品の使用に係る対象動物の肉、乳その他の食用に供される生産物で人の健康を損なうものが生産されるおそれに係る部分に限り、第二十三条の三十七第五項において準用する場合を含む。）又は第二十三条の三十二の二第一項第三号ロ（当該再生医療等製品の使用に係る対象動物の肉、乳その他の食用に供される生産物で人の健康を損なうものが生産されるおそれに係る部分に限る。）に該当するかどうかについて、厚生労働大臣の意見を聴かなければならない。

（動物用医薬品の製造の禁止）

第八十三条の二　前条第一項の規定により読み替えて適用される第十三条第一項の許可（医薬品の製造業に係るものに限る。）又は第二十三条の二の三第一項の登録（体外診断用医薬品の製造業に係るものに限る。）を受けた者でなければ、動物用医薬品（専ら動物のために使用されることが目的とされている医薬品をいう。以下同じ。）の製造をしてはならない。

2　前項の規定は、試験研究の目的で使用するために製造をする場合その他の農林水産省令で定める場合には、適用しない。

（動物用再生医療等製品の製造の禁止）

第八十三条の二の二　第八十三条第一項の規定により読み替えて適用される第二十三条の二十二第一項の許可を受けた者でなければ、動物用再生医療等製品（専ら動物のために使用されることが目的とされている再生医療等製品をいう。以下同じ。）の製造をしてはならない。

2　前項の規定は、試験研究の目的で使用するために製造をする場合その他の農林水産省令で定める場合には、適用しない。

（動物用医薬品の店舗販売業の許可の特例）

第八十三条の二の三　都道府県知事は、当該地域における薬局及び医薬品販売業の普及の状況その他の事情を勘案して特に必要があると認めるときは、第二十六条第四項及び第五項の規定にかかわらず、店舗ごとに、第八十三条第一項の規定により読み替えて適用される第三十六条の八第一項の規定により農林水産大臣が指定する医薬品以外の動物用医薬品の品目を指定して店舗販売業の許可を与えることができる。

2　前項の規定により店舗販売業の許可を受けた者（次項において「動物用医薬品特例店舗販売業者」という。）に対する第二十七条並びに第三十六条の十第三項及び第四項の規定の適用については、第二十七条中「薬局医薬品（第四条第五項第二号に規定する薬局医薬品をいう。以下同じ。）」とあるのは「第八十三条の二の三第一項の規定により都道府県知事が指定した品目以外の医薬品」と、第三十六条の十第三項中「販売又は授与に従事する薬剤師又は登録販売者」とあるのは「販売又は授与に従事する者」と、同条第四項中「当該薬剤師又は登録販売者」とあるのは「当該販売又は授与に従事する者」とし、第二十八条から第二十九条の三まで、第三十六条の九、第三十六条の十第五項、第七十二条の二第一項及び第七十三条の規定は、適用しない。

3　動物用医薬品特例店舗販売業者については、第三十七条第二項の規定を準用する。

第八十六条　次の各号のいずれかに該当する者は、一年以下の懲役若しくは百万円以下の罰金に処し、又はこれを併科する。

一　第七条第一項若しくは第二項、第二十八条第一項若しくは第二項、第三十一条の二第一項若しくは第二項又は第三十五条第一項若しくは第二項の規定に違反した者

二　第十三条第一項又は第八項の規定に違反した者

三　第十四条第十三項の規定による命令に違反した者

四　第十七条第一項、第五項又は第十項の規定に違反した者

五　第二十三条の二の三第一項の規定に違反した者

六　第二十三条の二の五第十三項の規定による命令に違反した者

七　第二十三条の二の十四第一項、第五項（第四十条の三において準用する場合を含む。）又は第十項の規定に違反した者

八　第二十三条の二の二十二第一項又は第八項の規定に違反した者

九　第二十三条の三十四第一項又は第五項の規定に違反した者

十　第三十九条の二第一項の規定に違反した者

十一　第四十条の六第一項の規定に違反した者

十二　第四十五条の規定に違反した者

十三　第四十六条第一項又は第四項の規定に違反した者

十四　第四十八条第一項又は第二項の規定に違反した者

十五　第四十九条第二項の規定に違反して、同項に規定する事項を記載せず、若しくは虚偽の記載をし、又は同条第三項の規定に違反した者

十六　毒薬又は劇薬に関し第五十八条の規定に違反した者

十七　第六十七条の規定に基づく厚生労働省令の定める制限その他の措置に違反した者

十八　第六十八条の十六第一項の規定に違反した者

十九　第七十二条第一項又は第二項の規定による業務の停止命令に違反した者

二十　第七十二条第三項から第五項までの規定に基づく施設の使用禁止の処分に違反した者

二十一　第七十二条の四第一項又は第二項の規定による命令に違反した者

二十二　第七十三条の規定による命令に違反した者

二十三　第七十四条の規定による命令に違反した者

二十四　第七十四条の二第二項又は第三項の規定による命令に違反した者

二十五　第七十六条の六第二項の規定による命令に違反した者

二十六　第七十六条の七の二第二項の規定による命令に違反した者

二十七　第八十条の八第一項の規定に違反した者

2　この法律に基づいて得た他人の業務上の秘密を自己の利益のために使用し、又は正当な理由なく、権限を有する職員以外の者に漏らした者は、一年以下の懲役又は百万円以下の罰金に処する。

第八十八条　次の各号のいずれかに該当する者は、三十万円以下の罰金に処する。

一　第六条、第六条の二第三項又は第六条の三第四項の規定に違反した者

二　第二十三条の二の六第三項の規定に違反した者

三　第二十三条の二の二十四第三項の規定に違反した者

四　第三十二条の規定に違反した者

○薬剤師法（抄）

昭和35年法律第146号
令和元年法律第63号による改正
令和2年9月1日施行内容

（情報の提供及び指導）

第二十五条の二　薬剤師は、調剤した薬剤の適正な使用のため、販売又は授与の目的で調剤したときは、患者又は現にその看護に当たつている者に対し、必要な情報を提供し、及び必要な薬学的知見に基づく指導を行わなければならない。

2　薬剤師は、前項に定める場合のほか、調剤した薬剤の適正な使用のため必要があると認める場合には、患者の当該薬剤の使用の状況を継続的かつ的確に把握するとともに、患者又は現にその看護に当たつている者に対し、必要な情報を提供し、及び必要な薬学的知見に基づく指導を行わなければならない。

（調剤録）

第二十八条　薬局開設者は、薬局に調剤録を備えなければならない。

2　薬剤師は、薬局で調剤したときは、厚生労働省令で定めるところにより、調剤録に厚生労働省令で定める事項を記入しなければならない。

3　薬局開設者は、第一項の調剤録を、最終の記入の日から三年間、保存しなければならない。

○ 医薬品、医療機器等の品質、有効性及び安全性の確保等に関する法律等の一部を改正する法律（抄）

（令和元年法律第63号）

（国立研究開発法人医薬基盤・健康・栄養研究所法の一部改正）

附則第三十条　国立研究開発法人医薬基盤・健康・栄養研究所法（平成十六年法律第百三十五号）の一部を次のように改正する。

第四条第六項中「希少疾病用再生医療等製品を」の下に「、「特定用途医薬品」とは、同項に規定する特定用途医薬品を、「特定用途医療機器」とは、同項に規定する特定用途医療機器を、「特定用途再生医療等製品」とは、同項に規定する特定用途再生医療等製品を」を加える。

第十五条第一項第二号中「希少疾病用再生医療等製品」の下に「並びにその用途に係る対象者の数が医薬品医療機器等法第七十七条の三の厚生労働省令で定める人数に達しない特定用途医薬品、特定用途医療機器及び特定用途再生医療等製品」を加える。

第十七条中「又は希少疾病用再生医療等製品」を「若しくは希少疾病用再生医療等製品又は特定用途医薬品、特定用途医療機器若しくは特定用途再生医療等製品」に改める。

○ 国立研究開発法人医薬基盤・健康・栄養研究所法（平成16年法律第135号）

（定義）

第四条　この法律において「医薬品」とは、医薬品、医療機器等の品質、有効性及び安全性の確保等に関する法律（昭和三十五年法律第百四十五号。以下「医薬品医療機器等法」という。）第二条第一項に規定する医薬品であって、専ら動物のために使用されることが目的とされているもの以外のものをいう。

2　この法律において「医療機器」とは、医薬品医療機器等法第二条第四項に規定する医療機器であって、専ら動物のために使用されることが目的とされているもの以外のものをいう。

3　この法律において「再生医療等製品」とは、医薬品医療機器等法第二条第九項に規定する再生医療等製品であって、専ら動物のために使用されることが目的とされているもの以外のものをいう。

4　この法律において「医薬品技術」とは、医薬品の生産又は販売に関する技術のうち厚生労働省の所掌に係るものであって、その品質、有効性及び安全性の確保又は向上に寄与するものその他国民の健康の保持増進に相当程度寄与するものをいう。

5　この法律において「医療機器等技術」とは、医療機器、再生医療等製品その他人の疾病の診断、治療若しくは予防に使用すること又は人の身体の構造若しくは機能に影響を及ぼすことが目的とされている物（以下「医療機器等」という。）の生産又は販売に関する技術のうち厚生労働省の所掌に係るものであって、これらの品質、有効性及び安全性の確保又は向上に寄与するものその他国民の健康の保持増進に相当程度寄与するもの（医薬品技術を除く。）をいう。

6　この法律において「希少疾病用医薬品」とは、医薬品医療機器等法第二条第十六項に規定する希少疾病用医薬品を、「希少疾病用医療機器」とは、同項に規定する希少疾病用医療機器を、「希少疾病用再生医療等製品」とは、同項に規定する希少疾病用再生医療等製品を、「特定用途医薬品」とは、同項に規定する特定用途医薬品を、「特定用途医療機器」とは、同項に規定する特定用途医療機器を、「特定用途再生医療等製品」とは、同項に規定する特定用途再生医療等製品をいう。

（業務の範囲）

第十五条　研究所は、第三条の目的を達成するため、次の業務を行う。

一　医薬品技術及び医療機器等技術に関する次に掲げる業務

イ　医薬品及び医療機器等並びに薬用植物その他の生物資源の開発に資することとなる共通的な研究を行い、その成果を普及すること。

ロ　政府等（政府及び独立行政法人（通則法第二条第一項に規定する独立行政法人をいう。以下同じ。）をいう。）以外の者に対し、試験研究を国の試験研究機関又は試験研究に関する業務を行う独立行政法人と共同して行うことについてあっせんすること。

ハ　海外から研究者を招へいすること。

ニ　情報を収集し、整理し、及び提供すること。

ホ　調査すること。

二　希少疾病用医薬品、希少疾病用医療機器及び希少疾病用再生医療等製品並びにその用途に係る対象者の数が医薬品医療機器等法第七十七条の三の厚生労働省令で定める人数に達しない特定用途医薬品、特定用途医療機器及び特定用途再生医療等製品に関する試験研究に関し、必要な資金に充てるための助成金を交付し、並びに指導及び助言を行うこと（厚生労働省の所管する他の独立行政法人の業務に属するものを除く。）。

三　国民の健康の保持及び増進に関する調査及び研究を行うこと。

四　国民の栄養その他国民の食生活の調査及び研究を行うこと。

五　食品について栄養生理学上の試験を行うこと。

六　科学技術・イノベーション創出の活性化に関する法律（平成二十年法律第六十三号）第三十四条の六第一項の規定による出資並びに人的及び技術的援助のうち政令で定めるものを行うこと。

七　前各号に掲げる業務に附帯する業務を行うこと。

2　研究所は、前項の業務のほか、次の業務を行う。

一　健康増進法（平成十四年法律第百三号）第十条第二項の規定に基づき、国民健康・栄養調査の実施に関する事務を行うこと。

二　健康増進法第四十三条第三項（同法第六十三条第二項において準用する場合を含む。）の規定に基づき、同法第四十三条第一項の規定による許可又は同法第六十三条第一項の規定による承認を行うについて必要な試験を行うこと。

三　健康増進法第六十一条第五項（同法第六十三条第二項及び第六十六条第三項において準用する場合を含む。）の規定により収去された食品の試験を行うこと。

四　食品表示法（平成二十五年法律第七十号）第八条第一項の規定により収去された食品の試験を行うこと。

（試験研究実施者等の納付金）

第十七条　研究所は、業務方法書で定めるところにより、第十五条第一項第二号の助成金の交付を受けた者であって、当該助成金に係る希少疾病用医薬品、希少疾病用医療機器若しくは希少疾病用再生医療等製品又は特定用途医薬品、特定用途医療機器若しくは特定用途再生医療等製品に関する試験研究を行った者又はその承継人（以下この条において「試験研究実施者等」という。）から、当該希少疾病用医薬品、希少疾病用医療機器若しくは希少疾病用再生医療等製品又は特定用途医薬品、特定用途医療機器若しくは特定用途再生医療等製品の利用により試験研究実施者等が得た収入又は利益の一部を同号に掲げる業務及びこれに附帯する業務に充てるための納付金として徴収することができる。

（薬事法の一部を改正する法律の一部改正）

附則第三十一条　薬事法の一部を改正する法律（平成十八年法律第六十九号）の一部を次のように改正する。

附則第九条中「第二十九条の二」を「第二十九条の三」に改め、「第六十九条第二項」の下に「、第七十二条の二の二」を加える。

附則第十一条中「第三十一条の四」を「第三十一条の五」に改め、「第六十九条第二項」の下に「、第七十二条の二の二」を加える。

○薬事法の一部を改正する法律（平成18年法律第69号）

附則第九条　前条の規定により引き続き薬種商販売業を営む者については、その者を医薬品医療機器等法第二十六条第一項の店舗販売業の許可を受けた者とみなして、医薬品医療機器等法第二十七条から第二十九条の二まで、第三十六条の五、第三十六条の六、第三十六条の九、第三十六条の十第一項から第六項まで、第五十七条の二、第六十九条第二項、第七十三条及び第七十五条第一項の規定を適用する。

2　前条の規定により引き続き薬種商販売業を営む者であって、業として、動物用医薬品を販売し、又は授与するものについての前項の規定の適用については、同項中「医薬品医療機器等法第二十七条から第二十九条の二まで、第三十六条の五、第三十六条の六、第三十六条の九、第三十六条の十第一項から第六項まで、第五十七条の二、第六十九条第二項、第七十三条及び第七十五条第一項」とあるのは「医薬品医療機器等法第八十三条第一項の規定により読み替えて適用される医薬品医療機器等法第二十八条から第二十九条の二まで、第三十六条の九、第三十六条の十第三項から第五項まで、第五十七条の二第一項及び第三項、第六十九条第二項、第七十三条並びに第七十五条第一項」とする。

第十一条　前条の規定により引き続き業務を行う既存配置販売業者については、その者を医薬品医療機器等法第三十条第一項の配置販売業の許可を受けた者とみなして、医薬品医療機器等法第三十一条の二から第三十一条の四まで、第三十六条の九、第三十六条の十第七項、第五十七条の二、第六十九条第二項、第七十三条及び第七十五条第一項の規定を適用する。この場合において、医薬品医療機器等法第三十一条の二第二項、第三十六条の九第二号及び第三十六条の十第七項において準用する同条第三項から第五項までの規定中「登録販売者」とあるのは「既存配置販売業者の配置員」とする。

2　業として、動物用医薬品を販売し、又は授与する既存配置販売業者についての前項の規定の適用については、同項中「医薬品医療機器等法第三十一条の二から第三十一条の四まで、第三十六条の九、第三十六条の十第七項、第五十七条の二、第六十九条第二項、第七十三条及び第七十五条第一項」とあるのは「医薬品医療機器等法第八十三条第一項の規定により読み替えて適用される医薬品、医療機器等法第三十一条の二から第三十一条の四まで、第三十六条の九、第三十六条の十第七項（同条第三項から第五項までの規定の準用に係る部分に限る、第五十七条の二第一項及び第三項、第六十九条第二項、第七十三条並びに第七十五条第一項」とする。

○ 覚醒剤取締法（抄）

昭和26年法律第252号
令和元年法律第63号による改正
令和3年8月1日施行内容

（輸入及び輸出の制限及び禁止）

第三十条の六　覚醒剤原料輸入業者が、厚生労働省令の定めるところにより厚生労働大臣の許可を受けて、その業務のため覚醒剤原料を輸入する場合のほかは、何人も、覚醒剤原料を輸入してはならない。ただし、本邦に入国する者が、厚生労働大臣の許可を受けて、自己の疾病の治療の目的で携帯して医薬品である覚醒剤原料を輸入する場合は、この限りでない。

2　前項ただし書の規定により、医薬品である覚醒剤原料を携帯して輸入した者は、第三十条の七（所持の禁止）、第三十条の九第一項（譲渡及び譲受の制限及び禁止）又は第三十条の十一（使用の禁止）の規定の適用については、病院若しくは診療所において診療に従事する医師若しくは歯科医師又は医療法第五条第一項（往診医師等に関する特例）に規定する医師若しくは歯科医師（以下「往診医師等」という。）から施用のため医薬品である覚醒剤原料の交付を受けた者とみなす。

3　覚醒剤原料輸出業者が、厚生労働省令の定めるところにより厚生労働大臣の許可を受けて、その業務のため覚醒剤原料を輸出する場合のほかは、何人も、覚醒剤原料を輸出してはならない。ただし、本邦から出国する者が、厚生労働大臣の許可を受けて、自己の疾病の治療の目的で携帯して医薬品である覚醒剤原料を輸出する場合は、この限りでない。

4　覚醒剤原料輸入業者又は覚醒剤原料輸出業者は、第一項本文又は前項本文の規定により覚醒剤原料の輸入又は輸出の許可を受けようとするときは、厚生労働省令の定めるところにより、その業務所の所在地の都道府県知事を経て厚生労働大臣に申請書を出さなければならない。

（所持の禁止）

第三十条の七　次の各号に掲げる場合のほかは、何人も、覚醒剤原料を所持してはならない。

一　覚醒剤原料輸入業者がその業務のため覚醒剤原料を所持する場合

二　覚醒剤原料輸出業者がその業務のため覚醒剤原料を所持する場合

三　覚醒剤原料製造業者又は覚醒剤製造業者がその業務のため覚醒剤原料を所持する場合

四　覚醒剤原料取扱者がその業務のため覚醒剤原料を所持する場合

五　覚醒剤原料研究者又は覚醒剤研究者が研究のため覚醒剤原料を所持する場合

六　病院若しくは診療所の開設者、往診医師等又は飼育動物診療施設（獣医療法（平成四年法律第四十六号）第二条第二項に規定する診療施設をいい、往診のみによつて獣医師に飼育動物の診療業務を行わせる者の住所を含む。以下同じ。）の開設者（往診のみによつて飼育動物の診療業務を自ら行う獣医師を含む。以下同じ。）がその業務のため医薬品である覚醒剤原料を所持する場合

七　薬局開設者が医師、歯科医師又は獣医師の処方箋により薬剤師が調剤した医薬品である覚醒剤原料及び当該調剤のために使用する医薬品である覚醒剤原料を所持する場合

八　薬局、病院若しくは診療所において調剤に従事する薬剤師、病院若しくは診療所の管理者、病院若しくは診療所において診療に従事する医師若しくは歯科医師又は獣医療法第五条第二項（同法第七条第二項において準用する場合を含む。）に規定する管理者（以下「獣医師管理者」という。）若しくは飼育動物（同法第二条第一項に規定する飼育動物をいう。以下同じ。）の診療に従事する獣医師（飼育動物診療施設の開設者である獣医師及び飼育動物診療施設の開設者に使用されている獣医師に限る。以下同じ。）がその業務のため医薬品である覚醒剤原料を所持する場合

九　前各号に規定する者の業務上の補助者がその業務のため覚醒剤原料を所持する場合

十　郵便若しくは信書便又は物の運送の業務に従事する者がその業務を行う必要上覚醒剤原料を所持する場合

十一　病院若しくは診療所において診療に従事する医師若しくは歯科医師、往診医師等又は飼育動物の診療に従事する獣医師から施用のため医薬品である覚醒剤原料の交付を受けた者が当該覚醒剤原料を所持する場合及び当該交付を受ける者の看護に当たる者がその者のため当該覚醒剤原料を所持する場合

十二　医師、歯科医師又は獣医師の処方箋の交付を受けた者が当該処方箋により薬剤師が調剤した医薬品である覚醒剤原料を所持する場合及び当該交付を受ける者の看護に当たる者が、その者のため、当該処方箋により薬剤師が調剤した医薬品である覚醒剤原料を所持する場合

十三　病院若しくは診療所において診療に従事する医師若しくは歯科医師、往診医師等若しくは飼育動物の診療に従事する獣医師から施用のため医薬品である覚醒剤原料の交付を受け、又は薬局開設者若しくは病院若しくは診療所の開設者から医師、歯科医師若しくは獣医師の処方箋により薬剤師が調剤した医薬品である覚醒剤原料を譲り受けた者が、死亡した場合において、その相続人又は相続人に代わつて相続財産を管理する者が、現に所有し、又は管理するその医薬品である覚醒剤原料を所持する場合

十四　法令に基づいてする行為につき覚醒剤原料を所持する場合

（譲渡及び譲受の制限及び禁止等）

第三十条の九　次の各号に掲げる場合のほかは、何人も、覚醒剤原料を譲り渡し、又は譲り受けてはならない。

一　第三十条の七（所持の禁止）第一号から第五号までに規定する者が、その業務又は研究のため、その相互の間において、覚醒剤原料を譲り渡し、又は譲り受ける場合

二　第三十条の七第六号又は第七号に規定する者が、その業務のため、同条第一号又は第三号から第五号までに規定する者から医薬

品である覚醒剤原料を譲り受ける場合

三　病院若しくは診療所において診療に従事する医師若しくは歯科医師、往診医師等又は飼育動物の診療に従事する獣医師が施用のため医薬品である覚醒剤原料を交付する場合及び薬局開設者又は病院若しくは診療所の開設者が医師、歯科医師又は獣医師の処方箋により薬剤師が調剤した医薬品である覚醒剤原料を当該処方箋を所持する者に譲り渡す場合

四　覚醒剤原料輸入業者又は覚醒剤原料輸出業者が、第三十条の六（輸入及び輸出の制限及び禁止）第一項本文又は第三項本文の規定による厚生労働大臣の許可を受けて、その業務のため、覚醒剤原料を輸入し、又は輸出する場合

五　法令による職務の執行につき覚醒剤原料を譲り渡し、又は譲り受ける場合

六　病院若しくは診療所において診療に従事する医師若しくは歯科医師、往診医師等若しくは飼育動物の診療に従事する獣医師から施用のため医薬品である覚醒剤原料の交付を受け、又は薬局開設者若しくは病院若しくは診療所の開設者から医師、歯科医師若しくは獣医師の処方箋により薬剤師が調剤した医薬品である覚醒剤原料を譲り受けた者について、次のいずれかに該当する場合

イ　当該医薬品である覚醒剤原料を譲り受けた者が、その医薬品である覚醒剤原料を施用する必要がなくなつた場合において、その医薬品である覚醒剤原料を薬局開設者又はその医薬品である覚醒剤原料を譲り渡した病院、診療所、若しくは飼育動物診療施設の開設者に譲り渡す場合

ロ　当該医薬品である覚醒剤原料を譲り受けた者が、死亡した場合において、その相続人又は相続人に代わつて相続財産を管理する者が、現に所有し、又は管理するその医薬品である覚醒剤原料を薬局開設者又はその医薬品である覚醒剤原料を譲り渡した病院、診療所、若しくは飼育動物診療施設の開設者に譲り渡す場合

七　第三十条の七第六号又は第七号に規定する者が、厚生労働省令で定めるところにより、厚生労働大臣の許可を受けて、全部又は一部が不潔な物質又は変質若しくは変敗した物質から成つている医薬品である覚醒剤原料を当該医薬品である覚醒剤原料を譲り渡した同条第一号又は第三号から第五号までに規定する者に譲り渡す場合その他の厚生労働省令で定める場合

2　前項第六号の規定により、医薬品である覚醒剤原料を譲り受けた薬局開設者又は病院、診療所若しくは飼育動物診療施設の開設者は、第三十条の十四第三項（覚醒剤原料の譲受の届出）に基づく届出の後、厚生労働省令で定めるところにより、速やかにその医薬品である覚醒剤原料を廃棄しなければならない。

（廃棄）

第三十条の十三　第三十条の七（所持の禁止）第一号から第七号までに規定する者は、その所有する覚醒剤原料を廃棄しようとするときは、当該覚醒剤原料の保管場所の所在地の都道府県知事に届け出て当該職員の立会いの下に行わなければならない。ただし、薬局開設者又は病院、診療所若しくは飼育動物診療施設の開設者が、厚生労働省令で定めるところにより、病院若しくは診療所において診療に従事する医師若しくは歯科医師、往診医師等若しくは飼育動物の診療に従事する獣医師が施用のため交付した医薬品である覚醒剤原料又は医師、歯科医師若しくは獣医師の処方箋により薬剤師が調剤した医薬品である覚醒剤原料を廃棄する場合には、この限りでない。

（事故等の届出）

第三十条の十四　第三十条の七（所持の禁止）第一号から第七号までに規定する者は、その所有し、又は所持する覚醒剤原料を喪失し、盗み取られ、又はその所在が不明となつたときは、速やかにその覚醒剤原料の品名及び数量その他事故の状況を明らかにするため必要な事項を、同条第一号から第三号までに規定する者にあつては当該覚醒剤原料の保管場所の所在地の都道府県知事を経て厚生労働大臣に、その他の者にあつては当該覚醒剤原料の保管場所の所在地の都道府県知事に届け出なければならない。

2　薬局開設者又は病院、診療所若しくは飼育動物診療施設の開設者が、厚生労働省令で定めるところにより、病院若しくは診療所において診療に従事する医師若しくは歯科医師、往診医師等若しくは飼育動物の診療に従事する獣医師が施用のため交付した医薬品である覚醒剤原料又は医師、歯科医師若しくは獣医師の処方箋により薬剤師が調剤した医薬品である覚醒剤原料を廃棄したときは、三十日以内に、その医薬品である覚醒剤原料の品名及び数量その他厚生労働省令で定める事項を都道府県知事に届け出なければならない。

3　第三十条の九第一項（譲渡及び譲受の制限及び禁止）第六号の規定により、医薬品である覚醒剤原料を譲り受けた薬局開設者又は病院、診療所若しくは飼育動物診療施設の開設者は、速やかにその医薬品である覚醒剤原料の品名及び数量その他厚生労働省令で定める事項を都道府県知事に届け出なければならない。

4　都道府県知事は、第三十条の七第一号から第三号までに規定する者以外の者から第一項の届出を受けたときは、速やかに厚生労働大臣に報告しなければならない。

（帳簿）

第三十条の十七　第三十条の七（所持の禁止）第一号又は第二号に規定する者は、それぞれその業務所ごとに帳簿を備え、次に掲げる事項を記入しなければならない。

一　輸入し、輸出し、譲り渡し、譲り受け、又は廃棄した覚醒剤原料の品名及び数量並びにその年月日

二　覚醒剤原料の輸入又は輸出の相手方の氏名又は名称及び住所

三　第三十条の十四第一項から第三項まで（事故等の届出）の規定により届出をした覚醒剤原料の品名及び数量

2　第三十条の七第三号から第五号までに規定する者は、それぞれその業務所、製造所又は研究所ごとに帳簿を備え、次に掲げる事項を記入しなければならない。

一　製造し、譲り渡し、譲り受け、業務若しくは研究のため使用し、又は廃棄した覚醒剤原料の品名及び数量並びにその年月日

二　第三十条の十四第一項から第三項までの規定により届出をした覚醒剤原料の品名及び数量

3　第三十条の七第六号又は第七号に規定する者は、それぞれその病院、診療所、飼育動物診療施設又は薬局ごとに帳簿を備え、次に

掲げる事項を記入しなければならない。

　一　譲り渡し、譲り受け、施用し、施用のため交付し、又は廃棄した医薬品である覚醒剤原料の品名及び数量並びにその年月日

　二　第三十条の十四第一項から第三項までの規定により届出をした医薬品である覚醒剤原料の品名及び数量

4　前三項に規定する者は、前三項の帳簿を最終の記入をした日から二年間保存しなければならない。

○麻薬及び向精神薬取締法（抄）

（昭和28年法律第14号
令和元年法律第63号による改正
令和3年8月1日施行内容）

（麻薬取締官及び麻薬取締員）

第五十四条　厚生労働省に麻薬取締官を置き、麻薬取締官は、厚生労働省の職員のうちから、厚生労働大臣が命ずる。

2　都道府県知事は、都道府県の職員のうちから、その者の主たる勤務地を管轄する地方裁判所に対応する検察庁の検事正と協議して麻薬取締員を命ずるものとする。

3　麻薬取締官の定数は、政令で定める。

4　麻薬取締官の資格について必要な事項は、政令で定める。

5　麻薬取締官は、厚生労働大臣の指揮監督を受け、麻薬取締員は、都道府県知事の指揮監督を受けて、この法律、大麻取締法、あへん法、覚醒剤取締法（昭和二十六年法律第二百五十二号）若しくは国際的な協力の下に規制薬物に係る不正行為を助長する行為等の防止を図るための麻薬及び向精神薬取締法等の特例等に関する法律（平成三年法律第九十四号）に違反する罪若しくは医薬品医療機器等法に違反する罪（医薬品医療機器等法第八十三条の九、第八十四条第九号（名称、形状、包装その他の厚生労働省令で定める事項からみて医薬品医療機器等法第十四条、第十九条の二、第二十三条の二の五若しくは第二十三条の二の十七の承認若しくは医薬品医療機器等法第二十三条の二の二十三の認証を受けた医薬品又は外国において、販売し、授与し、若しくは販売若しくは授与の目的で貯蔵し、若しくは陳列（配置を含む。以下この項において同じ。）をすることが認められている医薬品と誤認させる物品を販売し、授与し、又は販売若しくは授与の目的で貯蔵し、若しくは陳列をする行為に係るものに限る。）、第十九号（医薬品医療機器等法第五十五条の二の規定に係る部分に限る。）、第二十一号、第二十七号（医薬品医療機器等法第七十条第一項に係る部分については、医薬品医療機器等法第五十五条の二に規定する模造に係る医薬品に係る部分に限る。）及び第二十八号、第八十五条第六号、第九号及び第十号、第八十六条第一項第二十五号及び第二十六号並びに第八十七条第十三号（医薬品医療機器等法第六十九条第四項及び第六項（医薬品医療機器等法第五十五条の二に規定する模造に係る医薬品に該当する疑いのある物に係る部分に限る。）並びに第七十六条の八第一項の規定に係る部分に限る。）及び第十五号（以下この項において「第八十三条の九等の規定」という。）並びに第九十条（第八十三条の九等の規定に係る部分に限る。）の罪に限る。）、刑法（明治四十年法律第四十五号）第二編第十四章に定める罪又は麻薬、あへん若しくは覚醒剤の中毒により犯された罪について、刑事訴訟法（昭和二十三年法律第百三十一号）の規定による司法警察員として職務を行う。

6　前項の規定による司法警察員とその他の司法警察職員とは、その職務を行なうにつき互いに協力しなければならない。

7　麻薬取締官及び麻薬取締員は、司法警察員として職務を行なうときは、小型武器を携帯することができる。

8　麻薬取締官及び麻薬取締員の前項の武器の使用については、警察官職務執行法（昭和二十三年法律第百三十六号）第七条の規定を準用する。

○安全な血液製剤の安定供給の確保等に関する法律（抄）

> 昭和31年法律第160号
> 令和元年法律第63号による改正
> 令和２年９月１日施行内容

（定義）

第二条 この法律で「血液製剤」とは、人体から採取された血液を原料として製造される医薬品（医薬品、医療機器等の品質、有効性及び安全性の確保等に関する法律（昭和三十五年法律第百四十五号）に規定する医薬品をいう。以下同じ。）であつて、厚生労働省令で定めるものをいう。

2 この法律で「献血者等」とは、献血をする者その他の被採血者をいう。

3 この法律で「採血事業者」とは、人体から採血することについて第十三条第一項の許可を受けた者をいう。

4 この法律で「製造販売業者」、「製造業者」又は「販売業者」とは、それぞれ医薬品、医療機器等の品質、有効性及び安全性の確保等に関する法律第十二条第一項の医薬品の製造販売業の許可を受けた者若しくは同法第二十三条の二十一第一項の再生医療等製品（同法に規定する再生医療等製品をいう。以下同じ。）の製造販売業の許可を受けた者、同法第十三条第一項の医薬品の製造業の許可を受けた者若しくは同法第二十三条の二十二第一項の再生医療等製品の製造業の許可を受けた者又は同法第二十四条第一項の医薬品の販売業の許可を受けた者をいう。

（原料血漿（しよう）の製造業者等の責務）

第七条 原料血漿（しよう）（国内で献血により得られる人血漿（しよう）であつて血液製剤の原料となるものをいう。以下同じ。）の製造業者並びに血液製剤の製造販売業者、製造業者及び販売業者は、基本理念にのつとり、安全な血液製剤の安定的かつ適切な供給並びにその安全性の向上に寄与する技術の開発並びに情報の収集及び提供に努めなければならない。

（献血推進計画）

第十条 厚生労働大臣は、基本方針に基づき、毎年度、翌年度の献血の推進に関する計画（以下「献血推進計画」という。）を定め、都道府県にその写しを送付するものとする。

2 献血推進計画は、次に掲げる事項について定めるものとする。

一 当該年度に献血により確保すべき血液の目標量

二 献血に関する普及啓発その他の前号の目標量を確保するために必要な措置に関する事項

三 その他献血の推進に関する重要事項

3 採血事業者及び血液製剤（厚生労働省令で定めるものに限る。以下この項において同じ。）の製造販売業者は、献血推進計画の作成に資するため、毎年度、翌年度において献血により受け入れることが可能であると見込まれる血液の量、供給すると見込まれる血液製剤の量その他の厚生労働省令で定める事項を厚生労働大臣に届け出なければならない。

4 前条第四項及び第五項の規定は、献血推進計画について準用する。

5 都道府県は、基本方針及び献血推進計画に基づき、採血事業者による献血の受入れが円滑に実施されるよう、毎年度、翌年度の当該都道府県における献血の推進に関する計画（次項において「都道府県献血推進計画」という。）を定めるものとする。

6 都道府県は、都道府県献血推進計画を定め、又はこれを変更したときは、遅滞なく、これを公表するよう努めるとともに、厚生労働大臣に提出するものとする。

（献血受入計画）

第十一条 採血事業者は、基本方針及び献血推進計画に基づき、毎年度、都道府県の区域を単位として、翌年度の献血の受入れに関する計画（以下「献血受入計画」という。）を作成し、厚生労働大臣の認可を受けなければならない。

2 献血受入計画は、次に掲げる事項について定めるものとする。

一 当該年度に献血により受け入れる血液の目標量

二 献血をする者の募集その他の前号の目標量を確保するために必要な措置に関する事項

三 その他献血の受入れに関する重要事項

3 採血事業者は、献血受入計画を作成しようとするときは、あらかじめ、当該都道府県の意見を聴かなければならない。

4 厚生労働大臣は、第一項の認可をしようとするときは、あらかじめ、薬事・食品衛生審議会の意見を聴くものとする。

5 採血事業者は、第一項の認可を受けた献血受入計画を変更しようとするときは、厚生労働大臣の認可を受けなければならない。

6 第三項及び第四項の規定は、前項の認可について準用する。

7 都道府県及び市町村は、献血推進計画に基づき、第一項又は第五項の認可を受けた献血受入計画の当該地域における円滑な実施を確保するため、必要な協力を行わなければならない。

（採血等の制限）

第十二条 次に掲げる物を製造する者がその原料とし、又は採血事業者若しくは病院若しくは診療所の開設者が次に掲げる物の原料とする目的で採血する場合を除いては、何人も、業として、人体から採血してはならない。ただし、治療行為として、又は輸血、医学的検査若しくは学術研究のための血液を得る目的で採血する場合は、この限りでない。

一 血液製剤

二 医薬品（血液製剤を除く。）、医療機器（医薬品、医療機器等の品質、有効性及び安全性の確保等に関する法律に規定する医療機

器をいう。次号において同じ。）又は再生医療等製品

三　医薬品、医療機器又は再生医療等製品の研究開発において試験に用いる物その他の医療の質又は保健衛生の向上に資する物として厚生労働省令で定める物

2　何人も、業として、人体から採取された血液又はこれから得られた物を原料として、前項各号に掲げる物以外の物を製造してはならない。ただし、血液製剤の製造に伴つて副次的に得られた物又は厚生労働省令で定めるところによりその本来の用途に適しないか若しくは適しなくなつたとされる血液製剤を原料とする場合は、この限りでない。

（業として行う採血の許可）

第十三条　血液製剤の原料とする目的で、業として、人体から採血しようとする者は、厚生労働省令で定めるところにより、厚生労働大臣の許可を受けなければならない。ただし、病院又は診療所の開設者が、当該病院又は診療所における診療のために用いられる血液製剤のみの原料とする目的で採血しようとするときは、この限りでない。

2　厚生労働大臣は、前項の許可を受けようとする者が次の各号のいずれにも適合していると認めるときでなければ、同項の許可を与えてはならない。

一　第二十二条第一項に規定する採血の業務の管理及び構造設備に関する基準に従つて採血を適正に行うに足りる能力を有するものであること。

二　献血者等につき、第二十五条第一項に規定する健康診断を行うために必要な措置を講じていること。

三　第二十五条第二項に規定する採血が健康上有害であると認められる者からの採血を防止するために必要な措置を講じていること。

四　他の採血事業者が現に用いている商号若しくは名称と同一の商号若しくは名称又は他の採血事業者と誤認されるおそれのある商号若しくは名称を用いようとするものでないこと。

3　厚生労働大臣は、第一項の許可を受けようとする者が前項各号のいずれにも適合していると認める場合であつても、次の各号のいずれかに該当するときは、第一項の許可を与えないことができる。

一　血液製剤又は原料血漿（しよう）の供給が既に需要を満たしていると認めるとき。

二　申請者が採取しようとする血液の供給源となる地域において、その者が必要とする量の血液の供給を受けることが著しく困難であると認めるとき。

三　申請者が営利を目的として採血しようとする者であるとき。

四　申請者が第二十三条の規定による許可の取消しの処分又は医薬品、医療機器等の品質、有効性及び安全性の確保等に関する法律第七十五条第一項の規定による医薬品の製造業の許可の取消しの処分を受け、その処分の日から起算して三年を経過していないとき。

五　申請者が法人である場合において、その業務を行う役員のうちに前号の規定に該当する者があるとき。

4　厚生労働大臣は、第一項の許可をしようとするときは、あらかじめ、薬事・食品衛生審議会の意見を聴くものとする。

5　採血事業者は、厚生労働省令で定める事項に変更があつたときは、厚生労働省令で定めるところにより、厚生労働大臣に届け出なければならない。

6　厚生労働大臣は、第一項の許可をし、又は前項の届出を受理したときは、遅滞なく、その旨を関係都道府県知事に通知しなければならない。

（事業の休廃止）

第十四条　採血事業者は、その許可に係る事業の全部又は一部を休止し、又は廃止しようとするときは、厚生労働大臣の許可を受けなければならない。

2　厚生労働大臣は、前項の許可をしようとするときは、あらかじめ、薬事・食品衛生審議会の意見を聴くものとする。ただし、当該事業の休止又は廃止によつて著しく公益を害するおそれがないと認められるときは、この限りでない。

3　前条第六項の規定は、第一項の規定による許可について準用する。

（業務規程）

第十七条　採血事業者は、採血及びこれに附帯する業務（以下「採血関係業務」という。）に関する規程（以下「業務規程」という。）を作成し、厚生労働大臣の認可を受けなければならない。これを変更しようとするときも、同様とする。

2　前項の業務規程に記載すべき事項は、厚生労働省令で定める。

3　採血事業者は、第一項の認可を受けたときは、遅滞なく、その業務規程を公表しなければならない。

（採血責任者等の設置）

第二十一条　採血事業者は、厚生労働省令で定めるところにより、採血所（採血を行う場所をいい、採血の用に供する車両を含む。以下同じ。）ごとに、採血の業務を管理する採血責任者を置かなければならない。

2　採血事業者は、二以上の採血所を開設したときは、採血責任者の設置、採血責任者に対する採血の指図その他採血の業務を統括管理させるために、採血統括者を置かなければならない。

3　採血責任者及び採血統括者が遵守すべき事項については、厚生労働省令で定める。

（採血所の管理等）

第二十二条　採血事業者は、厚生労働省令で定める採血の業務の管理及び構造設備に関する基準に適合した採血所において、採血しなければならない。

2　厚生労働大臣は、採血所が前項に掲げる基準に適合しないと認めるときは、採血事業者に対し、その採血の業務の管理若しくは構

造設備の改善を命じ、又はそれらの改善を行うまでの間その業務の全部若しくは一部の停止を命ずることができる。

（許可の取消し等）

第二十三条 厚生労働大臣は、採血事業者が、この法律若しくはこの法律に基づく命令若しくはこれらに基づく処分又は第十五条の規定による指示に違反したときは、その許可を取り消し、又は期間を定めてその業務の全部若しくは一部の停止を命ずることができる。

（立入検査等）

第二十四条 厚生労働大臣又は都道府県知事は、必要があると認めるときは、採血事業者から必要な報告を徴し、又は当該職員をして採血事業者の事務所、採血所その他の場所に立ち入り、帳簿その他の物件を検査させ、若しくは関係者に質問させることができる。

2 当該職員は、前項の規定による立入り、検査又は質問をする場合には、その身分を示す証明書を携帯し、関係人の請求があつたときは、これを提示しなければならない。

3 第一項の規定による権限は、犯罪捜査のために認められたものと解してはならない。

（採血者の義務）

第二十五条 血液製剤の原料たる血液又は輸血のための血液を得る目的で、人体から採血しようとする者は、あらかじめ献血者等につき、厚生労働省令で定める方法による健康診断を行わなければならない。

2 前項の採血者は、厚生労働省令で定めるところにより貧血者、年少者、妊娠中の者その他の採血が健康上有害であると認められる者から採血してはならない。

3 第十二条第一項第二号及び第三号に掲げる物の原料たる血液を得る目的で、人体から採血しようとする者は、献血者等に対し採取した血液の使途その他採血に関し必要な事項について適切な説明を行い、その同意を得ることその他の厚生労働省令で定める措置の実施を確保しなければならない。

　　　第四章　血液製剤の安定供給

（需給計画）

第二十六条 厚生労働大臣は、基本方針に基づき、毎年度、翌年度の血液製剤（用法、効能及び効果について血液製剤と代替性のある医薬品又は再生医療等製品であつて、厚生労働省令で定めるものを含み、厚生労働省令で定める血液製剤を除く。以下この条及び次条において同じ。）の安定供給に関する計画（以下「需給計画」という。）を定めるものとする。

2 需給計画は、次に掲げる事項について定めるものとする。

　一　当該年度に必要と見込まれる血液製剤の種類及び量

　二　当該年度に国内において製造され、又は輸入されるべき血液製剤の種類及び量の目標

　三　当該年度に確保されるべき原料血漿（しよう）の量の目標

　四　当該年度に原料血漿（しよう）から製造されるべき血液製剤の種類及び量の目標

　五　その他原料血漿（しよう）の有効利用に関する重要事項

3 原料血漿（しよう）の製造業者及び血液製剤の製造販売業者等（製造販売業者及び製造業者をいう。以下同じ。）は、需給計画の作成に資するため、毎年度、翌年度において供給すると見込まれる原料血漿（しよう）の量、製造し又は輸入すると見込まれる血液製剤の量その他厚生労働省令で定める事項を厚生労働大臣に届け出なければならない。

4 需給計画の作成に当たつては、原料血漿（しよう）は、医療上の必要性が高いと認められる種類の血液製剤の製造に対し、優先的に供給されるよう配慮しなければならない。

5 厚生労働大臣は、需給計画を定め、又はこれを変更しようとするときは、あらかじめ、薬事・食品衛生審議会の意見を聴くものとする。

6 厚生労働大臣は、需給計画を定め、又はこれを変更したときは、遅滞なく、これを公表するものとする。

7 原料血漿（しよう）の製造業者及び血液製剤の製造販売業者等は、原料血漿（しよう）の供給又は血液製剤の製造若しくは輸入に当たつては、需給計画を尊重しなければならない。

（実績報告等）

第二十七条 原料血漿（しよう）の製造業者は、厚生労働省令で定めるところにより、原料血漿（しよう）の供給の実績を厚生労働大臣に報告しなければならない。

2 血液製剤の製造販売業者等は、厚生労働省令で定めるところにより、血液製剤の製造又は輸入の実績を厚生労働大臣に報告しなければならない。

3 厚生労働大臣は、前二項の規定により報告された実績が需給計画に照らし著しく適正を欠くと認めるときは、当該報告を行つた原料血漿（しよう）の製造業者又は血液製剤の製造販売業者等に対し、需給計画を尊重して原料血漿（しよう）を供給し、又は血液製剤を製造し、若しくは輸入すべきことを勧告することができる。

4 厚生労働大臣は、毎年度、需給計画の実施状況について、薬事・食品衛生審議会に報告するものとする。

（原料血漿（しよう）の製造業者による原料血漿（しよう）の供給）

第二十八条 原料血漿（しよう）の製造業者は、血液製剤について医薬品、医療機器等の品質、有効性及び安全性の確保等に関する法律第十四条第一項の承認を受けた製造販売業者、当該製造販売業者から委託を受けた製造業者その他厚生労働省令で定める者以外の者に原料血漿（しよう）を供給してはならない。

（採血事業者等の情報提供）

第二十九条 次の各号に掲げる者は、血液製剤による保健衛生上の危害の発生又は拡大を防止するための措置を講ずるために必要と認められる場合には、それぞれ当該各号に定める情報を、血液製剤の製造販売業者に提供しなければならない。

　一　血液製剤の原料たる血液を採取した採血事業者　当該血液の安全性に関する必要な情報
　二　血液製剤の原料たる原料血漿（しよう）を製造した製造業者　当該原料血漿（しよう）の安全性に関する必要な情報
　三　血液製剤を製造した製造業者　当該血液製剤の安全性に関する必要な情報
2　採血事業者は、血液製剤による保健衛生上の危害の発生又は拡大を防止するための措置を講ずるために必要と認められる場合には、その採取した血液の安全性に関する必要な情報を、他の採血事業者に提供しなければならない。

【編　著】

〈薬機法制度改正研究会〉

川瀬　健太　　政策統括官付情報化担当参事官室（元厚生労働省医薬・生活衛生局総務課）

田井　　貴　　農林水産省経営局経営政策課（元厚生労働省医薬・生活衛生局医薬安全対策課）

西川　貴清　　内閣官房健康・医療戦略室（元厚生労働省医薬・生活衛生局総務課）

新井　敬大　　政策統括官付政策統括室（元厚生労働省医薬・生活衛生局総務課、監視指導・麻薬対策課）

サービス・インフォメーション

―――――――――――――――― 通話無料 ――――――――――――――――

① 商品に関するご照会・お申込みのご依頼
TEL 0120（203）694／FAX 0120（302）640
② ご住所・ご名義等各種変更のご連絡
TEL 0120（203）696／FAX 0120（202）974
③ 請求・お支払いに関するご照会・ご要望
TEL 0120（203）695／FAX 0120（202）973

●フリーダイヤル（TEL）の受付時間は、土・日・祝日を除く 9：00〜17：30です。
●FAXは24時間受け付けておりますので、あわせてご利用ください。

薬機法改正の軌跡とポイント

ーポストコロナにおける医薬品等の安心・安全な提供に向けてー

2021年3月10日　初版発行

編　　著　　薬機法制度改正研究会

発 行 者　　田 中 英 弥

発 行 所　　第一法規株式会社
〒107-8560　東京都港区南青山2-11-17
ホームページ　https://www.daiichihoki.co.jp/

薬機法コロナ　ISBN 978-4-474-07472-9　C2032 （4）